Ernst Friedel

Deutsche Kaiserstadt Berlin

Sehens- und wissenswertes aus der Reichshauptstadt

Verlag
der
Wissenschaften

Ernst Friedel

Deutsche Kaiserstadt Berlin

Sehens- und wissenswertes aus der Reichshauptstadt

ISBN/EAN: 9783957002068

Auflage: 1

Erscheinungsjahr: 2014

Erscheinungsort: Norderstedt, Deutschland

Hergestellt in Europa, USA, Kanada, Australien, Japan
Verlag der Wissenschaften in Hansebooks GmbH, Norderstedt

Cover: Foto ©Carsten Grunwald / pixelio.de

Die

Deutsche Kaiserstadt Berlin.

Stadtgeschichten,

Sehens- und Wissenswerthes aus der Reichshauptstadt

und deren Umgebung.

Von

Ernst Friedel,

Stadtrath von Berlin und Dirigent des Märkischen Provinzialmuseums.

Mit 110 Text-Illustrationen, drei Tonbildern, einer Ansicht Berlins aus der Vogelschau
und einem Plane der Residenz.

Berlin und Leipzig.

Druck und Verlag von Otto Spamer.

1882.

Unter den Linden. Zeichnung von H. Lüders.

Vorwort.

Die Verlagsbuchhandlung von Otto Spamer und die Redaktion des illustrirten Sammelwerkes „Deutsches Land und Volk" ersuchten mich im vergangenen Jahre, für dasselbe die Bearbeitung der die Stadt Berlin betreffenden Abtheilung zu übernehmen, indem sie urtheilten, daß ich wegen meiner amtlichen Stellung innerhalb der Kommune mit deren Wesen vertraut und besonders berufen sei, ein Bild der deutschen Kaiserstadt und ihrer Umgebung zu entrollen. Nach einigem Zögern habe ich den ehrenvollen Auftrag angenommen, weil die Schilderung der Berliner Verhältnisse mir selbst gleichsam wie ein Repetitorium der Vergangenheit und der Tagesgeschichte meiner theuern Vaterstadt erschien und mich gleichzeitig so recht eigentlich mitten in meine täglichen Verwaltungsgeschäfte hineinführte.

Zur Ausarbeitung des Buches benutzte ich die Ferien im letzten Spätsommer und Herbst, während welcher ich mich auf der stilleinsamen, von den Wogen der blauen Ostsee umbrandeten Rügenschen Halbinsel Mönchgut aufhielt. Dort, am öden wildromantischen Nordpeerd, fern von dem verwirrenden Getriebe der deutschen Millionstadt, meine ich die nöthige Sammlung, die philosophische Ruhe zu einer objektiven Schilderung Berlins gefunden zu haben.

Wer die Schwierigkeiten einer gemeinverständlichen Darstellung des Lebens einer der europäischen Großstädte, zumal der gährenden, unruhig und rastlos sich vergrößernden, andauernd sich verändernden deutschen Kaiserstadt erwägt, wird über einzelne Versehen und Mängel meiner Schrift, für die mir ein bestimmter Umfang auferlegt war, hinwegsehen.

Wo viel Licht, da viel Schatten: — ich habe nicht unterlassen dürfen, auch letztern zu erwähnen, hoffentlich ohne zu schwarz zu malen. Widerspruch und Tadel war nicht überall zu vermeiden, doch darf ich versichern, daß er stets sachlich, nirgends persönlich gemeint ist.

Eine Schilderung des modernen Berlin mit einem Rückblick auf vergangene Zeiten, wie sie mein Buch anstrebt, fehlt in dieser Vollständigkeit gänzlich, obwol der Wunsch danach bereits vielfach verlautbart worden ist. Sonach mag dasselbe einem weiten Leserkreise nicht unwillkommen sein.

Eine Schilderung der größten deutschen Stadt und ihres Bürgerthums erscheint außerdem in der Gegenwart besonders deshalb von allgemeinstem Interesse, weil infolge der heftigen Angriffe des Reichskanzlers auf Berlin die Augen der ganzen gebildeten Welt der deutschen Metropole zugewendet sind.

Ob Berlin in den fünf Jahren, seit welchen ihm ein Theil seiner alten bürgerlichen Selbständigkeit durch einen Vertrauensakt Kaiser Wilhelm's wiedergewährt ist, Rück- oder Fortschritte gemacht hat, darüber wird dies Buch Rechenschaft ablegen und gleichzeitig bekunden, daß allerdings — aber freilich nicht im Sinne Bismarck's — ein „Fortschrittsring" in Berlin vorhanden ist, nämlich eine fest zu einander haltende Verbindung freier, uneigennütziger Bürger, die in edler und selbstloser Hingebung, ohne Anspruch auf amtliche Anerkennung und ohne Erwartung auf Gunst und äußere Ehren, redlich bemüht sind, dem Fortschritt der edelsten Bestrebungen der Menschheit im besten Sinne zu dienen und das Wohl Berlins und seiner sämmtlichen Einwohner ohne Rücksicht auf Rang und Stand, auf politische Gesinnung, auf Religion und Konfession nach bestem Willen und Wissen gleichmäßig zu fördern.

Sollte dies Bild der Kaiserstadt Berlin, der von Fürst Bismarck so gänzlich mißverstandenen, als wohlgetroffen erscheinen, sollte es von den offenen Gegnern derselben auch nur einige zu Freunden bekehren, so würde ich darin den schönsten Lohn für die aufgewandte große Mühe erblicken.

Die Gemeindebehörden Berlins, deren Thätigkeit ich schildere und deren Mitglied zu sein ich mir zur besondern Ehre anrechne, provoziren gerade jetzt auf den Urtheilsspruch der Welt darüber, ob der Vorschlag des deutschen Reichskanzlers, die Hauptstadt zu enthaupten und zur Provinzialstadt herabzusetzen, gerechtfertigt oder ungerechtfertigt ist. Auch unsere Leser mögen darüber entscheiden.

Berlin, den 1. Juli 1881.

Ernst Friedel.

Inhaltsverzeichniß.

Berliner Stadtgeschichten (3). Lage und Vorgeschichte des Stadtgebiets (3). Berlin und Kölln in der Markgrafenzeit (6). Das Schloß zu Kölln an der Spree (die Weiße Frau) (8). Aus der Kurfürstenzeit (14). Der Dreißigjährige Krieg (Gustav Adolf und die Schweden in Berlin (15). Der Große Kurfürst (16) Berlin wird königliche Stadt (18). Friedrich der Große (die Oesterreicher und Russen in Berlin) (20). Napoleon I. in der preußischen Hauptstadt (23). Die Kosaken als Befreier Berlins (25). Neue Kriegsgefahren (die Schlachten bei Großbeeren und Dennewitz) (26).

Berliner Baumeister und Bildhauer (27). Schlüter und das Zeughaus. Die Lange Brücke mit dem Kurfürstendenkmal (27). Schinkel (30). Stüler und sein königlicher Schüler (der Geheimebaurathsstil, das Geheimerathsviertel) (39). Die neueste Periode (Emanzipation der bürgerlichen Baukunst, Einfluß des neuen Deutschen Reichs auf die Berliner Staatsbauten) (44). Berliner Bildhauer (58).

Gewerbe und Verkehr. Handel und Wandel (63). Die B—g'sche Fabrikstadt (63). Die königliche Eisengießerei (64). Geschichte des Berliner Porzellans (66). Das Kunstgewerbemuseum und die neue Kunstschule (77). Vor den Schaubuden (80). In der Börse (85). Die Berliner Viehmärkte und Schlachthöfe (86). Reichsbank und Reichsmünze (87). Berlins Verkehrsmittel (Straßenbahnen, Omnibus, Droschken, elektrische Eisenbahn, Dampfdroschke, Ringbahn, Stadtbahn, die neue Ringstraße, die Kaiser Wilhelmstraße, Bahnhöfe, Brücken) (92). Das unterirdische Berlin (100). Um Mitternacht in Wolff's Telegraphenbureau (101). Mit Rohrpost (106). Das Fernsprechwesen (109). Das Reichspostmuseum (111). Beleuchtungswesen (Gas und Elektrizität), der elektrotechnische Verein, Werner Siemens (112). Gemeinsame Erheizung Berlins (116). Die Wasserwerke (117). Straßenbesprengung und Straßenreinigung (119). Feuerlöschwesen (120). Was kostet die Berliner Polizei? (121). Die Kanalisation und die Rieselfelder (122). Straßenbau und Straßenbenennung (124). Vom Stadthaushalt und vom Stadtregiment (126). Rückblick und Zukunft (128).

Berlin als Pflegestätte der Wissenschaft (129). Die philosophische Königin und ihr Zirkel in Charlottenburg (129). Die Hochschule und ihre Berühmtheiten (Fichte, Schleiermacher ɾc.) (130). Aus der Berliner Gelehrtenwelt (die beiden Humboldt, Karl Ritter, Roon, Tobe, Raumer, Ranke, Droysen, Perz ɾc.) (143). Wissenschaftliche Institute (147). Aus der Glanzzeit des Berliner Theaters (150). Im Verein jüngerer Künstler (Rückblick auf die älteren Maler: Menzel, Hosemann, Steffek ɾc.) (160). Ein Berliner Dichterklub (Franz Kugler, Pultz, Scherenberg ɾc.) (160).

Die Ausgebungen der Hauptstadt (165). Der Thiergarten (165). Der Humboldt- und der Friedrichshain (170). Im zoologischen Garten (das Aquarium) (177). Die Flora in Charlottenburg (180). Das Mausoleum daselbst (180). Berliner Friedhöfe (181). St. Hubertus im Grunewald (182). Jagdhaus Dreilinden (186). Schildhorn (188). Ein Tusculum am Tegeler See (190). Das neue Irrenheim in Dalldorf (192). Auf dem Gesundbrunnen (Pankow-Schönhausen) (192). Feuerwerk in Treptow (der neue Ostpark) (193). Turnfest in der Hasenhaide, Rixdorf-Tempelhof (194). Heerschau am Kreuzberg (Ueberblick der deutschen Kriegsmacht) (196). Invalidenhaus und -Park (204).

Berliner Volkscharaktere (206). Der Berliner auf Reisen (der Kleinstädter in Berlin). Berlin, wie es ißt und trinkt (bei Klausing, der Weißbierphilister, im Berliner Rathskeller ꝛc.) (207). Auf dem Köllnischen Fischmarkt (die Hökerfrau) (209). Berliner Straßenjungen und Berliner Witz (209). Das soziale Defizit von Berlin (im Verbrecherkeller) (212). Zur Naturgeschichte des Berliners (die „preußische Rasse") (217).

Ausflug nach Potsdam (221). Friedrich Wilhelm I. und seine „blauen Jungen" (217). Das Militärwaisenhaus (224). Die Garnisonkirche (226). Das holländische Quartier mit dem Tabakskollegium (226). Die Bittschriftenlinde, das Stadtschloß und Sanssouci (Friedrich's des Großen letzte Lebensjahre) (227). Die Friedenskirche (Friedrich Wilhelm's IV. Lebensende), Orangeriehaus, Pfingstberg, Sacrow, Nikolskoe (238). Die Russische Kolonie. Die Pfaueninsel (Kunkel von Löwenstern). Friedrich Wilhelm III. in Paretz (244). Die kronprinzliche Familie im Neuen Palais (244). Das Marmorpalais (246). Glinicke (247). Die Weber von Nowawes (247). Die deutsche Kaiserburg Babelsberg (248).

Im Deutschen Reichstage (249). Wie Berlin Reichstagsstadt ward (249). Das provisorische Reichstagsgebäude (252). Im Foyer (254). Die Zuhörertribünen (254). Das Präsidium (254). Parteien und Parteihäupter (Fraktionssitzungen) (254). Die Vertreter der Reichsregierung (256). Der Fürst Bismarck als Reichskanzler und Berlin (257). Schluß.

Die Extrabeigaben sind einzuheften:

Unter den Linden . . .	Titelbild
Denkmal Friedrich's des Großen. Von Rauch	Seite 27
Berlin aus der Vogelschau . .	„ 63
Die Siegessäule auf dem Königsplatz	„ 165
Plan von Berlin	am Schluß des Werkes.

Die deutsche Kaiserstadt
Berlin

und ihre Umgebung.

wenn sie aus höherem, diluvialem Boden bestehen, Wall dagegen genannt, wenn sie aus niederem, alluvialem Wiesenland gebildet sind, liegen in diesem Zuge des Spree-Havellaufes; ein breiter Vorlandsaum begleitet das Spreebett, welches in der Urzeit innerhalb des jetzigen Berlins vom Fußpunkt des Kreuzberges auf dem linken Ufer, nach der Friedensstraße auf dem rechten Ufer die ansehnliche Breite von 5 km gehabt hat; steiler sind die Ufer des Havelstromes und seiner Seen.

Die Nachforschungen der letzten Jahre haben deutlich erwiesen, daß der Mittelpunkt dieses Wassergebietes, der gleichzeitig also auch die Mitte des Landstriches zwischen Elbe und Oder unter 52° 30' nördlicher Breite und 13° 24' östlicher Länge von Greenwich bildet und im Nullpunkt des Berliner Spreepegels am Mühlendamm eine Höhe von 30,11 m über dem Spiegel der Ostsee aufweist, bereits in grauester Vorzeit in nicht unbeträchtlicher Ausdehnung von Völkerschaften besiedelt gewesen ist. Die Kanalisations- und sonstigen Tiefbauarbeiten haben uns eine große Menge von Steingeräthen aus Flint und sonstigen Geschieben, bearbeitete Geweihe vom Auerochsen, Elenthier, Hirsch und Reh geliefert. Eine Reihe von ersichtlich germanischen Urnenfriedhöfen ist in den beiden Oberstädten auf dem rechtsseitigen Plateau des Barnim und dem linksseitigen des Teltow entdeckt worden: eine Gruppe davon, wahrscheinlich dem suevischen Volksstamme der Semnonen, den uns der römische Geschichtschreiber Tacitus in der „Germania" um 100 n. Chr. schildert, angehörig und von einer primitiven, aber echt nationalen Kultur zeugend, die andere einige Jahrhunderte jünger und bereits den Einfluß der allmächtigen römischen Kultur deutlich bekundend.

Auf den niedrigen „Flußwällen" und im Flußbett selbst finden wir die Spuren des slavischen Wendenvolkes, von dem ein mächtiger Stamm, die Wilzen, die Stätte, auf welcher Deutschlands neue Reichshauptstadt herrlich erblüht ist, lange Zeit bewohnten. Ihre Burgwälle am Oberlauf der Spree bei Stralau und bei der Ausmündung der Unterspree in Spandau markiren bereits das spätere Berliner Stadtgebiet deutlich; wendische Pfahlbauten umsäumen die Spree im Herzen Berlins bei der Burgstraße und der Stralauer Straße, und die älteste Besiedelung der Stadt, der Mühlendamm, ist nichts als ein Pfahldamm und eine Pfahlbrücke, die vom alten Berlin zu dem Burgwall des gegenüberliegenden Schwesterortes Kölln hinüberführen, mit einem Wasserdurchlaß zum Treiben von Kornmühlen. Getreidereste und Mengen von Hausthierknochen innerhalb der Pfahlbauten bezeugen, daß die Wenden nicht mehr auf dem Standpunkt eines herumschweifenden Jägervolkes standen, vielmehr Ackerbau und Viehzucht trieben. Der Fluß mit seinen seeartigen Erweiterungen und Ausbuchtungen bot einen unerschöpflichen Reichthum an Fischen und damit eine unversiegliche Nahrungsquelle für eine zahlreiche seßhafte Bevölkerung.

Außerdem aber enthielt der Flußübergang an der bezeichneten Stelle eine überaus wichtige politische und strategische Bedeutung. Die Spree bildet hier die alte Gaugrenze zwischen den Landschaften Barnim und Teltow. Keine andere und bessere natürliche Vertheidigungslinie in ostwestlicher Richtung ist auf dem Eingangs umschriebenen Gebiet zwischen dem Lausitzer Gebirge und der Ostsee, zwischen Elbe und Oder vorhanden. So ist der Spreeübergang, zumal wenn man sich die Breite des alten Havellaufes und die weiten sumpfigen Gelände der Spree in der Vorzeit ausmalt, an der Stelle, wo die alten Ansiedelungen von Berlin auf dem rechten und Kölln auf dem linken Ufer am

Lage und Vorgeschichte des Stadtgebiets. 5

Mühlendamm zusammenstoßen, recht eigentlich der Schlüssel des Theiles der
norddeutschen Tiefebene, welcher zum Ostseegebiet gehört.

Das Schloß in Berlin nach einem Bilde im Jahre 1592.

Viele unserer Leser werden sich die Frage aufgeworfen haben, welche man
noch immer von Zeit zu Zeit in Schriften und Zeitungen des In- und Auslandes ventilirt findet, wie es möglich gewesen ist, daß Berlin in einer scheinbar

abgelegenen Gegend, in wenig fruchtbarer Landschaft, an einem mäßigen Zufluß der Havel belegen, sich zur größten und bevölkertsten Stadt Deutschlands, ja zur dritten Stadt Europa's hat aufschwingen können? Wir glauben nun in unserer Ausführung den zweifellosen Schlüssel dieses Geheimnisses bereits gegeben zu haben. Berlin beherrscht durch seine natürliche Lage politisch das deutsch-baltische Tiefland, merkantil die Unterelbe und Unteroder, und damit die zwei Meere Norddeutschlands, Nord- und Ostsee. Auf diese Weise durch Verkehr und Geschäft mit den großen Handelsemporien Hamburg und Stettin auf das Innigste verbunden, sind diese Städte gewissermaßen die Häfen, Cuxhafen an der Elbmündung und Swinemünde an der Odermündung gewissermaßen die beiden Rheden Berlins.

Aber es hat freilich harte Arbeit, viele Jahrhunderte hindurch währende Mühe gekostet, ehe ein so schönes Ziel errungen werden konnte. Zwischen Sumpf und Sand im Dunkel der Vorzeit ist die Stadt erwachsen. Keinen Heroen Kekrops wie Athen, keinen Kaiser wie Konstantinopel, keinen König wie Rom, keinen Zaren wie St. Petersburg vermag sie als ihren Schöpfer zu benennen; die umsichtigste Forschung hat bisher über Berlins erstes Auftreten in der Geschichte vielmehr nur dürftige Ergebnisse zu fördern vermocht.

Berlin und Kölln*) in der Markgrafenzeit. Kaiser Otto der Große gründet am 1. Oktober 949 das Bisthum Brandenburg und überträgt dem Bischof Thietmar die Aufsicht u. A. auch über die Gaue Heveldun und Spriavani, den Havel- und Spreegau unserer Gegend. Nachdem die christliche Herrschaft wiederholt dem heidnischen Wendenthum hatte weichen müssen, wird die letzte slavische Empörung unter Jakza (Jazko) von Köpenik nahe Berlin durch Albrecht den Bären bei der Eroberung von Brandenburg im Jahre 1156 unterdrückt. Erst von da ab wird unsere Gegend ohne weitere Unterbrechung deutsch und christlich.

Gleichwol dauert es noch lange, ehe der Name Berlin erscheint; zum ersten Male geschieht dies in einer Urkunde vom 26. Januar 1244. Im folgenden Jahre wird ein Symeon als Propst in Berlin erwähnt; es war also bereits Mittelpunkt eines Kirchenkreises und damit sicherlich schon Stadt. Hiermit stimmt es, wenn nach einer alten Jahreszahl in der St. Nicolaikirche, der ältesten Kirche Berlins, diese als im Jahre 1223 vorhanden, vermuthlich erbaut, bezeichnet wird.**) Kölln, mit einer Pfarrkirche, wird am 20. Oktober 1237 zuerst urkundlich erwähnt. 1247 wird ein Schultheiß Marsilius von Berlin genannt, welcher Umstand beweist, daß ihm eigenes sächsisches Stadtrecht verliehen war. Das Gericht wurde beim „Ruland", der Rolandssäule auf dem ältesten und ursprünglich einzigen Marktplatz der Stadt, dem Molkenmarkt,

---

*) Der Ort wird auch Cöln, Cölln, Köln geschrieben und kommt dieser Name wahrscheinlich vom wendischen Golm, Gollen (lat. culmen), so viel als Hügel, her. Durch Beschluß des Magistrats vom 9. Oktober 1880 ist die Schreibweise Kölln fortan auf Antrag des Verfassers amtlich eingeführt.

**) In einer unlängst aufgefundenen Meißenschen Urkunde vom Jahre 1200 wird übrigens bereits ein Zeuge Petrus de Berlin benannt; eine weniger verläßliche Urkunde besagt, daß der St. Nicolaikirche bereits 1202 ein Ablaßbrief verliehen worden sei.

gehegt. In dem nämlichen Jahre soll Berlin mit Ringmauern umgeben worden sein. Die älteste bekannte Urkunde des Raths von Berlin fällt etwa in die Zeit von 1255 und zeigt uns als Stadtwappen den rothen brandenburgischen Adler unter einem mit mehreren Thürmen versehenen Stadtthore. Im Märkischen Museum der Stadt Berlin wird ein uralter Siegelstempel der Gemeinde verwahrt, der neben dem Adler zwei stehende Bären als Schildhalter oder, wie Andere wollen, als Wächter enthält. Sind diese Thiere, wie anzunehmen, mit Beziehung auf Albrecht den Bären, als den Eroberer des Landes, gewählt, so könnte dieses Wappen vielleicht noch älter erscheinen; jedenfalls finden wir in diesem Siegel den ersten Anklang an das jetzige Siegel der Stadt, in welchem der aufrecht schreitende Bär das Hauptstück bildet. Wahrscheinlich ist aber der Hang, des Mittelalters Ortsnamen symbolisch zu deuten und Berlin mit „Bär", speziell mit Albrecht dem Bären als vermeintlichem Gründer, in Verbindung zu bringen, die Veranlassung zur Aenderung des Siegels gewesen und das letzterwähnte Bärensiegel jünger als das erstgedachte Adlersiegel, wie dies Fidicin bestimmt ausspricht.*)

Für das schnelle Anwachsen Berlins unter den askanischen Markgrafen zeugt, daß um 1270 bereits ein zweites Rathhaus, auf der Stelle des jetzt in der Königsstraße belegenen, sowie die St. Marienkirche in der Nähe des Neuen Marktes erbaut ward. Obwol die Landesherren nicht dauernd in der Stadt residirten, thaten sie doch Vieles zur Förderung derselben. 1298 bestätigte Markgraf Otto IV. (mit dem Pfeile) der Stadt Berlin die Freiheiten, Gnaden und Gewohnheiten, welche ihr von den „alten Fürsten der Mark" verliehen worden, darunter das Niederlagsrecht. Letzteres bestand darin, daß für alle Berlin passirenden Kaufmannsgüter nicht allein für den Transit eine Abgabe zu zahlen war, sondern daß sie auch eine bestimmte Zeit in der Stadt selbst feil gehalten werden mußten. Hierdurch wurde Berlin ein ansehnlicher Stapel- und Handelsplatz, welcher z. B. nach Hamburg hin ein lebhaftes Korngeschäft betrieb. Der im Jahre 1295 den Tuchmachern zu Berlin ertheilte Freiheitsbrief, welcher die Güte, Bereitung und das Färben der Tücher nach gewissen Grundsätzen regelt, auch Beschauanstalten vorschreibt, bezeugt die Wichtigkeit dieses noch heute blühenden, echt märkischen Manufakturzweiges bereits für jene entlegene Zeit.

Trotz dieser Wohlhabenheit kam weder in dieser Zeit noch überhaupt im Mittelalter Kunst und Wissenschaft in Berlin und Kölln sonderlich zur Geltung. Außer den Kirchen waren um diese Zeit nur wenig steinerne Gebäude in Berlin, selbst das nach der Vereinigung beider Städte im Jahre 1307 an der Langen Brücke, jetzt Kurfürstenbrücke, errichtete gemeinschaftliche Rathhaus hat man sich als einen bloßen Holzbau zu denken. Kein Wunder, wenn unter solchen Umständen Brände leicht eine große Ausdehnung gewannen und daß fürchterlich, Feuersbrünste, wie die in den Jahren 1348 und 1380, fast die ganze Stadt in Asche legen konnten. Auch nach diesen Katastrophen ist die Bauart lange Zeit, ja bis in dieses Jahrhundert hinein, im Wesentlichen eine leichte — ausgemauertes Fachwerk — gewesen; daher hat sich auch von den nach der Feuersbrunst vom

---

*) Der Berliner Bär ist früher abwechselnd mit oder ohne Ring (Halsband) dargestellt worden. Seit dem Jahre 1876 ist der Ring auf Antrag des Verfassers durch Magistratsbeschluß aus dem Stadtwappen entfernt, aus dem gezähmten Bär also wieder der freie Bär geworden.

10. und 11. August 1380 neu erbauten Häusern nur noch ein einziges, jetzt Spandauer Straße Nr. 49, erhalten, welches lange Zeit der alten Patrizierfamilie Blankenfelde gehörte. Die politischen Wirren und kriegerischen Verwicklungen nach dem Tode Markgraf Waldemar's unter den bayerischen Markgrafen (1324—1373) und unter den lützelburgischen Herrschern (1373—1415) benutzte der Adel zu Fehden unter einander und mit den Städten und veranlaßte daher zahlreiche Bündnisse der märkischen Städte unter sich und den Eintritt in den gewaltigen Hansabund, der in den drei nordischen Seeplätzen Lübeck, Hamburg und Bremen gravitirte. Berlin, bei diesen Bündnissen betheiligt, erstarkte hierdurch mehr und mehr, wozu auch der Umstand wesentlich beitrug, daß die stets geldbedürftigen Landesherren von ihren Rechten manche an die Stadt abtraten und dieselben mit besonderen Privilegien begnadigten. Der Reichthum Berlins im 14. Jahrhundert erzeugte ein Wohlleben bis in die unteren Klassen, was sich deutlich in den Polizeiverordnungen kundthut, welche der Rath gegen übertriebenen äußeren Prunk und gegen die übermäßige Schlemmerei bei Hochzeiten, Taufen und Begräbnissen erließ.

Das Schloß zu Kölln an der Spree und die Weiße Frau. Wer von der Königsstraße kommend rechts oder stromabwärts den Blick von der Kurfürstenbrücke nach dem linken Spreeufer schweifen läßt, dem fallen ein seltsamer altersgrauer Bau von schmaler Front mit vielen Stockwerken, ein Thurm mit einem grünlichen spitzen Dach, der sogenannte grüne Hut, und verschiedene winkelige Anbauten auf, welche zu der harmonisch durchgebildeten Renaissancebildung der großartigen Façaden nach dem Lustgarten, der Schloßfreiheit und dem Schloßplatz nicht recht zu stimmen scheinen. Gleichwol sind dies die ehrwürdigen Anfänge des jetzigen kaiserlichen und königlichen Residenzschlosses, die Reste der alten, von Kurfürst Friedrich II. mit den eisernen Zähnen in den Jahren 1442—1451 errichteten Burg. Wie sich in der markgräflichen Zeit die Stadtgeschichte um die Rathhäuser von Berlin und Kölln konzentrirt, so in der kurfürstlichen Zeit um die Burg und das Schloß zu Kölln an der Spree.

Der gelehrte Geschichtschreiber Berlins, Fidicin, nennt Berlin in der Epoche, welche wir zuvor geschildert, „eine Art reichsfreier Stadt", und noch im Jahre 1876 bat die Direktion des Germanischen Museums den Berliner Magistrat um eine amtliche archivalische Auskunft, ob nicht Berlin staatsrechtlich in der That zu den freien Reichsstädten im Mittelalter gehört habe. Wenn diese Frage nach den Ergebnissen genauer Geschichts- und Rechtsforschung auch verneint werden muß, so zeigt sie doch, wie sehr sich das Unterthänigkeitsverhältniß Berlins zu den Markgrafen und zu den ersten beiden Kurfürsten aus dem Hause Hohenzollern gelockert hatte.

Als Kurfürst Friedrich I.*) am 4. Juli 1412 zum ersten Male vor den Thoren der Stadt erschien, versagte man ihm den Eintritt. 1442 erzwang sich sein Nachfolger das Oeffnungsrecht und ließ sich die nördlichste Spitze des Werders, auf dem Alt-Kölln steht, zur Erbauung einer Burg abtreten. Der Raum wird bezeichnet: von der Pforte des Predigerklosters (welches auf dem

---

*) Ueber die Erwerbung der Mark und der Kurwürde durch Friedrich VI., Burggrafen von Nürnberg, vgl. „Deutsches Land und Volk", Bd. III, S. 41 ff.

Schloßplatze stand) bis zur Langen Brücke, von dieser die Spree entlang bis zur Stadtmauer und diese selbst mit allen Thürmen und Weichhäusern von der Spree bis zum Ende der Klostermauer (an der Brüderstraße) sowie dem Stadtgraben und dem jenseits belegenen Werder (dem heutigen Lustgarten). Das Hohehaus in der Klosterstraße Berlins, in welchem die Landesherren bei ihren zeitweiligen Besuchen gewohnt hatten, entsprach der Stellung des umsichtigen Kurfürsten nicht mehr, er verlangte eine Burg gewissermaßen auf neutralem Gebiet zwischen beiden Städten, wo er seiner Würde angemessen residiren, gleichzeitig aber die unruhigen Gemeinden im Zaume halten konnte.

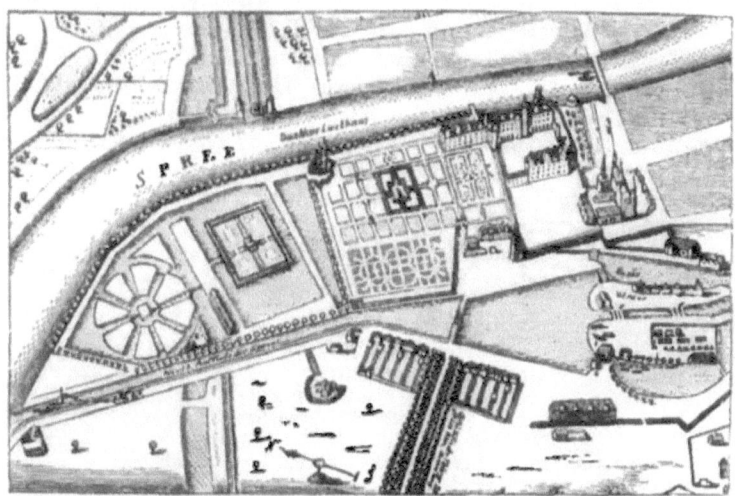

Grundriß der Beyden Churf. Residenz Stätte Berlin und Kölln a. d. Spree. Gefertigt von Joh. Gregor Memhard, Churf. Brandenb. Ingenieur 1648.

Diese erblickten in dem Burgbau ein Zwing-Berlin, widersetzten sich der Weiterführung desselben im Jahre 1447 gewaltsam und nöthigten Friedrich II. zur Aufbietung einer ansehnlichen Waffenmacht, welcher sich die Bürgerschaft bald genug unterwerfen mußte. Die Städte Berlin und Kölln verloren infolge dessen sämmtliche Hoheitsrechte, die Gerichtspflege, Regalien, Zoll, Stapel- und Niederlagsrecht 2c., gleichzeitig auch die Verfügung über den eigenen Grund und Boden, die Straßen und Plätze der Stadt. Die Folgen hiervon sind bis in die neueste Zeit merklich gewesen. Auf Grund jener kurfürstlichen Verfügung und des Umstandes, daß bei der Erweiterung des Weichbildes hauptsächlich landesherrliches Gebiet bebaut wurde, behauptete der Fiskus das Eigenthum über die Straßen, Plätze und Brücken Berlins bis zum 31. Dezember 1875. Erst vom folgenden Neujahrstage ist dieses Eigenthum sammt der Straßenbaupolizei durch einen feierlichen Staatsakt an die Gemeinde Berlin verliehen worden.

Um 1451 wurde die alte Burg vollendet, und von da ab hat sie ununterbrochen die eigentliche Herrschaft über Berlin geübt, und sie hat auch den Anlaß gegeben, daß nicht Spandau oder irgend eine andere märkische Stadt die Residenz- und Landeshauptstadt geworden ist. Die finstere, wehrhafte Burg genügte den

Anforderungen der nachfolgenden Kurfürsten nicht allzu lange und verwandelte sich durch Um- und Anbauten mehr und mehr in ein wirkliches Schloß. Unter Kurfürst Joachim II. (1535—1571) begann, und zwar seit 1538 durch Caspar Theiß, ein großartiger Schloßbau, welcher erst nach dem Tode dieses prachtliebenden Herrschers zum Abschluß gelangte. Nach den Angaben des Architekten Fritsch, dem wir hier folgen, wurde rechtwinkelig zu dem Hauptflügel der alten Burg und in einer Flucht mit der Ostfront desselben nach Süden ein neuer dreigeschossiger Flügel von 75 m Länge und 14,5 m Breite, das sogenannte „Zweite Haus", angefügt. Von der Südwestecke des Schlosses legte man nach dem benachbarten (alten) Dom, der sich aus der Kirche der Schwarzen Brüder (Dominikaner), nach welcher noch heute die nahebelegene Brüderstraße heißt, entwickelt hatte, einen bedeckten hölzernen Gang auf Mauerpfeilern und vor die Südfront eine 95 m lange, 20 m breite Stechbahn. Im Innern des Joachim'schen Schlosses erregte ein durch die ganze Tiefe des Flügels reichender, mit einer Hängewerkdecke überspannter Saal die Bewunderung der Zeitgenossen.

Die späteren Wandlungen des Schlosses, welche von jenem Joachim'schen Bau nur wenige Spuren hinterlassen haben, wollen wir im folgenden Kapitel weiter verfolgen, hier aber uns einer unheimlichen, mit dem Geschicke des Hauses Hohenzollern bis in die neueste Gegenwart in Verbindung gebrachten und dadurch in aller Welt bekannten Spukgestalt, der Erscheinung der Weißen Frau, zuwenden.

> „Ghüllt in weiße Wittwentracht,
> Ineweiße Nonnenschleier,
> So schreitet sie um Mitternacht
> Durch Burg und Schloßgemäuer,
> Die bleichen Händ' ins Kreuz gelegt,
> Am flachen Busen unbewegt,
> Den Blick gesenkt zur Erde
> Mit starrer Leichgeberde."

Die Unholdin zeigt sich nach dem Volksglauben in den Gemächern des Schlosses, wenn der Tod eines der Mitglieder des königlichen, jetzt wird man sagen müssen auch des kaiserlichen Hauses bevorsteht. Um von den früheren Jahrhunderten zu schweigen, soll die Weiße Frau vielfach in diesem Jahrhundert ihren Umgang gehalten haben, Schloßbediente, Schildwachen, im Schloß beschäftigte Handwerker wollen sie gesehen haben, ein Posten hat sogar auf sie gefeuert, „natürlich" ohne den geringsten Erfolg. Man hat den Spuk u. A. 1840 vor dem Heimgange König Friedrich Wilhelm's III., kurz vor dem Tode seines Nachfolgers, ja noch im Jahre 1879, kurz vor dem Ableben des jugendlichen Prinzen Waldemar, eines hoffnungsvollen Sohnes des Kronprinzen Friedrich Wilhelm, erlebt.

Das Volk, welches nicht blos blind glaubt, sondern über seinen Aberglauben nachgrübelt, behauptet, die Weiße Frau sei der ruhelose Geist Anna Sydow's, „der schönen Gießerin".

Neben verschiedenen Künstlern und Kunsthandwerkern zog Joachim II. den geschickten Kunst- und Stückgießer Matthias Dietrich aus Burgund nach Berlin, der sich u. A. durch das trefflich modellirte eherne Denkmal des Kurfürsten Johann Cicero (1486—1499), im jetzigen Dom befindlich, einen nachhaltigen Ruf erworben hat.

Berlin mit dem kurfürstlichen Schlosse und einem Theil der Festungswerke im Jahre 1688. Nach Joh. Bernh. Schult.

Zeichenerklärung: 1. Residenzschloß. 2. Lustgarten. 3. Grotte im Lustgarten (das Reinhardtsche „Neue Lusthaus"). 4. Das projektirte Bibliotheksgebäude. 5. Neu gebautes Orange Haus. 6. Churfürstliche Münze. 8. Zeughäuser. 9. Kurfürstlicher Stall in Köln. 10. „Ihrer Durchlaucht der Kurfürstin Stall". 12. Das „Posthaus". 13. „Die Rieberlage". 17. „Mühle beim Schloß". 20. Die Domkirche nebst dem Domkirchhof auf dem Schloßplatz. 25. Friedrich-Werder'sche Kirche und Rathhaus; daneben rechts das „Bürgerhaus". 26. Die Heilige Geistkirche. 29. „Das Joachimsthalische Gymnasium". 31. Das Berlinische Rathhaus. 33. Die Lange Brücke (Kurfürstenbrücke). 38. Die neue Brücke auf dem Werder (die Straße führte zum Leipziger Thore). 40. Die Hundebrücke (Schloßbrücke). 46. Das „Neue Thor".

Ungefähr im Jahre 1560 starb Dietrich und hinterließ eine junge schöne Wittwe, Anna Sydow. Joachim II. war zum ersten Male mit der Herzogin Magdalena von Sachsen, alsdann mit Hedwig von Polen vermählt. Bei einem Besuch des Jagdschlosses Grimnitz fiel die Letztere, welche ihrem Gemahl vier Kinder geschenkt hatte, mit einem durchbrechenden morschen Fußboden auf Hirschgeweihe im unteren Stockwerk, wobei sie sich am Unterleib so schwer verletzte, daß sie bis zu ihrem, im 60. Lebensjahre, 1553 zu Alt-Ruppin erfolgten Tode auf Krücken gehen mußte. Seitdem hielt sich der Kurfürst zur schönen Gießerin.

Als einen ehrenhaften Zug seines Charakters fassen wir es auf, daß er seinen Nachfolger, den Kurprinzen Johann Georg, schriftlich verpflichtete, die Anna Sydow mit ihren Kindern in seinen besondern Schutz zu nehmen. War es die wenig sparsame Wirthschaft, welche am Hofe seines Vaters eingerissen war, oder war es persönliche Abneigung gegen die Favoritin, genug, als Kurfürst Johann Georg 1571 zur Regierung kam, ließ er die Sydow auf die Festung nach Spandau bringen und bis zu ihrem Tode in harter Haft halten.

Das Volk betrachtete dies als einen Wortbruch und meinte späterhin, daß die Gießerin seit ihrem Tode als Weiße Frau umgehe und sich als rächende Spukgestalt zum ersten Male vor dem Tode ihres Peinigers und von da ab überhaupt bei gleichen Vorfällen des brandenburgisch-preußischen Hauses im Berliner Schlosse gezeigt habe.

Der Graf von Stillfried-Alcantara hat nun in seinen Alterthümern und Kunstdenkmalen des erlauchten Hauses Hohenzollern nachgewiesen, wie die Legende von der Weißen Frau, welche bei vielen Völkern und Familien vorkommt, recht eigentlich eine Stammessage des Hauses Hohenzollern ist. Lange vor der Anna Sydow soll eine Wittib Kunigunde, Gräfin von Orlamünde, eine leidenschaftliche Neigung zu Albrecht dem Schönen, Burggrafen von Nürnberg, gefaßt und dieser der Gräfin folgenden Vers übersandt haben:

"Der Frau von Orlamünd'
Schaden vier Augen und zwei Kind'."

Die Gräfin habe gemeint, daß nur ihre zwei Kinder ihr im Wege seien und habe diese umgebracht. Der Burggraf hatte aber mit den vier Augen seine Eltern im Sinne, welche in diese Verbindung schwerlich eingewilligt haben würden, da ihr Sohn damals bereits mit der Gräfin von Henneberg verlobt war. Ergrimmt über den Frevel, habe der Burggraf die Mörderin eingesperrt und hinrichten lassen. Seitdem gehe die Orlamünderin ruhelos um. Sogar den Grabstein der vermeintlichen Weißen Frau hat Stillfried in der ehemaligen Kloster-, jetzigen Pfarrkirche zu Himmelsthron bei Nürnberg entdeckt. Er trägt die Umschrift:

Anno MCCCLI obiit Domina Cunegondis de Orlamond, fundationis hujus abbatissa in Coeli Throno.

(Im Jahre 1351 starb die Herrin Kunigunde von Orlamünde, dieser Stiftung Aebtissin, zu Himmelsthron.) Die Gräfin ist auf dem Leichenstein im weißen Gewande der Cisterzienserinnen dargestellt und hat in der That ein gespenstisches Aussehen.

Ausstellung am Pranger (Kaak) auf der Gerichtslaube in Berlin (1360).

Endlich ist noch zu berücksichtigen, daß an vielen Höfen, so auch am brandenburgischen, die Trauertracht weiß war und daß, wie Emil Dominik ansprechend ausführt, hieraus sehr wohl die Redensart entstehen konnte: die weiße Frau, die Wittwe wird bei Hofe erscheinen, d. h. der Hof wird bald einen Trauerfall erleben. —

Aus der Kurfürstenzeit. Unter Joachim II. fällt noch die für Berlin, für Brandenburg, ja sogar für die ganze Zukunft Deutschlands wichtige Einführung der Reformation. Noch ehe Joachim II. selbst am 1. Nov. 1539 zu Spandau das Abendmahl zum ersten Male in beiderlei Gestalt nahm, predigte in der Berliner Domkirche der erste mit Bewilligung des Kurfürsten berufene evangelische Propst von Berlin, Georg Buchholzer, ein Schüler Luther's; am 2. Nov. nahm der Rath von Berlin in der St. Nicolaikirche feierlich das Abendmahl nach lutherischem Bekenntniß, und bald waren die St. Nicolai= und Marienkirche, die Filiale zum Heiligen Geist, die Klosterkirche sowie außerhalb der Stadt die St. Georgenkirche, endlich in Kölln das Domstift, die St. Petri= und St. Gertraudtskirche evangelisch.

Johann Georg (1571—1598) suchte der unter seinem Vater eingerissenen Geldverlegenheit durch Sparsamkeit entgegen zu wirken und trat dem Hasse, den das Volk insbesondere in Berlin gegen die Juden hegte, nicht entgegen, so daß sich alsbald gegen die Letzteren grausame Verfolgungen entwickelten. Joachim I. hatte 1510 die Juden aus der Mark vertrieben, nachdem ihrer 38 unter der Beschuldigung, eine Hostie entweiht und Christenkinder geschlachtet zu haben, auf dem Neuen Markt verbrannt worden waren; unter Joachim II. fanden die Kinder Israels nicht nur wieder Einlaß, sondern derselbe machte sogar den Sohn des Juden Chluchim aus Prag, Lippold, zu seinem Münzmeister und Vertrauten. Auf diesen Günstling wurde nach Joachim's II. Tode zunächst die volle Schale des Zornes ausgegossen. Beschuldigt, durch Zaubermittel die Gunst des Kurfürsten erschlichen und alsdann diesen vergiftet zu haben, ward er eingekerkert und durch furchtbare Folter ihm ein Geständniß ausgepreßt. Mit dem angeblichen Zauberbuche am Halse wurde er vom Berliner Rathhaus aus an verschiedenen Plätzen zehnmal mit glühenden Zangen gezwickt und alsdann auf dem Neuen Markt gerädert und geviertheilt, die Stücke an vier verschiedenen Galgen aufgehängt, die Eingeweide mit dem Zauberbuche verbrannt, der Kopf auf dem Georgenthore aufgepflanzt. Als eine Maus unter dem brennenden Blutgerüst hervorsprang, sah die fanatische Menge darin den Zauberteufel des armen Sünders, welcher das Weite suchte. 1573 mußten die Juden wiederum die Mark verlassen.

Zwei Jahre zuvor hatte der Kurfürst den gelehrten und vielgereisten Leonhard Thurneysser von Thurn kennen gelernt und ihm einen Theil des Franziskanerklosters, gewöhnlich Graues Kloster (von der Tracht der Mönche) genannt, zu alchemistischen Studien eingeräumt. Wenn er auch weder den Stein der Weisen, noch das Lebenselixir zu erfinden, noch Gold zu machen im Stande war, wie alle die vielen betrügenden oder selbst betrogenen Adepten seiner Zeit und der beiden nachfolgenden Jahrhunderte, so hinterließ er doch Berlin in der Gründung der ersten Buchdruckerei einen wahren Goldschatz. Auch sonst geschah zur Hebung der Wissenschaft Manches unter dem ernsten Herrscher; als der unruhige Thurneysser es für gut befunden, so geheimnißvoll zu verschwinden wie er gekommen, richtete der Kurfürst in dem Theile der Gebäude zwischen der Klosterkirche und dem Lagerhofe das erste Gymnasium, Anfangs Landschule oder Gymnasium zum Grauen Kloster, jetzt Berlinisches Gymnasium genannt, ein, welches als die angesehenste Gelehrtenschule der Reichshauptstadt noch jetzt blüht.

Auch unter den folgenden Regierungen von Joachim Friedrich (1598 bis 1608) und Johann Sigismund (1608—1619) setzte die Entwicklung Berlins ihren ruhigen, gedeihlichen Gang fort; mit dem Anwachsen der brandenburgischen Hausmacht stieg das Ansehen, der Umfang, die Bewohnerzahl und der Wohlstand der Hauptstadt, und als die Religionswirren im südlichen und mittleren Deutschland sich zu kriegerischen Zusammenstößen verschärften, ahnten die Berliner noch nicht, in wie fürchterlicher Weise auch ihre Stadt bald in Mitleidenschaft gezogen werden sollte.

Der Dreißigjährige Krieg. Gustav Adolf und die Schweden in Berlin. Obwol der Kurfürst Georg Wilhelm sich bei dem seit 1618 entbrannten Religionskriege geflissentlich lange Zeit jeder Betheiligung enthielt, wurde sein Land von den kriegführenden Mächten nicht besser als Feindesland behandelt und schon in den ersten Jahren hart mitgenommen. Im Jahre 1627 weilte Wallenstein, Herzog von Friedland und Generalissimus der kaiserlichen Armee, damals auf der Höhe seiner Macht, in Berlin. Uebel hausten die kaiserlichen Regimenter Torquato-Conti und St. Julioni in Berlin, welches letztere binnen 16 Monaten 300,000 Thaler, eine ungeheure Summe für die damalige Zeit und unter den obwaltenden Umständen, in Berlin und Kölln erpreßte.

Noch schlimmer wurde die Lage, als König Gustav Adolf von Schweden, Schwager des Kurfürsten, am 3. Mai 1631 in Berlin einrückte und den Letztern unter Bedrohung von Gewalt zu einem Bündnisse zwang. Den Fall Magdeburgs am 10. desselben Monats vermochte der schwedische Monarch nicht mehr zu verhindern, und es mag diesem, nach der Meinung der Schweden, durch die Säumniß des Kurfürsten verschuldeten Unglücksfall mit zuzuschreiben sein, daß, als Gustav Adolf am 8. Juni wieder vor Berlin mit seinem Heere erschien, er die Einladung seines Schwagers, im Schlosse Wohnung zu nehmen, nicht nur kurz abschlug, sondern auch die Stadt mit scharfen Schüssen begrüßte. Der Chronist Loccelius behauptet, die Beschießung habe sofort nach Ankunft der Truppen begonnen: „Die ganze Schwedische Armee wurde am 8. Junio wieder vor die Residenz geführet, mit Stücken gewaltig canoniret und alle Feindseligkeit angedräuet. Ich kann mich erinnern, wie die Häuser und die Leute gebebet haben, wenn die Salven nacheinander los gegangen sind. Bei diesem gefährlichen Stande der Dinge ist der Sächsische General Arnimb Unterhändler gewesen."

Prof. Holtze macht zwar darauf aufmerksam, daß damals bei fürstlichen Saluten überhaupt scharf geschossen worden sei, giebt aber selbst zu, wie die Schweden aus Verdruß die Begrüßung absichtlich so nachdrücklich eingerichtet hätten, daß die Kugeln in die Stadt einschlugen. Sie scheinen selbst das kurfürstliche Schloß getroffen zu haben, wenigstens werden in der sogenannten Kugelkammer, einem Gemach, welches später zur Wohnung König Friedrich's I. gehörte, noch augenblicklich mehtere blank polirte Kanonenkugeln aufbewahrt, welche von dem sonderbaren Willkommen am 8. Juni 1631 herrühren.

1636, den 29. Oktober, erschien der schwedische General Hermann Wrangel mit seiner ganzen Armee vor Berlin, plünderte die Stadt zwar nicht, fouragirte und requirirte aber in einer Art, welche einer „Auspochung" ziemlich ähnlich war. So ging es die nächsten Jahre weiter, bald Feind, bald Freund, bald Kaiserliche, bald Schweden, dazu Hungersnoth und Pest!

Wir wollen diese fürchterlichste Zeit Berlins nicht weiter ausmalen, da die nackten Zahlen die Zustände am sprechendsten schildern. Von 845 Häusern in Berlin waren noch im Jahre 1641 200, von 364 in Kölln 150 unbewohnt und theilweise verfallen. Die Bevölkerung beider Städte hatte sich von 11,000 Einwohnern im Jahre 1608 und 12,000 im Jahre 1619 bis zu 8100 im Jahre 1631 und 1640 bis auf 6000 vermindert! Das Schloß war in baufälligem Zustande, der Lustgarten ein verwilderter Busch, die Lange Brücke und die Hundebrücke, jetzt Schloßbrücke, für Fuhrwerk kaum mehr passirbar, Pflaster äußerst spärlich vorhanden; auch zeigten sich die meisten bewohnten Häuser in schlechten baulichen Würden, zumeist mit hölzernen Schornsteinen und Schindeldächern versehen. Die Brunnen waren offen, wie auf den Dörfern mit Schwengeln und Kübeln versehen, dabei zum Theil verschlammt. Große Kehrichthaufen lagen vor den Häusern, die Schweine wühlten darin und in den verstopften Kanälen. Die Ställe für dieses Rüsselvieh befanden sich zum Theil an der Straße, ja unter den Fenstern der Wohnungen.

Der Große Kurfürst. Unter so elenden Verhältnissen übernahm Kurfürst Friedrich Wilhelm (1640—1688) seine Hauptstadt. Dieser Monarch, dem die Geschichte den Titel „des Großen" neidlos zuerkannt hat, ließ es sich besonders angelegen sein, den traurigen Zustand Berlins zu verbessern. Vor Allem suchte er Bewohner in die wüsten Hausstellen zu ziehen. Dies glückte ihm mit Kölln am leichtesten, so daß dort bald jedes Haus wieder besetzt war. Auf den Befehl an den Rath von Berlin im Jahre 1665, daß die wüsten Stellen binnen Jahresfrist bebaut oder an andere Bürger umsonst abgegeben werden sollten, mußte die geplagte Stadtobrigkeit berichten: „Wir haben schon manche wüste Stelle verkauft, aber es gehet wie einem alten zerrissenen Kleide, wo, wenn man ein Loch zuflickt, zwei neue wieder vorhanden sind." Dennoch erholte sich unter seiner langen, gesegneten Regierung Berlin nicht blos, sondern stand sogar am Ende seines Lebens als eine ansehnliche Stadt da.

Die Pflasterung Berlins wurde allmählich durchgeführt, 1679 auch ein Anfang zur Straßenbeleuchtung in der Weise gemacht, daß vor jedem dritten Hause eine Laterne mit brennendem Lichte ausgehängt werden mußte, wozu die betreffenden Hausbesitzer umsichtig herangezogen wurden. 1682 wurden trotz allen Sträubens der Bewohner, welche die Kosten scheuten, die Laternen auf Pfähle gesetzt. Scharfe Verkehrs- und Baupolizeivorschriften sorgten dafür, daß die Schweineställe und ihre unsauberen Insassen wenigstens von den Straßen vertrieben wurden. 1680 wurde ein Gassenmeister eingesetzt, welcher täglich mit zwei Abfuhrkarren durch die Straßen zog und vor jedem Hause, wo er etwas aufzuladen hatte, für eine volle Ladung Einen Groschen 6 Pfennig (15 Reichspfennige), vom Kurfürsten selbst aber jährlich 52 Scheffel Korn und freie Wohnung erhielt. Wer vor seinem Hause nicht gekehrt hatte, dem warf der Gassenmeister den Koth ins Haus. Die lehmernen und hölzernen Steine wurden verboten und Feuerlöschordnungen eingeführt.

Denkmal Friedrich's des Großen in Berlin.

Zu erwähnen ist noch die Befestigung Berlins, welche unter des Großen Kurfürsten Regierung vollendet wurde und Angesichts der von Neuem drohenden Kriegsgefahren sich als eine — wenn auch lästige — Nothwendigkeit zum Schutz der Hauptstadt herausstellte.

Berlin als königliche Stadt. Wie anders war die Lage der Stadt, verglichen mit der Zeit des Ablebens Georg Wilhelm's, als Kurfürst Friedrich III. im Jahre 1688 zur Regierung kam. Berlins Stern erschien sichtlich im Aufgange und erhielt neuen Glanz, als der Kurfürst unter dem Namen Friedrich I. sich am 17. Dezember 1700 zu Königsberg die Krone Preußens aufsetzte und am 6. Mai 1701 seinen feierlichen Einzug durch das Georgenthor und die Georgenstraße, fortan Königsthor und Königsstraße genannt, hielt. Wie schon unter seinem Vater moskowitische und tatarische Gesandtschaften, ja ein Negerkönig die Residenz aufgesucht hatten, so wurde das Interesse und die Bedeutung, welche sie bereits in Europa zu erregen begann, durch wiederholte Besuche Zar Peter's des Großen öffentlich bekundet, woneben der Glanz des neuen königlichen Hofes noch vielfach fürstlichen Besuch nach Berlin lockte.

Daß ein so prachtliebender Monarch auch für die Erweiterung der Stadt sorgte, liegt nahe. So erfolgte der großartige Ausbau nach Süden zu, der unter dem Namen „Friedrichsstadt" begriffen wird und die längste Straße Berlins, die Große Friedrichsstraße, mit ihrem System von Parallelstraßen enthält. Es ist dies der am regelmäßigsten gebaute, zugleich auch einer der schönsten und wohlhabendsten Theile der Metropole, dem an Ausdehnung und Ausbildung wenige Hauptstädte der Welt etwas Aehnliches an die Seite zu setzen haben. Am meisten erinnert an die Friedrichsstadt ein Theil der Avenüen von New-York. Mag das Wort des Enkels Friedrich's I., eine der vielen sarkastischen Bemerkungen Friedrich's des Großen, in Bezug auf seinen Großvater, daß er groß in Kleinigkeiten und klein in großen Dingen gewesen, von seinem politischen Leben im Allgemeinen richtig sein; in Bezug auf Berlin ist Preußens erster König jedenfalls groß in großen Dingen gewesen. Ein Beweis für seine Anstrengungen liegt auch darin, daß, während die Bewohnerzahl Berlins bei seinem Regierungsantritt 20,000 betrug, sie 1700 auf 29,000 und bei seinem Tode 1713 bis auf 61,000 Seelen gestiegen war.

Wie vielfach unter den brandenburgisch-preußischen Regenten die unvermitteltsten Gegensätze auf einander gefolgt sind, so wurde die Prachtliebe Friedrich's I. durch die haushälterischste Knappheit seines Sohnes urplötzlich abgelöst. An Stelle der Prachtbauten, auf welche wir im folgenden Kapitel einzugehen haben, ließ der sparsame König Friedrich Wilhelm I. sich den Ausbau der Vorstädte durch bürgerliche Häuser angelegen sein, so den der Spandauer und Stralauer Vorstadt, der Dorotheen- und Friedrichsstadt. Mehrere der bekanntesten und wichtigsten Plätze verdanken ihm ihre Anlage, z. B. das „Rondel" am Ende der Friedrichsstraße, jetzt Belle-Alliance-Platz, das „Achteck" am Ende der Leipziger Straße, jetzt Leipziger Platz, das „Quarré" am Ende der Straße Unter den Linden, jetzt Pariser Platz. Daß der König bei diesen Schnellbauten, seiner reizbaren Natur entsprechend, oft gewaltthätig vorging, ist bekannt. Der landesväterliche Krückstock wurde geschwungen, und mancher Berliner Bürger, der auf der Straße herumstand, hat, um einer näheren Bekanntschaft mit dem wuchtigen spanischen Rohre zu entgehen, wenn er den gefürchteten Monarchen von fern erblickte, schleunigst sich bei einem Neubau als Handlanger zu schaffen gemacht. Karg, wie der Monarch sonst war, zeigte er doch in militärischen und baulichen Angelegenheiten eine große Freigebigkeit, und überaus zahlreich sind die Fälle, wo er durch Gewährung von Darlehen oder Grund und Boden, durch Verschaffung von Bauholz und Steinen die Bauthätigkeit auf seine Kosten ermuthigte.

Unter diesen Umständen mußten die Festungswerke des Großen Kurfürsten für das Gedeihen Berlins immer gefährlicher und unbequemer werden.

Das Potsdamer Thor im Jahre 1775.

Gefährlich, weil bei einer Belagerung die schönsten neuen Stadttheile außerhalb der Thore verloren waren und gleichzeitig dem Feinde zur Festsetzung und Unterstützung seiner Belagerungsarbeiten auf das Willkommenste gedient haben würden; unbequem, weil sie den innern und äußern Verkehr sowie wegen der lästigen Rayonvorschriften die Erweiterung der aufstrebenden Stadt außerordentlich erschwerten. So beschloß der König, die Befestigung aufzugeben. Die alten Thore wurden abgebrochen; die Beseitigung des Grabens bis auf seine gegenwärtige geringe Breite dauerte noch mehrere Jahrzehnte. Ja, der Königsgraben zwischen der Stralauer- und Burgstraße ist erst in den Jahren 1878 bis 1880 gelegentlich des Baues der neuen Stadtbahn gänzlich beseitigt worden. Als einzige Reste der kurfürstlichen Festung auf dem linken Spree-Ufer sind heute noch der Hügel in den Gartenanlagen hinter dem Köllnischen Realgymnasium (ein Stück des Walles) und der sogenannte „Wusterhausen'sche Bär", ein Thürmchen, welches ein Grabenstauwerk deckte, an dem später eine Walkmühle angelegt worden ist, etwas unterhalb auf dem Hofe des Hauses Neue Jakobstraße Nr. 10 erhalten.

Als neue Abgrenzung der Stadt wurde zwischen 1734—1736 eine 3,14 m hohe, 8168 m lange Mauer, einschließlich der Thore, für 123,159 Mark errichtet, die gleichzeitig zur Umschließung der Köpenicker Vorstadt bis nahe an den Oberbaum fortgeführt und auf dieser Strecke mit zwei Thoren, dem Kottbuser und Schlesischen Thore, versehen wurde.

Von dem Fenereifer des Soldatenkönigs für seine Hauptstadt zeugt es, daß hauptsächlich auf sein Betreiben in der Friedrichsstadt von 1721—1737 nicht weniger als 985 neue Häuser gebaut wurden, während zuvor nur 697 da waren. Die Dorotheenstadt wurde gleichzeitig um 50 Häuser vermehrt. Fremde Kolonisten, darunter im Jahre 1732 etwa 2000 aus Böhmen vertriebene Evangelische, wurden gern vom König in seine Hauptstadt aufgenommen, deren Bevölkerung stetig anwuchs, einschließlich der 12,000 Mann starken Garnison im Jahre 1726 von 72,000 Seelen auf 90,000 Seelen im Jahre 1740. Die Zahl der Häuser ward 1722 auf 4365, im Jahre 1740 auf 5796 angegeben. (Bei ca. 1,120,000 Einwohnern im Jahre 1880 betrug sie 18,200 mit 1960 Millionen Mark Versicherungswerth.)

Friedrich der Große. — Die Oesterreicher und Russen in Berlin.

„Diese Stadt, da Preußens Ruhm
Sich den Königsitz erwehlet,
Hat des Glückes Eigenthum
Sich zum Brautschatz abgezehlet,
Sie gleicht einer kleinen Welt.
Die der großen Veste Schätze
Durch die wunderschönsten Sätze
Concentrirt beisammenhält.
Was Paris zum Wunder macht,
Ist auch in Berlin zu finden,
Und der Tiber stolze Pracht
Muß jetzt an der Spree verschwinden.

London sei so groß es will,
So darf ihm Berlin nicht weichen:
Denn, kann's ihm nicht gänzlich gleichen,
So gebricht ihm doch nicht viel,
Hier ist Griechenlands Athen,
Hier sind Asiens Paläste.
Auf den meisten Gassen geh'n
Weit entleg'ner Länder Gäste,
Hier ist ein beruf'ner Thron,
Welchen Macht und Klugheit stützet,
Und der auf demselben sitzet,
Ist ein weiser Salomon."

Bei diesen Versen, die auf dem bekannten Schleuen'schen Stadtplan etwa vom Jahre 1770 stehen, fühlt man sich etwas an das der Spree gewidmete Distichon Schiller's erinnert:

„Sprache gab mir einst Ramler und Stoff mein Cäsar, da nahm ich
Meinen Mund etwas voll, aber ich schweige seitdem."

Ein wenig voll nahm der Lokaldichter wol den Mund, wenn er das Berlin des Alten Fritz mit Paris, Rom und London verglich, dennoch hat ein neuerlicher kompetenter Autor wol Recht, wenn er Friedrich II. das Verdienst in Bezug auf Berlin vindizirt, der Stadt zum ersten Male Anspruch auf europäische Geltung verschafft zu haben. Mehr mittelbar ist das geschehen, durch den Glanz seines kriegerischen Ruhmes und den Nimbus seiner eigenartigen Persönlichkeit, weniger durch eigentliches Eingreifen in die Entwicklung der Stadt, die ihm mit sammt ihrer Bewohnerschaft nicht sonderlich sympathisch war. Gleiche Pole stoßen sich ab — vielleicht lag diese Abneigung in dem scharfen kritischen Wesen des Königs, demselben Charakterzug, der sich schon damals als typisch in der Bevölkerung Berlins entwickelte und ihr seitdem unwandelbar anhaftet.

Gleichzeitig fing die Stadt, Dank dem von Friedrich's Vorfahren so eifrig begünstigten Gewerbfleiße, an, sich zu fühlen und ohne fiskalische Direktive selbständig zu entwickeln, wozu die andauernde Abwesenheit des Königs und des

Hofes von selbst beitrug. Die Beseitigung der Festungswerke ging weiter vor sich, die planirten Wälle wurden bebaut; so entstand die Neue Friedrichsstraße, die Neue Promenade, die Große Präsidentenstraße, die Neue Schönhauser Straße, die Münzstraße, die Straße am Königsgraben, die Straße An der Contrescarpe (jetzt Alexanderstraße). Auch die nördliche Seite des Köllnischen Festungsterrains wurde ausgebaut, die Straßen Am Kupfergraben, Hinter dem Gießhause angelegt, das Kastanienwäldchen hinter dem Prinz Heinrich'schen Palais (jetzt Universität) angepflanzt. Zwischen dem Hamburger und dem Rosenthaler Thore ward die Vorstadt Neu-Voigtland geschaffen, in welcher sich namentlich Handwerker aus dem sächsischen Erzgebirge und Voigtlande ansiedelten.

Die Linden im Jahre 1690.

Diese Anlage hat als eine erfreuliche lange Zeit hindurch nicht betrachtet werden können: in ihrer Bevölkerung befanden sich bis in dies Jahrhundert hinein viel übelbeleumdete Personen, und noch jetzt hat im Berliner Volksmunde die Bezeichnung „Voigtländer" etwas Verächtliches an sich. Gleich seinem Vater beförderte der große König den Bau bürgerlicher Häuser.

In dem Zeitraume von 1769—1785 baute der König im Ganzen 204 neue Häuser, wobei er auf den Façadenschmuck besondere Sorgfalt verwenden ließ. Die meisten dieser Häuser kamen der Straße Unter den Linden, der Leipziger Straße, dem Gendarmenmarkt und Dönhofsplatz zugute. Andere Bauunternehmer wurden durch Baugelder und Bauholz unterstützt; Kalksteine für die Fundamente und den Mörtel erhielt jeder Bauende, ohne Ausnahme, gegen Erstattung des Brecherlohns und der Fracht aus den 21 km östlich Berlin belegenen Rüdersdorfer Kalkbergen, welche für die bauliche Entwicklung Berlins überhaupt von größter Wichtigkeit gewesen und noch jetzt unentbehrlich sind, frei angewiesen.

Im Interesse der Staatsindustrie wurde in der Hauptstadt die von Wegeli im Jahre 1751 angefangene, dann von dem patriotischen Kaufmann J. E. Gotzkowsky 1760 betriebene Porzellanmanufaktur 1763 von der Regierung übernommen, 1765 die General-Tabaksadministration, 1771 die Hauptnutzholzadministration, 1772 die Seehandlung, 1780 das Haupteisenkontor gegründet.

Die Bevölkerung zählte im Jahre 1756 bereits 126,000 Seelen, verminderte sich durch die Kriegsläufte und betrug 1763 nur erst 119,300 Seelen; 1766 war die Ziffer von 1756 wieder erreicht und betrug beim Ableben des Monarchen im Jahre 1786 rund 150,000 Seelen mit dem Militär. Daneben waren damals etwa 6650 Vorder- und 4000 Hinterhäuser mit einem Versicherungswerth von 57,01 Millionen Mark vorhanden.

In die glorreiche Regierungszeit des Großen Friedrich fallen die ersten feindlichen Heimsuchungen Berlins.

Als der Soldatenkönig Friedrich Wilhelm I. sich entschloß, die Festungswerke Berlins schleifen zu lassen, unternahm er damit wohl überlegt einen Schritt, der auf die äußere Politik und Kriegführung Preußens von der größten Bedeutung gewesen ist. Unermüdlich hatten seine Vorgänger an der Vergrößerung des Staatsgebietes gearbeitet und demselben mit seltenem Glück Stück für Stück mosaikartig angefügt, dennoch nahm sich der brandenburgisch-preußische Staat wunderlich zerrissen auf der Landkarte aus. Im äußersten Westen auf dem linken Ufer des Rheins Gebiete, dann mehr central, als der eigentliche Kern, die Marken, im äußersten Osten das Herzogthum Preußen, von dem das neue Königreich den Namen führte; aber diese drei Haupttheile, zu denen südöstlich das neu erworbene Schlesien kam, unverbunden, und daneben weit verstreut zahlreiche größere und kleinere Enklaven. Oesterreich, Frankreich, Rußland, Schweden und Polen als Gegner und die deutschen Kleinstaaten zum großen Theil nicht als Freunde Preußens, ließen die Hauptstadt bei jedem mit Glück geführten feindlichen Verstoß verloren sein, falls sie nicht befestigt war; dennoch entschied sich das preußische Kabinet gegen eine Befestigung Berlins. Die ungünstige Lage der Hauptstadt und die Verzettelung der Provinzen nöthigten den Regenten nicht blos die historisch gewordene Devise: „la Prusse doit être toujours en vedette", sondern auch im Falle kriegerischer Verwicklungen die Nothwendigkeit auf, rascheste Initiative zu ergreifen und möglichst den Krieg in Feindesland zu verlegen. So verfuhr Friedrich II., so König Wilhelm I. in den Kriegen von 1866 und 1870—1871; schwer hat es Friedrich Wilhelm III. büßen müssen, daß er an die Stelle des muthigen Darauflosgehens die Politik des Zuwartens setzte.

Dieser frischen, raschen Kriegführung verdankt das kleine Preußen seine beispiellosen Erfolge numerisch weit überlegenen Feinden gegenüber, verdankt das unbefestigte Berlin die verhältnißmäßig seltene Ueberrumpelung durch den Feind. Als Festung im Mittelalter und in der Kurfürstenzeit ist Berlin jungfräulich geblieben. Die Belagerung durch König Waldemar III. im Jahre 1349 und durch den Tempelritterorden im Jahre 1435 endete ruhmvoll für Berlin. Ruhmvoll ist auch die Vertheidigung der nur mit einer zur Sicherung des Oktroi errichteten schwachen Mauer, stellenweise sogar nur mit Palissadenstaket umgebenen Stadt im Siebenjährigen Kriege gewesen, ruhmvoll, wenn auch nicht glücklich.

Der erste Ueberfall erfolgte am 16. Oktober 1757, als Friedrich mit Oesterreich, dem Deutschen Reiche, Rußland, Frankreich und Schweden zugleich kämpfte, durch den Kroatengeneral Haddick, der mit 7000 Mann sich nach einem blutigen Kampfe, in welchem die schwache Garnison fast aufgerieben wurde, des schlesischen Thores bemächtigte, aber nicht in die Stadt selbst einzuziehen wagte, sondern sich mit einer Kontribution von 600,000 Mark begnügte. Ein Geschenk, bestehend aus einem Kästchen mit 24 Paar feinen Berliner Handschuhen,

Die Oesterreicher, die Russen und Napoleon I. in Berlin.

welches er Maria Theresia zu überreichen gedachte, wurde dadurch illusorisch, daß sich die Handschuhe sämmtlich als für die linke Hand gefertigt herausstellten, ein Späßchen, das den Berlinern noch lange Zeit Stoff zum Lachen gegeben hat. Ernstlicher ging es 1760 zu, wo die Stadt vom 3. bis 8. Oktober von den Russen unter Tottleben und Tschernitscheff und von den Oesterreichern und Sachsen unter Lascy belagert wurde. Um die von Süden und Südosten her scharf beschossene Stadt nicht in Flammen aufgehen zu lassen, kapitulirte der Kommandant und übergab sie dem Grafen Tottleben.

Vorhof des kurfürstlichen Schlosses im Jahre 1690.

Die russischen Truppen des Letzteren hielten in der Stadt gute Mannszucht, während die gegen die Russen erbitterten Oesterreicher und Sachsen ihr Müthchen an den Berlinern kühlten und Exzesse der schlimmsten Art begingen, so daß der russische Höchstkommandirende sich mit Gewalt gegen seine Verbündeten ins Mittel legen mußte. Der schon erwähnte Gotzkowsky erwarb sich hierbei durch die geschickte Art, wie er mit den Russen zu unterhandeln verstand, um Berlin die höchsten Verdienste, welche die Stadt im Jahre 1878 durch Benennung einer Straße nach ihm geehrt hat. Gotzkowsky hat uns eine Selbstbiographie unter dem Titel: „Geschichte eines patriotischen Kaufmanns" (Wiederabdruck in den Schriften des Vereins für die Geschichte der Stadt Berlin, Heft VII, 1863) hinterlassen, welche interessante Streiflichter auf die damaligen Verhältnisse der Stadt Berlin wirft.

Napoleon I. in der preußischen Hauptstadt. — Die Kosaken als Befreier Berlins. — Neue Kriegsgefahren (die Schlachten von Großbeeren und Dennewitz.) Während der Berliner ohne Groll der Uebergabe seiner Vaterstadt im Siebenjährigen Kriege gedenkt, ist das Gedächtniß der französischen Okkupation durch Napoleon I. unauslöschlich für jeden Patrioten mit bitteren Empfindungen gemischt. Welcher Abstand auch zwischen 1760 und 1806, damals Berlin als Residenz des selbst von seinen Feinden bewunderten großen Monarchen, von den fremden Truppen mit einer gewissen Scheu betreten, dagegen 1806 Preußen in seiner tiefsten Erniedrigung, von dem französischen Kaiser in wenig Tagen aufgerollt und in den Staub geworfen!

Am 21. September, dem Tage der Abreise König Friedrich Wilhelm's III. zum Heer, war vom Giebel des Zeughauses, der dem Palais des Königs gegenüber stand, die Bildsäule der Kriegsgöttin bei windstillem Wetter auf das Steinpflaster herabgefallen und hatte den rechten Arm zerbrochen, ein böses Omen in den Augen abergläubischer Berliner. Diesmal traf es zu. Erst am 17. October wurde die Kunde von der am 14. erfolgten Niederlage bei Jena und Auerstädt bekannt und erregte den größten Schrecken in Berlin, den die an den Straßenecken angeschlagene Proklamation des Gouverneurs Graf von der Schulenburg nicht zu beseitigen geeignet war:

„Der König hat eine Bataille verlohren. Jetzt ist Ruhe die erste Bürgerpflicht. Ich fordere die Einwohner Berlins dazu auf. Der König und seine Brüder leben!

Berlin, den 17. October 1806. Graf v. d. Schulenburg."

Also lautete die berüchtigt und sprüchwörtlich gewordene Ermahnung,*) welche Schulenburg am wenigsten selbst beherzigte, indem er bereits am 19. aus Berlin floh. Am 24. Oktober marschirte der Vortrab der Franzosen ein, am 27. hielt Napoleon unter den Klängen der Marseillaise und dem donnernden „vive l'empereur!" der Truppen seinen Einzug in Preußens Hauptstadt und residirte über einen Monat auf dem königlichen Schlosse. Wenn die Franzosen auch Mannszucht hielten und das Plündern im Wesentlichen auf die öffentlichen Kunstsammlungen beschränkt wurde, aus denen der Staatsarchäologe Denon für die Pariser Museen viele Hauptstücke auswählte, während Manches davon nebenbei in den Händen der französischen Generale und Intendanten hängen blieb, so lastete doch der Druck der Kontribution, der Einquartierung und der allgemeinen Geschäftsstockung schwer auf der Bevölkerung.

Eine herbe Kränkung für das Volksbewußtsein war es, daß der eherne **Triumphwagen**, ein Viergespann, vom **Brandenburger Thor** abgenommen und nach Paris gebracht wurde; denn das Brandenburger Thor, durch welches der korsische Cäsar seinen Einzug genommen, war das Wahrzeichen von Berlin geworden. Mit einem Kostenaufwand von mehr als 1½ Millionen Mark hatte Friedrich Wilhelm II. das imponirende Bauwerk zum Abschluß der Straße Unter den Linden nach dem Vorbilde der Propyläen errichtet. Fünf Durchgänge legte der Erbauer Langhans darin an; einer Porta triumphalis gleichend, ist das Thor rund 60 m breit und 20 m hoch, wozu noch die 5 m hohe Quadriga kommt, von Schadow modellirt und von Jürg in Potsdam in Kupfer getrieben. Alle feierlichen Einzüge bis heute finden durch diesen fortan mit Preußens, seit 1871 mit ganz Deutschlands Geschichte eng verknüpften Prachtbau statt.

Am 9. Juli 1807 ward der für Preußen schmachvolle Friede zu Tilsit geschlossen, jedoch erst am 3. Dezember verließen die Franzosen Berlin. Mit ungeheurem Jubel wurden sieben Tage später die ersten preußischen Truppen begrüßt, darunter am herzlichsten der Major Ferdinand von Schill, welcher sich bei der heldenmüthigen Vertheidigung Kolbergs ausgezeichnet hatte und dessen Säbel nicht ganz zwei Jahre später den ersten — freilich unglücklichen — Versuch machte, die französische Zwingherrschaft zu brechen.

---

*) Wörtlich nach dem Originalexemplar im Märk. Museum. Die früheren Citate, z. B. bei Streckfuß, „500 Jahre Berliner Geschichte" (2. Aufl. 1880, S. 584) sind irrthümlich.

Der Vertrag vom 14. Februar 1812 gab Berlin noch einmal den Franzosen preis, die freilich diesmal als Scheinfreunde König Friedrich Wilhelm's III., ihres Verbündeten wider Rußland, einmarschirten. Die Berliner waren aber damals nicht mehr die Leute von 1806, die sich vor den Franzosen knechtisch beugten.

Männer wie Stein und Hardenberg hatten durch freiheitliche Reformen, Männer wie Arndt und Jahn durch glühende Begeisterung und ernste Zucht in der heranwachsenden Jugend die Vaterlandsliebe geweckt und den Haß gegen die fremden Bedrücker, gegen die Wölfe im Schafskleid, angefacht.

Vor dem Brandenburger Thore im Jahre 1820.

Noch hatte der König seinen berühmten Aufruf „An mein Volk" vom 17. März 1813 nicht veröffentlicht, welcher einer Kriegserklärung gegen Frankreich gleichkam, als der russische Oberst von Tettenborn mit mehreren Sotnien Kosaken, zu denen einige kampflustige Berliner Freiwillige gestoßen waren, am 20. Februar die Befreiung der Hauptstadt versuchte. Tollkühn sprengten die russischen Reiter in die von mehr als 10,000 Franzosen mit Geschütz besetzte Stadt, überall unter den Feinden Schrecken verbreitend, weit hinein. Obwol die nur ungenügend bewaffnete Bürgerschaft hier und da ebenfalls die Franzosen angriff, konnte der Ueberfall bei der numerischen Schwäche der Russen, deren Zahl höchstens 3000 betrug, nicht glücken. Dennoch steigerte dies Ereigniß die Gährung in der Bevölkerung auf das Höchste und bewog den Feind, die Stadt heimlich in der Nacht vom 3. zum 4. März schleunigst zu räumen. An den Kampf vom 20. Februar 1813 erinnert ein Denkstein, der früher in der Stadtmauer am Neuen Königsthor eingemauert, nach Abbruch derselben in die Umfassungsmauer des Grundstückes der St. Bartholomäuskirche eingelassen worden ist:

Alexander
Freiherr
von Blomberg,
geb. zu Iggenhausen
den 31. Jan. 1788,
fiel als erstes Opfer im deutschen
Freiheitskampfe
am 20. Februar
1813.

Napoleon suchte sich der Stadt, welcher er fürchterliche Rache geschworen hatte, um jedem Preis zu bemächtigen. „Sollte Berlin Widerstand leisten", heißt es in dem Tagesbefehl vom 13. August 1813 an den Marschall Oudinot, „so können Ihre Zwölfpfünder Bresche schießen und 50 Haubitzen die Stadt in Brand stecken. Auf diese Weise haben wir Wien, Madrid und andere Hauptstädte zur Uebergabe gezwungen."

Es fehlte nicht viel, so wäre durch die lässigen, ja geradezu verdächtigen Rückzugsbewegungen Bernadotte's, des Kronprinzen von Schweden, jene Absicht verwirklicht worden. „Was ist Berlin? eine Stadt!" bemerkte dieser sonderbare Alliirte, als der preußische General von Bülow gegen die Preisgabe der Landeshauptstadt Einspruch erhob. Gegen den Befehl Bernadotte's griff Bülow den überlegenen Feind kaum drei Meilen südöstlich Berlins unter ungünstigen Verhältnissen an. Die Gewehre der pommerschen Landwehr waren vom unaufhörlichen Regen zum Schuß unbrauchbar geworden; da kehrte sie die Flinten um und schlug mit dem Kolben die Feinde nieder. Ihr Ruf „Dat slucht beter" ist für diese Braven sprüchwörtlich geworden. Der Tag von Großbeeren, der 23. August 1813, hat Berlin vor Verwüstung und Plünderung gerettet.

Noch einmal machte Napoleon den Versuch, Berlin einzunehmen. Diesmal erhielt Marschall Ney den Auftrag, wurde aber von Bülow, wiederum ohne Zuziehung und gegen den Willen des schwedischen Kronprinzen, am 6. September bei Dennewitz derart geschlagen, daß er an seinen Kaiser schrieb: „Ich bin vollständig geschlagen und weiß noch nicht, ob sich mein Heer wieder gesammelt hat."

Seitdem ist den Franzosen zwar nicht die Lust benommen worden, Berlin zu erobern. Im Gegentheil ist der Ruf „à Berlin" vor und nach der Kriegserklärung im Jahre 1870 recht vernehmlich gewesen, Berlin hat aber bislang keinen äußeren Feind mehr in seiner Nähe gesehen. Doch halt! einmal noch, freilich nur in der Phantasie oder Halluzination, nämlich zwei Tage nach dem Aufstande am 18. März 1848, wo man allen Ernstes in verschiedenen Theilen der Stadt die Russen, welche der Schwager Friedrich Wilhelm's IV., Zar Nikolaus, diesem zu Hülfe geschickt habe, vor den Stadtthoren glaubte.

Groß war die Freude der Berliner, als die Siegesgöttin mit dem Viergespann wiederkehrte; mit dem eisernen Kreuz und dem Adler geschmückt, prangt sie seitdem als das Wahrzeichen der Stadt über dem einzigen Thore, welches Berlin seit der Weichbildserweiterung im Jahre 1861 und dem Abbruch der Stadtmauer behalten hat. Möge sie der neuen Reichshauptstadt wider den innern und äußern Feind auch fortan symbolisch sein!

Das Zeughaus mit der Schloßbrücke.

Berliner Baumeister und Bildhauer.

Schlüter und das Zeughaus. Die Lange Brücke mit dem Kurfürstendenkmal. — Schinkel. — Stüler und sein königlicher Schüler (der Geheimebaurathsstil, das Geheimerathsviertel). — Die neueste Periode (Emanzipation der bürgerlichen Baukunst, Einfluß des neuen Deutschen Reichs auf die Berliner Staatsbauten). — Berliner Bildhauer.

Schlüter und das Zeughaus. Die Lange Brücke mit dem Kurfürstendenkmal. In den Handbüchern der Kunstgeschichte wird gewöhnlich das 17. Jahrhundert bereits unter die Verfallzeit der Kunst, deren Blütezeit im Ende des 15. und in der ersten Hälfte des 16. Jahrhunderts gipfelte, gerechnet. Eine gerechtere Würdigung verkennt demungeachtet nicht, wie auch das 17. Jahrhundert in verschiedenen Zweigen Künstler erzeugt hat, welche denen des Cinquecento mit Recht an die Seite gestellt zu werden verdienen. So hat man nicht ohne eine gewisse Begründetheit den Hamburger Andreas Schlüter mit dem Florentiner Michel Angelo Buonarroti in Vergleich zu stellen begonnen. Einer Bildhauerfamilie 1662 zu Hamburg entsprossen, empfing er in Danzig, dem nordischen Venedig, und an dem prachtliebenden

Königshof zu Warschau mancherlei künstlerische Anregung und genoß bald eines solchen Ansehens, daß Kurfürst Friedrich III. ihn als Hofbildhauer im Jahre 1694 nach Berlin berief. Das königliche Schloß, wie wir es jetzt sehen, ist im Wesentlichen sein Werk, insbesondere die herrliche, dem Schloßplatz zugewandte Südfront mit dem Rittersaal. So groß war der Eifer des genialen Künstlers, daß er selbst die Motive für die Verzierung der Gemächer, für den Deckenstuck, die Fensterladen eigenhändig entwarf. Auch der Haupttheil des Charlottenburger Schlosses und das dortige Orangeriehaus, das Wartenberg'sche Palais (später die Alte Post, zur Zeit das Privathaus Königsstraße Nr. 1) und die leider jetzt an der Dorotheenstraßenfront tief unter dem Straßenniveau vergrabene Loge Royal York (damals Wohngebäude für den Oberhofmeister von Kameke) bekunden den feinsinnigen, gewandten Architekten. Die Marmorstatue König Friedrich's I., früher in Berlin, jetzt in Königsberg, der Sarkophag dieses Monarchen, die Sarkophage seiner Gemahlin Charlotte und des Prinzen Friedrich Ludwig, die Marmorkanzel in der Marienkirche, zu deren Aufstellung der Künstler den Pfeiler des gothischen Kirchenschiffs durchschnitt und durch vier Sandsteinsäulen abfing, welche den Aufgang zur Kanzel bilden, lehren uns den vielseitigen Mann wieder von neuen Gesichtspunkten kennen.

Bei dem Bau des Zeughauses, dessen Plan der verdienstvolle Nehring bereits 1685 gezeichnet hatte, konnte Schlüter sein schöpferisches Talent für äußere Ornamentik bestens zur Geltung bringen. Dies Gebäude, welches zu allen Zeiten seinen Ruhm als eins der gediegensten öffentlichen Bauwerke Europa's unverkürzt bewahrt hat, erscheint als eine Rustika=Quaderung mit Hervorhebung der Kämpfer in dem mit rundbogigen Oeffnungen durchbrochenen Erdgeschoß; eine dorische Pilasterstellung, oblonge, mit Giebelverdachung im Obergeschoß geschmückte Fenster, darüber eine zum Theil in eine Balustrade aufgelöste Attika. Diesem System hat Schlüter eine Fülle dekorativer Bildwerke hinzugefügt, deren Reichthum und Schönheit, wie der Baumeister August Beyer, dem wir hier folgen, mit Fug hervorhebt, den künstlerischen Rang des Monumentalbaues erst zur vollen Geltung bringen. Im Aeußern: die verschiedenartig komponirten Helme an den Schlußsteinen der Bögen des Unterbaues, die Fensterbekrönungen des Obergeschosses und die Trophäen und großen allegorischen Gruppen der Attika, deren Abriß einen wirkungsvollen, fein abgestimmten Gegensatz zu der ernsten quadratischen Grundform des Gebäudes bildet. Im Innern des einsamen Hofes, der im Jahre 1879 überdacht worden ist, an den Schlußsteinen der großen Bogenfenster die vielgepriesenen Masken sterbender Krieger, welche im Verein mit dem Bilde der Reue an dem Portal der Hinterfront die Kehrseite kriegerischen Ruhms und Glanzes zum Ausdruck bringen. Vor Kurzem ist dies edle Bauwerk in eins der größten Museen verwandelt worden, welches die Waffen= und Kriegskunde, gleichzeitig auch den Ruhm des brandenburgisch=preußischen Heeres veranschaulichen soll. Dem einfachen, bescheidenen Sinne Kaiser Wilhelm's entspricht es, daß er den pomphaften Namen „Ruhmeshalle" für dies Museum nicht vorgezogen, sondern den herkömmlichen Namen „Zeughaus" behalten hat. Eingeschaltet sei hier zum nähern Verständniß, daß die Gebäude, in welchen die gebräuchlichen Kriegswaffen ꝛc. aufbewahrt werden, in der amtlichen Sprache bei uns nicht Zeughäuser oder Arsenale, sondern Wagenhäuser genannt werden.

Das unsterblichste Werk Schlüter's ist das herrliche Erzdenkmal auf der Langen Brücke, die in römischer Tracht ausgestattete Reiterbildsäule des Großen Kurfürsten.

Denkmal des Großen Kurfürsten auf der Langen Brücke.

Am 12. Juli 1703 erfolgte die Enthüllung, wobei ein Herold folgende Bekanntmachung verlas:

„Demnach Se. königliche Majestät von Preußen, unser Allergnädigster König und Herr, Ihrem in Gott ruhenden glorwürdigsten Herrn und Vater, dem Durchlauchtigsten Großmächtigsten Fürsten und Herrn, Friedrich Wilhelm dem Großen, zu seinem und seiner unsterblichen Heldenthaten ewig währenden

Angedenken, die allhier stehende Statue haben setzen und aufrichten lassen: so wollen Se. Königliche Majestät auch solche Statue von Allen und in Allem heilig, unverletzt und in Ehren gehalten wissen. Welches zu Jedermanns Kundschaft hiermit öffentlich ausgerufen und angedeutet wird."

Die Metallmischung, aus welcher das unvergleichliche Bildwerk besteht, hat im Laufe der Zeit einen schönen Edelrost angenommen und bezeugt die technische Einsicht der bei der Herstellung betheiligt gewesenen Werkmeister auf das Bündigste. Der Guß war am 22. Oktober 1700 durch Johann Jakoby glücklich bewerkstelligt worden, wobei 350 Centner Bronze zugleich in Fluß kamen. 34,571 Thaler kostete die Bildsäule mit allen Nebenausgaben. Schlüter erhielt den Adelsbrief, Jakoby eine Medaille mit goldener Kette und 1000 Thaler für den Guß als besondere Anerkennung.

Später wurden die vier Sklaven am Piedestal hinzugefügt. Was ist nicht über ihre Bedeutung gefabelt worden! Noch immer läßt die Erklärung seltsame Blasen aufsteigen, wie die neueste Deutung L. Rudolph's in der Zeitschrift „Bär" vom 30. Oktober 1880 bezeugt. „Durch deutliche Attribute wurden diese vier Gestalten als der Kaiser, Spanien, Holland und der Kurfürst von Brandenburg (!) bezeichnet. Schöner konnte Schlüter bei dem Entwurf seines Modells wol nicht antworten, als indem er vier gefesselte Sklaven sehnsuchtsvoll zu dem Helden emporblicken ließ, von dem sie ihre Befreiung erwarteten." Etwas Unwahrscheinlicheres aber, als die Deutung, daß der Große Kurfürst an seinem eigenen Denkmale unten als gefesselter Sklave angebracht ist, läßt sich in der That kaum ausfindlich machen! Gewöhnlicher ist die Auslegung, daß die vier Sklaven gerade umgekehrt vier vom Kurfürsten bekämpfte Völkerschaften vorstellen.

Selbst an das fehlende Hufeisen des Rosses knüpfen sich wunderliche Legenden: der Künstler soll sich aus Scham, daß er dies hippologische Requisit vergessen, von der Brücke in die Spree gestürzt haben, nach einer andern Wendung wäre das eine Hufeisen im Straßenkampfe am 18. März 1848 abgeschossen worden u. dgl. m. Ansprechender ist die Sage, daß der Große Kurfürst in der Neujahrsnacht sein Piedestal verläßt und in Berlin Umritt hält, um nach dem Rechten zu sehen.

Schlüter's weitere Lebensschicksale liegen außerhalb unseres Rahmens. Nur so viel sei noch in der Kürze erwähnt, daß er, der von Nebenbuhlern vielfach angeneidet ward, nach dem verunglückten Aufbau des sogenannten Münzthurmes an der heutigen Adlerecke des Schlosses in Ungnade fiel, 1713 von Peter dem Großen nach Rußland berufen wurde, aber schon im folgenden Jahre, im Lebensalter von 52 Jahren, verschied. Als sein Wohnhaus in Berlin wird das Gebäude Brüderstraße 33, an der Ecke der Neumannsgasse, angegeben.

Schinkel. Das Ende des 18. und der Anfang des 19. Jahrhunderts bezeichnet im Gebiet der Baukunst eine Zeit des Verfalls. Der Stil, welcher sich in der französischen Aufklärungszeit im Kampfe mit den Ausartungen des Rococo entwickelt, während der französischen Revolution seine staatliche Anerkennung und während der kurzen Glanzzeit des Empire seinen Höhepunkt erreicht hatte, war in Berlin niemals zu einer vollen Durchbildung gelangt, obwol Anklänge sich vielfach nachweisen lassen.

Der Widerstand gegen das auch baukünstlerisch dominirende Franzosenthum, die Aermlichkeit der Mittel des durch die Invasion und die Wiederherstellung der Monarchie vollauf in Anspruch genommenen Staates sowie die Verarmung des Bürgerstandes ließen eine wirklich schöpferische Baukunst nicht aufkommen. In dieser Zeit des Niederganges beginnt die reformatorische Thätigkeit Karl Friedrich Schinkel's (geb. den 13. März 1781 zu Neu-Ruppin, gest. am 9. Oktober 1841).

Durch ernstes Studium der Antike hatte sich dieser Reformator des Bauwesens in der ersten Hälfte des 19. Jahrhunderts für seinen Beruf vorbereitet.

Masken sterbender Krieger. Nach Schlüter.

An Stelle des in der Revolutionszeit eingebürgerten, bald tändelnden, bald phantastischen Spielens mit den Formen des klassischen Alterthums suchte er durch strenge Anwendung der hellenischen und römischen Normen die verfallene Architektur in neue Bahnen zu leiten, wobei ihm seine Stellung als Ober-Landesbau-Direktor besonders zu statten kam. Sein erstes größeres Monumentalwerk, die Neue Wache oder Königswache vom Jahre 1818, zwischen dem Zeughaus und dem aus dem Palais des Prinzen Heinrich, Bruders Friedrich's des Großen, hervorgegangenen Universitätsgebäude, charakterisirt sein Streben und seinen Entwicklungsgang deutlich. Als Grundriß ist die Form eines römischen Castrums gewählt, dessen Front ein auf sechs dorischen Säulen ruhender Portikus ist und dadurch den Anblick eines griechischen Tempels gewährt. Um so größer ist die Enttäuschung, wenn man sich vor diesen Säulen die preußische Garde von 1818 in ihrer altväterischen Montur, oder den modernen Waffenrock, die Pickelhaube und das Hinterladergewehr denkt; dieser Gegensatz, der nicht ohne unfreiwillige Komik ist, lehrt bei aller Anerkennung der tüchtigen, kunstgelehrten Arbeit, welche in dem Bauwerk steckt, wie bedenklich es ist, in eine moderne norddeutsche Hauptstadt unvermittelt die Antike zu verpflanzen.

Schinkel fühlte dies selbst, wie aus seinem nächsten großartigen Monumentalbau, dem königl. Schauspielhaus am Gendarmenmarkt und Schillerplatz, hervorgeht, der mehr dem Bedürfniß der Gegenwart angepaßt ist, dennoch aber reine und edle Formen der Antike zur vollen Anwendung bringt.

Das königl. Schauspielhaus.

Um so verdienstlicher ist diese Schöpfung Schinkel's, als die überwiesenen Mittel auch für diesen Bau nicht sehr ausgiebig waren und der Künstler die Fundamente und Mauerreste des frühern von C. G. Langhans errichteten Nationaltheaters mit benutzen mußte; es hat dies u. A. den Nachtheil gehabt, daß die Bühne und der Zuschauerraum, letzterer höchstens 1500 Personen fassend, für die Ansprüche des reizend anwachsenden Berlins längst zu klein geworden sind. Das in der kurzen Zeit von 1819—1820 ausgeführte Gebäude ist trotzdem überaus stattlich und gilt als eines der vortrefflichsten Bauwerke unseres Jahrhunderts.

Die Gliederung und der Aufbau dieses Schauspielhauses sind geradezu bewunderungswürdig; die Hauptdimensionen sind $36_{,1}$ m zu $76_{,5}$ m und begreifen drei Haupttheile: einen Mittelbau und zwei Flügel. Der über dem Unterbau dreigeschossige Mittelbau, welcher bis auf 50 m Tiefe gebracht ist, enthält die Bühne und den Zuschauerraum sowie über dem letzteren einen die Höhe der Bühne erreichenden Malersaal.*)

---

*) Vgl. die Beschreibung des jetzigen Garnisonbauinspektors Appellus von 1878.

Mit zwei Tempelgiebeln geschlossen, beherrscht er den reich gruppirten äußeren Aufbau. Von den beiden Flügeln, welche zwei Geschosse über dem Unterbau zeigen, enthält der rechte, nördliche Flügel: Garderoben, Utensilienräume, Werkstätten, Probesäle ꝛc.; der linke, südliche, den Konzertsaal mit einschließlich der Musiker 1000 Sitzplätzen, die Kastellanwohnung und andere Nebenräume.

Das Neue Museum im Lustgarten zu Berlin.

vor der östlichen Hauptfront liegt ein giebelgekrönter Portikus, als eigentlicher Ein- und Aufgang, zu dem eine breite Freitreppe emporführt. Letztere Anlage zeigt wieder deutlich die Schwäche der Schinkel'schen Baukunst, denn dieser eigentliche Aufgang wird nicht benutzt; um sein Betreten zu verhindern, ist er durch eine Kette gesperrt, ja, als ob man sich seiner schämte, ist das Gebüsch, welches die Marmorbildsäule Schiller's auf dem Plätzchen vor der Freitreppe umgiebt, so gepflanzt, daß es einen Theil derselben verdeckt. Dagegen findet der eigentliche Zugang durch einen selbst bei hellem Tage dunklen, kellerartigen Gang unter der Treppe statt. Der ruhige Beschauer fragt sich, was soll dann die prächtige Treppe? ist es nicht vielmehr Aufgabe des Architekten, so zu bauen, daß die Haupttheile des Gebäudes ihrer eigentlichen Bestimmung auch thatsächlich entsprechen? Dergleichen Anstöße werden sich überall ergeben, wo man die Kunst vom nationalen Boden ablöst und Ideen aus entlegenen Zeitaltern und fremder Zonen ohne Weiteres auf moderne Verhältnisse und heimischen Boden überträgt.

Den Umbau des Domes, welcher die unschönen Verhältnisse des Baues Friedrich's II. gemildert, aber nicht beseitigt hat, den Unterbau des Durchgangs von den Linden zur Neuen Wilhelmsstraße, welcher im Jahre 1872 dem gesteigerten Verkehrsbedürfniß zum Opfer gefallen ist, desgleichen die überaus nüchterne Artillerie- und Ingenieurschule an der Straße Unter den Linden übergehend, wenden wir uns der zweiten hervorragenden Schöpfung des Meisters, dem damaligen neuen, jetzt alten königlichen Museum, zu, welches, 1824—1828 erbaut, am 3. August 1830 eröffnet wurde.

Die in Berlin angehäuften Kunstschätze, welche in verschiedenen zum Theil recht unwürdigen Oertlichkeiten untergebracht waren, erforderten gebieterisch die endliche Herstellung einer passenden Heimstätte. Diese Aufgabe wurde durch Schinkel in umfassender, durchdachter und entschieden genialer Weise gelöst, wenn man die lokalen Schwierigkeiten und die Spärlichkeit der bewilligten Mittel erwägt. Von den Gesammtkosten des Baues mit 1,973,000 Mark entfielen allein auf den Grundbau 545,000 Mark, welcher einen ganzen Wald von 8—16 m langen Pfählen zu seiner Befestigung verschlungen hat.

Bei diesem Kunsttempel — Fridericus Guilelmus III studio antiquitatis omnigenae et liberalium artium Museum constituit CIƆIƆCCCXXVIII, lautet die Inschrift*) — konnte Schinkel seine Klassizität im Brillantfeuer zeigen; bei einem Gebäude zur Aufbewahrung der Schätze des griechischen und römischen Alterthums war sie gerade am Platze. Der Schwerpunkt der äußeren Erscheinung wurde in die Fassade nach der Lustgartenseite, gegenüber dem Schlosse, gelegt, in Form einer imponirenden, auf 18 ionischen Sandsteinsäulen ruhenden, 6,59 m tiefen offenen Halle, zu welcher eine Freitreppe von 21 Stufen emporführt. Das Gebäude selbst bildet ein Rechteck von 86,70 m Länge und 53,46 m Tiefe, welches, nach den Angaben der Architekten Fritsch, Kühn und Merzenich, zwei innere Höfe von 17,89 m zu 16,48 m enthält und aus einem Unterbau von 3,30 m, einem Erdgeschoß von 6,50 m und einem oberen Geschoß von 8,88 m Höhe besteht. Das Hauptgesims erreicht 19,18 m, der mittlere Aufbau 20,99 m Höhe. Aus der Vorhalle gelangt man in eine durch beide Erdgeschosse reichende Rotunde, welche auf 20 korinthischen Säulen ruht und im Kleinen an das Innere des Pantheons in Rom erinnert. Bis zu dem Oberlicht der Kuppelwölbung ist dieser Raum 22,81 m hoch und enthält oben einen Umgang, an dessen Wänden Tapeten (Arrazzi) angebracht sind, nach Rafael'schen Kartons, welche sich im South-Kensington-Museum zu London befinden, zu Lebzeiten des großen Künstlers kunstvoll gewirkt.**) Die Rotunde selbst ist mit klassischen Skulpturen ausgestattet. Die auf die Rotunde folgende Skulpturengalerie umfaßt drei große, 9,10 m tiefe Säle und mehrere kleinere Kabinete. Das obere Geschoß enthält Säle für die Bildergalerie, die durch Querwände für die Aufnahme einer größeren Anzahl von Bildern eingerichtet und neuerdings, soweit angänglich, mit Oberlicht versehen worden sind. Das Erdgeschoß ist für das Antiquarium, die Sammlung der Vasen, Terracotten, Münzen, geschnittenen Steinen ꝛc. eingerichtet.

Die Ausstattung dieser Räume ist eine einfache, aber sehr passend für die Aufnahme von antiken Bildwerken und anderen Resten des Alterthums, die

---

*) Friedrich Wilhelm III. errichtete dem Studium des gesammten Alterthums und der freien Künste dies Museum 1828.

**) Früher im Besitze König Karl's I. von England, kamen sie nach Versteigerung von dessen Kunstschätzen in Besitz der Herzöge von Alba zu Madrid. 1823 erwarb sie der englische Konsul Tupper und 1844 der preußische Staat.

meist in unscheinbarer Hülle uns überkommen sind und mit einem bunten, luxuriös ausgestatteten Hintergrund schlecht harmoniren, wie dies die unzweckmäßige Ausstattung des spätern und jetzigen Neuen Museums zeigt. Eine solche anspruchslose Einrichtung gestattet bauliche Veränderungen und Umstellungen der Schaustücke ohne Schwierigkeit, was bei kostspieligen, abgepaßten Anlagen kaum angänglich ist.

Kreuzberg-Denkmal zu Berlin.

Die hier aufgestellten Antiken, deren Stamm hauptsächlich in der durch Friedrich den Großen angekauften Sammlung des Kardinals Polignac enthalten ist, werden durch die Schätze vieler der großen europäischen Museen an Kunstwerth übertroffen; doch enthalten sie einige vorzügliche Stücke, wie das sitzende Mädchen, welches mit Knöcheln spielt, eine ausgezeichnete Gewandstatue der Polyhymnia, einen trefflichen Meleager, den sogenannten bogenspannenden Amor des Lysippus, einen guten Antinous u. dgl. Durch die von Dr. Humann gewonnenen pergamenischen Alterthümer erhielt diese Sammlung vor Kurzem einen Zuwachs von hervorragender Bedeutung.

Die Gemäldegalerie ist wegen der Vollständigkeit der Schulen und deren ausgiebigen Vertretung der einzelnen Meister für Lehrzwecke so vortrefflich wie keine zweite europäische Bildersammlung eingerichtet, obwol, selbst in Deutschland, mehrere Galerien, so die von Dresden, München, an eigentlichen Perlen und Hauptstücken mehr aufzuweisen haben. Räumlich zerfällt die Galerie in zwei Theile. Die eine Hälfte begreift die Italiener, Spanier und Franzosen, unter denen man kaum einen namhaften Künstler vermißt, die andere Hälfte die Deutschen, Vlämen und Niederländer. Fortwährende Erwerbungen ergänzen diese Kunstschätze nach Umfang und Inhalt. Chronologisch reichen die Bilder nur bis in den Anfang dieses Jahrhunderts. Die Fortsetzung der Malerkunst von da ab finden wir in der Nationalgalerie.

Die Vertheilung der Kunstschätze des Erdgeschosses zeigt noch die ganze wunderliche Anschauung der alten Zeit, welche, von der modernen Museumskunde längst aufgegeben, leider hier noch, wie es scheint, lediglich aus bureaukratischen Rücksichten beibehalten wird. Die Eintheilung in Vasen, Gläser, Bronzen u. dgl. erinnert an die Zeit der Dosen-, Pfeifen- und Stocksammlungen und ähnlicher Liebhabereien. Da man früher in naiver Weise fast nur auf hübsches Aussehen und möglichst werthvollen Stoff (Gold, Silber, Bronze, Bernstein ꝛc.) der Fundstücke sah und sich um den Fundort und die näheren Fundumstände nicht kümmerte, ist bei vielen Objekten nichts hiervon bekannt und sind die letzteren infolge dessen wissenschaftlich fast werthlos. Die gelehrten Verwalter dieser einzelnen Sammlungen sehen wol das Unzweckmäßige des überkommenen Systems ein, vermögen sich aber unter einander nicht zu einigen; und so wird es bei dem bisherigen Zustande bleiben, bis von der Centralstelle der im Publikum ersehnte Befehl kommt, diese sämmtlichen Kleinsammlungen einheitlich und lediglich in kulturhistorischer und ethnologischer Zusammengehörigkeit zu ordnen.

Die Wände der Vorhalle sind mit Freskomalereien geschmückt, deren Zeichnung von Schinkel entworfen und deren farbige Ausführung von Peter von Cornelius geleitet worden ist. Die gigantischen Kompositionen stellen dar nach der eigenen Angabe des Erfinders: Angesichts links die Entwicklung der Weltkräfte vom Chaos zum Licht im Sinne einer antiken Theogonie; Angesichts rechts die Entwicklung der menschlichen Kultur sowie die friedlichen Beschäftigungen und den Kampf gegen die Barbaren und die Elemente. Diese Fresken, welche leider wenig geeignet sind, einem nordischen Winter zu widerstehen, haben in den letzten Jahren vielfach ausgebessert werden müssen. Weniger befriedigend sind die kleineren Bilder unter den beiden Hauptgemälden, die Thaten des Herakles und Theseus darstellend, von neueren Künstlern ausgeführt.

Einer großen Berühmtheit erfreut sich die Kiß'sche Amazonengruppe aus Bronze auf der Treppenwange, Angesichts rechts, eine herrliche Frauengestalt, einen Tiger mit der Lanze bedrohend, welcher sich in ihr Pferd verbissen hat. Als Seitenstück links ein reitender Jüngling, einen Löwen bekämpfend, von A. Wolff.

Von dem Alten Museum pflegt man nicht zu scheiden, ohne die gewaltige Granitschale zu besichtigen, welche vor demselben steht. Sie ist aus einem Splitter eines der beiden riesigen Geschiebeblöcke, der sogenannten Markgrafensteine, kunstvoll hergestellt, welche noch jetzt als Gedenksteine der Vereisung und Vergletscherung Norddeutschlands auf den Rauenschen Bergen bei Fürstenwalde, etwa 30 km östlich Berlin, liegen. Die flache Schale hat gegen 7 m Durchmesser und 1500 Centner Gewicht und ist von dem Baurath Ernst Cantian, nach welchem der Platz gleichen Namens heißt, angefertigt. Die Säule mit dem Adler an der Ecke des Schlosses nach der Schloßbrücke zu und die Friedenssäule auf dem Belle-Alliance-Platz rühren von demselben Künstler her, der, statt zu dergleichen Arbeiten ausländisches Material zu wählen, leider viele der immer seltener werdenden heimischen Riesenblöcke, der bewundernswürdigsten Denkmale der Urzeit, zerstört hat.

Ein umfassender Geist, wie Schinkel, konnte es sich nicht versagen, auch auf dem Gebiete des nationalen Baustils sich zu versuchen. Die würdigste Aufgabe hierfür bot sich bald nach den Befreiungskriegen in dem National-Denkmal dar, welches Friedrich Wilhelm III. auf der höchsten Erhebung im Süden Berlins, dem Tempelhofer Berge, errichtete. Das Denkmal ist eine gothische Spitzsäule aus Eisenguß von kreuzesförmigem Grundriß und hat der betreffenden Hügelkuppe den Namen Kreuzberg gegeben. Das Monument enthält zwölf baldachingekrönte Nischen mit symbolischen Figuren, welche die Hauptschlachten der Kriege von 1813—1815 repräsentiren. Die Grundsteinlegung fand 1818, die Einweihung 1821 statt. Wegen der zunehmenden Bebauung der Gegend wurde das Denkmal allmählich verdeckt; es ist deshalb durch sinnreich konstruirte Hebevorrichtungen 15 m in die Höhe geschraubt und auf einen im Jahre 1879 vollendeten kastellartigen Quaderbau gesetzt worden. Von der Plattform des Denkmals, welches nunmehr wieder weithin sichtbar ist, genießt man eine umfassende Umschau über Berlin und Charlottenburg-Westend bis Spandau und in die waldige Umgebung am linken Havelufer.

Auch im gothischen Kirchenbau versuchte sich Schinkel, als es die Umformung der Werder'schen Kirche galt, welche, nach Grünberg's Zeichnung zwischen 1700 und 1730 für die deutsche und französische Gemeinde des Friedrichswerder als Doppelkirche aufgeführt, in Verfall gerathen war. Von 1824—1830 führte unser Meister hier eine einschiffige, fünfjochige, mit Sterngewölben bedeckte Anlage auf, in den Maßen von 62,45 m zu 18,8 m mit zwei stumpfen Thürmen. Im Innern künstlerisch ansprechend ausgestattet, macht die Kirche im Aeußern wegen der Schwerfälligkeit ihrer Verhältnisse kaum den Eindruck eines gothischen Gotteshauses und beweist, wie die bloße Beherrschung der Technik und die Kenntniß der Stilform nicht genügt, um einem Bauwerk Leben einzuhauchen.

In richtiger Erkenntniß seiner Veranlagung verließ Schinkel den für ihn spröden gothischen Stil und wendete sich wiederum den ihm liebgewordenen klassischen Formen zu, wobei er jedoch die Erfahrungen verwerthete, welche er auf erneuten Kunstreisen in den romanischen Ländern gewonnen hatte. So entstand als das wichtigste Gebäude die Bauakademie, dicht neben der eben gedachten Kirche belegen. Dies Bauwerk ist quadratisch, 21 m hoch und mit außerordentlicher Sorgfalt ausgeführt. Zur Sicherung des Gewölbebaues, für den in Berlin geringe Erfahrungen vorlagen, wurde ein festes Ankersystem eingelegt. Der klassische Formenschatz ist mit romanischer Bauart hier glücklich verbunden. Baurath Tiede äußert sich über den baulichen Werth dieser für Berlin bedeutsamen Schöpfung wie folgt: „Die architektonische Gestaltung des Façadensystems gilt bekanntlich als die reichste und originellste Schöpfung Schinkel's. Das zum klaren Ausdruck gelangende mittelalterliche Strukturprinzip verbindet sich in vollendeter Harmonie mit dem feinen, in freier Weise behandelten hellenischen Detail, und beide sind auf das Glücklichste dem Charakter des Backsteinmaterials angepaßt. Der dem letztern angemessene Grad des Reliefs, die klare Sonderung zwischen dem struktiven Backsteingerüst und der als Einsatz ausgebildeten Terracottadekoration, die Rücksicht auf die farbige Wirkung des Materials sind in keinem späteren Werke der Berliner Schule so bedeutsam hervorgetreten, wie in diesem ersten, bahnbrechenden Versuche ihres Großmeisters."

Ein besonderes Verdienst Schinkel's bei den letzten beiden Bauwerken war, daß er mit denselben zu dem mißachteten heimischen Material, zu dem Rohziegelbau, zurückkehrte. Die ältesten Monumentalbauten Berlins und Köllns sind aus Bruchsteinen, zu denen die in der norddeutschen Tiefebene verstreuten Geschiebeblöcke das Material lieferten; mit der Einwanderung von Kolonisten aus den Niederungen der Elbe, Weser und Ems kam der dort heimische Ziegelbau, auf römischer Ueberlieferung, wenigstens in den beiden letztgenannten Flußgebieten, beruhend, ins Land. In diesem mittelalterlichen Rohziegelgewande stellen sich noch heute die Nikolai-, Marien-, Kloster- und Heilige-Geistkirche, ingleichen die Reste der alten Stadtmauer dar; und das Material, seit dem 15. Jahrhundert den vortrefflichen Magistrats-Thongruben von Glindow bei Werder entnommen, ist so vortrefflich, daß es besser erhalten scheint, als das vieler Rohziegelbauten der letzten Jahrzehnte. Daneben kam, wahrscheinlich der Kostenersparniß halber, da das Kalkmaterial aus den städtischen Brüchen zu Rüdersdorf äußerst wohlfeil war, schon frühzeitig der Abputz auf, bis er sich in den letzten zwei Jahrhunderten fast die alleinige Herrschaft eroberte. Die natürliche Folge war schlechterer Gehalt, geringere Festigkeit und schadhafte Form des Backsteins, da die Tünche alle diese Fehler deckte, und damit zunehmende Untüchtigkeit und Aermlichkeit des Baues. Die schnelle, treibhausartige Vermehrung der Häuser durch den Baueifer der Könige, verbunden mit der geringen Wohlhabenheit des Landes, trugen dazu bei, diese Putzfaçaden leider auch bei den größten Prachtbauten, wie dem Schloß und dem Zeughaus, einzubürgern. Fast nur eigentliche Ornamentstücke wurden aus solidem Material, zumeist Sandstein von Pirna, hergestellt.

So konnte man die Aufführung der Werder'schen Kirche ohne Abputz, in Rohziegel, nur begrüßen, wenn dem letztern auch ein erfreulicher Farbenton abging. Dieser wurde in bislang unübertroffener Weise, in braunrothem Material, bei der Bauakademie erreicht. Leider beruhte hier die Herstellung auf einer schwierigen und nicht billigen Mischung von Rathenower und Stolper Thon, welche aus diesen Gründen selbst bei Staatsbauten nicht weiter benutzt wurde. Was sonst noch von Schinkel im Rohziegelbau geleistet worden ist, wie das Wacht- und Zollgebäude am Neuen Thor, die Dragonerkaserne und das Militärgefängniß in der Lindenstraße, die neue Packhofsanlage auf der jetzt sogenannten Museumsinsel, das Feilner'sche Haus in der Feilnerstraße, zeigt eine unerfreuliche, schmutziggraue Farbe und führte in Verbindung mit den nüchternen und steifen Formen des Schinkel'schen Baues dazu, den Rohziegelbau auf längere Zeit selbst wieder bei den Staatsarchitekten unbeliebt zu machen; im bürgerlichen Bau fand er infolge dessen noch weniger Anklang. Erst in neuester Zeit hat die Backstein- und Thonwaarenindustrie sich so weit vervollkommnet, daß sie in der Gediegenheit und Härte des Materials, in der Schärfe und Anpassung der Formen, in der Färbung und Widerstandsfähigkeit gegen Witterungseinflüsse so Vorzügliches leistet, daß damit eine neue Aera der Bauausführungen eingeleitet worden ist. Die nächstbelegenen Thone, welche sich für Ornamentalbauten empfehlen, gehören entweder dem älteren tertiären Septarienthon, der bei Hermsdorf nördlich Berlin eine große Mächtigkeit besitzt, oder dem diluvialen blauen Wiesenthon aus der Havelgegend bei Birkenwerder, Potsdam, Petzow, Werder, Glindow, Ketzin u. s. w. an; während der Septarienthon ohne Vermischung mit jüngeren Thonen nicht verwendbar erscheint und Verblendsteine von streifiger, veränderlicher Farbe liefert, zeichnen sich die Havelthone durch Gleichmäßigkeit der lichtgelben Farbe aus. Uebertroffen wird dies Material durch den erst in den letzten Jahren allgemeiner in Aufnahme gekommenen Stein aus der Gegend von Bitterfeld und von Lauban, der gebrannt einen saftigen, besonders anmuthenden chromgelben Ton gewinnt und bei fiskalischen und städtischen Bauten sich so bewährt hat, daß er auch in bürgerlichen Kreisen mehr und mehr Eingang findet und allmählich dem Aussehen einzelner Berliner Straßen eine eigenartige Physiognomie aufzudrücken beginnt.

Wenn wir von der Schinkel'schen Bauperiode scheiden, so dürfen wir nochmals auf die volle Anerkennung und Bewunderung, die wir dem Stifter gezollt haben, verweisen und werden nicht mißverstanden werden, falls wir nun auch die Schattenseiten dieses architektonischen Kultus berühren: Bruch mit dem heimischen Entwicklungsgange der Baukunst, Verpflanzung eines einer entlegenen Zeit und einem fremden, südlichen Volke entnommenen Stils in ein für die Entwicklung des letztern wenig geeignetes nordisches Klima; Verbindung des überkommenen nüchternen, knappen Architekturwesens der Hauptstadt mit starren und steifen Formen, welche bei geringen Geldmitteln für die innere und äußere Ausstattung nicht selten einen ärmlichen Charakter annehmen. Noch abfälliger zeigt sich diese Architektur bei ihrer Uebertragung auf das bürgerliche Wohnhaus, daher jene monotone Ausstattung ganzer langer Straßen des älteren Berlins, welche von Süd- und Westdeutschen, von Franzosen und Italienern als ermüdend und langweilig bezeichnet wird.

Stüler und sein königlicher Schüler (der Geheimebaurathsstil, das Geheimerathsviertel). Zu den eigenartigsten und folgenreichsten Erscheinungen auf baukünstlerischem Gebiete gehört das Freundschaftsverhältniß und harmonische Zusammenwirken König Friedrich Wilhelm's IV. und seines Lieblingsarchitekten Geheimen Oberbauraths Stüler. Nur wenige Jahre jünger als der Monarch und aus der Schinkel'schen Schule hervorgegangen, vertiefte Stüler sich mit demselben in den mittelalterlich italienischen Stil, an den Schinkel beim Plan der Bauakademie bereits angestreift hatte. Wie der König darauf verfallen konnte, den schwerfälligen altromanischen Baustil von Ravenna und Florenz nach Potsdam und Berlin, den Villenbau aus dem Thal und den sonnigen Nebengeländen des Arno an den Strand der Havel und unter den düstern, nebeligen Himmel der Mark zu verpflanzen, bleibt unverständlich, wenn man nicht die romantische Welt, in welche dieser hochbegabte Monarch sich selbst gewissermaßen hineinverzaubert hatte, kennt, jene phantastischen Ideen, die für ihn so verhängnißvoll geworden sind. Nach dem Sinne Friedrich Wilhelm's sollte die gesammte bauliche Physiognomie Berlins umgeschaffen und namentlich auf der Museums- und Schloßinsel ein Komplex riesiger, künstlerisch vollendeter Monumentalbauten geschaffen werden. Der unschöne Dom mit seiner unwürdigen Ruhestätte für die Todten des königlichen Hauses, einem finstern Kellergeschoß, welches bei jeder Hochflut unter Wasser trat, sollte durch den „größten Dom der Christenheit" und durch ein feierliches Campo Santo ersetzt, dieses Gebäude einerseits mit dem Schloß, andererseits durch Säulenhallen mit den neuen Kunsttempeln verbunden werden, welche sich nordwestlich und hinter dem Alten Museum an dieses anzuschließen hatten. Leider ist, wie bei so vielen Unternehmungen Friedrich Wilhelm's IV., das Können hinter dem Wollen zurückgeblieben. Der Dom ist nicht über die Fundamente hinausgediehen und die halbfertige Fürstengruft fast zu einer unschönen Ruine entstellt. Von den bedeutenden Kunstbauten ist nur das jetzige Neue Museum, die größte Schöpfung des Künstlerpaares, vollendet worden.

Dies Gebäude imponirt durch seine Größe, die Sauberkeit und mannichfaltige Ausstattung des Innern, welche von dem Geschmack und der Dekorationsgabe Stüler's rühmliches und beredtes Zeugniß ablegt. Damit ist aber das Verdienst dieses Gebäudes zusammengefaßt, während es im Uebrigen zu vielfachen Ausstellungen herausfordert. Daß die Façaden Putzbau sind, während das mit ärmlichen Mitteln geschaffene Alte Museum wenigstens eine aus Hausteinen gebildete Hauptfront besitzt, ist tadelnswerth, ebenso die sonstige äußere Ausstattung, welche trotz aller aufgewandten Mittel kleinlich erscheint. Wunderlicher Weise ist der größte Raum des ganzen Gebäudes in die Treppe gelegt, im Uebrigen aber die an sich gewaltige Ausdehnung in mittelgroße Säle und viele kleine Gemächer getheilt. Die Dekoration derselben an sich ist bereits gerühmt, erscheint aber dadurch, daß sie für die bei Anlegung des Museums damals vorhandenen Kunstgegenstände ohne Veranschlagung eines Zuwachses und einer dadurch bedingten Ausdehnung und Umstellung der einzelnen Sammlungen berechnet worden ist, völlig verfehlt. Dies zeigt sich jetzt, wo die einzelnen Sammlungen so gewachsen sind, daß sie über die ihnen ursprünglich zugewiesenen Räume ausgedehnt, zum Theil aus dem Museum nach anderen Gebäuden übergeführt werden müssen, in der peinlichsten Weise. Soll man z. B. assyrische oder pompejanische Antiken in einem Saal aufstellen, der mit dem Mythus des Odin und Baldur verziert und für nordische Alterthümer eingerichtet ist und jetzt geräumt werden muß, weil die vaterländischen Alterthümer mit den Gegenständen der Völkerkunde zusammen in das neue Museum für Anthropologie, Ethnologie und Urgeschichte kommen, oder was soll man sonst in diesen Saal stellen? Eine große Ausdehnung nimmt die Sammlung von Gipsabgüssen nach der Antike ein; schon an und für sich ein trauriger Ersatz für die Originale und nur für Lehrzwecke bestimmt, gehören sie doch wahrlich nicht in Säle, welche in der buntesten Farbenpracht und mit dem größten Luxus ausgestattet sind. Ungleich maßvoller dachten Schinkel und Friedrich Wilhelm III., als sie den Wandflächen des Alten Museums keinen glänzenden Schmuck, vielmehr einen einfachen lichtgrauen Ton gaben. Nach unserer Auffassung sollte man, wie die Dinge nun einmal liegen, die wirklichen Antiken in jene Schmucksäle, die an sich werthlosen Gipsabgüsse dagegen in die drei Hauptsäle des Alten Museums versetzen.

In dem Erdgeschoß ist das ägyptische Museum stilvoll eingerichtet, und sind hier bauliche Reste der Pharaonenzeit mit dem Neubau so verschmolzen, daß sie gleichsam ein Ganzes bilden und höchst wirkungsvoll erscheinen. In dem obersten Geschoß befindet sich auf der einen Seite das Kupferstichkabinet, welches nebenher auch viele Handzeichnungen, Miniaturen u. dergl. enthält. Auf der andern Seite befand sich die Kunstkammer mit raren Schätzen des Kunsthandwerks und der Kulturgeschichte, welche, statt weiter entwickelt zu werden, vor einigen Jahren ausgeschlachtet und zum Theil dem Kunstgewerbemuseum, zum Theil dem Hohenzollernmuseum überwiesen worden ist. Ein Theil dieser schönen Sammlung ist aber auch im Neuen Museum verblieben und nimmt sich freilich jetzt in der unmittelbaren Nachbarschaft altgriechischer und altrömischer Terracotten wunderlich genug aus.

Der Mumiensaal im Neuen Museum.

Den größten Schmuck des Gebäudes bilden die Kolossalbilder in dem 38,₂₂ m langen, 15,₆₆ m breiten und 20,₄₄ m hohen Treppenhause, die Hauptwerke des verstorbenen Wilhelm von Kaulbach: der Thurmbau zu Babel, die Blüte Griechenlands, die Zerstörung Jerusalems, die Hunnenschlacht, die Kreuzfahrer vor Jerusalem, endlich die Reformation. Die Komposition dieses letzten Bildes hat zu Differenzen Veranlassung gegeben, indem der strengkatholische Generaldirektor von Olfers die eigentlichen Reformatoren, namentlich den Hauptreformator Luther, in den Hintergrund zu drängen bemüht war — in der größten evangelischen Stadt des Kontinents, ein seltsames Unterfangen! Dies ist zwar nicht ganz geglückt, immerhin steht der unsterbliche Mönch von Wittenberg, wenn auch im Mitteltheil, sehr im Hintergrunde, während die reformationsfeindlichen spanischen und italienischen Künstler und Gelehrten den besten Theil des Gemäldes in Anspruch nehmen. Auch die übrigen Säle sind mit trefflichem landschaftlichen oder mythologischen Bilderschmuck versehen.

Des ungetheiltesten Beifalls erfreut sich mit vollem Recht die Schloß=
kapelle, im Jahre 1845—1846 erbaut, wobei schwer zu sagen, wem bei
dem Entwurf mehr Antheil gebührt, dem „Stüler" oder dem „Schüler".
In imponirenden Verhältnissen, außen leider nur wieder von unechtem Material,
erhebt sich der weithin sichtbare Kuppelbau über dem nach der Schloßfreiheit zu
belegenen, von Joh. Friedr. Eosander von Goethe erbauten, dem Triumphbogen
des Septimius Severus zu Rom nachgebildeten Mittelbau. 735 Sitzplätze sind in
der Kapelle vorhanden, deren Baukosten 1,101,000 Mark betragen haben.
Außerdem hatte Friedrich Wilhelm das Schloß 1844 mit den Terrassen auf
der Nordseite und der erwähnten Adlersäule Cantian's an der Nordwestecke
geschmückt. Hierzu kamen am Portal IV die von Clodt gefertigten zwei
bronzenen Pferdebändiger, Geschenke Kaiser Nikolaus' I., welche der
Volkswitz treffend „den gehemmten Fortschritt" und „den beförderten Rückschritt"
genannt hat. Dem König Friedrich Wilhelm IV. wäre es zu gönnen gewesen,
daß er sich noch an dem Anblick der von Kiß verfertigten, dem König Wilhelm
seitens der Erben geschenkten Bildsäule: der heilige Georg zu Pferde,
mit dem Schwerte den Drachen bekämpfend, hätte weiden können: ein
Meisterwerk der Erzkunst, welches so recht im Sinne des „Romantikers auf
dem Throne" inmitten des Schloßhofes, nahe dem Schloßkuppelportal, seine
passende Aufstellung gefunden hat.

Stüler hat sich, den Intentionen seines königlichen Studiengenossen ent=
sprechend, vielfach beim Kirchenbau in Berlin betheiligt. Die St. Jakobi=
kirche in der Oranienstraße (1844—45), die St. Matthäikirche im Thiergarten
(im Volksmund „dem lieben Gott sein Sommerhaus" genannt; 1845—46),
die St. Markuskirche in der Weberstraße (1848—55), die St. Johannis=
kirche, in Verbindung mit der St. Paulskirche in der Badstraße, der
St. Elisabethkirche in der Invalidenstraße und der Nazarethkirche in der
Müllerstraße, letztere drei noch der Zeit Schinkel's angehörig, sind die redenden
Zeugen, wie sich die Architektur vom heimatlichen Boden und von aller vater=
ländischen Tradition entfremdete und die düsteren Motive des altchristlichen
Basilikenstils sowie des frühromanischen Rundbogenstils in einer jugendfrischen,
lebensfreudigen, aufstrebenden Stadt zur Herrschaft zu bringen suchte. Ein
geradezu abschreckendes Beispiel ist die erwähnte Nazarethkirche: mit solch nüch=
ternen Bauwerken, welche obenein mit einer fast Mitleid erregenden Dürftigkeit
ausgestattet sind, wird man den kirchlichen Sinn und auch den Geschmack im
Kirchenbau nicht heben können.

Der Geheimebauraths stil. — Geradezu betrübend war es, daß in=
folge des dominirenden Einflusses Stüler's und seines königlichen Freundes
fast das gesammte amtliche Baumeisterthum in die gleiche abschüssige Kunst=
richtung gedrängt wurde, was, wenn man sich außerdem noch den bauakademischen
Unterricht, den Einfluß der Dozenten, der Examinatoren und der ehemaligen
technischen Deputation des aufgelösten Ministeriums für Handel, Gewerbe und
öffentliche Arbeiten auf die studirende Jugend, beziehentlich auf die jungen,
auf Anstellung harrenden Bauführer und Baumeister vergegenwärtigt, ganz
begreiflich erscheint. Stüler ist hierdurch der Vater der in der Baugeschichte Berlins
lange Zeit einflußreichen sogenannten Geheimenbaurathsschule und des
Geheimenbauraths stils geworden. Was die Architekten dieser Richtung

anlangt, so waren sie, wie der Titel besagt, höhere Staatsbeamte, und zwar unzweifelhaft von der ganzen Hingabe und Pflichttreue, welche der altpreußischen Bureaukratie in so hohem Maße eignet; so haben sie denn auch die ihnen obliegenden Aufgaben, sei es nun den Bau eines Gerichtsgebäudes, einer Kaserne, eines Gefängnisses, einer Kirche u. s. f., ihren Fähigkeiten entsprechend schlecht und recht zu lösen versucht. Im Uebrigen erheben selbstredend ihre Werke keinen Anspruch auf Originalität oder Kunst: es sind routinemäßige Nachahmungen des unerreichbaren, oftmals unverstandenen Altmeisters, Schablonenbauten, „anschlagsmäßig" und „fehlerfrei", derart, daß sie technisch von der Baupolizei mit gutem Gewissen abgenommen werden können, hergestellt. Mehr kann man zu ihrem Lobe nicht sagen, zu ihrer Entschuldigung aber noch bemerken, daß man von einem Beamten nicht Genialität, von einem Geheimenbaurath nicht verlangen kann, daß er Baukünstler sei. Die romanischen Motive, angeblich zu selbständigen Renaissanceformen ausgebildet, werden von dieser Schule von einer solchen Einförmigkeit hergestellt, daß, wenn man die gröbsten Aeußerlichkeiten, wie geringere oder bessere Ausstattung (Verblendsteine, Sandstein-Einrahmungen, Glasurziegel, Thonornamente) außer Acht läßt, man einem solchen Bauwerke selbst in ziemlicher Nähe noch nicht ansehen kann, was seine Bestimmung eigentlich ist: eine Basilika, eine Krankenbaracke, ein Polizeigewahrsam, eine Kaserne, ein Spritzenhaus, eine Schule, ein Remontedepot, ein Lehrerseminar oder was sonst.

Von diesem Schablonenbau ist auch ein großer Theil der städtischen Verwaltungsbauten nicht auszunehmen, obwol letztere sich durch große Opulenz des Materials auszeichnen und damit den redlichen Willen des Magistrats und der Stadtverordnetenversammlung, der Bedeutung Berlins entsprechende Monumentalbauten zu schaffen, deutlich bekunden.

Als ein recht typisches Beispiel des Geheimenbaurathsstils bei den Profanbauten des Staates kann der mit einem Kostenaufwand von nicht weniger denn 365,000 Mark in den Jahren 1871—1873 ausgeführte Bau der neuen königlichen Universitätsbibliothek in der Dorotheenstraße dienen. Ein ebenbürtiges Seitenstück zur Nazarethkirche,*) letzteres Gebäude einer Scheune, jenes einer Kattunfabrik ähnlich. Geschmackloseres und Nüchterneres hat die Geheimebauraths-Aera allerdings nicht zu zeitigen vermocht. Daß eine derartige Stilrichtung den Keim des Todes in sich trägt, ist leicht verständlich und in Berlin inzwischen auch bestätigt worden.

Das Geheimerathsviertel. — Bei solchen Vorbildern des amtlichen Stils versteht es sich von selbst, daß die bürgerlichen Bauten noch platter und eintöniger ausfallen mußten. Ein lehrreiches Beispiel hierfür ist das im Volksmunde so getaufte Geheimerathsviertel vor dem Potsdamer und Anhaltischen Thore, unter Friedrich Wilhelm IV. entstanden und von den zahlreichen höheren Staatsbeamten, die sich hier ansiedelten, so benannt. Eine rächende Ironie des Schicksals wollte, daß gerade in diesem monotonen Bauquartier eine namhafte Anzahl Geheimer Bauräthe Wohnung nahm.

---

*) Dieselbe ist, wie angedeutet, noch von Schinkel projektirt und einer Armeren Gemeinde gehörig.

Die neueste Periode (Emanzipation der bürgerlichen Baukunst, Einfluß des neuen Deutschen Reichs auf die Berliner Staatsbauten). — Trotz des gewaltigen Einflusses, den die Geheimebaurathsschule gerade in der Landeshauptstadt besonders ausübte, bereitete sich doch schon seit lange gegen sie eine Opposition, und zwar zunächst aus bürgerlichen Kreisen, von Privatarchitekten, jungen aufstrebenden Dozenten, Mitarbeitern an Fachblättern u. s. w. vor. Den ersten Impuls gab das enorme Anwachsen der Stadt und der Tod Friedrich Wilhelm's IV., mit dessen Heimgange die Geheimebaurathsschule ihre wichtigste Stütze verlor, da König Wilhelm I. zwar auch das hingebendste Interesse für die Bauten Berlins, aber keineswegs für abgelebte, fremdartige Stilformen, vielmehr, seinem praktischen Scharfsinn entsprechend, lediglich für eine dem modernen Zeitgeist und dem Bedürfniß der Gegenwart angeschmiegte Architektur bekundet.

Eine der ersten Handlungen der städtischen Behörden im Jahre 1861 war die Erweiterung des Weichbildes, wodurch die Außendistrikte, zum Theil eigene Kommunen, zum Theil Glieder von solchen bildend und faktisch längst in Berlin hineingewachsen, nunmehr auch rechtlich der Hauptstadt förmlich einverleibt wurden. Es waren dies die Ortschaften Moabit, Wedding und der Gesundbrunnen (Luisenbad) sowie namhafte Theile der Feldmarken von Charlottenburg, Schöneberg, Tempelhof, Rixdorf und andere. Im folgenden Jahre genehmigte der König den in 14 Haupt- und mehrere Unterabtheilungen zerfallenden Bebauungsplan für die noch unbebauten Theile der alten Stadt, die neuen Einverleibungen und mehrere der nächstbelegenen Ortschaften, als Charlottenburg, Schöneberg, Friedrichsberg u. s. f., wodurch der Entwicklung Berlins nach außen hin für Jahrhunderte hinaus feste Bahnen, Straßenfluchten, Baufluchten, Plätze und Brückenstellen vorgeschrieben sind. Glücklicherweise nur in den Hauptzügen, so daß der innere Ausbau nicht gehemmt ist, während außerdem auch die festgesetzten Fluchtlinien, sofern der Magistrat, die Stadtverordnetenversammlung und die Baupolizei einverstanden sind, im Nothfall durch Allerhöchste Verordnung geändert werden können. Beide Maßregeln waren bei der überraschend großen Vermehrung der Bevölkerung im höchsten Maße dringlich, so zwar, daß sie, kaum gesetzlich inaugurirt, auch sofort auf den Ausbau der Stadt allerorten angewendet werden mußten.

Denn während unter König Friedrich Wilhelm IV. die Bewohnerzahl sich innerhalb der Jahre 1840—49 nur von 328,692 bis auf 423,902 Seelen vermehrt und der Zuwachs in der ganzen Zeit von 1849 bis zur Prinzregentschaft des Jahres 1860 nur 72,000 Seelen betragen hatte, vermehrte sich die Bevölkerung in den vier folgenden Jahren, also bis 1864, wo 632,395 Seelen gezählt wurden, um nicht weniger denn 136,000 Seelen. Der Zuwachs war also mehr als fünfmal so stark wie in der vorangegangenen Periode und mehr als dreimal so stark, wie selbst in der Zeit von 1840—64. Wir werden im dritten Kapitel sehen, wie Handel und Gewerbfleiß, Verkehr, Wohlstand und Steuerkraft ebenfalls einen enormen Aufschwung nahmen.

In die folgenden Jahre fällt ein weiteres wichtiges Ereigniß für den baulichen Aufschwung: die Beseitigung der Stadtmauer, welche letztere nur zur Kontrole der Schlacht- und Mahlsteuer gedient hatte und allmählich von lebhaft aufblühenden Stadttheilen umbaut worden war, deren Entfaltung sie durch ihr häßliches Aussehen, durch die mit ihrer Erhaltung verbundenen lästigen baupolizeilichen Vorschriften, insbesondere aber durch Unterbindung der natürlichen Verkehrsadern schon seit lange hinderlich und schädlich gewesen war.

Während Staatsbauten in dieser Zeit nur zögernd vorgenommen wurden, stieg die private Bauthätigkeit geradezu unerhört; so wurden 1861: 1008, 1862: 1680, 1863: 1413, 1864: 1149, 1865: 1250, 1866, trotz des Krieges, 778 Bauerlaubnißscheine für den Neubau von Wohnungen und Fabriken ertheilt.*) Dem neuen Bedürfniß nach Wohnlichkeit, Bequemlichkeit und äußerer Ausstattung konnte der Geheimebaurathsstil nicht mehr Genüge thun: die **Privatbaukunst fing bereits an, sich zu fühlen, sie wagte es, Stüler und seine Schüler zu ignoriren und eigene Bahnen einzuschlagen.**

Da bereiteten sich noch größere, entscheidende Veränderungen von weltgeschichtlicher Tragweite in Preußen vor, die ihren Einfluß alsbald auf Preußens Hauptstadt, wiederum fördernd und vorwärts treibend, geltend machen sollten.

Als der Magistrat von Berlin aus Veranlassung der Weichbildserweiterung am 19. Dezember 1861 feststellte, daß Roth=Weiß=Schwarz fortan die Berliner Stadtfarben sein sollten, hatte er und das gesammte Berlin keine Vorahnung, welche Bedeutung diese selbigen symbolischen Farben, wenn auch in umgekehrter Folge, binnen wenig Jahren für die preußische Haupt= und Residenzstadt erhalten sollten.**) In der That bezeichnet das Jahr 1866 und

---

*) Vgl. „Berlin und seine Bauten" I, 66. Erst seit 1866 führt die Baupolizei Verzeichnisse über ihre Rohbauabnahmen. Seit dem 1. Januar 1876, mit welchem Termine die Straßenbau=Polizeiverwaltung auf den Oberbürgermeister übergegangen ist, hat der Verf. als Verwaltungsdecernent die Sammlung statistischer Nachweise über die seitens der letztgenannten Verwaltung ertheilten Bauerlaubnißscheine eingeführt.

**) Ueber die Frage, welche Farben die Stadt Berlin zu führen habe, ist seltsamerweise erst in ganz neuerer Zeit verhandelt worden. Der verdienstvolle ehemalige Stadtarchivar Fidicin ermittelte, daß im 15. und 16. Jahrhundert die Bürger Berlins im Felde und bei Aufzügen „Fähnlein und Feldbinden von weißem und schwarzem Zindel", also die Hausfarbe der Hohenzollern, geführt hatten; daß Berlin aber jemals eigene Farben gehabt hätte, davon ergab sich nirgends eine Spur. Um solche Farben aber zu ermitteln, mußte nach derselben Regel verfahren werden, welche die Städte befolgten, die schon seit Jahrhunderten eigene Farben führen und diese aus ihren Wappenbildern entlehnt hatten. Hiernach stellte sich für Berlin, aus den verschiedenen Wappen desselben: dem rothen Adler im weißen Felde, dem schwarzen Bär im weißen Felde und dem schwarzen Adler im weißen Felde, die obige Farbenfolge fest. — Hierbei sei bemerkt, daß ein neues Wappen für Berlin als Reichshauptstadt noch nicht durchweg eingeführt, vielmehr im Wesentlichen noch das Wappen giltig ist, welches nach der Vereinigung der verschiedenen Stadtgemeinden als Berlin, Kölln, der Friedrichswerder, die Dorotheenstadt, Neu=Kölln, die Friedrichsstadt, die Luisenstadt, die Friedrichsvorstädte durch königliches Patent vom 17. Januar 1709 unter dem 6. Februar 1710 „Allergnädigst approbirt" ward. Dies Siegel enthält einen in drei Felder getheilten Schild, deren erstes den brandenburgischen Adler, das zweite den preußischen Adler, das dritte den schwarzen aufrechten Bären mit dem Halsband, alle diese Figuren in weißen Feldern, enthält. Geschmückt ist dies Wappen mit Laubwerk und oberhalb mit dem Kurhute. Unten steht 1709 und zwischen diesen Zahlen S. C. B. (Sigillum Civitatis Berolin). — Eine neue Blasonnirung erhielt dies Wappen im Jahre 1839. König Friedrich Wilhelm III. verlieh damals dem Oberbürgermeister und dem Stadtverordnetenvorsteher, später in etwas einfacherer Ausstattung auch den übrigen Magistratsmitgliedern (dem zweiten Bürgermeister und den Stadträthen) sowie den Stadtverordneten goldene Amtsketten mit Medaillon, auf welch letzterem sich ein ganz ähnliches Wappen befindet, nur daß es statt des Kurhutes die Königskrone und zwischen den beiden oberen und dem unteren

die Beförderung Berlins zur Hauptstadt des Norddeutschen Bundes wiederum einen außerordentlichen Fortschritt der innern und äußern kommunalen Entwicklung.

Die Bauthätigkeit fuhr rastlos fort: an Rohbauabnahmen 956 im Jahre 1866, 857 im Jahre 1867, 1028 im Jahre 1868, 861 im Jahre 1869 und noch 769 in dem schweren Kriegsjahre 1870, dabei 1867 an Einwohnern 702,437, im Jahre 1870 bereits nahezu 800,000 Seelen. Die Emanzipation der Privatarchitektur vom Geheimerathsbaustil und überhaupt von der offiziellen Beeinflussung brach während dieser Epoche derart durch, daß man fortan vielen Staatsarchitekten nur empfehlen konnte, sich bei den bürgerlichen Baumeistern umzuschauen. Diese Epoche wird vortheilhaft gekennzeichnet durch die Rückkehr des Berliner Baustils zur Heimat, zur Pflege des älteren deutschen Baustils und geschickten Anpassung an die modernen wirthschaftlichen und ästhetischen Bedürfnisse.

Das Thiele-Winkler'sche Haus in der Wilhelmstraße.

Der Unterschied zwischen dem neuen Berliner Baustil und dem Geheimenbaurathsstil charakterisirt sich äußerlich u. A. auf den ersten Blick durch die fundamental verschiedene Behandlung der Hausbedachung. Für ein

---

Felde des Schildes die Mauerkrone führt. Nach diesem Wappen wurde das jetzt übliche Stadtsiegel angefertigt, aus dem aber, auf Vorschlag des Verfassers, das Bärenhalsband, wie in Kap. 1 erwähnt, 1876 entfernt ist und das die Umschrift: „Siegel der Haupt- und Residenzstadt Berlin" führt. Ein auf das Verhältniß Berlins zum Deutschen Reiche bezügliches Wappen ist nur erst bei dem Märkischen Provinzialmuseum der Stadtgemeinde Berlin nach der Blasonnirung des Verfassers seit 1878 eingeführt: der deutsche Reichsadler mit der Reichskrone, heraldisch rechts den rothen brandenburgischen Adler mit dem Kurhut und mit blauem Brustschild, worin das goldene Kurscepter, heraldisch links den preußischen Adler mit der Königskrone, im Brustbild mit F. R., im Mittelfelde den schwarzen Berliner Bär im weißen Schilde führend.

Einfluß des neuen Deutschen Reichs auf die Berliner Staatsbauten. 47

kälteres nordisches Klima ist, wie auf der Hand liegt, das Dach der wichtigste Bestandtheil, ja eigentlich das Haus selbst, welches sich aus dem primitiven Zelt oder der Schilfhürde des Urbewohners, d. i. eben aus „Dach und Fach", allmählich entwickelt hat. Welche Verkennung natürlicher Gesetze und baulicher Nothwendigkeit, klimatischer und geographischer Bedingnisse liegt demnach darin, sich gewissermaßen des Daches zu schämen und dasselbe zu verstecken! Nichts charakterisirt die Ausschreitungen der Schinkel=Stüler'schen Periode mehr, wie dies Versteckspielen mit dem Dach — als wenn Berlin und Potsdam mit Athen und Neapel unter einer Breite lägen, während sie doch keine sechs Wochen Sommerhitze, wol aber oft acht Monate und mehr winterliche Temperatur haben, die Nachtfröste erst im Juni aufhören, mitunter aber schon im September wieder einsetzen und die flachen oder kaum geneigten Dächer des Geheimenbaurathsstils oft tagelang und nicht selten in bedrohlicher Weise mit Schneemassen überlastet sind!

Das Pringsheim'sche Haus, Wilhelmstraße Nr. 67.

Im nothwendigen Gegensatz hierzu kultivirt der neue bürgerliche Stil unter Anlehnung an die deutsche Gothik oder deutsche Frührenaissance unser ehrliches nordisches Dach in rationeller und ästhetischer Art.

Der glorreiche Krieg von 1870—71, die Befreiung und Einigkeit Deutschlands und die Erhebung Berlins zur Hauptstadt des gesammten Deutschen Reichs hatten, wie dem blödesten Auge klar werden muß, den angebahnten baulichen Umschwung vollendet und besiegelt. Die Bevölkerungsziffer ist seitdem rastlos angewachsen: 1871: 824,580, 1872: 864,300, 1873: 900,620, 1874: 932,760, 1875: 964,240, 1876: 995,470, 1877: 1,021,150, 1878: 1,049,663 und 1881 über 1,200,000 Einwohner. In diesem Schritt anhaltend, wird Berlin im Jahre 1900 nach den Berechnungen des städtischen statistischen Bureaus ungefähr 2,400,000 Einwohner zählen.

In diese Periode fallen vier für Berlins bauliche Verhältnisse wichtige Momente: die sogenannte Gründerzeit, der „Krach", die Uebertragung fiskalischer Baurechte auf die Stadtgemeinde und die Aenderung der Baugesetzgebung.

Die beispiellosen kriegerischen Erfolge Deutschlands, das Erwachen eines wirklichen deutschen Nationalbewußtseins, die unversiegbar erscheinenden fünf Milliarden Francs Kriegsentschädigung, das Gefühl, daß auf längere Zeit Ruhe und Friede herrschen würden: alle diese Umstände zusammen erweckten die hochfliegendsten Spekulationen, die sich in Berlin u. A. in einer fieberhaft zu nennenden Bauthätigkeit äußerten. In dem soeben (Ende 1880) erschienenen, vom Magistrat herausgegebenen großen amtlichen Werk: „Bericht über die Gemeindeverwaltung der Stadt Berlin in den Jahren 1861—1876" heißt es bei Besprechung dieser Zustände: „Es war eine durch den Luxus einzelner zu schnellem Reichthum gelangter Kreise, durch die bei leichter Kreditgewährung und zeitweilig rascherem Konsum rastlos ausgedehnte Produktion in ihren Wirkungen noch gesteigerte Folge der Verminderung des Geldwerthes, daß auf der einen Seite die Löhne der Handarbeit eine Höhe erreichten, welche für die Arbeiter eine starke Versuchung zu Uebermuth und Verschwendung wurde; daß andererseits jene Epoche des leichten Verdienstes an der Börse, bei der Lohnarbeit, beim Handel, insbesondere auch bei dem Handel mit Grundstücken für die auf feste Renten und Besoldungen Angewiesenen, bis zu der — naturgemäß erst nach einiger Zeit, wenigstens für die Beamten eintretenden — Ausgleichung eine Zeit der Sorgen und Bedrängniß war, die besonders in der „Wohnungsnoth" zur Erscheinung kam." Das massenhafte Hinzuströmen der Bevölkerung erzeugte in der That trotz der Bauwuth Wohnungsnoth; die ebenso massenhaft auf den Markt geworfenen Kapitalien und imaginären Papierwerthe die Vorstellung von allgemeinem Reichthum, der sich vor Allem auch letzterem entsprechende Paläste aneignen und industrielle Monumentalbauten schaffen wollte. Wenige Jahre, die denkwürdige, sogenannte Gründerzeit, genügten, um auf diese Weise die Physiognomie Berlins durch Prachtbauten zu verändern, bei denen mit kostbareren Baumaterialien, Marmor, Granit, Sandstein, französischem Kalkstein, Porphyr u. s. f., nicht geknausert und auch auf die stilistische Ausstattung Unsummen verwendet wurden. Auf 792 Rohbauabnahmen im Jahre 1870 folgten im Jahre 1871: 1134, im Jahre 1872: 1466, im Jahre 1873 nicht weniger denn 2148, also der gesammte Häuserbestand einer mittleren deutschen Stadt!

Auch der mit einem aus Wien entlehnten Ausdruck „Krach" bezeichnete Rückschlag, den Einsichtige schon in der besten Zeit der Gründerperiode vorausgesehen hatten, hat dem privaten Prachtbau keinen so namhaften Abbruch gethan, wie man erwarten sollte. Denn das Vertrauen, welches die Krone in die Stadtgemeinde setzte, als sie, wie schon in Kap. 1 angedeutet, derselben das gesammte bis dahin fiskalische Eigenthum der Straßen, Plätze und Brücken und dem Oberbürgermeister die Ausübung der bis dahin vom königlichen Polizeipräsidium wahrgenommenen Straßenbaupolizei vom 1. Jan. 1876 ab übertrug, konnte nur in höchstem Maße ermuthigend auf die Bürgerschaft einwirken. Selbst das neue preußische Bebauungsgesetz vom 2. Juli 1875 und die auf Grund desselben erlassenen zwei Bebauungs-Ortsstatute

Bauliche Entwicklung Berlins. 49

für Berlin, welche das Bauen an uneregulirten Straßen verbieten und hinsichtlich der Herstellung des Pflasters die höchsten Anforderungen, welche irgend eine Stadt der Welt kennt, aufstellen, haben auch nur insofern numerisch hemmend auf die Bauthätigkeit eingewirkt, als sie ganz gewissenlose Schwindelbauten, das Bauen mit schlechtem Material und an unzuträglichen Orten sowie mit unzureichenden Mitteln ausschließen. Daß dies aber ein wirklicher Segen für die Reichshauptstadt ist, wird jeder Einsichtige zugeben.

Die Zionskirche (T. S. 56).

Gelähmt haben diese Neuerungen die Bauthätigkeit keineswegs, wie folgende, den Akten der Straßenbaupolizei entnommene Statistik der dort ertheilten Bauerlaubnisse, die nur Neu=, nicht Um= und Ausbauten betreffen, lehrt.

Es wurden ertheilt:	auf dem rechten Spreeufer:	auf dem linken Spreeufer:	zusammen:
1876	686	382	1068
1877	738	470	1208
1878	384	344	728
1879	344	333	677
1880	476	403	879.

Demnach zeigte sich selbst im Jahre 1879 noch immer eine sehr rege Baulust.

Berlin. 4

Während der ganzen Epoche seit 1861 bis jetzt hat sich nun in Berlin eine große Anzahl trefflich geschulter und hochangesehener Privatarchitekten herausgebildet, die zum Theil, wie die folgenden Zusammenstellungen zeigen, gemeinschaftlich arbeiten, so Hitzig, Hennicke und van der Hude, Gropius und Schmieden, Ende und Böckmann, Kyllmann und Heyden, Orth, Johannes Otzen, der geniale Vertreter und Wiederbeleber der Gothik, u. A. Die große Zahl von Prachtbauten, welche dieser neuesten Entwicklung ihre Entstehung verdanken und sich im Besitz von Privatleuten befinden, fällt bei jedem Spaziergange, bei jeder Wanderung z. B. durch die Behren=, Wilhelms=, Leipziger=, Friedrichs=, Bellevue=, Viktoria=, Thiergartenstraße und an vielen anderen Straßen, Plätzen und Promenaden vorbei in die Augen und kann bei dem diesem Kapitel zugemessenen knappen Raume auch nicht annähernd erschöpft werden. Nicht versagen indessen können wir uns, wenigstens drei Prachtbauten zu erwähnen: das eigenartig stilisirte, in reichen Farbentönen ausgestattete Haus des Dr. Pringsheim, Wilhelmstraße 67, den Prachtbau der Firma Spinn u. Menke in der Leipzigerstraße 83 und den herrlichen Renaissance=palast der Lebensversicherungsgesellschaft Germania, Französische Straße 21, Ecke der Friedrichsstraße. Alle drei Häuser sind aus echtem, zum Theil kostbarem Material; der Bau der Germania zeigt die Verwendung eines lichten, gelbbraunen Sandsteins von besonders angenehmer Farbe. Die beiden letzteren Gebäude zeichnen sich auch dadurch auf das Vortheilhafteste aus, daß sie das nordische Dach und den nordischen Giebel konstruktiv wie ästhetisch wieder zu Ehren bringen. Daß gegen einen Prachtbau, wie den der Germania z. B., die Leistung, welche der Geheimebaurathsstil in dem älteren Theile des General=stabsgebäudes zu verewigen anstrebt, kläglich abfällt, wird kein unbefangen Prüfender in Abrede stellen können. — Auch wo jetzt noch Putz, statt Rohziegel oder Haustein, bei vornehmeren Privathäusern Verwendung findet, sucht man nicht selten die Putzflächen dadurch zu mildern und gewissermaßen in den Dienst des Schönen zu bringen, daß man sie zum Träger von Sgraffito=Malereien macht. Diese Kunstübung, wörtlich „Kratzmalerei", ist eine einfarbige Zeichnung, welche man in folgender Weise herstellt. Die Wand wird zunächst in Schwarz, Grau oder Braun, d. h. in dem Farbenton, den später die Zeichnung haben soll, abgeputzt. Dieser untere Grund wird mit Weiß übertüncht und hierauf die Zeichnung selbst ausgeführt. Die weiße Decke wird alsdann auf den Konturen und Schraffirungen mittels Messer, Griffel 2c. entfernt, so daß schließlich der dunkle Grund in Linien wieder zum Vorschein kommt. Die Kratzmalerei ist italienischen Ursprungs und läßt sich bei jeder Stilart verwenden.

Die Privatbaukünstler emanzipirten sich von dem altpreußischen Geheimbau=rathsstil nicht blos, sondern fingen an, ihm innerhalb der eigenen Domäne Konkurrenz zu machen. Hierzu trug die Erweiterung des preußischen Staates, namentlich die Einverleibung von Hannover, Frankfurt und Nassau, nicht wenig bei. Städte wie Wiesbaden, Homburg, Frankfurt a. M., Hannover, Hildesheim, Göttingen, Lüneburg, Goslar, Emden, Altona, Kiel, Schleswig, Flensburg u. s. f., die zumeist schon eigene Baukünstler besaßen und eigene Baustile kultivirten, als Berlin noch ein wendischer Pfahlbau war, mußten von vornherein mit Fug jede Einmischung der Geheimebaurathsschule abweisen und konnten der Centralstelle eigene, jedem altpreußischen Staatsarchitekten ebenbürtige Baumeister vorführen.

Das Rathhaus.

Die Kritik, welche von dorther über den Geheimebaurathsstil unausgesetzt geübt wurde und in den Kreisen jüngerer, auf eigenen Füßen stehender Berliner Architekten ihr Echo fand, konnte auf die Dauer ihre Wirkung, wie wir gleich sehen werden, nicht verfehlen.

Unter den städtischen Bauten dieser Epoche erwähnen wir das neue Rathhaus an der Königsstraße, das für die öffentlichen Bauten Berlins eigentlich ein würdiges Vorbild hätte werden sollen, über welches sich aber Prof. Dr. Woltmann (Baugesch. Berlins, S. 259 fg.) abfällig äußert: „Der Gang der Dinge wäre noch ein anderer geworden, wenn nicht leider ein ungünstiges Schicksal über der ersten großen Aufgabe gewaltet hätte, welche das Bürgerthum bot, der schönsten und bedeutendsten, welche es auf viele Menschenalter bieten konnte. In der Gegenwart ist viel Mißbrauch mit Konkurrenzen getrieben worden, selten aber ein größerer als bei dem Bau des Berliner Rathhauses. Durch die Aufgabe gelockt, betheiligte sich eine Reihe der tüchtigsten Kräfte an der Bewerbung, es kamen echt künstlerische Leistungen zu Tage, schließlich wurde keiner der siegreichen Bewerber mit dem Bau beauftragt, sondern ein Architekt, der sich gar nicht bei der Konkurrenz betheiligt hatte und überhaupt noch keine erhebliche Leistung zur Rechtfertigung dieses Vertrauens aufweisen konnte. Wie sehr auch jetzt, durch die glücklichen Leistungen der Vorgänger, der Weg geebnet war, so fiel der neue Entwurf des königl. Bauraths Wäsemann (gest. 1879 zu Berlin) doch nur mittelmäßig aus. Alle Durcharbeitung nach dieser und nach jener Seite hin, alle Sorgfalt bei der Ausführung haben daran nichts ändern können. — Der leitende Gedanke war gewesen, eine Anlage nach Art der mittelalterlichen Rathhäuser zu schaffen, mit einem großen Thurm, der wie ein Beffroi das Ganze beherrscht. — Das Rathhaus ist von kasernenmäßiger Einförmigkeit, die große Portalnische in der Mitte, die übrigens nur eine verhältnißmäßig kleine Eingangsthür enthält, hilft dem nicht ab. Für die Bildung der Façaden konnte es kein unglücklicheres Hauptmotiv geben, als die Vereinigung der beiden mittleren Stockwerke zu einem scheinbaren Ganzen. — In dem Thurmbau erreicht die Charakterlosigkeit ihren Gipfel. Es fehlt ihm der eigentliche Zusammenhang mit dem Unterbau sowie die lebendige Entwicklung ꝛc."

Diese finstere, nur durch ihre ungeheure Massigkeit imponirende, dem düstersten Stil entlehnte Schöpfung repräsentirt nun und nimmermehr den geschichtlichen Geist und die Kulturentwicklung Berlins und seiner Bürgerschaft. Eine ruhige Kritik späterer Zeit wird in diesem Bauwerk eine der verhängnißvollsten Früchte des Geheimebaurathsstils finden.

Der Grundstein wurde am 11. Juni 1861 gelegt; König Wilhelm sprach dabei folgende Worte: „An Gottes Segen ist Alles gelegen. Er spende ihn auch auf diesen Bau, auf daß derselbe eine Stätte altpreußischen Bürgersinnes und altpreußischer Bürgertugend werde!" Die gesammte Grundfläche beträgt ca. 12,800 qm. Der Preis der anzukaufenden Grundstücke betrug 2,731,350 Mark, der Werth des abgebrochenen Rathhauses mit der Grundfläche 548,640 Mark, die Höhe der Baukosten 6,444,882 Mark, sonach die Gesammtausgabe für das neue Rathhaus 9,724,872 Mark. Kaum völlig bezogen, zeigte es sich beengt; jetzt ist es bereits viel zu klein, und eine Menge Verwaltungsstellen sind schon heute nach besonderen Gebäuden in anderen Theilen Berlins verlegt worden.

Das Königliche Schloß.

Schon oben (S. 42) geschah des Königlichen Schlosses, welches auch seit der Errichtung des Kaiserthums amtlich noch immer so genannt wird, Erwähnung. Wir möchten über dasselbe noch nachträglich einige nähere Angaben hinzufügen. Der Ausbau hat mit dem Kapellenbau vorerst seinen Abschluß erreicht, und dasselbe präsentirt sich nunmehr so, wie die untenstehende Abbildung zeigt. Im Innern verdient vor Allem die Wiederherstellung der Paradekammern und die im Jahre 1846 bewirkte Vollendung des berühmten Weißen Saales, von dem aus man durch eine Prachttreppe in die Schloßkapelle gelangt, erwähnt zu werden. Die Längenverhältnisse dieses edlen Raumes sind $15{,}70 : 32{,}20$ m.

Das Königl. Schloß mit der Langen Brücke.

In dem Saale wurde 1847 der Vereinigte Landtag eröffnet, überhaupt wird er seitdem bei allen im Schloß vorfallenden Staatsaktionen in erster Linie benutzt. An den Seiten der Decke stehen die symbolischen Statuen der acht älteren preußischen Provinzen, an den Bogen der unteren Arkaden je zehn Figuren (die Künste und Wissenschaften), außerdem sind die Reliefbüsten ausgezeichneter Männer des Friedens, Kopernikus, Thomasius, Leibniz ꝛc., angebracht. — Unter Kaiser Wilhelm ist die Herstellung der bisher vernachlässigten Nebenräume in ihrem alten Stil angestrebt, außerdem ein Projekt zur Herstellung größerer Festräume angeregt, da die jetzigen dem vergrößerten Bedürfniß nicht mehr genügen.

Daß wir des Kaiserlichen Palais, hieran anschließend, gedenken, liegt nahe. Es ist am Eingang der „Linden", vom Schloß aus gesehen, auf der Stelle der Baulichkeiten errichtet, welche wir zunächst links auf der Abbildung der „Linden", S. 21, gewahren. Gediegen, aber schlicht ausgeführt, steht es in derselben Fluchtlinie mit den Privathäusern, so recht dem bürgerlichen Sinne Kaiser Wilhelm's entsprechend. C. F. Langhans hat den Bau 1834 bis 1836 mit 900,000 Mark Kosten ausgeführt. Das im Putzbau mit Sand=
steindetails hergestellte Aeußere erinnert an die klassischen Vorbilder Schinkels.

Die Nationalgalerie.

Das obere Geschoß wird von der Kaiserin, das untere von ihrem Gemahl be=
wohnt. Links an der Ecke ist das bekannte Fenster, an welchem Kaiser Wilhelm die Vorträge entgegen zu nehmen pflegt, wobei er ohne sonderliche Mühe vom Opernplatz aus gesehen werden kann, so daß sich bei solchen Gelegenheiten regel=
mäßig auf letzterem Menschengruppen ansammeln.

Einen recht erfreulichen Eindruck macht die nach Stüler's Plänen gebaute Nationalgalerie, zwischen dem Neuen Museum und der Spree belegen, obwol auch hier die Einzwängung einer modernen Bildergalerie in das Schema eines Tempelbaues herb getadelt worden ist. Die gewählte Form ist ein Pseudoperipteros — nur vorn eine offene Säulenhalle, sonst Dreiviertelsäulen an der Wand. Die innere Ausstattung ist in Berlin unübertroffen und der

Antike auf das Glücklichste abgelauscht; hier ist der erste Versuch gemacht worden, die Bildsäulen mit einer lichten Bemalung zu versehen, wie solche vielen antiken Statuen eigen gewesen ist.

Jenseit der Spree, an der Burgstraße, erscheinen die stattlichen Façaden der neuen Börse, 1859—64 von Hitzig gebaut. „Der Bau zeigt (nach Woltmann) die Formen einer geläuterten Renaissance ohne hervorragende Originalität im Aufbau, aber von gediegener Stattlichkeit. Dem speziellen Charakter einer Börse gerecht zu werden, hat Hitzig nicht versucht."

Das Generalpostamt in der Leipzigerstraße.

Auch die entlegeneren Theile der Stadt werden nunmehr mit großen monumentalen Staatsbauten bedacht, wie der Stadttheil Moabit mit dem neuen großartigen Kriminalgerichtsgebäude und mehreren Kasernen, die Invalidenstraße mit den Museumsbauten der geologischen Landesanstalt und für die landwirthschaftlichen Sammlungen, welche, obwol prächtig ausgestattet, noch immer den hergebrachten schwerfälligen und düsteren Rundbogenbau vertreten.

An gottesdienstlichen Gebäuden ist die von 1859—66 nach Knoblauch's Entwürfen aufgeführte Neue Synagoge in der Oranienburger Straße hervorzuheben, deren Inneres nach den edelsten maurischen, sarazenischen und persischen Motiven besonders prächtig ausgestattet ist. Die St. Thomaskirche am Mariannenufer, 1864—69 von Adler aufgeführt, ist bei ihrer isolirten

Lage recht wirkungsvoll; die Zionskirche, 1860 nach dem Badener Attentat als Votiv gestiftet und 1866—73 durch den trefflichen Kirchenbaumeister Orth ausgeführt, wirkt ebenso günstig durch ihre ansprechende Architektur wie ihre imponirende Hochlage am Platze gleichen Namens. Zu den wirkungsvollsten Umbauten älterer Kirchen ist der Ausbau der Alten Nikolaikirche in der Spandauerstraße durch Blankenstein zu rechnen, obwol das gewählte, auf Schinkel's Entwürfen beruhende Projekt von Baugeschichtskennern als unstilistisch angefochten wird. An Stelle des früheren einen Thurmes sind zwei Thürme aus rothem Backstein mit spitzen blauen Schieferdächern getreten. Einen besonders freundlichen Eindruck macht der durch Edmund Knoblauch 1875—79 bewirkte Umbau der Jerusalemerkirche an der Lindenstraße, welcher fast einem Neubau gleichkommt. — Zu den trefflichsten Schöpfungen altnationalen Baustils wird die auf gothischen Motiven beruhende Heilige-Kreuzkirche gezählt, die Johannes Otzen auf dem Johannistisch vor dem Halleschen Thore erbaut.

Die Reichspostverwaltung, an deren Spitze der geniale Reformator des deutschen und Weltpostwesens Dr. Stephan steht, hat sich zuerst von dem amtlichen preußischen Baustil Berlins hier und in den übrigen Theilen Deutschlands emanzipirt und baut, ohne die Geheimebauratsschablone zu beachten, lediglich nach der baulichen Tradition des Ortes und den dienstlichen Anforderungen, stilvoll und opulent. Beweis dafür die Prachtbauten in der Leipzigerstraße (Generalpostamt), in der Spandauerstraße (Oberpostdirektion), in der Oranienburger-, Artillerie- und Auguststraße, in dem Nachbarorte Charlottenburg (deutscher Renaissancebau mit hohem Giebel) u. s. f.

Die Reichsmilitärverwaltung hat nach längerem Schwanken sich ebenfalls von dem Geheimebauratsstil losgesagt, dessen Einwirkung noch neuerlich die ermüdenden Kasernenbauten an der Hasenheide und der ältere Theil des Generalstabsgebäudes am Königsplatz deutlich bekundeten. Trotz aller Gediegenheit, ja Reichlichkeit der Ausstattung ist dieser ältere Theil ein so nichtssagender Schablonenbau, daß man sich nicht hat entschließen können, bei dem neuen Anbau nach dem Kronprinzenufer und der Moltkestraße diesen Stil weiter fortzupflanzen Dieser Neubau aus Reichsmitteln ist ungleich erfreulicher ausgefallen, er wagt sogar das Dach wieder etwas zur Geltung zu bringen. — Die vortrefflichste Neuschöpfung der Reichsmilitärverwaltung ist das imponirende Ingenieur-Dienstgebäude in der Kurfürstenstraße, welches eine reiche Renaissanceentwicklung dem modernen Bedürfniß bestens anpaßt. Dieser Monumentalbau verbrieft gewissermaßen den Bruch der deutschen Reichsverwaltung mit der Geheimebauratsschule.

Möge die deutsche Reichsregierung auf diesem Wege in Berlin fortfahren und die deutschnationalen Stilformen, sei es in der Anlehnung an die norddeutsche, hanseatische Spätgothik, sei es an die deutsche (nicht italienische) Renaissance, auch fernerhin pflegen, und möge ein günstiger Stern über dem neuen deutschen Reichstagsgebäude walten, welches mit einem Aufwande von vorläufig 18 Mill. Mark am Königsplatz errichtet werden soll. Reichsregierung und Reichstag werden, so hoffen wir zuversichtlich, keinem undeutschen Bauprojekte ihre Zustimmung geben!

Auch an der preußischen Centralbaustelle haben sich vor ganz Kurzem Veränderungen vollzogen, welche einen neuen Um- und Aufschwung der

Errichtung der freien Akademie für das Bauwesen. 57

amtlichen Architektur Berlins in erfreuliche Aussicht rücken. Aus dem bisherigen
Kollektivministerium für Handel, Gewerbe und öffentliche Arbeiten ist das Bau=
wesen im Jahre 1879 ausgeschieden und zu einer eigentlichen Centralstelle,
dem neuen Ministerium der öffentlichen Arbeiten erhoben worden.
Beweist dieser Staatsakt aufs Neue den Regierungsscharfblick und die uner=
müdliche Sorgfalt unseres greisen Kaisers Wilhelm für das Bauwesen, so
zeigt der neueste Befehl, daß dasselbe fortan keineswegs lediglich vom Nütz=
lichkeitsstandpunkte oder nach Schablone und Routine, sondern nach wirklich
künstlerischen Gesichtspunkten, namentlich soweit der monumentale Hochbau in
Frage kommen wird, vom Staate verwaltet werden soll.

Generalstabsgebäude.

Durch Allerhöchsten Erlaß vom 7. Mai 1880 ist die aus dem früheren
Kollektivministerium übernommene höchste bauliche Behörde, die sogenannte tech=
nische Deputation, aufgelöst und an ihrer Stelle die freie Akademie für
das Bauwesen geschaffen worden. In diese Körperschaft sind nicht
blos Staatsarchitekten, sondern auch Privatbaukünstler, und zwar
aus allen Provinzen des preußischen Staates und Deutschlands,
gewählt worden. Von nun ab ist die Berliner Geheimebauraths=
schule geschichtlich geworden. Der bereits erwähnte, durch noble Berliner
Privatbauten seit lange vortheilhaft bekannte Hitzig ist Vorsitzender dieser
Akademie des Bauwesens, soweit der Hochbaustil in Frage kommt, geworden.

Berliner Bildhauer. — Ein Gang an den Hauptplätzen Berlins vorbei macht uns mit der Entwicklung der Berliner Bildhauerei vertraut und zeigt, daß diese edle Kunst in Preußens Hauptstadt besonders gepflegt worden ist. Als Altmeister tritt uns hier Christian Rauch (geb. 1777 zu Arolsen) entgegen, der seinen Weltruf durch die schlummernde Gestalt der Königin Luise im Mausoleum zu Charlottenburg begründet hat.

Höchster Liebreiz, durch keinen Schreckenszug des Todes entstellt, ist über diesem herrlichen Marmorwerk ausgegossen, dem 1843 der Gemahl König Friedrich Wilhelm III., ebenfalls auf dem Paradebett liegend, desgleichen von Rauch's Hand, an die Seite gesetzt worden ist. Von den zahlreichen Arbeiten des Künstlers, deren Abgüsse und Modelle ein eigenes geräumiges Museum im Lagerhausgrundstück, Klosterstraße, einnehmen, finden sich fünf: Blücher, Scharnhorst und Bülow, letztere zwei aus Marmor, von 1826, sowie Gneisenau und York, aus Erz, von 1855, am Opernplatz aufgestellt, unter denen sich die Bronzestatue des Marschall Vorwärts einer besonderen Volksthümlichkeit erfreut. Weiter hinunter vor dem Palais des Kaisers befindet sich das größte Werk Rauch's, an dem er seit 1840 arbeitete, gleichzeitig das größte Standbild Berlins, Friedrich der Große über seinen Paladinen reitend, welche, mit Gelehrten und Künstlern der Zeit vereint, lebhafte Gruppen bilden, Alles aus Erz, der stattliche Fuß des Denkmals aus Granit. Der König, hoch zu Roß, ist als der Alte Fritz in den bekannten Zügen und der charakteristischen Uniform mit Dreimaster und Krückstock dargestellt. Um die Figur in der Höhe nicht zu dünn erscheinen zu lassen, ist ihr ein faltiger Hermelinmantel umgeschlagen. Eine nähere Beschreibung des ebenfalls durch Abbildungen überall höchst volksthümlich gewordenen Standbildes dürfen wir übergehen.

In der Richtung nach dem Schloß zu passiren wir die von Schinkel 1822—24 erbaute, leider noch immer mit hölzernen Aufzügen versehene Schloßbrücke, welche unter Friedrich Wilhelm IV. mit acht allegorischen Gruppen in carrarischem Marmor geschmückt ist: 1) Nike lehrt den Knaben Heldengeschichte, von Emil Wolff; 2) Pallas unterrichtet den Jüngling im Speerwurf, von Schievelbein; 3) Pallas waffnet den Krieger zum ersten Kampfe, von Möller; 4) Nike krönt den Sieger, von Drake; 5) Nike richtet den verwundeten Krieger auf, von Wichmann; 6) Pallas mit dem Lorber in der Hand ruft den Krieger zu neuem Kampfe, von Albert Wolff; 7) Pallas unterstützt den Kämpfer, von Bläser; 8) Iris trägt den ruhmreich Gefallenen zum Olymp empor, von Wredow.

Im Lustgarten erhebt sich das 1871 gegossene hohe Reiterstandbild Friedrich Wilhelm's III. von A. Wolff, dessen allegorische Sockelfiguren besonders bewundert werden.

Eine andere Denkmalsgruppe auf dem Wilhelmsplatz zeigt uns sechs Helden Friedrich's des Großen. Ursprünglich waren diese Bildsäulen aus Marmor: Schwerin von Adam und Michel (1771), Winterfeld von den Gebrüdern Ränz (1777), Seidlitz und Keith von Tessaert (1778 und 1779), Zieten von dem genialen Johann Gottfried Schadow, geb. 1764, gest. 1850 (1797), und Fürst Leopold von Anhalt, der „alte Dessauer", von demselben (1800).

Denkmal Friedrich Wilhelm's III. Von Albert Wolff.

Unter dem Vorwande, daß diese Statuen zu sehr von der Witterung litten, sind sie durch Nachahmungen in Bronze von Kiß ersetzt worden, wobei man, sehr charakteristisch für die damalige realistische Auffassung, besondern Anstoß an dem halb römischen Kostüm Schwerin's und Winterfeld's nahm und zeitgenössisches vorzog, während doch auch der Schlüter'sche Große Kurfürst römisches Kostüm mit der Allongeperrücke des 17. Jahrhunderts trägt.

Einen vortrefflichen Schmuck hat die Umgebung des Friedensdenkmals auf dem Belle-Alliance-Platz erhalten in vier marmornen Kriegergruppen, die Volksstämme darstellend, welche den Kaiser Napoleon I. bei Belle-Alliance 1815 besiegten.

Ein Denkmal in Erz auf dem Leipziger Platz von R. Hagen (1862) feiert den Grafen von Brandenburg, dem Preußens Erniedrigung in der Olmützer Konvention das Herz brach.

Volksthümlicher erscheint die gegenüberstehende Bildsäule des Feldmarschalls Wrangel von Keil (1880), des dreiundneunzig Jahre alt gewordenen Haudegens, der als „Papa Wrangel" noch lange im Gedächtniß der Berliner leben wird, die er im Jahre 1848 mit Milde behandelte, auch durch Leutseligkeit und originelles Wesen mit dem Heere wieder aussöhnte.

Bürgerliche Koryphäen, welche auf dem Denkmal Friedrich's II. die Rückseite einnehmen, haben in dem militärischen Berlin erst spät eigene Denkmäler erhalten: Hegel, eine Kolossalbüste in Bronze von Bläser (1862), hinter dem Kastanienwäldchen an der Universität; der Reformator der Landwirthschaft, Thaer, ein Standbild von Rauch, dessen letzte Arbeit (1860), mit Reliefs von Hagen, neben ihm der um die preußische Industrie verdiente Beuth, von Kiß (1861), mit Reliefs von Drake, und in der Mitte Schinkel, von Drake (1869), alle drei von Erz, auf dem Platze vor der Bauschule, jetzt Schinkelplatz. — Dem Begründer der Städteordnung von 1808, dem Freiherrn vom Stein, ist 1879 von Schievelbein ein Denkmal aus Erz, bei dem der leidige, naturalistisch gehaltene, schlafrockartige Oberrock ungünstig wirkt, auf dem Dönhofsplatz gewidmet worden.

Anmuthig in der Komposition, edel in der Darstellung, erhebt sich vor dem Königl. Schauspielhause, von den Idealgestalten der Geschichte, Philosophie, dramatischen und lyrischen Dichtkunst am Sockel umgeben, das treffliche Denkmal Schiller's, von Reinhold Begas (1871) in bewährter Meisterschaft aus Marmor gefertigt, auf dem Theile des Gendarmenmarktes, welcher fortan Schillerplatz genannt worden ist. Es ist dies eine Errungenschaft der hundertjährigen Geburtstagsfeier des unsterblichen Dichterfürsten im Jahre 1859. Leider steht das zu kleine Denkmal in keinem richtigen Verhältniß zu seiner Umgebung.

Ganz im Westen der Stadt, vor dem Brandenburger Thore, am Saume des Thiergartens, da, wo die Siegesallee in den Königsplatz einmündet, ragt das am 3. September 1873 enthüllte Siegesdenkmal, vom Volkswitz wegen der schlank aufstrebenden Säule im Scherz „Siegesspargel" genannt, weithin sichtbar empor. In der That kann diese gleichsam ruckweise aufschießende Pflanze mit der Entwicklung des Denkmals verglichen werden, von welchem der Grundstein 1865 nach dem dänischen Kriege und zu dessen Gedächtniß kaum gelegt war, als die Ereignisse von 1866 eine Erweiterung des Planes nothwendig machten, den wiederum die Siege über Frankreich änderten.

Der Schloß-Alliance-Platz mit dem Friedensdenkmal.

Die Gestaltung dieses mächtigen Monuments ist vielfach angegriffen, namentlich die Aehnlichkeit mit den Triumphsäulen der altrömischen und der modernen französischen Cäsaren getadelt und jeglicher national-deutsche Anklang vermißt worden. Einigermaßen versöhnen mit diesem Mangel des Entwurfs des Oberhofbauraths Strack die mit packender Realität die hervorragenden Ereignisse der großen Zeit darstellenden vier Bronzereliefs des Postaments, von den Bildhauern Calandrelli, M. Schulz, K. Keil und A. Wolff: die Vorbereitungen zum Kampfe und die Erstürmung der Düppeler Schanzen; die Schlacht bei Königgrätz; die Kapitulation von Sedan und der Einmarsch in Paris; endlich der Einzug der Sieger in Berlin. Hierüber folgt eine kreisrunde Halle, wie der Unterbau aus schwedischem Ostseegranit. Der runde innere Kern der Halle wird durch ein Gemälde in venetianischer Glasmosaik von Salviati nach dem Entwurfe Anton von Werner's — den Ueberfall der Germania durch den gallischen Cäsarismus, die Verbrüderung der deutschen Stämme und die Errichtung des deutschen Kaiserthums darstellend — farbig geschmückt.

Es folgt dann der 20,4 m hohe Säulenschaft von seinem, weißgrauem Oberkirchener Sandstein, unten umgürtet durch vergoldete schwere dänische, in der Mitte durch österreichische, oben durch französische Geschützläufe. Als Krönung der Säule schuf Meister Drake eine Flügelfigur, die siegreiche Borussia, rechts den Lorberkranz, links das mit dem eisernen Kreuze geschmückte Feldzeichen haltend.

So schwebt die Siegesgöttin, einer Walküre vergleichbar, vor dem Kleinen Königsplatz, der durch die Moltke-, Bismarck- und Roonstraße abgegrenzt wird und von dem die Alsenstraße zur Alsenbrücke führt, während die Herwarth- und Hindersinstraße, das Kronprinzen- und Friedrich-Karl-Ufer sich anschließen. Welch eine Reihe glänzender Namen, die darauf hinweisen, daß sich hier einst das Standbild Kaiser Wilhelm's, umgeben von seinen Paladinen, erheben wird, an Odin gemahnend, der, von der Bifrostbrücke kommend, inmitten der Einherier, von Walküren begleitet, in Walhalla einreitet.

Kriegergruppe „England" vom Belle-Alliance-Platze in Berlin.

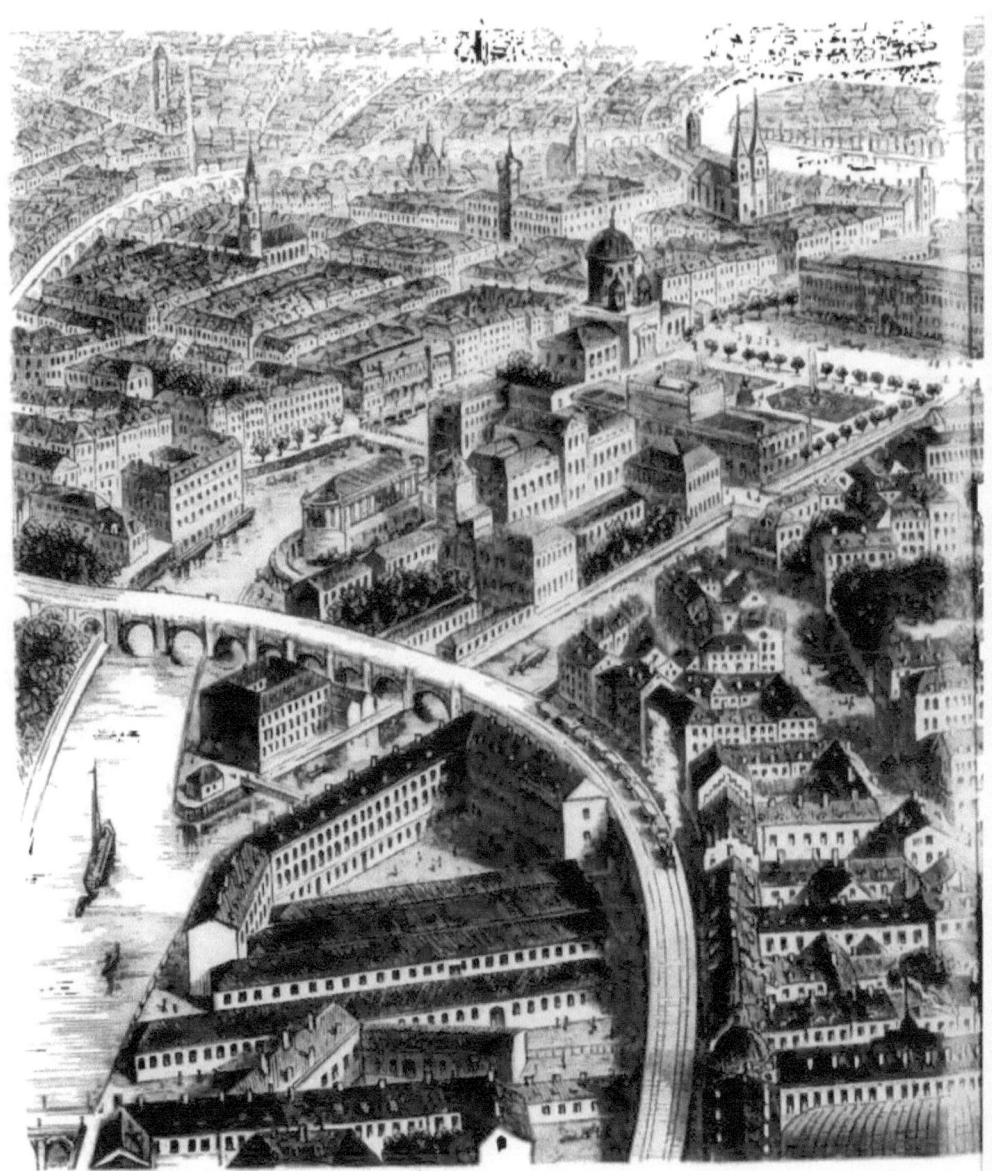

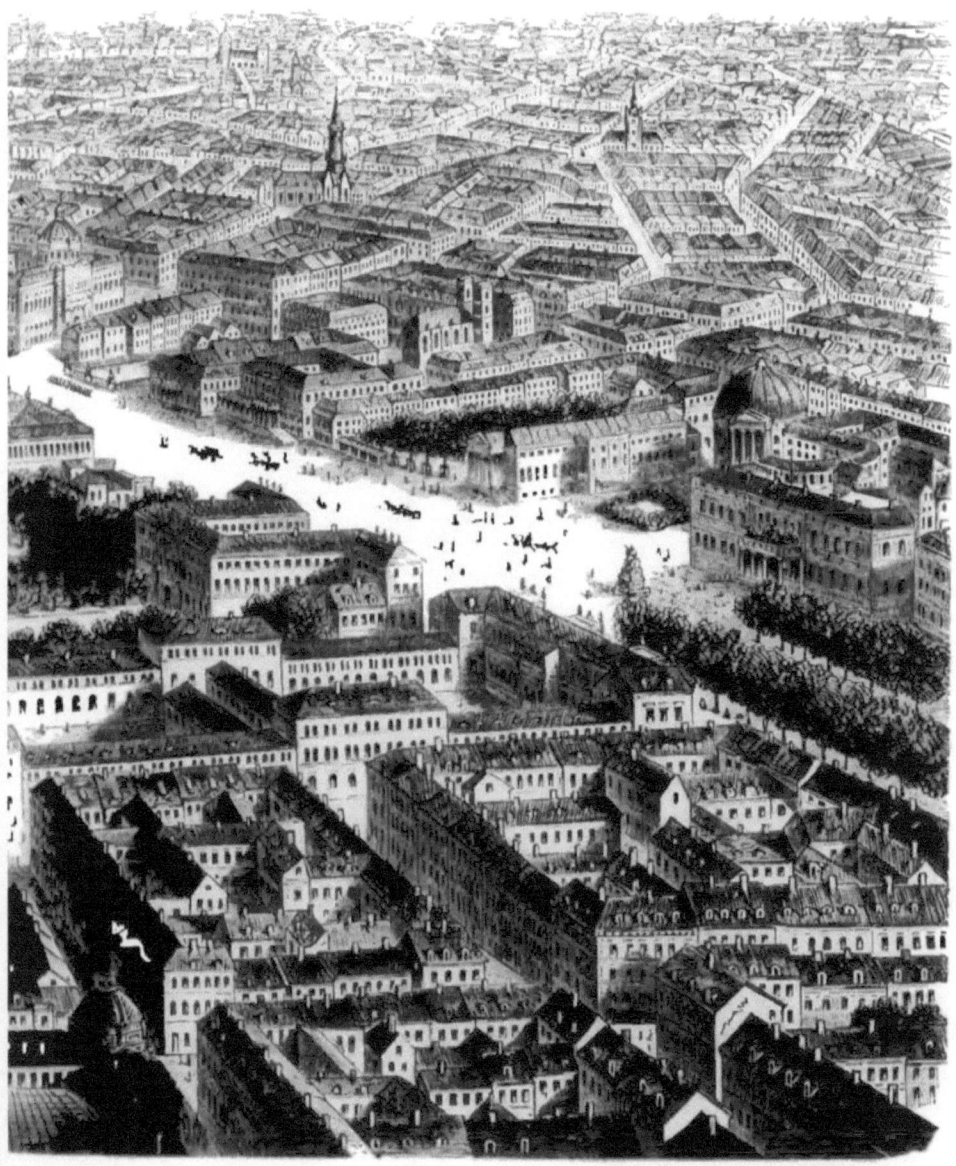

Vogelschau. Leipzig: Verlag von Otto Spamer.

Borsig's Maschinenfabrik zu Berlin.

Gewerbe und Verkehr. Handel und Wandel.

Die Borsig'sche Fabrikstadt. — Die königliche Eisengießerei. — Geschichte des Berliner Porzellans. — Das Kunstgewerbemuseum und die neue Kunstschule. — Vor den Schaufläden. — In der Börse. — Die Berliner Viehmärkte und Schlachthöfe. — Reichsbank und Reichsmünze. — Berlins Verkehrsmittel (Straßenbahnen, Omnibus, Droschken, elektrische Eisenbahn, Dampfdroschke, Ringbahn, Stadtbahn, die neue Ringstraße, die Kaiser Wilhelmsstraße, Bahnhöfe, Brücken). — Das unterirdische Berlin. — Um Mitternacht in Wolff's Telegraphenbureau. — Mit Rohrpost. — Das Fernsprechwesen. — Das Reichspostmuseum. — Beleuchtungswesen (Gas und Elektrizität), der elektrotechnische Verein, Werner Siemens. — Gemeinsame Erheizung Berlins. — Die Wasserwerke. — Straßenbesprengung und Straßenreinigung. — Feuerlöschwesen. — Was kostet die Berliner Polizei? — Die Kanalisation und die Rieselfelder. — Straßenbau und Straßenbenennung. — Vom Stadthaushalt und vom Stadtregiment. — Rückblick und Zukunft.

Die Borsig'sche Fabrikstadt. Die Gegend vor dem Oranienburger Thore hat man mit einem poetischen Vergleich die Schmiede des Vulkan genannt. In der That raucht an der Chausseestraße und manchen ihrer Querstraßen Esse an Esse. Ein Wald von Schornsteinen erhebt sich hier, und Abends sieht man rauchgeschwärzte Gestalten in blauen Blusen zu Tausenden von der heißen Arbeit heimkehren. Hier ist das Hauptcentrum der Berliner Eisenindustrie, welche die Hauptstadt zu einem zweiten Birmingham in Preußen gemacht hat.

Allgemach vollzieht sich freilich auch hier eine Veränderung. Die großen Fabriken räumen hier und da das Feld, die Besitzer finden es vortheilhafter, in entlegeneren Außendistrikten neue Fabriken zu bauen und die Grundstücke in der Stadt als werthvolle Baustellen zu verkaufen. Auf diese Weise sind die Schlegel- und die Eichendorffstraße, früher schon die Tieckstraße, entstanden — wundersame Straßennamen, nach den Hauptvertretern der romantischen Dichterschule: August Wilhelm Schlegel, Friedrich Schlegel, Ludwig Tieck und Joseph Freiherrn von Eichendorff gewählt, d. h. wundersam in dieser, dem Kultus des Feuergottes geweihten Gegend. Allein dieser Kultus hat wirklich seine poetische Seite, und wer einmal vor den glühenden Schmelzöfen gestanden und das Herausströmen ungeheurer flüssiger Eisenmassen erblickt; wer das unheimliche Schwirren der Maschinen, das fürchterliche Getöse des Dampfhammers vernommen; wer die herkulischen Arbeiter mit ihren Werkzeugen, vom Loberfeuer grell beschienen, an jenen unheimlichen Orten hat hantiren und schaffen sehen: der wird zugeben, daß dem modernen Industriewesen, namentlich der Eisenfabrikation, auch eine echt romantische Poesie innewohnt, die der berühmte Adolf Menzel auf seinem bekannten Bilde einer Eisenfabrik in der Berliner Nationalgalerie so wohl zu empfinden und so malerisch zu fixiren verstanden hat.

Wenn nun auch, wie angedeutet, Privathäuser anfangen, die Maschinenfabriken und Eisengießereien zu verdrängen, so wird die industrielle Physiognomie der Oranienburger Vorstadt so lange noch erhalten bleiben, als an der Ecke der Chaussee- und Elsasserstraße sich die Borsigwerke befinden.

Haben auch vor dem Lokomotivenkönig und Millionenschmied Johann Karl Friedrich August Borsig hier einzelne Fabriken, wie seit 1826 die „Neue Berliner Eisengießerei" seines Lehrmeisters F. A. Egells, existirt, so ist es doch zweifellos, daß erst Borsig daselbst das Maschinenbauerviertel gegründet und jenen Arbeiterstamm herangezogen hat, der sich schon in dem Jahre der Umwälzung, 1848, durch große Personenzahl und bewußten Korpsgeist unter der gesammten Arbeiterbevölkerung Berlins in imponirender Weise nach außen hin bemerkbar machte.

Auf die Bedeutung dieser Gegend Berlins für die Metallindustrie Berlins und Preußens hatte schon die königliche Eisengießerei seiner Zeit aufmerksam gemacht. Dieses großartige Staatsunternehmen wurde auf dem geräumigen fiskalischen Grundstück in der benachbarten Invalidenstraße vom Minister Grafen von Reden im Jahre 1804 eingerichtet und dem Oberbergamt unterstellt. In dem vortrefflich geleiteten, von den besten technischen und künstlerischen Kräften unterstützten Institut wurden Maschinentheile, Baukonstruktionen, Brückenbogen, Säulen, Träger, Standbilder, Büsten und Kolossaldenkmale aller Art gegossen, ebenso die zierlichsten Nippsachen, Figürchen, feine Kettchen und Filigranarbeiten gefertigt, welche als Berliner Eisen-Kunstguß, als fil-de-fer de Berlin u. s. f. sich einen Weltruf und Weltmarkt eroberten. Leider hat der preußische Staat sich bestimmen lassen, in die Hekatombe, welche dem Moloch der Gründerzeit geopfert worden ist und die beinahe auch die königliche Porzellanmanufaktur in Berlin verschlungen hätte, die Eisengießerei einzuschlachten. Als doktrinärer Vorwand galt das volkswirthschaftlich sehr zweifelhafte Axiom, daß der Staat kein Gewerbe betreiben soll. Allenfalls hätte man die Grobeisenfabrikation preisgeben, den im Auslande so hochgeschätzten Eisen-Kunstguß aber erhalten sollen, und so viel steht fest, daß, wenn diese Staatsindustrie die Gründerzeit überdauert hätte, man gegenwärtig nicht an ihre Auflösung denken würde.

Lokomotivsaal in Borsig's Maschinenbauanstalt. Nach Paul Meyerheim.

Das sind freilich Rückblicke, welche nichts mehr ändern, und so wollen wir uns damit trösten, daß die verschwundene königliche Eisengießerei wenigstens einen Stamm von Kunsthandwerkern erzeugt hat, welcher Berlins Industrie hoffentlich noch recht nachhaltig zugute kommen wird. — In dem Geburtsjahre der königlichen Eisengießerei erblickte Borsig als ein armer Zimmermannssohn zu Breslau das Tageslicht, und talentvoll, wie er sich von früh auf zeigte, wurde er im Jahre 1823 auf Regierungskosten nach dem königlichen Gewerbeinstitut in Berlin, welches mit der Eisengießerei naheliegende Beziehungen pflog, zu seiner Ausbildung gesandt. Hier fand er in den Augen des berühmten Beuth, des Direktors, dessen Standbild wir im 2. Kapitel betrachtet haben, keine Gnade, und der strenge Schulmonarch soll dem jungen Handwerker beim Abgange ziemlich mürrisch gesagt haben: „Aus Ihnen, Borsig, wird mein Lebtag nichts werden!"

Beuth irrte sich und sollte den Tag noch erleben, wo aus Borsig etwas wurde. Letzterer schwieg. Wie er sich an Beuth rächte, werden wir gleich sehen.

Borsig trat bei Egells als einfacher Maschinenbauer ein, arbeitete rastlos an seiner Ausbildung, setzte nach einiger Dienstzeit als Monteur Maschinen zusammen, rückte zum Faktor mit Gewinnantheil, endlich sogar zum Leiter der Fabrik auf. Da seinem scharfen Verstande die ungeheure Perspektive der Maschinenwelt, welche damals kaum eröffnet war, namentlich die wachsende Bedeutung der Dampfmaschinen, bald klar wurde, beschloß er, sich auf diesen Zweig besonders zu werfen und eine eigene Fabrik zu begründen. Hierzu stand ihm die bescheidene Summe von 5000 Thalern zur Verfügung. Wiederum bezeugt es seinen Scharfblick, daß er für seine Fabrik die Grundstücke hart vor dem Oranienburger Thore erwarb. Dies geschah 1836 und in den folgenden Jahren; im Ganzen soll Borsig hier in Ankäufen ungefähr 225,000 Mark angelegt haben, jetzt schätzt man den reinen Grundwerth auf nahe an 3 Millionen Mark. Allerdings umfaßt das Etablissement nun fast ein Stadtviertel zwischen der Chaussee=, Elsasser=, Borsig= und Tieckstraße, an dem nur ein Terrain an der Ecke der letztern und der Chausseestraße in den Händen anderer Besitzer verblieben ist. Wer die in der That palastartig ausgeführten Hauptgebäude, den Wald von Hochöfen und Schornsteinen, von Schloten und Essen hier übersieht, der wird sich in die bescheidenen Verhältnisse von 1836, wo Jung=Borsig, ein stämmiger kurzhalsiger Mann, mit derber Schmiedefaust selbst den Hammer noch schwang, kaum zurückdenken können.

Aber es steckte in diesem Hammer etwas von der Zauberkraft Wieland's, des kunstvollen Schmiedes unserer deutschen Heldensage. Borsig's Hammer war gleichzeitig eine Wünschelruthe, die, wo sie anklopfte, Silber und Gold im Schoße der Erde zu finden vermochte.

Am 2. November 1837 erschien in den Zeitungen folgende Anzeige: „Die Eisengießerei und Maschinenbauanstalt von A. Borsig, am Oranienburger Thore, Chausseestraße Nr. 1, ist nunmehr in ihrer innern Einrichtung so weit vorgeschritten, daß alle darauf bezüglichen Bestellungen, betreffend die Anfertigung von Dampfmaschinen sowie Maschinen jeder Art und von allen nur möglichen Gußwaaren nach Wunsch ausgeführt werden können." Mit dieser bescheidenen Reklame führte sich die nachmals größte Berliner Industriewerkstätte in der Geschäftswelt ein. Am 22. Juli desselben Jahres war zum ersten Male daselbst

Eisen geschmolzen und gegossen worden. Beschäftigt wurden 50 Arbeiter. Sie schafften nach dem Dichterwort:

> „Von der Stirne heiß
> Rinnen muß der Schweiß,
> Soll das Werk den Meister loben;
> Doch der Segen kommt von oben!"

Der Segen kam schneller, als der Meister sich's selbst vorgestellt hatte. 1846 beschäftigte er bereits 1100 Arbeiter. Hauptsächlich war der Lokomotivenbau, auf welchen er sich mit aller Kraft warf, der Anlaß zum Anwachsen des Geschäftes. Als ein wichtiger Tag für Berlins Industrie kann der 24. Juni 1841 gelten, an dem die erste Lokomotive, welche den Namen „Borsig" führte, fertig wurde. — An einem Sonnabend war's (erzählt der Biograph Borsig's, Hermann Vogt), da wurde die erste Maschine nach der Anhalter Bahn gebracht. Die ganze Nacht wurde gearbeitet, um die Maschine zu montiren; Sonntag früh 4 Uhr wurde dieselbe geheizt und sobann zur Probe bis Großbeeren und zurückgefahren. Borsig hatte die ganze Nacht bei seinen Arbeitern gestanden; voller Erwartung sah er auf sein Werk, noch nicht gewiß, ob es ihm gelingen würde. Aber Freudigkeit und Siegesbewußtsein ergriff ihn, als die Maschine sich mit ruhiger Sicherheit bewegte, und voller Freude rief er seinem Ingenieur zu: „Sehen Sie, sie geht!" — Der Sieg war errungen! Deutsche Industrie hatte durch Borsig eine Selbständigkeit erlangt; das Privilegium Englands und Amerika's, welche sich dasselbe mit Bezug auf Maschinenwesen angemaßt hatten, war vernichtet.

Auf der ersten Berliner Industrieausstellung stellte er eine vortreffliche Lokomotive aus, welche den Namen „Beuth" führte: das war die Rache für das ungnädige Abschiedswort!

In den Jahren 1841 bis 1847 wurden in der Fabrik 186 Lokomotiven gefertigt. Bis zu diesem Zeitpunkt hatte Borsig das Schmiedeeisen aus England bezogen. Auch diese Fessel schüttelte der unternehmende Mann ab, indem er vom Fiskus und von dem Rittergutsbesitzer Griebenow in Moabit westlich an der Spree ein großes Terrain zu einem eigenen Eisenwerk erwarb. 1846 hatte er bereits die Erlaubniß zur Anlage eines Hammer- und Walzwerkes erhalten, das 1850 in Betrieb kam. In diesem Jahre kaufte er noch die in Moabit an der Kirchstraße belegene, früher der Seehandlungssozietät gehörige Maschinenbauanstalt und Eisengießerei dazu. Hier wurden Brücken und Dächer für die Bahnhallen und Kirchenkuppeln, u. A. für diejenigen der St. Nikolaikirche zu Potsdam und der Schloßkapelle zu Berlin, gefertigt.

Auch in Bezug auf das Rohmaterial und die Feuerung wollte Borsig vom Auslande unabhängig sein, und erwarb zu diesem Behufe in Oberschlesien Erzbergwerke und Steinkohlengruben.

So konnte der erste Maschinenbauer Berlins mit Genugthuung und Stolz die Fertigstellung der fünfhundertsten Lokomotive feiern; es gestaltete sich dies Ereigniß am 25. März 1854 zu einem wahren Volksfeste und zu einer öffentlichen Huldigung für den genialen Lokomotivenkönig.

Rastlos in der Werkstatt, am Zeichentisch und im Kontor thätig, gewann Borsig — wie alle großen, schöpferischen Geister — dennoch Zeit und Muße, sich selbst ein schönes Heim zu schaffen. So entstand der fürstlich eingerichtete, von dem Sohne Albert Borsig vergrößerte Wohnsitz an der Straße Alt-Moabit. Ein prächtiges Haus mit herrlichem Garten und einem Treibhausflor, der sich eines großen Rufs weit und breit erfreut. Gastlich sind diese Räume geöffnet, und namentlich zieht die herrliche, im Februar in vollster Blüte stehende Kamellienpflanzung noch immer den regsten Besuch an.

Leider war es dem Millionenschmied nicht lange mehr vergönnt, sich seines redlich erworbenen Reichthums zu erfreuen. Am 8. Juli 1854 bereitete ein Schlagfluß plötzlich dem Leben des thätigen Mannes ein Ende. Berlin, vom Könige bis zum Arbeiter, trauerte um ihn.

Doch waltete der Glücksstern über dem Borsig'schen Unternehmen weiter. Bereits am 21. August 1858 wurde die 1000., am 2. März 1867 die 2000., am 19. April 1873 die 3000. Lokomotive fertig gestellt. Bis Ende 1879 belief sich die Zahl auf 3709, immer noch ein ansehnlicher Zuwachs, wenn man erwägt, daß in diese Zeit die schwerste Handelskrisis, welche Berlin seit 1848 durchzumachen gehabt hat und welche noch immer nicht überwunden ist, fällt.

Von den 3709 Lokomotiven entfallen auf Deutschland 2845, auf Rußland 718, auf Holland 59, auf Schweden 50, auf Oesterreich 27, auf Dänemark 6, auf Indien 4 Stück.

In der Lokomotivbauanstalt befinden sich 5 Dampfkessel und 11 Dampfmaschinen mit 250 Pferdekraft; im Eisenwerke 14 Dampfkessel, 15 Dampfmaschinen mit 270 Pferdekraft und 25 Dampfhämmer mit 6 bis 100 Centner Hammergewicht. In normalen Geschäftsjahren ist der Verbrauch an Steinkohlen in der Lokomotivbauanstalt durchschnittlich 6,200,000 kg, im Eisenwerke 29 Mill. kg.

Der jährliche Verbrauch der Lokomotivbauanstalt an Roheisen beträgt 2 Mill. kg, an Schmiedeeisen und Blechen 6,150,000 kg, der des Eisenwerks zu Preß- und Schmiedestücken aus Stahl und Eisen 1,851,200 kg Roheisen, 1,075,250 kg Schrotteisen; zur Fabrikation von Lokomotivkesseln 1,498,800 kg Eisen- und Stahlbleche, 360,950 kg Kupferbleche. — Die Maschinenbauanstalt und Eisengießerei zu Moabit, Kirchstraße 6, hat eine Belegschaft von 600 Arbeitern, 3 Dampfkessel, 5 Dampfmaschinen mit 90 Pferdekraft, 2 Dampfhämmer. Der Jahresverbrauch beträgt an Roheisen 1,750,000 kg an Schmiedeeisen und Blech 2,300,000 kg, an Steinkohle 2,400,000 kg.

Im rüstigsten Mannesalter, am 10. April 1878, ist auch der Sohn des Begründers der Borsig-Werke verstorben und deren Verlassenschaft an noch im jugendlichsten Alter stehende Kinder gefallen. Ob die Vormünder die ungeheure Verantwortung der Weiterführung des Geschäfts Angesichts des Daniederliegens der Eisen- und Maschinenindustrie auf der ganzen Erde noch viele Jahre hindurch tragen oder die Auflösung des Geschäfts veranlassen werden, wer wäre Prophet genug, um das heute auszusprechen?

Sollte aber selbst der letztere unerwünschte und für Berlin besonders bedauerliche Fall eintreten, so wird doch der Name Borsig und vor Allem — hoffentlich für immer — der Anstoß, den er Deutschlands Industrie gegenüber der Mitbewerberschaft des Auslandes gegeben hat, fortleben und fortwirken.

In dieser Hoffnung nehmen wir von der Borsig'schen Fabrikstadt am Oranienburger Thore Abschied und wenden uns einer andern, einer feineren, saubereren, namentlich die Frauenwelt mehr ansprechenden Industrie zu, welche gegenwärtig den Borsig=Werken an der Spree in Moabit gegenüber, am andern Flußufer, am Saume des Thiergartens und an der Weichbildsgrenze zwischen Berlin und Charlottenburg, ihre Werkstätten aufgeschlagen hat.

Im Jahre 1817 wurde hier vom Fiskus ein Grundstück zur Anlegung der königlichen Gesundheitsgeschirr=Fabrik angelegt, in welcher sich gegenwärtig überhaupt die Fabrikanstalten der mit Recht in hohem Ansehen stehenden, dem preußischen Staat gehörigen Porzellanmanufaktur befinden, nachdem die früheren großen Räumlichkeiten in der Leipziger Straße an verschiedene sonstige öffentliche Verwaltungsstellen abgetreten und die Ausstellungslager der fertigen Waare an anderen Verkaufsstellen in der Stadt untergebracht worden sind.

Friedrich II. besucht eine Fabrik. Nach Adolf Menzel.

Die Anfänge der Berliner Porzellanindustrie fallen in die Zeit Friedrich's des Großen, ja man hat im Scherz gesagt, daß das Porzellan „beinahe" in Berlin erfunden worden sei. Damit verhält es sich so. Johann Friedrich Böttger (auch Bötticher, Böttiger, Böttiger geschrieben), am 4. Februar 1682 zu Schleiz im reußischen Voigtland geboren, wurde in seinem 15. Jahre, nachdem sein Vater, Münzmeister in Magdeburg, frühzeitig gestorben war, bei dem Hofapotheker Zorn in Berlin untergebracht, woselbst er sich zum „Zorn" desselben viel mit chemischen und alchymistischen Studien abgab und darüber die eigentliche Pharmazie vernachlässigte. Er scheint sich hier bereits bedeutende Kenntnisse namentlich in der Metallurgie und in der Kunst, feuerfeste Schmelztiegel zu verfertigen, erworben zu haben. Da schon seit längerer Zeit Versuche an verschiedenen Stellen Europa's unternommen worden waren, das chinesische Porzellan, welches in hohem Preise stand, nachzuahmen, so mußte auch ein grübelnder, erfinderischer Kopf wie Böttger leicht zu Aehnlichem angespornt werden. Ehe er aber noch hierzu kam, zog er durch Goldmacherversuche die Aufmerksamkeit auf sich. Die Mittel hierzu hatte ihm ein griechischer Abenteurer Namens Laskaris gewährt. Als Böttger nun erfuhr, daß man willens sei, ihn an dem neuen preußischen Königshofe als Adepten zu interniren, gab er Fersengeld und flüchtete nach Kursachsen. Wie er dort wiederum Goldmacher, später Verfertiger des rothen Hartguts, endlich Entdecker und Erfinder des eigentlichen weißen Kaolinporzellans in Meißen wurde, findet der Leser unter Abschnitt XVII im 1. Kapitel dieses Werkes geschildert.

Eine geheime Korrespondenz, welche Böttger, der schon 1719 starb, während der Jahre 1716 und 1717 nach Berlin in der Absicht geführt hatte, um die Geheimnisse der kursächsischen Porzellanfabrikation für gutes Geld zu verrathen — ein Versuch, welcher dem Adepten sofortige Verhaftung eintrug, mag der erste Anlaß gewesen sein, daß man in industriellen Kreisen der preußischen Hauptstadt Nachahmungen versuchte. Im Jahre 1751 hatte der Kaufmann Wilhelm Kaspar Wegeli begonnen, auf seinem Grundstücke an der Ecke der Königs- und Neuen Friedrichstraße Porzellan zu brennen, welches, nach den im deutschen Kunstgewerbe- und dem Märkischen Provinzialmuseum zu Berlin verwahrten Proben, gar nicht übel ausfiel, aber mit dem Meißen'schen Staatsporzellan nicht konkurriren konnte, so daß die Fabrik schon 1757 einging.

Im Jahre 1760 erwarb der uns aus dem 1. Kapitel bereits bekannt gewordene Kaufmann Johann Ernst Gotzkowsky von einem Künstler Ernst Heinrich Reichard das Fabrikationsgeheimniß für 30,000 Mark und richtete in dem, den Dorville'schen Erben abgekauften Hause, Leipziger Straße Nr. 4, eine neue Porzellanmanufaktur ein. Nachdem zu Anfang August 1763 Gotzkowsky, welcher in Vermögensverfall gerathen war, seine Zahlungen eingestellt hatte, übernahm Friedrich II. die Fabrik am 24. August für 675,000 Mark. § 3 des Vertrages lautet: „Alle Geheimnisse, Wissenschaften, Künste und Handgriffe, worauf sich diese Fabrique gründet, müssen Sr. Königl. Majestät von dem rc. Gotzkowsky getreulich entdecket, beschrieben und ausgeantwortet, nicht minder von demselben eidlich angelobet werden, daß er davon weder für sich, noch die Seinigen etwas zurückhalten und verschweigen, auch für sich und die Seinigen von nun an keinen ferneren Gebrauch machen, noch viel weniger das geringste davon an einen Dritten, er sei, wer er wolle, offenbaren, sondern diese Geheimnisse, Wissenschaften und Künste gegen Jedermann außer gegen Se. Königl. Majestät und Diejenigen, welche von Allerhöchstdenenselben hierzu legitimirt werden möchten, verschwiegen halten und mit in seine Grube nehmen wolle."

Man hielt also das Geheimniß der Fabrikation hier wie in Meißen und anderen Orten ebenfalls mit großer Strenge aufrecht. Dagegen kann der Vorwurf, der von Marryat (Geschichte der Töpferwaare und des Porzellans) u. A. m. gemacht worden ist, Friedrich habe, als er sich Dresdens oder Meißens im Siebenjährigen Kriege bemächtigte, mehrere der besten sächsischen Porzellanmaler, Modelleure und Chemiker, unter denen Meyer, Klipsel und Böhme genannt werden, wider ihren Willen nach Berlin bringen und zwingen lassen, ihre Arbeiten zu seinem Vortheil fortzusetzen, als bündig widerlegt gelten. Es schreibt nämlich der königlich polnische und kurfürstlich sächsische Kommissionsrath Grieninger, welcher von Gotzkowsky für seine Fabrik engagirt wurde, Folgendes:

„Die damals noch anhaltenden Kriegs-Unruhen, die beständige Furcht und Gefahr, in der Jedermann besonders in Sachsen lebte, und der Geldmangel veranlaßten auch manchen, sich von der Meißner Porcellän-Manufactur zu entfernen. Unter diesen war der geschickte Bildhauer Friedrich Elias Meyer, der 1761 nach Berlin kam, und sich verbindlich machte, bei der neuen Porcellän-Manufactur seine Dienste zu leisten".

Königl. preuß. Porzellanmanufaktur bei Moabit.

„Im December 1761 kam der im Figuren- und Landschaftsmalen sowohl, als im Zeichnen nach der Natur sehr geschickte Carl Wilhelm Böhme, Schwager des großen Dietrich's, von Meißen nach Berlin, und wurde Maler bei der neuen Manufactur; bald hernach, da man von seiner Geschicklichkeit und seinem Fleiße überzeugt war, bekam er die Mitaufsicht über sämmtliche Maler, und zugleich die Unterweisung von einem Theile der Lehrlinge. Bald nach dem Böhme kam auch von der Meißner Manufactur einer ihrer besten Prospect- und Landschaftsmaler, Johann Balthasar Borrmann, und engagirte sich bei hiesiger Manufactur. So willkommen diese Beede waren, so gern würde man der übrigen, die ihnen nachfolgten, entbehrt haben, indem sie mit lüderlichen Fabrikenstreichen besser bekannt waren, als mit den Arbeiten, zu denen sie sich angegeben hatten; die mehrsten wurden auch bald wieder verabschiedet und fortgeschafft." Endlich heißt es: „Der bei der

Meißner Manufactur erzogene und in der Mosaique-Malerei überaus geschickte Carl Jacob Christian Klipfel hatte gar seltene Fertigkeit auf dem Flügel zu spielen, und wurde dahero öfters gewürdiget, zum Concert des Königs, so lange derselbe während des Krieges in Sachsen war, mitzugelassen zu werden. Der Gotzkowski engagirte denselben als Maler zur Berliner Porcellän-Manufactur 1763, und da er gute Kenntniß von den Meißner Malerei-Taxen hatte, wurde er nebst den beeden vorgesetzten hier mit zum monatlichen Taxiren bestellt."

Friedrich der Große trug zur Hebung der Fabrik, für deren speziellste Einzelheiten er sich lebhaft interessirte, viel bei. Bis 1771 war der Thon aus Passau in Bayern bezogen worden, in diesem Jahre wurde bei dem Dorfe Brachwitz unweit Halle a./S. ein vorzügliches Kaolin in Menge entdeckt, aus welchem Lager noch jetzt der Bedarf entnommen wird. Das dortige Kaolin enthält schon von Natur die chemisch richtige Zusammensetzung von Kieselerde und Thonerde (etwa 71½ Prozent Kieselerde, 26 Prozent Thonerde, das Uebrige Kalk, Kali, Eisenoxyd), so daß der alleinige Zusatz von Feldspath, nach Kolbe's Geschichte der königl. Porzellanmanufaktur zu Berlin, genügt, um eine zur Porzellanbereitung völlig geeignete Masse herzustellen, während bei den meisten anderen Fabriken noch zu diesem Behuf die Beimengung von Quarzsand (Kieselerde) erforderlich ist.

Nachdem die Hallesche Porzellanerde durch Schlämmen gereinigt und mit Feldspath gehörig vermischt worden ist, wird die zu Gefäßen bestimmte Porzellanmasse in die dazu erforderliche Gestalt entweder durch Drehen auf der Töpferscheibe oder durch Formen oder durch Gießen gebracht. Die fertig geformten Gegenstände müssen langsam an der Luft getrocknet werden, um das Wasser zu vertreiben und sie für das Glasuren vorzubereiten. Zu dem Ende werden die Gefäße in die zu einem dünnen Brei angerührte Glasur eingetaucht. Alsdann werden die Geschirre vorgebrannt oder verglüht. Die Bestandtheile der Berliner Glasur sind hierbei reiner Quarzsand und Kaolin, nebst einem Zusatz von Gips und gebrannten, pulverisirten Porzellanscherben.

Schließlich geht das Garbrennen des Geschirrs in runden vier-etagigen Porzellanöfen vor sich. Die hier gewonnenen Fabrikate wandern noch in die Schleiferei, um die bei manchen Porzellanen hervortretenden Unvollkommenheiten durch Schleifen, Abreiben, Poliren u. s. w. zu entfernen und das fertige Fabrikat nach seiner Güte zu sortiren.

Das Dekoriren des Porzellans bei der königlichen Berliner Fabrik geschieht durch Auftragen von chemisch reinem Gold, beziehentlich von Schmelzfarben, welche gepulvert mit Terpentin aufgerieben und in Muffelöfen bei einer Rothglut von etwa 800 Centigrad während 1½ Stunden aufgebrannt werden.

Eine wesentliche Verbesserung des Betriebes trat 1799 ein, indem man nunmehr statt des bisherigen Roßwerks für die Glasurmühlen, Schleifereien, Stampfwerke eine Dampfmaschine oder, wie man damals sagte, „Feuermaschine" einführte. Wir heben das besonders hervor, weil dies die erste Dampfmaschine in Berlin war und weil es elfjährige Kämpfe gekostet hatte, ehe das vermeintlich so gefährliche Unthier, „das Feuer fraß und Dampf ausspie", und von dem u. A. der Directeur des Spectacles, Freiherr von der Reck, behauptet hatte, daß es für die Gesundheit und das Leben der Anwohner im hohen Grade gefährlich sei, polizeilich verstattet wurde. Die Konstruktionsangaben waren von den Maschinenfabrikanten Watt u. Boulton in Birmingham gemacht, die Herstellung der Feuermaschine selbst erfolgte aber in den königlichen Eisenhütten zu Malapane und Gleiwitz in Oberschlesien durch den Maschinisten Baildon, welchem neben seinem Honorar dafür eine goldene Medaille, „aus den Stempeln der Preismedaille der königlichen Akademie der bildenden Künste geprägt", zutheil wurde. Die neue Dampfmaschine von 10 Pferdekraft, nach doppelt Watt-Boulton'schem Prinzip konstruirt, hatte einen Cylinder von 16 Zoll Durchmesser, der Hub betrug 4 Fuß bei 20maliger Umdrehung des Hauptbewegungsrades in der Minute, der Kessel wog 18 Centner, der Steinkohlenverbrauch betrug 11 Scheffel täglich bei 13stündiger Arbeitszeit. Die Maschine kostete einschließlich des hölzernen Balanciers, jedoch ausschließlich der Beförderungs- und Aufstellungskosten, 1404 Thlr. 12 Gr. 7 Pf. und blieb über 23 Jahre in Betrieb. — Diese Neuerung galt mit Recht als für Berlins Industrie so wichtig und interessant, daß der Minister von Heinitz folgende Einladung ergehen ließ:

„An des Königs Majestät.

Die mit schlesischen Steinkohlen in Gang gebrachte Feuermaschine bei der Porcellanmanufactur, von deren Erbauung ich bereits vorläufig unterthänigst Anzeige gethan habe, ist nun vollständig errichtet, und es werden dadurch an 10 Pferde erspart. Sie beweget 12 Stampfen, 11 liegende und einen stehenden Mühlenstein und eine große kupferne Scheibe für die Porzellanschleiferei. Außerdem hebt sie alles Wasser, dessen sie theils selbst zum Verdampfen und Niederschlagen der Dämpfe, theils die ganze Wasch- und Schlemmerei-Anstalt bedarf, aus einem 40 Fuß tiefen Brunnen. Sie ist die erste ihrer Art, von kleinem Umfang und großer Wirkung, durchaus ein inländisches Produkt, auf den oberschlesischen Eisenwerken Euer Majestät durch den sehr geschickten Maschinisten Baildon verfertigt und nun hier errichtet. Sie verdient von Eurer Majestät und Höchstdero königlichen Frau Gemahlin besehen zu werden, und ich würde bei dieser erwünschten Gelegenheit die nun auch völlig fertigen, zur beträchtlichen Holzersparung eingerichteten und zugleich auf Vervollkommnung der Arbeiten und Erleichterung der Ouvriers abzweckenden Porzellanbrenn-, Trocken- und Emaillöfen unterthänigst vorzeigen. — Geruhen daher Euer Majestät den Tag und die Stunde hiezu gnädigst zu bestimmen.

Berlin, den 13. August 1793."

Der Besuch erfolgte und trug wesentlich dazu bei, Dampfmaschinen in Berlin einzubürgern.

Um den Absatz des Porzellans zu fördern, wurde so recht im Sinne der damaligen Zeit zu den absonderlichsten Mitteln gegriffen. So mußten die Generalpächter der Lotterie nach einem königlichen Erlaß vom 24. Juni 1769 zum auswärtigen Absatz und auf ihre eigene Rechnung für 6000 Thlr., seit 1783 für 9600 Thlr. Porzellan jährlich entnehmen. Ebenso waren die Juden genöthigt, für gewisse bürgerliche Handlungen, welche an sich nicht steuerpflichtig waren, ein bestimmtes Quantum von Porzellan, nicht selten für 300 Thlr. und mehr, anzukaufen, mit der Verpflichtung, es im Auslande abzusetzen und dies durch obrigkeitliche Atteste nachzuweisen. So erhielt z. B. Abel Levin zu Freienwalde eine „Concession als publiquer Bedienter bei dortiger Judenschaft in der Qualität eines Todtengräbers", wogegen er für 28 Thlr. Porzellan zu entnehmen hatte. Mit Recht tadelt Kolbe diese Maßregel als hart und dabei unwirksam. Man denke sich die Lage eines armseligen Juden in einer der kleinen Städte der Mark, Schlesiens oder Westfalens, der sich etabliren oder verheirathen wollte, und nun für 300 Thlr. Porzellan zu kaufen hatte, während er vielleicht nicht 300 Groschen besaß, und der obenein das Porzellan nun noch im Auslande absetzen mußte. Als Kuriosität mag erwähnt werden, daß, als der Berliner Buchhändler Himberg Goethe's Werke nachdruckte und Letzterer darüber Beschwerde führte, Himberg den großen „christlichen" Dichter damit zu beschwichtigen suchte, daß er ihm eine Auswahl von Berliner Judenporzellan zuschickte. Goethe ist nur einmal, im Jahre 1778, in Berlin gewesen, und man hat öfters in Berlin seine Abneigung gegen diese Stadt mit der ihm durch Himberg widerfahrenen Behandlung erklären wollen.

Nach Friedrich's II. Tode waren die Rückstände dieser sogenannten „beneficirten Juden" so groß, daß von einer zwangsweisen Beitreibung keine Rede sein konnte. Außerdem drückte das Verschleudern der in der Handelswelt allgemein unter dem Namen „Judenporzellan" bekannten Waare selbstverständlich überhaupt den Preis des preußischen Porzellans und führte zum Wiedereinschmuggeln des ins Ausland exportirten Geschirrs. Die Verwaltung zog es daher schließlich vor, jene Verpflichtung der jüdischen Bevölkerung wie auch die der Lotteriepächter durch Zahlung einer mäßigen Summe ablösen zu lassen.

Gleichwol war jene erste Periode der königlichen Porzellanmanufaktur zu Berlin, künstlerisch betrachtet, ihre Glanzzeit. Die Fabrikate derselben, namentlich die dekorativen Stücke sind gerade jetzt, wo das Sammeln von altem Porzellan wieder Modesache ist, außerordentlich geschätzt und werden sehr hoch, fast so hoch wie das Vieux-Saxe (das alte Meißener Porzellan) und das ältere Fabrikat von Sèvres, bezahlt. In der That war der zur Zeit der Erfindung des Porzellans herrschende Rococogeschmack mit seinen bizarren Einfällen, seiner spielenden und tändelnden Manier, so recht für die Kleinkunst der Porzellanmeister geschaffen, sowol was die Formgebung, wie die Dekoration durch allerhand phantastische Ausstattung und durch Malerei anlangt. Die Leistungen dieser Epoche sind daher auch, der künstlerischen Richtung der Zeit gemäß geschätzt und betrachtet, bislang kaum übertroffen worden.

Als das Hauptstück der Berliner Kunstwerkstatt wird gewöhnlich der Tafelaufsatz für die Kaiserin Katharina II. von Rußland betrachtet. Friedrich II., der als Weiberfeind galt, jedenfalls auch über seine gekrönten Gegnerinnen sich in moquanter Weise vielfach geäußert hat, hielt es doch aus politischen Gründen für angemessen, sich den russischen Regentinnen gegenüber als galant zu zeigen. Bei der Kaiserin Elisabeth, der er sein prachtvolles Oelporträt von der Meisterhand Antoine Pesne's, sowie einen in Berlin bewundernswürdig gearbeiteten vergoldeten Krönungswagen verehrte, scheint er wenig damit erreicht zu haben, da die Zarin bis zu ihrem Tode seine erbitterte persönliche Feindin blieb. Dagegen gewann er bei der Kaiserin Katharina II. allerdings durch sein Porzellanservice einen Stein im Bret.

„Im April 1772", heißt es in der Chronik des erwähnten Grieninger (bei Kolbe, S. 158), „ist das vom Könige nach selbsteigener Angabe bestellte und für die russische Kaiserin zum Geschenk bestimmte große Dessertservice fertig und auf einer langen Tafel zum Besehen aufgestellt worden. Es wurde wegen seiner Seltenheit vierzehn Tage, bis die königliche Ordre zum Verpacken und

Versenden gekommen war, an Jedermann gezeigt. In der Mitte der Tafel war die auf dem Throne sitzende Kaiserin im kaiserlichen Anzug und in mit feinen Kanten gezierter Kleidung en biscuit. Um den Thron waren mythologische Gottheiten und vor der Kaiserin die Themis mit dem durch derselben weise Verordnung allen unter ihrem Scepter stehenden Völkern neu ertheilten Gesetzbuche, auf welchem die Worte: Leges novae mit goldenen Buchstaben zu lesen waren. Unten um den Thron knieten Vertreter von allen zum russischen Reich gehörigen Nationen in ihren gewöhnlichen Trachten, nach denen durch meinen guten Freund, den jüngeren Herrn Professor Euler zu St. Petersburg, erhaltenen illuminirten Zeichnungen. Zu diesen war die Tafel noch mit vielen staffirten mythologischen und anderen Figuren, besonders mit Tropheen und angeketteten Türken in ihren mit bunten Farben staffirten verschiedenen Kleidungen, nebst einer großen Anzahl von Tellern und Schüsseln von allerhand beim Dessert erforderlichen Gefäßen und Zuthaten besetzt. Die Ränder an Tellern und Schüsseln waren durchbrochen, reich vergoldet und an einem jeden derselben C. II. mit Gold und natürlich staffirtem Lorberkranze angebracht. In der Mitte waren alle Teller und Schüsseln mit Kriegsgeschichten zwischen Russen und Türken von unserm geschickten Borrmann vorzüglich schön mit bunten Farben bemahlt. Löffel, Messer und Gabeln waren von Silber und reich vergoldet. Die ganze königliche Familie mit dem ganzen Hofstaate, die vornehmsten, ja die mehrsten Einwohner von Berlin kamen, um dieses königliche Geschenk in Augenschein zu nehmen. Der Sehensbegierigen wurden zuletzt so viele, daß das unordentliche Zudringen kaum durch die Soldatenwachen, welche alle Zugänge besetzet hatten, konnte abgehalten werden. Da dieses Service zu St. Petersburg angekommen und daselbst auf kaiserlichen Befehl eben auf die Art wie hier in Berlin zur öffentlichen Schau aufgesetzet worden war, soll sich auch dort eine unzählbare Menge von Menschen dabei eingefunden haben."

Berühmt sind ferner jene zwölf großen Vasen, welche die französische Kaiserin Josephine im Jahre 1805 zum Geschenk erhielt. Es heißt im Bericht darüber: „Sie sind ganz unbeschädigt angekommen und nach dem Zeugnisse mehrerer Sachkundigen so vorzüglich, daß sie die Kritik der französischen Antiquare und Aesthetiker nicht scheuen dürfen. Besonders hat die reiche und erhabene Vergoldung, das Farbenlüstre, die Mannichfaltigkeit der Formen und Malereigattungen, die Nachahmung des lapis lazuli und mehrerer edler Steinarten, ganz vorzüglich aber die täuschende Darstellung der florentiner und römischen Mosaikarbeit ihre Aufmerksamkeit gefesselt, und der berühmte Blumenmaler Redouté, welcher eben in Malmaison war und mit Zeichnungen für das prächtige Pflanzenwerk vom dortigen Garten beschäftigt ist, hat sich als Künstler über die treue und vollendete Darstellung der Gegenstände seines Faches unverdächtig geäußert, sowie auch der Direktor der kaiserlichen Porcellanmanufactur zu Sèvres, Brogniart, von diesem Vasengeschenk einen sehr vortheilhaften Bericht abgefasset und denselben vorläufig in der philomatischen Gesellschaft zu Paris vorgelesen hat."

1807 erhielt Josephine nochmals ein reiches Porzellangeschenk, ein Tafelservice im Werthe von etwa 54,000 Mark, jedenfalls mit noch mehr getrübter Stimmung der Geber als 1805, denn dazwischen lag die Niederlage von Jena.

Daß diese Arbeiten bereits antikisirenden Stils sind, daß bei ihnen das vorgeblich klassische Element der Aufklärungs- und Revolutionszeit sowie des französischen Empire zum Ausdruck kommt, ist selbstverständlich. Aufgegeben ist jene Klassizität, abgesehen von der neuesten Entwicklung, seitdem niemals, nur unter dem Einfluß von Schinkel strenger geläutert worden. Die edleren Porzellan= manufakte sind hierdurch zweifellos den griechischen und etruskischen Formen ähnlicher geworden, ebenso unleugbar ist es aber auch, daß die Zierlichkeit und Gefälligkeit der Figuren und Figürchen, der tausenderlei Nippsachen, für welche das Porzellan so recht geeignet ist, sich erheblich verloren hat. Die gewöhn= licheren Tafelgeschirre sind unschön geworden, während die Verzierungen, welche man unter Friedrich Wilhelm III. und Friedrich Wilhelm IV. hier erfand, um die Waare ansprechend zu machen, mitunter geradezu abstoßend sind und von einer bedauerlichen Verwilderung des feineren Geschmacks zeugen.

Als berühmtes Belagstück der neuen klassischen Richtung gilt der große Tafelaufsatz nebst Service vom Jahre 1819 für den Herzog von Wellington. Den Aufsatz bildeten, nach Kolbe, elf auf bronzenen Plateaus aufgestellte Hauptgruppen, deren Mittelpunkt ein Obelisk von Porzellan von 4 Fuß 2 Zoll Höhe einnahm, mit den Wappen von Preußen, England, Schott= land und dem des eisernen Herzogs in Relief verziert, während zwei Seitenflächen die Namen seiner bedeutendsten Schlachten, die anderen zwei seine Orden enthielten. Um den Obelisk gruppirten sich halbliegende Flußgottheiten, dazwischen zwei 16 Zoll hohe Biscuitfiguren, Borussia und Britannia. Seitwärts noch zehn Gruppen. Die Skulpturen waren meist Biscuitporzellan, die sämmtlichen Stücke reich gemalt. Klassische Reinheit und Einfachheit, verbunden mit ängstlicher Strenge der Form, ist bei diesem Werke, das als Porzellanarbeit kaum dazu geeignet ist, gewissermaßen typisch zum Ausdruck gebracht.

Dergleichen klassische Stilübungen in Porzellan, namentlich prächtige Vasen von bedeutender Größe, haben in diesem Jahrhundert die höchste ästhetische Leistung der Porzellanmanufaktur gebildet. Auf die Malerei ist dabei eine rühmlich anzuerkennende Sorgfalt verwendet. Solche bemalte Prunkstücke aus der Berliner Offizin finden sich in allen fürstlichen Häusern Europa's und werden auch anderweitig als Ehrengaben vielfach verwendet. In richtiger Erkenntniß der Rückschritte, welche die Manufaktur in den kleinkünst= lerischen Porzellanen längere Zeit gemacht hatte, griff man neuerdings zur Reproduktion der alten Typen des vorigen Jahrhunderts, deren Formen sich glücklicherweise erhalten haben. Es war dieser Rückgriff in einer Zeit, die nicht im Stande ist, gutes Neue zu liefern, nur zu loben. Allmählich hat der große Umschwung, welcher sich im deutschen Kunstgewerbe auf allen Gebieten geltend macht und einen wirklichen Aufschwung des Kunsthandwerks einleitet, seinen Einfluß auch auf die Porzellanbildnerei auszuüben begonnen. Man fängt auch hier an, die deutsche Renaissance aufzusuchen und nachzubilden; eine An= lehnung an den nationalen Stil muß auch der edlen Kaolinkeramik neuen Impuls geben, der zu einer wirklichen Fortbildung und zu einer frischen künst= lerischen Formbildung führen wird. Hierin liegt die Mission der königlichen Porzellanmanufaktur zu Berlin. Sie möge sich weniger als Fabrik und immer mehr als Kunstschule für Töpfer, Dreher, Modelleure und Miniaturmaler ent= wickeln, so wird man ihr die Existenzmittel seitens der Volksvertretung, wie bestimmt erwartet werden darf, auch fernerhin nicht versagen.

Das Kunstgewerbemuseum. Auf dem ehemaligen Grundstück der königlichen Porzellanmanufaktur an der Königgrätzerstraße 120 erhebt sich das eben vollendete, mit großen Mitteln eingerichtete und mit vortrefflichen Sammlungen ausgestattete Kunstgewerbemuseum. An der Spitze dieses mustergiltigen Instituts, welches sich, früher deutsches Gewerbemuseum benannt, durch Initiative der Bürgerschaft aus bescheidenen Anfängen nach dem Vorbilde des South-Kensington-Museums in London entwickelt hat, steht ein Vorstand unter dem Vorsitz des Herzogs von Ratibor, mit drei Direktoren, Architekt Grunow als erstem Direktor, Prof. Dr. Julius Lessing als Direktor der Sammlungen und Prof. Ewald als Direktor der Unterrichtsanstalt.

Kunstgewerbemuseum zu Berlin, Königgrätzerstraße Nr. 120.

Die Sammlungen gehören zu den großartigsten derartigen in Deutschland und geben ein umfassendes Bild der Entwicklung des Kunsthandwerks und der Kunstindustrie unter allen Kulturvölkern, jedoch mit besonderer Berücksichtigung Deutschlands. Ungemein reichhaltig ist die Abtheilung der Holzarbeiten mit trefflichen geschnitzten oder ausgelegten Truhen, Laden, Schränken, Kirchenstühlen u. dgl., darunter der kostbare sogenannte Pommersche Wunderschrank aus dem 17. Jahrhundert, der mit edlem Metall und Gestein reichlich verziert ist. Hervorzuheben sind die Eisenarbeiten, geschnitten und getrieben, als besondere preußische Spezialität die prachtvollen Dekorationsstücke aus Bernstein. Unter den Metallarbeiten ragt der Silberschatz des Rathhauses zu Lüneburg hervor, welcher aus Staatsmitteln angekauft wurde und Tafelaufsätze und Prunkstücke jener Stadt umfaßt, hauptsächlich der Spätrenaissance zugehörig. Berühmt ist ferner die Sammlung der Majoliken aus der besten Zeit; auch an Steingut, Porzellan und Glas ist Vortreffliches vorhanden. Alle diese, durch die Auflösung der ehemals im Schlosse, dann im Neuen Museum befindlich gewesenen königlichen

Kunstkammer reich vermehrten Kunst- oder Kunsthandwerks-Gegenstände und die Abgüsse oder Nachbildungen vieler derartigen auswärts befindlichen Objekte sind dem strebsamen Künstler und Kunsthandwerker zugänglich, für dessen Ausbildung im Zeichnen, Modelliren u. s. f. noch eine besondere Unterrichtsabtheilung gepflegt wird.

Eine verwandte Richtung verfolgt die königliche Kunstschule in einem neu errichteten Monumentalbau neben dem Lagerhause in der Klosterstraße, so daß man anerkennen muß, wie die preußische Regierung sich vollauf anstrengt, um die bekannte Schlappe, welche die deutsche Industrie auf der Weltausstellung zu Philadelphia im Jahre 1876 erlitt und die in dem eigenen Verdikt des deutschen Kommissars, Geheimen Regierungsraths Reuleaux, mit dem geflügelten Wort „billig und schlecht" bestätigt wurde, durch methodischen Unterricht und durch unabläßige, sorglichste Förderung auf dem Gebiete des Kunstgewerbes, besonders in der Hauptstadt, nach jeder Richtung hin wett zu machen.

Daß diese Bemühungen lohnen und daß sie im Auslande anerkannt werden, beweisen die Erfolge der deutschen Industrie auf den neuesten internationalen Ausstellungen zu Sydney und Melbourne in Australien. Vor den Schauläden Berlins vorüberwandernd, finden wir eine Fülle von preiswerther und guter, zum Theil vortrefflicher Waare, welche lehrt, wie Berlin sich bemüht hat, die herben Erfahrungen zu beherzigen und durch geschmackvolle Muster wie Solidität der Arbeit unserem heimischen Gewerbfleiß neue Absatzquellen zu eröffnen. — Vor Allem nennen wir die Reihe prachtvoller Läden, welche sich in dem Neubau der Kaisergalerie zwischen der Straße Unter den Linden und der Behrenstraße befinden. Die Baugesellschaft Passage hat in den Jahren 1869—1873 durch die Architekten Kyllmann und Heyden hier eine mit Glasdach versehene Galerie im Renaissancestil mit hohem Dach, Giebeln und Thürmchen ausführen lassen, welche an ihren Außenseiten in der Behren- und Friedrichsstraße, vor Allem aber innen unter dem Glasdach eine lange Reihe von Läden enthält, in der Anlage an die Passage St. Hubert in Brüssel und die große Passage in Mailand erinnernd. An nobler Ausstattung kommt dies Meisterwerk allen vorhandenen Passagen europäischer Großstädte gleich, an Breite und guter Ventilation sowie Zweckmäßigkeit der Einrichtung übertrifft sie die meisten ihrer Art. In den oberen Stockwerken befinden sich Restaurations- und Festsäle. Einen großen Theil der Passage nimmt Castan's Panoptikum ein, ein Institut, welches von dem Bildhauer Castan nach dem Vorbilde des weitbekannten Wachsfigurenkabinets der Madame Tussaud in der Baker Street zu London angelegt ist. Es befinden sich darin die lebensgroßen Nachbildungen berühmter und berüchtigter geschichtlicher und zeitgenössischer Persönlichkeiten in der Tracht ihrer Epoche dargestellt, gewöhnlich einzeln, mitunter zu Gruppen vereinigt. Der Besitzer legt in neuester Zeit mit Recht mehr und mehr Werth darauf, hierbei die Heimat, zunächst Preußen, zu berücksichtigen und allerhand authentische Schaustücke, als Kleider, Geräthe, Waffen, Möbel u. dgl., zu sammeln, Objekte, die nicht blos den Reiz der Neugier befriedigen, sondern ein dauerndes kulturgeschichtliches Interesse beanspruchen, Malern und anderen Künstlern Motive und Ausstattungselemente bieten und auf die Schuljugend anregend wirken.

Als ein zweites großartiges Geschäftshaus gilt das Rothe Schloß, von Ende und Böckmann 1866—67 auf dem Terrain gegenüber dem königlichen Schlosse erbaut, welches bei der Durchlegung der Werderstraße und Beseitigung der alten Stechbahn in Form eines schmalen, durch den Mühlgraben der Spree etwas beengten Streifens erübrigt wurde.

Kaisergalerie.

Die Strukturtheile der Façade sind theilweise aus rothem Sandstein, die Wandflächen aus rothen Verblendern in Ziegelrohbau ausgeführt, daher der erwähnte volksthümliche Name. Die schönen Geschäftsräume zeichnen sich durch ungewöhnliche Größe der Schaufenster aus.

Eigentliche Kaufhäuser, einem einzigen Geschäft gehörig, wie sie in Deutschland während des Mittelalters und weiter bis zum Dreißigjährigen Kriege in fast allen großen Städten zu finden waren und wie sie in London, Paris und New-York ganz gewöhnlich sind, gehören leider in Berlin noch immer zu den Seltenheiten. Es liegt dies zum Theil daran, daß der Werth des Grund und Bodens und der Gebäude andauernd in Berlin ein im Verhältniß zu anderen Großstädten exorbitanter und daher auch nur eine kleine Zahl von Großhändlern in der Lage ist, ein ganzes Grundstück mit allen Wohnräumen, namentlich in eleganter Lage, ausschließlich dem Geschäft zu widmen.

Café Bauer Unter den Linden.

Von Alters her wohlbekannt war in dieser Beziehung das große Konfektionsgeschäft von Hermann Gerson in einem eigenen eleganten Putzbau an der Ecke der Werderstraße und des Werder'schen Marktes. Während das Konfektionsgeschäft gleichen Namens in den imponirenden Neubau an der Schleuse gegenüber der Bauakademie verlegt ist, hat jetzt ein großartiges Geschäft für Teppiche und Gardinen das ältere Kaufhaus inne.

Die Firma Rudolf Herzog hat den Versuch gemacht, die alten Gebäude Breitestraße 14 und 15 sowie Brüderstraße 27 und 28 zu einem Kaufhause einzurichten. Leider hat man, statt den spätgothischen oder hanseatischen Stil zu wählen, versucht, den Ausbau in italienischer Renaissance auszuführen, womit die Niedrigkeit der Stockwerke sich nicht verträgt. Die Reichhaltigkeit des in diesen Räumen enthaltenen Lagers pflegt einen steten Fremdenbesuch anzulocken.

Ein stolzes Geschäftshaus ist das der Gebrüder Oppenheim, Jerusalemerstraße 20, vom Architekt Schwatlo 1869—70 gebaut. Die Verbindung mit den oberen Stockwerken des „Bazar zur Flora" genannten Gebäudes wird durch einen hydraulischen Fahrstuhl bewirkt. Sehenswerth ist der durch denselben Architekten bewirkte stilvolle Ausbau des Geschäftshauses Poststraße Nr. 5, gewöhnlich Kurfürstenhaus genannt, weil in demselben der Kurfürst Johann Sigismund nach seiner Abdankung gewohnt hat und am 23. Dezember 1619 gestorben ist. An den Giebeln und Erkern dieses Hauses sind neuerdings Medaillonbüsten sämmtlicher brandenburgischen Kurfürsten angebracht.

Das Centralhotel (Ecke der Friedrich- und der Dorotheenstraße).

Der Personen- und Waarenverkehr erfolgt auch hier mittels zweier hydraulischer Fahrstühle. Viel besucht wird die im Hause befindliche Gastwirthschaft, unter dem Namen der Bierakademie bekannt. Was den Besuch dieser Wirthschaft besonders erfreulich macht, ist die reiche Ausstattung mit modernen Trinkgeschirren im Stile der Renaissance, vor Allem aber der Cyklus historischer, auf Berlins Entwicklung bezüglicher Wandgemälde von der Hand des beliebten Historienmalers Ludwig Burger.

Mit besonderer Pracht ausgestattet ist ferner das Geschäftshaus an der Ecke der Friedrichsstraße und der Straße Unter den Linden, in welchem sich das mit Recht weltberühmte Café Bauer befindet. Prächtiger und gediegener ausgestattet ist sicherlich kein ähnliches Lokal; die Komposition zu den Wandgemälden, Scenen altrömischen Lebens der ersten Kaiserzeit darstellend, sind von Anton von Werner.

Die beiden größten Gasthöfe Berlins: der Kaiserhof, das Quadrat zwischen dem Zieten- und Wilhelmsplatz, der Mauer- und Kaiserhofstraße einnehmend, und das Centralhotel, an drei Seiten von der Dorotheen-, Friedrichs- und Georgenstraße begrenzt, enthalten eine lange Flucht glänzender Schaufenster, ebenso das sogenannte Geber'sche Industriegebäude in der Kommandantenstraße 77—79, welches von den Architekten Ende und Böckmann in der kurzen Zeit vom 1. Oktober 1868 bis zum 1. April 1869 durch einen geschickten Umbau der ehemaligen Kaiser-Franz-Grenadierkaserne geschaffen worden ist. Im Centralhotel befinden sich in drei Stockwerken über dem hohen Erdgeschoß 400 Fremdenzimmer mit ca. 500 Betten sowie eine große Zahl reich dekorirter Salons. Fast jedes Zimmer hat einen Balkon nach der Straße. Der vierte Stock dient nur zur Unterbringung von ca. 200 Bediensteten des Hotels. Vier Treppen, darunter eine von Marmor, zwei hydraulische Personenaufzüge, ein Gepäckaufzug und fünf Speiseaufzüge vermitteln den Verkehr vom Erdgeschoß resp. von den Wirthschaftsräumen im Keller mit den verschiedenen Stockwerken. Eine Central-Dampfheizung erwärmt sämmtliche Räume des Hauses, die auf das Beste ventilirt sind. Badezimmer und elegante Toilettenräume sind in reichlicher Weise angelegt. Sehr bemerkenswerth sind die Garderobenspinde in allen größeren Zimmern, welche zum Aufhängen der zu reinigenden Garderobe bestimmt sind. Das Erdgeschoß enthält an den drei Fronten ca. 30 Läden, ein Post- und Telegraphenbureau sowie das Auskunftsbureau des Herrn Riesel, welches auch den Verkauf von Eisenbahnbillets u. s. w. besorgt. Außerdem ist dem Bahnhofe gegenüber ein Café-Restaurant angelegt worden. Helle und luftige Eintrittshallen und Durchfahrten führen auf den Centralhof, welcher 29 m breit und 20 m tief ist, und um den sich die besten Zimmer gruppiren, vor allen die drei großen reich dekorirten Fest- und Speisesäle, welche eine Länge von 60 m, eine Breite von 11 m und eine Höhe von 9 m haben, und die sowol als ein großer Saal, sowie auch als drei fest gegeneinander abgeschlossene Säle benutzt werden können. Vorsäle, Damensäle, Lesesalons und Vorflure mit Garderoben und Toiletten schließen sich den Hauptsälen an. Durch eine prächtige Freitreppe betritt man von den Hauptsälen aus den Wintergarten, einen mit einer Glaskuppel überdachten Raum von 75 m Länge, 23 m Tiefe und 17 m Höhe, welcher durch reiche Pflanzendekorationen, durch Statuen und Gaskronen aufs reichste geschmückt ist. Eine Bühne für Theateraufführungen und tägliche Konzerte befindet sich in der Mitte der den Sälen gegenüberliegenden Längswand. 3000 Besucher finden in diesem Komplex von Sälen und im Wintergarten bequem Platz.

Aus der Reihe der übrigen großen Kauf- und Geschäftshäuser nennen wir noch das großartige Leinengeschäft von Israel in der Spandauer Straße, das Pfaff'sche Möbelexportgeschäftshaus, Ecke der Französischen und Markgrafenstraße, durch van der Hude und Hennicke 1869—72 erbaut, und die im 2. Kapitel erwähnten Prachtbauten Leipzigerstraße 73 (Spinn u. Menke) und Französische Straße 20 (Lebensversicherungsgesellschaft Germania).

Hierneben ist die Zahl glänzender Läden und reich dekorirter Schaufenster so groß, daß wir uns damit begnügen müssen, die hauptsächlichsten Straßenzüge zu erwähnen, deren Durchwanderung deshalb auch dem Einheimischen wie dem Fremden einen immer neuen Reiz verleiht: die Friedrichstraße, besonders auf der Strecke zwischen der Georgen- und der Kochstraße.

Wintergarten im Centralhotel.

Dann die Straße Unter den Linden, die Wilhelmstraße, die Charlotten- und Markgrafenstraße in der Nähe des Gendarmenmarktes und Dönhofplatzes, die Jäger- und die Französische Straße, die Werderstraße, die Leipziger Straße, die Jerusalemerstraße, der Schloßplatz, die Breite- und die Brüderstraße, die Königsstraße.

Besonders anziehend wird die Ausstattung der Läden Berlins um die Weihnachtszeit. Schon im November beginnen die Vorarbeiten hierzu, wobei die Schaufenster sich durch Pracht und Auswahl der Waaren zu überbieten streben. Eine Probe von Dem, was Berlin an kunstmäßig gearbeiteten Gegenständen des Hausgebrauchs, des Komforts und des Luxus leistet und verbraucht, findet sich in übersichtlicher, höchst geschmackvoller Zusammenstellung auf der Weihnachtsmesse, einem weitläufigen Bazar, welcher in den imposanten Festräumen des Architektenhauses, Wilhelmstraße 92, alljährlich eingerichtet wird.

Einen belehrenden, überzeugenden, ja, fast möchten wir sagen, einen verblüffenden Eindruck von Dem, was Berlins Industrie ausschließlich aus sich selbst zu leisten vermag, hat die großartige Berliner Industrieausstellung geliefert, welche im Jahre 1879 auf dem weitläufigen Terrain zwischen dem Bahnhof der Lehrter Eisenbahn, der Invalidenstraße und der Straße Alt-Moabit abgehalten worden ist. Es hat selbst unter den ersten Industriellen Berlins, unter den höchsten Beamten des preußischen Handelsministeriums sicherlich Niemand gegeben, welcher nicht durch diese geradezu überwältigende Schaustellung höchlichst überrascht worden wäre. Diese Industrieausstellung hat gezeigt, daß es kaum einen größern Industriezweig in der civilisirten Welt giebt, welcher nicht in Berlin vertreten wäre, und daß in einer ganzen Reihe von Gewerbszweigen Berlin den Vergleich mit keiner inländischen oder ausländischen Konkurrenz zu scheuen hat. So anziehend wie die Schilderung dieser Ausstellung sich auch ausmalen ließe, so müssen wir uns darauf beschränken, hervorzuheben, daß nach dem Urtheil erfahrener Preisrichter die Maschinenbranche, die Metall- und Textilabtheilung den Leistungen des Auslandes nach den verschiedensten Richtungen hin gewachsen, zum Theil überlegen war. Als besonders reizvoll und eigenartig wollen wir der Einrichtungen kompleter Wohn- und Empfangsräume gedenken, die sich beiderseits des Hauptgebäudes hinzogen und die ganze Eigenartigkeit, den geläuterten Geschmack und das Verständniß für Zweckdienlichkeit, verbunden mit Dekoration und formgerechtem Stil der modernsten Berliner Kunstindustrie, in helles Licht stellten. Da paßte Alles harmonisch zusammen von den Holzpaneelen und Tapeten der Wände sowie den Schnitzereien der Decke, von den Teppichen, Stühlen, Divans, Tischen und Schränken bis zu den Krügen und Nippsachen, den Uhren, Lampen und Kronleuchtern, den Büchereinbänden und anderen kleinen und kleinsten Ausstattungsstücken, so daß man nur die wohlsituirten Berliner Eigenthümer vermißte, aus deren Häusern diese wohnlichen Räume wie für eine öffentliche Schaubühne entnommen zu sein schienen.

Das war die würdige Revanche für Philadelphia und in diesem Sinne die Berliner Industrieausstellung eine That für ganz Deutschland, ein Hebel, der bereits eine ganze Reihe ähnlicher, meist provinzieller Ausstellungen hervorgerufen hat. Diese eminente Kundgebung heimischen Gewerbfleißes und Kunsthandwerks hat gleichzeitig verrathen, worin das treibende Element für den so außerordentlichen Aufschwung Berlins und dessen riesenhaftes Anwachsen liegt.

Die neue Börse.

In der Börse. Während in Hamburg die Börse und ihr Verkehr zu den Sehenswürdigkeiten der Stadt gehört, die nicht leicht ein Fremder versäumt, bietet Berlin so viel von öffentlichen Instituten, daß die Börse oftmals übersehen wird, obwol ihr Gebäude ungleich monumentaler, ihr Getreibe ungleich großartiger als das Seitenstück an der Alster und Elbe ist.

Eine Musterung der Lokalitäten für den Börsenverkehr spiegelt auch den rapiden Entwicklungsgang Berlins ab.

Die neue Börse in Berlin.

In dem Lusthause am Lustgarten, welches Memmhardt im Jahre 1650 erbaute und in dessen obern Saale öfters der Hof an schönen Sommertagen speiste, weil man von dem am äußersten Ende der damaligen Stadt belegenen Gebäude eine freie Aussicht in die Gegend vor dem Spandauer Thore hatte, wurde der erwähnte Saal im Jahre 1738 der Kaufmannsgilde als Versammlungslokal eingeräumt. Als das Gebäude baufällig geworden war, errichtete Friedrich Becherer im Jahre 1801 im Auftrage der Kaufmannschaft für diese ein eigenes Gebäude, welches im Jahre 1805 feierlich eingeweiht ward und 270,000 Mark gekostet hatte. Das noch jetzt vorhandene Haus enthält in zwei Flügeln drei Stockwerke. In dem großen Saale zu ebener Erde ward sonst die Börse zwischen 1 und 3 Uhr abgehalten, wozu man bei warmer Witterung auch wol die vorliegende Kolonnade benutzte. Das zweite

Geschoß diente als eine Ressource für die Kaufmannschaft, im britten Stockwerke waren Wohnungen der Gildebeamten. Allmählich wurde dies Gebäude immer unbequemer, aus diesem Grunde im Jahre 1861 aufgegeben und durch den bereits im 2. Kapitel besprochenen Bau an der Ecke der Neuen Friedrichs= und Burgstraße ersetzt, welcher bereits wieder so unzulänglich geworden ist, daß wiederum eine umfängliche Erweiterung nach der Kurfürstenbrücke zu vorgenommen wird. Hierbei verschwindet auch die alte Heilige Geistgasse, welcher Ueberrest des alten Berlin in die Bebauung mit hineingezogen und durch eine mehr südlich belegene neue Straße ersetzt wird.

Wenn man den Börsensaal durch die Zuschauertreppe von der Neuen Friedrichsstraße um 1 Uhr Nachmittags betritt, so hört man ein Brausen wie fernes Meer, das, je näher man kommt, desto unheimlicher wird. Wir haben es selbst beobachtet, wie Zuschauer sich ängstlich ansahen, als wenn sie unten einen Aufruhr befürchteten. Trotzdem und trotz aller scheinbaren Unordnung, Ueberstürzung und Aufregung wird das Geschäft, das sich um die immer wiederkehrende Vermittlung von Angebot und Nachfrage dreht, mit Hülfe der vereideten Makler, welche die zu Stande gekommenen Geschäfte notiren und darüber Schlußscheine mit öffentlichem Glauben ertheilen, glatt abgewickelt. Der große Raum, 69 m lang, $26{,}_{70}$ m breit und $20{,}_4$ m hoch, zerfällt durch eine offene Arkadenstellung in zwei Abtheilungen, die erste für die Effekten= und Fonds=, die andere für die Produktenbörse. Die Reichhaltigkeit des Berliner Börsenkurszettels, welche weder vom Hamburger und Frankfurter, noch Leipziger Kurszettel entfernt erreicht wird, läßt auf die Mannichfaltigkeit und Ausgiebigkeit des Berliner Effektengeschäfts schließen.

Mitunter möchte man hier doch eine etwas weniger reichbesetzte Speisekarte und eine größere Beschränkung auf inländische Werthe wünschen. Denn es ist unwiderleglich, daß, während wirklich große und rentable, in jedem Fall gemeinnützige Unternehmungen, wie die Beleuchtung und Wasserversorgung Berlins, durch englisches Geld haben ins Leben gerufen werden müssen, kein ausländisches Papier existirt, und wenn es aus Spanien, Rumänien, Griechenland und der Türkei stammt, und noch so saul oder flau ist, welches nicht an der Berliner Börse „gefixt" würde.

Das Produktengeschäft ist in manchen überseeischen Spezialitäten, welche importirt werden, in Hamburg, woselbst die Schätze „beider Indien" in den ungeheuern Docks und Waarenspeichern lagern, freilich mannichfaltiger; dagegen ist wiederum in Berlin das Geschäft in einzelnen Hauptgütern, wie Korn, Oelsaaten, Kartoffeln und Spiritus, an Umfang großartiger als das irgend einer deutschen Stadt.

Hierzu tritt noch der Viehkommissionshandel auf den beiden großen Viehmärkten, dem älteren an der Brunnenstraße, einer großen Aktiengesellschaft gehörig, und dem neuen, vor dem Frankfurter Thore belegenen städtischen Viehhof, höchst sehenswerthen Unternehmungen, welche mit riesigen Schlachthäusern versehen sind und Berlin zum größten Schlachtviehmarkt des europäischen Kontinents machen.

Reichsbank und Münze. Börse und Bank fangen nicht umsonst bei allen Handelsvölkern mit demselben Buchstaben an, sie müssen wie in der Natur Regen und Sonnenschein neben einander zum Gedeihen wirksam sein. Und welche Bedeutung die Münze als Dritte im Bunde hat, das lehrt die hochwichtige, gerade jetzt vielbesprochene Frage des Münzfußes und der Währung: ob Silber, ob Gold oder ob beide Metalle gleichzeitig den nervus rerum bilden sollen. Beide Institute, welche seit Wiedererrichtung des Deutschen Reichs diesem unterstellt sind, wollen wir daher bei unserer Stadtwanderung nicht übersehen.

Deutsche Reichsbank.

1764 stiftete Friedrich der Große in der Jägerstraße 34 die „Königliche Bank" in einem zwei Geschoß hohen Gebäude, dessen Portal mit einer ionischen Säulenstellung versehen, 1690 nach Nering's Rissen erbaut und dem königlichen Oberjägermeister überwiesen war. Eingerichtet wurde daselbst ein Hauptkontor vornehmlich für den Ankauf des Edelmetalles der Münze und den Ein= und Verkauf fremder und einheimischer Wechselbriefe. Es beförderte mittels der Provinzialbankkontore die Staatseinkünfte und gab Anweisungen zur Zahlung im In= und Auslande. Das Depositenkontor nahm Kapitalien, jedoch nicht unter 150 Mark, an und verzinste solche zu 2½ oder 3%, namentlich wurden hier Stiftungs= und Vormundschaftsmassen derartig hinterlegt. Endlich das Diskontokontor und Lombard lieh Kapitalien zu 5% jährlicher Zinsen aus auf gezogene Wechsel, ingrossirte Obligationen, Juwelen, Edelmetall und andere unverderbliche Sachen. Anfänglich Giro= und Zettelbank, ward das Institut später lediglich Zettelbank.

Allmählich überzog die Preußische Bank den ganzen Staat von Berlin aus mit einem Netze von Bankkontoren, Kommanditen und Agenturen, das an Vollständigkeit die ähnlichen Einrichtungen der großen Banken von England und Frankreich weit übertraf. Infolge dieser Einrichtung von 124 im ganzen Lande verbreiteten Zweiganstalten konnten in allen preußischen Städten, die nur einige gewerbliche Bedeutung haben, Wechsel auch auf kleinere Plätze des Landes zu dem jedesmaligen Bankdiskonto diskontirt oder, wenn sie schon verfallen waren, gegen eine geringe Gebühr eingezogen werden. In jedem der drei Jahre 1863 bis 1865 hat die Bank für mehr als 300 Millionen Thaler solcher Rimessenwechsel auf preußische Plätze angekauft und mit den durchschnittlich darin angelegten Kapitalien einen Gewinn von 4 und 5,21 %, also nicht mehr als dem an den größten Börsenplätzen damals herrschenden Diskonto, gemacht. Ohne diese Vermittlung der Bank hätte ein großer Theil dieser Wechsel auf kleinere Plätze nur zu viel ungünstigeren Bedingungen Nehmer gefunden. Oft hätte zu ihrer Einziehung seitens der Gewerbtreibenden die Vermittlung mehrerer Bankiers oder Wechselhändler, deren Dienste theuer zu bezahlen gewesen wären, in Anspruch genommen werden müssen. Die Ereignisse von 1866 und 1870—71 führten auch hier zunächst zur Vergrößerung der Preußischen, alsdann zur Gründung der Reichsbank.

An Stelle der alten Gebäude, bei deren Wegräumung man auf große Massen von Geweihen und Wildthierknochen, den Zeugen der Thätigkeit des alten hier bestandenen Hofjagdamtes, gelegentlich der Fundamentirungsarbeiten stieß, erhebt sich seit 1876 ein ornamentaler Prachtbau von Hitzig, der von den 8500 qm des ganzen Grundstückes 6078 qm in Anspruch nimmt. Die oberste Verwaltung liegt bei einem Kuratorium, dessen Vorsitz der Reichskanzler führt und in welchem sich der preußische Finanzminister, ein bayrischer Oberregierungsrath, der Präsident des badischen Finanzministeriums und ein Senator der Freien und Hansestadt Hamburg als Beisitzer befinden. Es folgt dann das Reichsbankdirektorium: 1 Präsident und 6 Mitglieder und 3 Deputirte vom Centralausschuß sowie deren 3 Stellvertreter, welche kaufmännischen Kreisen angehören. Vom Reichsbankdirektorium ressortiren und sind in dem riesigen Bau untergebracht: die Reichshauptbank, das Centralbureau, das Bureau für Abnahme der Rechnungen, das Archiv für Bankantheile, die Hauptbuchhalterei, die Reichsbank-Hauptkasse, das Diskontokontor, das Lombardkontor mit Kontrole, das Kontor für Werthpapiere u. s. f. Sehenswerth sind die Sicherungsvorrichtungen der hier verwahrten Schätze gegen Diebstahl. Der Vortresor im Erdgeschoß mit gegen 230 qm Grundfläche kann 45 Millionen Mark in Silber aufnehmen. Unter dem Hauptkassenraum und durch eine hydraulische Hebevorrichtung mit dem Erdgeschoß in Verbindung liegt der Haupttresor von 1000 qm Grundfläche. Alle Fenster im Keller und Erdgeschoß sind mit starken Eisengittern, Tresor und Kassenraum außerdem mit eisernen Fensterläden versehen und durch eingemauerte, 78 mm breite Eisenschienen gegen Einbruch gesichert. Die zur Aufbewahrung von Werthsachen dienenden Räume sind mit einen Stein starken Gewölben und zur Ausgleichung von Stößen bei einem Brande mit hoher Aufschüttung von Kohlsasche versehen, alle dem Bankgeschäft dienenden Räume feuersicher, namentlich massiv gewölbt, auch die Dächer von Eisen gefertigt und mit gewelltem Zinkblech abgedeckt.

Die Wirkung der reichen Renaissanceformen der Faşade wird durch das vortreffliche Rohziegelmaterial besonders gehoben. Die netzartige Anordnung des Gemäuers im zweiten Stock und die saftig tiefgelbe Farbe des Backsteins trägt hierzu das Meiste bei; dieses Bankgebäude beweist, wie der Rohziegelbau den höchsten Anforderungen an Eleganz, Geschmack und Massenwirkung unter der Hand eines erfahrenen Meisters gerecht werden kann. Die Kosten betragen 4,200,000 Mark.

Die Königl. Münze in Berlin, Unterwasserstraße Nr. 2—4.

An ein trauriges Ereigniß erinnert eine rechts vom Haupteingang angebrachte Tafel. Der Grenadier Theißen vom Kaiser Franz-Regiment, welcher mit einem Kameraden an dem verhängnißvollen 18. März 1848 hier auf Posten stand, wurde am Nachmittag gewaltsam entwaffnet und beim Ringen um sein Gewehr durch Entladung desselben derart verwundet, daß er am Abend an der Wunde verschied.

Die Münze befand sich im 16. Jahrhundert in dem Hause Poststraße 5, um 1602 in einem Seitengebäude des Schlosses. Der Große Kurfürst verlegte sie 1680 in den Thurm der Wasserkunst an der Ecke des Schlosses nach der Hundebrücke, jetzigen Schloßbrücke, zu. Als dieser Thurm durch Schlüter erhöht werden sollte — ein Unternehmen, das verunglückte und Schlüter beim Hof in Ungnade brachte — ward die Münze 1704 nach der Unterwasserstraße 2—4 verlegt. Durch Friedrich den Großen ward alsdann eine zweite, die sogenannte

Neue Münze, auf dem Grundstück Münzstraße Nr. 10 eingerichtet, welche als solche eingegangen ist, während ihre Einrichtungen für die königliche Kunst= gießerei, u. A. für die Herstellung des Gusses des Denkmals Friedrich's des Großen, nachmals benutzt worden sind. Nachdem 1794 das Werder'sche Rath= haus abbrannte, erbaute man 1799—1800 das noch jetzt vorhandene, mit zwei dorischen Säulen am Haupteingange und mit einem Relieffries von Schadow versehene, später an die Stadtgemeinde vertauschte Gebäude am Werder'schen Markt. Das Grundstück an der Unterwasserstraße wurde allmählich durch An= käufe und Anbauten vergrößert und schließlich der jetzige ansehnliche Neubau, auf Grund Stüler'scher Pläne von W. Neumann errichtet, im Jahre 1871 dem Betriebe überwiesen. Die trefflichen Basreliefs von Schadow sind hier wieder angebracht, auch durch Siemering und Hagen ergänzt und dabei um ein Drittel verlängert worden. Angesichts links ist die Geschichte des Münzwesens, rechts der Verkehr des Geldes und sein Einfluß auf Kunst, Wissenschaft, Ackerbau, Gewerbe, Handel und Krieg dargestellt. Daneben sind als Verzierungen Terra= cottareliefs angebracht, worunter die münzenartig gehaltenen, auf mattem Goldgrund hervortretenden Medaillonbildnisse derjenigen hohenzollernschen Kur= fürsten und Könige, welche Münzen geschlagen haben.

Aus dem in dem Gebäude befindlichen Reichstresor gelangt das zu ver= prägende Gold oder Silber in die Schmelze, die in Graphittiegeln so zwar bewirkt wird, daß bis 3 Centner Gold und bis 7 Centner Silber zugleich geschmolzen werden können. Der Schmelzkönig wird in Gießflaschen zu etwa $0{,}4$ m langen Zainen ausgegossen. Die Zaine werden durch ein Streckwerk bis zu der erforderlichen Dicke der Münzplatte ausgewalzt, die einzelnen Münz= platten alsdann ausgelocht und die zurückbleibenden Metallstreifen oder Schroten zu einer dichten Masse in Form eines Helmes oder Schrotenkopfes zusammen= geschlagen und wieder eingeschmolzen. Die Abjustirung, Gewichtsbestimmung, geschieht durch selbstthätige Justirmaschinen; die richtig abgewogenen Platten werden gerändelt, gebeizt, gewaschen, mit Dampf getrocknet und mittels einer Hochdruckmaschine von 16 Pferdekräften ausgeprägt. Wenn auch die einzelnen Manipulationen durch verbesserte Maschinen erleichtert sind, so wird man nicht behaupten können, daß die Berliner und überhaupt die deutschen Reichsmünzen den Anforderungen genügen, welche unsere Zeit zu stellen berechtigt ist. Die geringe Schärfe der Prägung, die Unzweckmäßigkeit der äußeren Ausstattung der Münzen ist in der Geschäftswelt wie im Reichstage vielfach getadelt worden, von wirklich künstlerischer Gestaltung ist vollends dabei keine Rede. Ueberhaupt liegt die Medaillir= und Prägekunst hier und anderwärts im Lande bedauerlich danieder. Als es im Jahre 1880 galt, die Gedenk= und Ehrenmünzen für die Internationale Fischereiausstellung zu fertigen, wandte man sich von Berlin nach Stuttgart, in der Erwartung, dort etwas Vorzügliches zu erhalten; daß dergleichen aber auch dort nicht geliefert worden ist, hat sich alsbald gezeigt. Besonders charakteristisch ist es, daß im Jahre 1879 die Direktion des Märkischen Museums ersucht wurde, auf der Internationalen Gewerbeausstellung ältere Ber= liner Prägstücke auszulegen, weil die moderne Medailleurkunst wenig Erfreuliches aufzuweisen habe. Es wurden hierauf u. A. die Medaillen Kurfürst Friedrich's III. beziehentlich König Friedrich's I. ausgelegt, die noch jetzt als das Beste, was Ber= lin jemals in der Stempelschneide= und Prägekunst geleistet hat, anzusehen sind.

Prägemaschinen in der Königl. Münze zu Berlin.

Das Beizen der fertigen Münzen.

Man kann sich vielleicht eines Lächelns darüber nicht erwehren, daß der prunk=
süchtige Herrscher oft auf recht unbedeutende Vorkommnisse Medaillen schlagen
ließ, aber er förderte doch die Kunst dadurch. Die schöne Prägekunst ist
offenbar mit deshalb in Berlin so verfallen, weil der Hof, die Regierung und die
Stadtgemeinde seit langer Zeit nur selten Medaillen schlagen lassen, und wenn
sie es wirklich thun, zuweilen mit handwerksmäßigem vorlieb nehmen, anstatt
prämiirte Bewerbungen auszuschreiben und das beste Motiv für das Prägstück
mit Feinsinnigkeit und Umsicht auszuwählen. —

Berlins Verkehrsmittel. — Die Verkehrsmittel der Reichshaupt=
stadt zu betrachten, gewährt, da sie in keiner andern deutschen Stadt in gleicher
Mannichfaltigkeit und vor Allem nicht annähernd in gleichem Umfange vor=
handen sind, einen besondern Reiz der Unterhaltung und der Belehrung.

Um mit den Straßenbahnen zu beginnen, so blieb Berlin in ihrer Ent=
wicklung anfangs hinter Hamburg zurück, hat aber diese Stadt nunmehr bedeu=
tend überflügelt. 1863 begannen die Verhandlungen über eine Pferdebahn
durch die Straße Unter den Linden und das Brandenburger Thor; man hielt
diese Strecke alsdann für verkehrlich unausführbar, entschädigte hierfür den
Unternehmer mit einer Konzession zu einer Linie durch die Potsdamerstraße
nach Schöneberg, welche nach vielen Wandlungen schließlich durch die Inter=
nationale Pferdebahngesellschaft ausgeführt wurde, und gestattete 1865 den Bau
der Linie Kupfergraben=Dorotheenstraße=Charlottenburg, die nachmals bis zum
Spandauer Bock verlängert worden ist. Den eigentlichen Aufschwung nahm
das Straßenbahnwesen durch die Große Berliner Pferdeeisenbahn=Aktiengesell=
schaft, welche gegen 120 km in Betrieb hat. Daneben existirt noch als vierte
Unternehmerin die Neue Berliner Pferdebahn mit den Linien in der Richtung
Alexanderplatz=Weißensee und Friedrichsberg. Auf mehreren dieser Linien ist
der Dampfbetrieb gestattet. Der Gesammttransport auf Straßenbahnen
belief sich 1873 in Berlin auf $3{,}8$ Millionen Personen und stieg allmählich bis
auf $40{,}1$ Millionen Personen im Jahre 1879; der Gesammttransport auf
Omnibussen belief sich 1873 auf $14{,}4$ Millionen Personen und sank allmählich
bis auf $12{,}1$ Millionen im Jahre 1879. Im Ganzen wurden daher im Jahre
1873: $18{,}2$ Millionen, 1879: $52{,}2$ Millionen Menschen durch Straßenbahn
und Omnibus gemeinschaftlich befördert, während die Zahl der Droschken sich
daneben von rund 4000 auf 5000 erhob, darunter 1200 erster Klasse. Im
Jahre 1863 waren 13 Omnibuslinien mit 47 Wagen, jetzt sind 20 mit 200
Wagen im Gange. An Droschken existirten im Jahre 1860: 1. Klasse 60,
2. Klasse 999.

Zum Vergleich sehen wir uns in Paris um. Dort belief sich der Ge=
sammttransport auf Pferdebahnen im Jahre 1873 auf 1 Million Personen,
1879 dagegen (nachdem er im Weltausstellungsjahr 1878 viel erheblicher ge=
wesen war) auf $58{,}4$ Millionen. Der Gesammttransport auf Omnibussen betrug
dagegen 1873: 111 Millionen und nahm bis auf $91{,}2$ Millionen Personen im
Jahre 1879 ab. Im Ganzen wurden daher in Paris 1873: 112 Millionen
Personen, 1879: $149{,}6$ Millionen durch Pferdebahn und Omnibus gemeinsam
befördert, während die Zahl der Droschken mit nahezu 5000 Wagen fast unver=
ändert blieb.

Neben der bedeutenden Steigerung des Verkehrs im Allgemeinen in beiden Städten ersieht man aus diesen Zahlen, wie sehr sich besonders der Verkehr in Berlin gehoben hat. Der Gesammtverkehr von Berlin und Paris 1873 verhält sich nämlich wie 18,₂ zu 112 Millionen, also nahezu wie 1 zu 6, im Jahre 1879 dagegen wie 52,₂ zu 149,₆ Millionen, also nahezu wie 1 zu 3. Berücksichtigt man, daß Paris eine etwa 2½ mal stärkere Bevölkerung hat und daß der Personentransport in einer im Wachsen begriffenen Stadt erheblich schneller zunehmen muß als die Bevölkerungsziffer, so ergiebt sich das merkwürdige und überraschende Resultat, daß in Berlin augenblicklich ein relativ stärker pulsirendes öffentliches Leben als in der Weltstadt Paris herrscht.

Ein Omnibusdepot zu Berlin.

Die mit sämmtlichen Straßenbahnen beförderten Personen beliefen sich im Jahre 1880 auf die ungeheure Summe von etwa 45 Millionen Menschen. Das regste Leben entfaltet sich auf der Ringbahn, welche die Stadt im Kreise zumeist im Zuge der ehemaligen Stadtmauer durchläuft, demnächst auf der am 7. November 1880 dem Betriebe übergebenen Asphaltstraßenbahn Spittelmarkt-Leipzigerstraße, welche in Bezug auf das Schienen- und Wagenmaterial für eine der besten Straßenbahnen Europa's von technischer Seite gehalten wird.

Neben diesen Dampfstraßenbahnen wird in Berlin die Einrichtung elektrischer Straßenbahnen vorbereitet. Berlin ist die Geburtsstätte der dynamo-elektrischen Maschine und der elektrischen Eisenbahn, und der berühmte Techniker Werner Siemens, auf dessen Leben wir weiterhin eingehen, beider Vater. Im Jahre 1841 bestand noch die von dem damaligen Deutschen Bunde ausgegangene Preisaufgabe, die einzige, die er unseres Wissens je gestellt hat, auf Konstruktion einer elektrischen Lokomotive. Sie wurde trotz aller Versuche nicht gelöst. Eine Eigenschaft der elektrischen Maschine stellte sich dabei heraus, welche das Gelingen unerreichbar machte: daß nämlich jede elektrische Arbeitsmaschine, die durch eine galvanische Batterie getrieben wird, einen Gegenstrom erzeugt, welcher die Kraft der Batterie mindert, und daß, je schneller sie geht, der Gegenstrom um so größer wird und um so weniger Triebkraft übrig bleibt. Es sind hier gewissermaßen zwei Pferde, welche gegen einander arbeiten. Diese Erscheinung führte Siemens zur Konstruktion der dynamo-elektrischen Maschine, welche im Prinzip nichts weiter ist, als eine elektromagnetische Maschine, die man umgekehrt dreht: dann addirt sich der Gegenstrom zu dem ursprünglichen und verstärkt ihn, statt ihn zu schwächen. Zu dem entgegengesetzten Drehen verbraucht man aber mechanische Arbeit, und diese wird umgewandelt in elektrischen Strom. Bei der elektrischen Straßenhochbahn ruhen die Schienen auf einer 4½ m hohen Doppelsäulenreihe, auf denen sich die kleinen Omnibuswagen, jeder durch seine eigene Maschine getrieben, mit Güterzugsgeschwindigkeit, also etwa 30 km auf die Stunde, bewegen. An der Centralstation und an den anderen Enden sollen stehende Maschinen sein, die mit beiden Schienen in Verbindung sind, so zwar, daß die eine positiv, die andere negativ elektrisch wird. Durch die Räder wird der Strom von der einen Schiene durch die Maschine hindurch zur Schiene auf der andern Seite geführt, und auf diesem Wege erzeugt er die Kraft, um die Räder zu drehen. Die Dynamo-Elektrizität gestattet außerdem die Ueberwindung weit stärkerer Steigungen, als dies bei Dampflokomotiven möglich ist.

Siemens hat den Betrieb einer elektrischen Bahn zuerst in Berlin auf einer Strecke gezeigt, welche im Jahre 1879 in dem geräumigen Terrain der Industrieausstellung zur großen Befriedigung des Publikums thätig war. Im Jahre 1880 ertheilte die Polizei zur Anlage einer elektrischen Bahn vom Karlsplatz nach dem Platz vor dem Neuen Thore durch die Luisenstraße im Niveau der letzteren für die Dauer der Internationalen Fischereiausstellung die Erlaubniß; doch machte Dr. Siemens wegen der Kürze der Dauer der Ausstellung hiervon keinen Gebrauch. Geschadet wurde der Sache in der öffentlichen Meinung alsdann recht wesentlich dadurch, daß das Gerücht sich verbreitete, es solle eine elektrische Hochbahn auf Pfeilern durch die große Friedrichsstraße geführt werden; ehe noch ernstlich darüber verhandelt war, kamen seitens der besorgten Hauswirthe und Ladenbesitzer jener längsten Straße Berlins Sturmpetitionen in abwehrendem Sinne an die Behörden. Dr. Siemens hat in der Folge Verhandlungen wegen Anlegung einer elektrischen Hochbahn mehr in Außendistrikten angeknüpft. In der Ausführung begriffen ist in der Nachbarschaft der Stadt eine elektrische Eisenbahn von der Station der Berlin-Anhaltischen Eisenbahn Lichterfelde nach Teltow über die Villenkolonie Seehof mit einer Abzweigung nach dem Lichterfelder Kadettenhause durch die Firma Siemens und Halske, der Betrieb vor der Hand für Rechnung der Unternehmerin.

Die gefährliche Mitbewerberschaft der Elektrizität nöthigte den geängstigten Dampf, schleunigst einen neuen Trumpf auszuspielen. Das ist die Bollé'sche Dampfdroschke.

Gegen Mittag in der Leipziger Straße.

Von dem französischen Ingenieur Bollé in Le Mans hat die Wöhlert'sche Maschinenbauanstalt zu Berlin durch Vertrag vom 26. August 1879 die Ausführung aller betreffenden Maschinen und Dampfwagen auf die ganze Dauer des Patents, d. h. 15 Jahre, übernommen. Dadurch, daß der Kaiser und der Kronprinz sowie die Spitzen der Behörden von Berlin mit der Dampfdroschke gefahren sind, hat dieselbe sich eine große Berühmtheit schnell und wohlfeil erworben; auch hat die überraschende Lenksamkeit dieses Gefährts sehr gefallen. Dennoch wird dasselbe im Innern der Stadt kaum rentiren, denn die Droschke kostet 10,000 Mark und würde wegen ihrer Schwere, zumal wenn Wagen angehängt werden sollen, polizeilich nicht gestattet werden. Ein Dampflastwagen, der 800 Centner fortzubewegen vermag, würde sogar 15,000 Mark kosten. Daß die Dampfdroschke in den Außendistrikten nach den Vororten Berlins eine Zukunft hat, mag nicht bestritten werden; wo aber nach diesen Straßenbahnen mit Lokomotivenbetrieb führen, ist der Nutzen der Dampfdroschke, welche allerdings gegen 22 km auf die Stunde zu laufen vermag, vorläufig auch noch nicht recht abzusehen.

Neben den Straßenbahnen sind zur Vermittlung des Personen= und auch des Güterverkehrs zwei große königliche Lokomotiveisenbahnen: die **Ringbahn** und die **Stadtbahn**, neu angelegt worden.

Die **Ringbahn**, früher Verbindungsbahn, im Volksmunde „der Verbinder" genannt, beschreibt eine ungefähre Ellipse, theils durch, theils um Berlin führend. Vom Lehrter Bahnhof aus fahren wir mit ihr durch die nordöstliche Hochstadt in Terraineinschnitten über die Bahnhöfe Gesundbrunnen, Weißensee und Friedrichsberg bis Rummelsburg, wo man vom Perron eine schöne Aussicht über den Rummelsburger See und das Spreethal hat. Die Bahn überschreitet alsdann auf einer mächtigen Brücke die Spree und verläuft hiernächst südlich Berlins in dem niedrigen Terrain, zumeist auf Dammschüttungen, die Stationen Rixdorf, Schöneberg und Wilmersdorf berührend. Von hier ab streift sie bei Station Grunewald den anmuthigen fiskalischen Forst gleichen Namens mit dem Halensee, um, vorbei an dem Villenviertel Westend, westlich Charlottenburg über Bahnhof Moabit die Schleife nach dem Lehrter Bahnhof wiederum zu erreichen.

Großartig, wie diese Zirkeltrace ist, tritt sie gegen den Riesenbau der **Berliner Stadtbahn** doch in den Schatten. Die von Südosten nach Westen durch Berlin führende Stadteisenbahn gilt nicht allein für die theuerste aller europäischen Eisenbahnen, sondern auch für eine der konstruktiv merkwürdigsten und kühnsten. Als eine der rücksichtslosesten könnte man vielleicht richtiger sagen; denn einer Riesenschlange gleichend, bricht sie sich von dem Frankfurter Bahnhof her kommend und die Frucht= sowie Koppenstraße daselbst mit mächtigen Ueberführungen überschreitend ohne Schonung durch den Häuserwald Berlins Bahn, um schließlich südlich Charlottenburg zwischen dem Lietzen= und Halensee am Saume des Grunewaldes in den mächtigen Betriebsbahnhof der neuen Berlin=Wetzlarer Bahn einzumünden.

Dies gigantische Werk ist eine der erfreulichen Früchte der Gründerzeit. Nachdem die Privatgesellschaft, welche den Bau damals unternommen hatte, in finanzielle Schwierigkeiten gerieth, trat der preußische Eisenbahnfiskus, bei Gewährung von Zuschüssen anderer Bahnen, in das Unternehmen ein und hat nun die Arbeiten so weit gefördert, daß ihr Abschluß bis 1882, spätestens 1883, gewärtigt wird.

Berlin. Berliner Stadtbahn.

Mit der Einweihung der Stadtbahn soll die Eröffnung einer großartigen internationalen Eisenbahnausstellung verbunden werden, welcher das Bahnhofsgebäude der Lehrter Eisenbahn mit den anstoßenden geräumigen Terrains eingeräumt werden wird.

Der Zweck der Stadtbahn ist ein doppelter, wie auch ihre Geleisanlage mit zwei Strängen für den durchgehenden und mit zwei dergleichen für den inneren Verkehr doppelt sind. Im durchgehenden Verkehr soll sie die verschiedenen Bahnhöfe, namentlich die östlichen mit den westlichen, unmittelbar verbinden, eine Lücke und ein Mangel, welcher bisher schmerzlich je länger je mehr empfunden und durch die Ringbahn nur unvollkommen beseitigt wurde. Man wird also von Petersburg mit der Ostbahn fahrend auf den Geleisen für den durchgehenden Verkehr unmittelbar durch Berlin weiter, z. B. nach den Stationen der Berlin-Wetzlarer Bahn bis Metz und weiter bis Paris ohne Wagenwechsel befördert werden. Im Innern der Stadt werden verschiedene Bahnhöfe oder Haltestellen an der Stadtbahn errichtet, von Osten nach Westen die Stationen Königsstadt, Börse, Centralbahnhof (Ecke der Georgen- und Friedrichsstraße), Moabit, Zoologischer Garten 2c.; von außerhalb kommend, wird man gleich auf demjenigen dieser Zwischenbahnhöfe, welcher Einem am bequemsten liegt, absteigen. Wer also von Aachen kommend nach dem Alexanderplatz hingelangen will, wird ein Billet Aachen-Berlin, Königsstadt, lösen. Ebenso kann man bei allen diesen Zwischenstationen nach außerhalb aufsteigen, also auf dem Bahnhof Zoologischer Garten ein Billet z. B. nach Warschau nehmen. Diese Einrichtung ermöglicht es daher auch, daß in Zukunft neue Eisenbahnen, welche an die Stadtbahn angeschlossen sind, keine besonderen großen kostspieligen Bahnhöfe zu bauen brauchen, und hat zur Folge, daß die Bahnhöfe der bestehenden, an die Stadtbahn angeschlossenen Linien überflüssig werden. Letzteres ist z. B. der Fall mit dem größten Bahnhofsgebäude Berlins, dem Küstriner oder Ostbahnhof, und mit dem Lehrter Bahnhof.

Im inneren Verkehr sollen alle 5 Minuten Züge rollen, welche höchstens 1 bis 2 Minuten auf der Station halten und bei denen man auf eine überaus starke Frequenz, ähnlich wie bei den Straßenbahnen, rechnet. Daß die Transport- und Verkehrsverhältnisse Berlins durch die Stadtbahn völlig verändert werden müssen, erleidet keinen Zweifel. Aber auch die bauliche Physiognomie Berlins bekommt durch diese epochemachende Schöpfung der Ingenieurkunst ein neues Gesicht.

Noch sind sich die wenigsten Berliner dessen klar bewußt, obwol sie bereits die Ueberführung der Stadtbahn quer über die belebtesten Straßen der Stadt mit Kopfschütteln betrachten. Wir behaupten, daß seit der Niederlegung der Befestigungswerke des Großen Kurfürsten durch Friedrich Wilhelm I. und Friedrich den Großen Berlin keine so radikale Umwälzung erfahren hat, als sie sich bereits jetzt im Gefolge des Stadtbahnbaues mit ziemlicher Schnelligkeit vollzieht.

Eine wichtige Veränderung erleidet Berlin ferner durch die bereits erfolgte Zuschüttung des Königsgrabens, des nördlichen Befestigungskanals aus dem 17. Jahrhundert, welcher bei der Jannowitzbrücke von der Spree abzweigte und bei der Herkulesbrücke am Treffpunkt der Neuen Promenade und Burgstraße in die Unterspree einmündete. Hier begleitet bereits eine breite Ringstraße den Eisenbahnviadukt auf der einen Seite. Diese neue innere Ringstraße giebt weiter Anlaß zur Durchführung zahlreicher, dieselbe kreuzender Straßen, unter denen die bedeutendste die bereits in der Ausführung begriffene Kaiser-Wilhelmstraße ist. Dieselbe ist als östliche Fortsetzung der Straße Unter den Linden zu denken, sie beginnt mit einer zwischen den Fundamenten des neuen Doms und der Schloßapotheke an Stelle der Kavalierbrücke zu erbauenden Monumentalbrücke und bricht sich alsdann ungefähr im Zuge der Kleinen Post-, Brauhaus- und Papenstraße Bahn bis zur Klosterstraße als breite Avenue.

Potsdamer Bahnhof.

Von hier ist sie bereits bis zur innern Ringstraße (ehemaligem Königsgraben) durchgelegt oder wenigstens in Grund und Boden in den Besitz der Stadtgemeinde übergegangen, so daß sie jeden Augenblick weitergeführt werden kann. Jenseit des Ringes hält sie die Richtung auf das Viktoriatheater, um schließlich in das neue äußere Bauquartier zwischen dem ehemaligen Prenzlauer und Schönhauser Thore auszumünden. Die Kaiser-Wilhelmstraße wird den Verkehr der bereits überlasteten Königsstraße wenigstens theilweise in sich aufnehmen und eine der belebtesten sowie prächtigsten Straßen Berlins werden.

Da wir bei den Ingenieurbauten Berlins angelangt sind, wollen wir unter den zahlreichen kolossalen Bahnhöfen Berlins nur der zwei neuesten Anfangsstationen, des Potsdamer und des kürzlich erst vollendeten Anhaltischen Bahnhofs, gedenken, letzterer von dem Architekt Franz Schwechten muster- und meisterhaft ausgeführt. Durch ein mächtiges Empfangs-Vestibül, dessen Umfang 390 qm beträgt, gelangt man zur großen Korridorhalle, dem Vorraum zur eigentlichen Bahnhofshalle. Dieses Foyer hat eine Länge von 87 m.

Von der Korridorhalle führen rechts und links vier Thüren in den eigentlichen Kopfperron der Bahnhofshalle, welche 34,$_{25}$ m Höhe hat. Die Breite ist ganz außergewöhnlich: 60,$_{72}$ m, nur von zwei Bahnhöfen Europa's, der St. Pankrazstation zu London und der Centralstation zu Birmingham übertroffen. Die Gesammtkosten des neuen Anhalter Bahnhofs zu Berlin mit allen Nebenanlagen belaufen sich denn auch auf das Sümmchen von Achtzehn Millionen Mark.

Auch für den Brückenbau verwendet die neue Kaiserstadt erhebliche Summen. Unter den älteren Brücken konnten eigentlich nur wenige als ansehnlich aufgeführt werden: die bereits früher besprochene Schloßbrücke, die Friedrichsbrücke, die Kurfürsten- und die Königsbrücke, denen der Fiskus später die Alsen- und Moltkebrücke über die Unterspree in der Nähe des Königsplatzes anschloß. Erst durch den Uebergang der fiskalischen Brückenbaulast auf die Stadtgemeinde vom 1. Januar 1876 ab erhielt das Ueberbrückungswesen einen zeitgemäßen Aufschwung. Die Vertreter der Stadt beschlossen sofort, sämmtliche ältere Holzbrücken abzubrechen und dafür massive Brücken ohne Aufzüge zu erbauen. Der letztere Umstand bedingt eine Höherlegung der Brücken, damit letztere auch bei Hochwasser von den etwa 40,000 Schiffen, welche auf Berlins Wasserläufen jährlich schwimmen, passirt werden können, und giebt damit erst dem Baumeister Gelegenheit, wirklich monumentale Brücken zu bauen. Als solche hatte bereits kurz zuvor die Stadt an der Oberspree die Schillingsbrücke selbständig aufgeführt, es folgte die ganz neue Michaelsbrücke und an Stelle der Unterbaumsbrücke die neue Kronprinzenbrücke. Hierneben wurden mehre kleinere Kanalbrücken, alle monumental gehalten, erbaut; als hervorragend sei hierbei die mit schönen Figurengruppen geschmückte Hallesche Thorbrücke erwähnt. Unter größeren Flußüberführungen steht die Vollendung der Marschallsbrücke zunächst zu gewärtigen. Alle diese Bauten beweisen, wie die Stadtbehörde bemüht ist, auch im Brückenbau den europäischen Großstädten ebenbürtig nachzueifern.

Das unterirdische Berlin. Der Fremde, welcher in den Straßen der Reichshauptstadt spaziert und dem Gewühl auf den Bürgersteigen, dem unaufhörlichen Kreuzen der eleganten Gefährte, Lastwagen, Droschken, Omnibus und Straßenbahnwagen staunend zusieht, ahnt zumeist nicht, daß unter seinen Füßen im Schoß der Mutter Erde ein eben so reger Verkehr herrscht. Gleichwol könnte ihn das seit zehn Jahren niemals, selbst im Winter nicht völlig rastende Aufgraben der Straßen, welches Berlin den Scherznamen der „Buddelstadt" eingetragen hat, ahnen lassen, wie es im Schoße der Mutter Erde hier keineswegs still und friedlich zugeht, wo von gewachsenem oder jungfräulichem Boden fast keine Rede mehr ist und wo unten in der Tiefe ein regsames, mitunter freilich etwas unheimliches Leben pulsirt. Nur selten wird dem Beschauer einmal ein so vollständiges Bild großstädtischer Unterwelt entrollt, als während der gewaltigen Ausgrabungen, welche auf Befehl des deutschen und preußischen Kronprinzen im Sommer 1880 auf dem Schloßplatz ausgeführt wurden. Diese Gelegenheit wollen wir benutzen, um einen Einblick in und eine Wanderung durch das unterirdische Berlin, die Blendlaterne in der einen, Kompaß und Orientirungsplan in der andern Hand, zu versuchen.

Ankunftshalle der Berlin-Anhalter Eisenbahn.

Auf dem Schloßplatz stand, wie wir schon früher beschrieben, eine Klosterkirche der Dominikanermönche mit drei gleich hohen Schiffen in stattlichem, gewölbtem Backsteinbau, um 1280 erbaut, welche, durch Kurfürst Joachim II. zu einer Kreuzkirche mit hohen Giebeln und Thürmen 1536 umgebaut, zur Gruftkirche der Hohenzollern bestimmt und mit einem Domstift ausgestattet wurde. Da diese älteste Domkirche allmählich baufällig wurde und dem Verkehr vom Friedrichswerder über die Kurfürstenbrücke nach Alt-Berlin hindernd im Wege stand, so wurde sie unter Friedrich dem Großen im Jahre 1749 abgerissen und dabei die Ueberführung der fürstlichen Leichen nach dem neuen Dom zwischen der alten Börse und dem Schlosse angeordnet, der erst in diesem Jahrhundert ausgebaut worden ist, um hoffentlich nunmehr bald einem ganz neuen, Berlins würdigen Dom Platz zu machen. Bei dieser Ueberführung sind übrigens die Särge und sterblichen Reste der Kurfürsten Johann Cicero's und Joachim's II. verschwunden.

Dem pietätvollen und historischen Sinne des Kronprinzen Friedrich Wilhelm entsprach es, mittels einer ausgedehnten Ausgrabung des Schloßplatzes den Versuch zur Wiederauffindung jener Ahnen zu machen. Sind die Letzteren auch nicht gefunden worden, so ist doch ein tiefer und neuer Einblick in das längst vergrabene unterirdische Berlin gemacht und mancher kulturgeschichtlich interessante Ueberrest der grauesten Vorzeit noch unter den Kellern und Fundamenten der alten Klosterkirche der Schwarzen Brüder aufgefunden worden. Bei solchen Erdburchschnitten tritt nun jedesmal ein seltsames Gewirr von neuerlichen Anlagen der Tiefstadt Berlin ans Tageslicht; da sind alte Entwässerungsanlagen, welche durch die neueste Kanalisation entbehrlich wurden. Alsdann fallen die mächtigen Bauten der Hobrecht'schen Entwässerungsanlage außer durch ihre riesigen Verhältnisse durch ihren sonderbaren — nach unten zu spitzeren — eiförmigen Durchschnitt in der gähnenden Tiefe auf, daneben oder darüber liegen die eisernen oder thöneren Rohre der neuen Wasserleitung, die Röhren der Gaswerke, die eigenthümlich gestalteten Führungen der Rohrpost und ein wahres Wirrsal von Telegraphen und Telephonkabeln, welche der Post, dem Polizeipräsidium, dem Kriegsministerium, der Stadtverwaltung und wer weiß welchen anderen Interessenten angehören.

Immer mehr verlangt der Verkehr dergleichen unterirdische Leitungen, und immer schwieriger wird die Beschaffung des Platzes. Da ferner trotz aller Sorgfalt bei der Beschaffung des Materials und bei der Ausführung immer von Neuem wieder Betriebsstörungen vorkommen, so wird auch fortgesetzt ein störendes und kostspieliges Aufreißen des Dammes oder Bürgersteiges nothwendig, um die Schäden auszubessern. Schon muß man sich die Frage aufwerfen, ob es nicht gerathen sein wird, die Straßen gänzlich zu unterkellern und in die entstehenden Hohlräume alle jene Leitungen so, daß sie durch Einsteigeschächte zugänglich werden, zu verlegen. Zwar hätte man hier mit dem Frost und beim Undichtwerden von Gasröhren mit einer Explosionsgefahr zu kämpfen, welche letztere, wie ein schrecklicher Vorgang zu London im Jahre 1880 gezeigt hat, ganze Straßen und Häuserreihen mit Tausenden von Menschen wie ein Erdbeben mit plötzlicher Vernichtung bedrohen kann. Vielleicht ist aber, wenn es zur Unterkellerung der Straßen kommt, das bereits altmodische und verrätherische Leuchtgas schon längst durch das elektrische Licht beseitigt.

Das unterirdische Berlin.

Br Brunnen. — H Hydrant. — Ga Gasleitung. — K Kabel. — W Wasserleitung. — ET Entwässerungs-Thonrohr.

Am Mitternacht in Wolff's Telegraphenbureau.
Um Mitternacht, wenn der größte Theil von Berlins Einwohnern bereits in Morpheus' Armen ruht, entfaltet sich in dem hell erleuchteten Hause Ecke der Charlotten- und Zimmerstraße noch das regste Leben. Wir befinden uns in der Redaktion und Druckerei des Wolff'schen Telegraphenbureaus.

Dieses „W. T. B." oder, wie das Bureau in Wirklichkeit heißt, die Kontinental-Telegraphen-Kompagnie, wurde vor etwa 30 Jahren von dem ehemaligen Besitzer der Nationalzeitung, Bernhard Wolff, begründet, um seine Zeitung durch schnelle Mittheilung wichtiger Nachrichten beliebt zu machen. Dies gelang ihm sehr wohl, und er suchte die erheblichen Kosten der Telegramme sich dadurch zu verbilligen, daß er dieselben an Geldmänner und Spekulanten vor dem Abdruck in der Nationalzeitung, verkaufte. Allmählich erweiterte sich das Unternehmen zu einem ständigen Telegraphenbureau, welches für die Börse und die sämmtlichen Zeitungen Deutschlands geradezu unentbehrlich geworden ist.

Um dieselbe Zeit etwa begann, nach einem handschriftlichen Aufsatz, den uns Emil Dominik freundlichst zur Verfügung gestellt hat, ein Berliner Buchhändler, Reuter, dem es in Berlin nicht recht glückte, in London ein ähnliches Institut einzurichten. Sein Bureau setzte sich mit allen Hauptstädten Europa's und Amerika's in Verbindung und machte den ehemaligen kleinen Berliner Buchhändler zu einer einflußreichen öffentlichen Persönlichkeit, zum Millionär und englischen Baronet.

Diese glänzenden Vorgänge führten zur Gründung noch ähnlicher Telegrapheninstitute, unter denen das Institut Havas in Paris das bedeutendste ist. Diese haben sich unter einander geeinigt und den Erdkreis für ihre Zwecke gewissermaßen in drei Theile getheilt, derartig, daß in jedem Drittel eins der Institute ausschließlich dominirt, dafür aber ein Drittheil des Verdienstes an die beiden Kollegen abgiebt. Der eigentliche Schöpfer dieses großartigen internationalen Telegraphenwesens ist der noch heute an der Spitze des Wolff'schen Bureaus stehende Geheimrath Wentzel, den die Kommanditgesellschaft, an welche Wolff später sein Unternehmen verkaufte und zu der die größten Berliner Bankiers, wie S. Bleichröder und Gebrüder Schickler, als Theilnehmer gehören, in diese Stellung berufen hat.

Zu bestimmen, welche Nachricht für alle Welt oder nur für ein besonderes Land wichtig, ferner, welche Fassung derselben zu geben, ist Sache der Redakteure des Wolff'schen Telegraphenbureaus.

Gegenwärtig stehen Dr. Rosenstein und Dr. Fuchs als technische Direktoren an der Spitze dieses Instituts, zu welchem ehedem der jetzige Geheimrath Lothar Bucher — „die rechte Hand Bismarck's" —, der Herausgeber der „Gegenwart" Paul Lindau, der 1878 verstorbene Dichter Brachvogel, welcher in diesem Bureau selbst sein bekanntes Trauerspiel „Narciß" verfaßt haben soll, und andere literarische Kapazitäten als Mitarbeiter gehört haben.

Als geradezu verkehrt muß es bezeichnet werden, wenn mitunter Tagesblätter radikaler Richtung dem Wolff'schen Bureau vorwerfen, daß es offiziös sei. Das Wolff'sche Bureau giebt für Telegramme jährlich einige Millionen Mark, jedes der zwei anderen Bureaus nicht viel weniger aus, selbstredend nur für die allerwichtigsten Nachrichten, und diese werden, wie auf der Hand liegt, zum größten Theil in Kundgebungen der Regierungen bestehen.

Wer die aufreibende Thätigkeit und den Nachtdienst im Wolff'schen Bureau kennt, wird sich nur wundern können, daß so selten Versehen vorkommen, und dem Unternehmer die Anerkennung, daß es die Presse und die Börse der Regel nach vortrefflich bedient, nicht versagen können.

Den diensttuenden Redakteur finden wir um Mitternacht über den Zeitungen, welche mit den letzten Expreßzügen aus Wien, Frankfurt a./M., London, Paris, Petersburg angelangt sind, um sich zu vergewissern, ob von außerhalb alles Wichtige telegraphisch gemeldet ist und ob die eigenen Telegramme des Bureaus in jenen Hauptplätzen unverstümmelt eingetroffen und richtig aufgenommen worden sind.

Kleinere Nachrichten werden sofort aus den verschiedenen Sprachen übersetzt und weiter verbreitet, ohne viel Umstände zu verursachen. Schlimmer sind schon die Börsennachrichten, z. B. die Boulevardkurse, denn der Pariser Korrespondent meldet in einer für den Laien ganz und gar unbegreiflichen Formel die Abendkurse. Paris telegraphirt nämlich nur die Schlußziffern der Kurse nach einer Reihenfolge, für welche ein bestimmtes Schema ein- für allemal verabredet worden ist. Die Richtigstellung wird außerdem noch dadurch erschwert, daß jene Ziffern zu Brüchen zusammengezogen sind, so daß z. B. vier Kurse einen Bruch darstellen. Dieser Bruch bedeutet bei der Berechnung der Telegrammkosten nur ein einziges Wort, so daß beim längeren Börsenzettel auf diese Weise erhebliche Kosten erspart werden.

Kaum ist die höchst schwierige Zusammenstellung und Weitertelegraphirung des Boulevardkurses erfolgt, so läutet es von Neuem dringlich, und der vielgeplagte Redakteur erhält in mangelhaftem Französisch (London telegraphirt immer in dieser Weise) mit 350 Worten eine politisch wichtige Erklärung Gladstone's.

Schnell wird die Times überflogen, um die heutige Abendordnung des englischen Parlamentes zu verstehen; Parlamentshandbücher werden herbeigeschleppt, um die Namen der Redner, die der Telegraph oftmals entstellt, richtig zu geben, und endlich auch ein französisches Lexikon, um ungewöhnliche Ausdrücke in unser geliebtes Deutsch zu übertragen.

So ausgerüstet, beginnt der Redakteur seine eigene Formulirung, bringt Alles in gutes Deutsch und sendet den Satz bruchstückweise in die Druckerei. In einer Viertelstunde ist er damit fertig und alsbald fährt die Rede des englischen Premiers auf den deutschen Telegraphendrähten nach Petersburg und Wien, nach Frankfurt und Augsburg und weiter über die Alpen nach dem Lande Italien.

Weil aber Gladstone diesmal wirklich Wichtiges gesprochen, ist es nöthig, daß auch die mittleren Zeitungen Telegramme erhalten. Der Redakteur redigirt also die „zweite Fassung", das heißt, er sagt mit weniger Worten im Wesentlichen dasselbe, wie eine Stunde zuvor der Champion Großbritanniens im Unterhause.

Eben will er sich an die „dritte Fassung" machen, also an die Redaktion derselben Nachricht, welche in 20 Worten zusammengeschachtelt das große Ereigniß nach Lübben und Kalau bringen soll, da stürmt der Apparat von Neuem.

„Ist denn heute der Teufel los?"

„Man wat Kleines, Herr Doktor, aus Amsterdam", beschwichtigt das Faktotum an der Annahmestelle.

Er hatte diesmal wirklich Recht, der Telegraph meldet das sehnlichst erwartete Ereigniß am Hof der Niederlande: leider nur eine Prinzessin!

Die Uhr im Redaktionssaale hebt aus, es schlägt Eins. Wir wollen uns, zumal da wir zur Belauschung der Redaktionsgeheimnisse hineingeschlichen sind, nunmehr auch wieder ohne Geräusch entfernen. Das Bureau arbeitet bis zwei Uhr Morgens, in besonders wichtigen Tagen oft noch länger.

Noch traf an diesem Abend eine „Fenier=Depesche" und eine Rede des amerikanischen Präsidenten, eine Kleinigkeit aus Serbien und „eine etwas drastische Aufregung" aus der französischen Nationalversammlung ein; alle diese Nachrichten lagen fünf Stunden später auf den bekannten blauen Zetteln in den Redaktionszimmern der Berliner Zeitungen und in den Bureaus der großen Bankkontore als Sauerteig für das politische tägliche Brot.

Aus den kurzen politischen Telegrammen erwuchsen im Umsehen weitläufige Leitartikel der Abendzeitungen, und die Börsennachrichten schufen die „flaue" oder die „animirte Stimmnng" in den Räumen der Burgstraße, je nachdem die Macher Baisse oder Hausse ihrem Geldsäckel für vortheilhafter erachteten.

Das Gebäude der kaiserlichen Haupttelegraphendirektion wollen wir hierneben nur im Fluge berühren. Die Einrichtungen desselben sind vortrefflich und sehenswerther als das häßliche Dienstgebäude, Französische Straße Nr. 33, ein unschöner, fabrikähnlicher Steinklumpen, eins der bedenklichsten Erzeugnisse des ehemaligen Berliner Geheimebaurathsstils, 1862—1864 mit einem Kostenaufwand von 420,000 Mark errichtet.

Mit Rohrpost. Außerhalb Berlins, etwa von München abgesehen, sind die röthlichen Rohrpostkarten und Rohrpostbriefe, welche man stets in etwas chlindrisch gedrückter Gestalt empfängt, wenig bekannt, denn die Rohrpostanlage ist sehr theuer und kann nur in einer Großstadt mit regstem Verkehr lohnen. In Berlin verdrängen diese Schnellbriefe aber den elektrischen Telegraphenverkehr fast vollständig. So ganz neu ist die Einrichtung der Rohrpost in Berlin eben nicht. Schon vor zehn Jahren erkundigten sich selbst Berliner, wenn sie die eiserne Brücke beim Museum passirten, nicht selten, was denn die seltsame mit Holz verkleidete Rinne zu bedeuten habe, welche über dem einen Geländer der Brücke in einem flachen Bogen fortlief. Das war der damals sogenannte pneumatische Telegraph, welcher seit 1865 die Börse an der Ecke der Burgstraße und Neuen Friedrichsstraße mit dem Haupttelegraphenamt an der Ecke der Oberwall= und Französischen Straße verband und wegen seiner exklusiven Benutzung durch die Börsenbesucher dem großen Publikum ziemlich fremd und unverständlich blieb, so daß jene Erkundigungsfragen verzeihlich waren.

Dem schöpferischen Geiste des ersten deutschen Reichspostmeisters blieb es vorbehalten, diese schöne Erfindung dem großen Verkehr zu erschließen und mit einem passenden deutschen Namen — Stephan liebt als echter deutscher Mann keine Fremdwörter — Rohrpost zu benamsen.

In London hatte man schon im Jahre 1854 eine „pneumatische Röhrenpost" in Anwendung gebracht, welche auch gefüllte Säcke und Personen beförderte. Dieselbe hat sich nicht recht bewährt und wurde mehr als Kuriosität zur Beförderung von Menschen unter der Themse hindurch noch später beibehalten. Im Jahre 1874 trat in Paris, am 1. März 1875 in Wien eine verbesserte Rohrpostanlage ins Leben. In Berlin wurde die neue Rohrpost, auf Grund der in jenen Großstädten gemachten Erfahrungen verbessert, am 1. Dezember 1876 dem Betrieb übergeben; bei der Anlage waren dieselben Ingenieure, Crespin und von Felbinger, welche die Rohrpost in Paris und Wien gebaut hatten, thätig. Bei dem alten pneumatischen Telegraphen in Berlin wurde, nach der Darstellung von Grose in der Zeitschrift „Der Bär", die zum Betriebe erforderliche verdichtete und dadurch erwärmte Luft, ohne abgekühlt zu werden und ohne das stets in Dampfform in der Luft enthaltene Wasser verdichten zu können, gleich in die unter der Erde zwischen den Rohrpostämtern liegenden Röhren geleitet.

Im Berliner Rohrpostamt.

Hierdurch kam es, besonders bei feuchtem Wetter, daß das in der zusammengedrückten erwärmten Luft enthaltene Wasser in den kalten Röhren verdichtete und daß dadurch die Telegrammbüchsen nebst Inhalt in den Röhren feucht wurden, im Winter aber, sobald das Wasser gefror, in denselben stecken blieben. Außerdem waren auch die Behälter, in welchen die verdichtete, beziehentlich verdünnte Luft zu der Zeit, wo keine Beförderung der Rohrpostzüge stattfand, aufgespeichert wurde, sehr klein und wurden dadurch Veranlassung zu empfindlichen Schwankungen der Druckverhältnisse. Arbeitete die Dampfmaschine etwas unregelmäßig, so lief man Gefahr, daß die Telegrammbüchsen im Rohre stecken blieben oder mit einer nicht ungefährlichen Geschwindigkeit ankamen.

Gegenwärtig zählt Berlin 23 Rohrpostämter, die man, dem Zwecke des Instituts angemessen, über die ganze Stadt verbreitet hat.

Die Röhren sind schmiedeeisern, mit 65 mm innerem, 74 mm äußerem Durchmesser, frostfrei verlegt, bei Brücken in Holzkästen, welche mit Schlackenwolle gegen die Kälte gepolstert sind, versteckt. Die schärfsten Leitungskrümmungen haben einen Halbmesser von 8 m. Die zum Bewegen der Rohrpostzüge nöthige verdichtete und verdünnte Luft wird, nach Grove, durch Luftpumpen erzeugt, und werden letztere von sechs an verschiedenen Orten aufgestellten Dampfmaschinen, die, um Betriebsstörungen thunlichst zu vermeiden, doppelte Apparate haben, getrieben. Die größeren Maschinen haben 20, die kleineren 12 Pferdekraft. Die von den Dampfmaschinen bewegten Luftpumpen verdichten oder verdünnen zunächst die Luft in großen Luftbehältern, welche mit den Empfangs- und Absendevorrichtungen mittels besonderer Hähne verbunden sind. Diese Behälter dienen zur Aufspeicherung der verdichteten oder der verdünnten Luft in der Zeit, wo der Betrieb ruht, sind sehr stark konstruirt und vertragen vier Atmosphären inneren Druck. Zwei Kühlvorrichtungen kühlen die durch Verdichtung erhitzte Luft und befreien sie von dem Wasser, so daß einem Gefrieren innerhalb der Röhren des Winters vorgebeugt wird. Nachdem die verdichtete Luft die Kühlapparate verlassen hat, gelangt sie durch eiserne Röhren in die großen Luftbehälter. Die eine der bei jeder Maschinenanlage vorhandenen beiden Luftpumpen saugt die Luft aus der Atmosphäre und drückt dieselbe in die Kühlapparate und nächstdem in die zur Aufspeicherung der verdichteten Luft vorhandenen Luftbehälter. Die verdichtete Luft hat eine Spannung von $2\frac{1}{2}$ Atmosphären Druck. Die zweite Luftpumpe zieht dagegen die Luft aus anderen großen Luftbehältern, wodurch die in denselben zurückbleibende Luft bald eine Luftverdünnung von 15—16 cm Quecksilbersäule zeigt. Von diesen Behältern führen zur Fortleitung der verdichteten beziehungsweise verdünnten Luft die Rohre zu den bei den Rohrpostämtern aufgestellten Absende- oder Empfangsvorrichtungen. Die Einzelheiten der Apparate und des Dienstes lernt man am besten auf einem der Rohrpostämter, deren Beamte die Einrichtung gern zeigen, sowie im Reichspostmuseum, woselbst ein anschauliches Modell steht, kennen. Die Handhabung der Rohrpostapparate ist verschieden, je nachdem die Beförderung der Züge in dem betreffenden Rohrstrange mittels verdichteter oder verdünnter Luft erfolgt und je nachdem auf den betreffenden Aemtern Luftbehälter aufgestellt sind oder nicht.

Um die Beförderungszeit möglichst abzukürzen, ist das Rohrnetz in mehrere innere Betriebskreise zerlegt. Die Rohrpostämter haben Telegraphenverbindung, um Abgang oder Ankunft der Züge mitzutheilen. Die zur Beförderung mit der Rohrpost dienenden Briefe und Karten können bis $12{,}5$ cm lang und bis 8 cm breit sein, auch bis 10 g wiegen. Dieselben werden in Büchsen aus Stahlblech gelegt, die 15 cm lang sind und 58 mm Durchmesser haben; da die Röhren aber, wie berichtet, 65 mm Seelenraum haben, wird am Ende eines Rohrpostzuges, der aus 20 Büchsen besteht, ein dicht anschließender Verschlußstöpsel angesetzt, welcher mitläuft, jedoch die den Zug treibende Luft nicht vorbeistreichen läßt. Die Züge gehen von 15 zu 15 Minuten ab, Sommers von 7, Winters von 8 Uhr Morgens an bis 9 Uhr Abends. Jede Büchse kann bis 20 Briefe, Telegramme oder Postkarten aufnehmen, macht 400 Stück auf einen Rohrpostzug und bei 14 Stunden Betrieb oder 14 mal 4 = 56 Zügen täglich 22,400 Stücken für jeden Rohrpostkreis. Die Durchschnittsgeschwindigkeit eines Zugs beträgt 1000 m in der Minute. Eine sinnreiche Erfindung dient dazu,

Störungen im Betriebe und, was am wichtigsten, die genaue Stelle derselben in dem Röhrensystem zu ermitteln. Bislang ist erst eine Störung, die in der Nacht sofort beseitigt wurde, vorgekommen, was sicherlich für die Güte und den regelrechten Betrieb der Anlage spricht. Die Gesammtlänge des Röhrennetzes beträgt jetzt (Anfang 1881) 38 km. Im vergangenen Jahre betrug die Anzahl der Rohrpostsendungen 500,000 (im vorvergangenen nur 300,000), und sie ist im fortwährenden Wachsen begriffen.

Im Berliner Fernsprechamt.

Das Fernsprechwesen — so übersetzt der vorerwähnte Gewährsmann in der Zeitschrift „Der Bär" die Telephonie — ist bei ihrem Bekanntwerden allgemein, vielleicht aber ein klein Wenig zu sanguinisch und enthusiastisch begrüßt worden. Jedenfalls vermag der Fernsprecher bis jetzt nur auf kleinere Entfernungen den elektrischen Telegraphen zu ersetzen. Innerhalb engerer Grenzen hat aber das Fernsprechwesen eine große Bedeutung; dies alsbald nach dem Bekanntwerden der Erfindung Graham Bell's erkannt zu haben, ist ein Verdienst der deutschen Telegraphenverwaltung, welche theils neben den Telegraphen, theils als Ersatz derselben bereits weit über tausend Fernsprechämter errichtet hat. Einen ganz neuen Anstoß bekam das Telegraphenwesen, als man in den Vereinigten Staaten von Nordamerika die Einrichtung traf, daß verschiedene Fernsprechleitungen nach einem Sammelpunkt zusammenliefen und dort beliebig mit einander verbunden werden konnten. Außer den Gewerbtreibenden schlossen sich bald Aerzte, Institute und Kaufleute an. Das rasche Umsichgreifen dieser

Erfindung in Amerika hat seinen Grund einmal in dem praktischen Sinn der Leute, für welche der Satz, daß Zeit Geld ist, noch mehr als selbst in England gilt, andererseits in der Bauart der Städte mit breiten geraden Straßen. England steht im Charakter Amerika am nächsten, und so sind auch in England mehr Leitungen bis jetzt, als im ganzen übrigen Europa zusammen. An der geringen Verbreitung in Europa ist der Umstand schuld, daß der Staat die Telephonie als sein Monopol betrachtet und nur zögernd und bedächtig mit der neuen Einrichtung vorangeht. Nach der deutschen Reichsverfassung ist das Telegraphenwesen Vorbehalt des Reiches; dies legt nun die Telegraphenbehörde dahin aus, daß auch das Telephon unter den gleichen Vorbehalt falle. Von vielen Privaten und Städten, vor Allem von der Stadtbehörde zu Berlin, wird solches zwar bestritten, mit dem Einwande, daß beim Erlaß der betreffenden Bestimmung das Telephon überhaupt nicht gemeint sein konnte, weil es noch gar nicht existirte. Indessen hat sich der Magistrat unserer Kaiserstadt bis jetzt noch damit begnügt, nur für seine eigenen Verwaltungsstationen die Anlage eigener Fernsprechämter zu veranlassen. Im Uebrigen hat er eine warm gehaltene Ansprache an die Bürgerschaft gerichtet, worin dieselbe gebeten wurde, das Anbringen der Leitungen an den Privathäusern zu gestatten. Gut Wort findet guten Ort: die Berliner haben sich infolge dessen sehr entgegenkommend gezeigt.

Die International Bell-Telephon-Company richtete zum ersten Male in Berlin während der Internationalen Fischereiausstellung in deren sehr weitläufigen Räumlichkeiten eine sehr umfängliche Centraltelephonanstalt ein, deren Thätigkeit das Publikum mit der neuen Erfindung vertraut machte. Gleichwohl sind die Theilnahmegesuche aus der Bürgerschaft noch immer wenig zahlreich, trotzdem der Preis sehr billig normirt ist, nämlich auf jährlich 200 Mark bei einer Entfernung bis zu 2 km, während z. B. eine Pariser Gesellschaft 600 Mark verlangt.

Die Zahl unterirdischer Telpehone ist beschränkt und theuer, daher werden die Leitungen im Allgemeinen oberirdisch zumeist an den Häusern angebracht. An Apparaten wird jedem Theilnehmer ein Kasten geliefert, in welchem ein festes Telephon zum Hineinsprechen, ein an einem Haken aufgehängtes zum Hören und ein Läutewerk zum Anrufen sich befindet. Der Haken sitzt an einem Hebel, welcher so eingerichtet ist, daß er bei daran hängendem Telephon den Strom durch das Läutewerk führt; wird dagegen das Telephon abgenommen, um ans Ohr gehalten zu werden, so geht der Strom durch das Telephon, während das Läutewerk ausgeschaltet ist. An jedem Kasten befindet sich außerdem ein Knopf, auf welchen gedrückt wird, um mit dem Läutewerk anzurufen, und eine Vorrichtung, welche die atmosphärische Elektrizität unschädlich macht. Auf der Centralstelle gehen alle Leitungen in eine Uebersichtstafel mit Nummern, dann in die Erde. Will sich nun beispielshalber Abonnent 3 mit Abonnent 111 unterhalten, so drückt er auf den Knopf; in der Centralstation fällt alsbald seine Nummer in der Uebersichtstafel, der Beamte bringt ein Telephon an 3 an und fragt, mit wem er 3 verbinden soll. Auf die Antwort: „mit 111", wird ein Stöpsel in der Uebersichtstafel bei 111 eingesteckt, die Verbindung ist da; 3 drückt zum zweiten Mal auf den Knopf, und jetzt läutet es bei 111 an, die Unterredung kann vor sich gehen. Nach Schluß derselben klingelt 3 abermals bei der Centralstelle, worauf dort der Stöpsel herausgezogen und die Verbindung gelöst wird. Der Beamte auf der Centralstation kann allerdings das Gespräch belauschen, nur wird ihm fast immer die Zeit dazu fehlen, da z. B. in Amerika an einem Tage 4000 Umschaltungen durchschnittlich auf einer Station zu machen sind. Auf der Berliner Centralstation ist noch die besondere Einrichtung getroffen, daß ihr Briefe und Depeschen zur Beförderung diktirt werden können, gegen eine mäßige Gebühr. —

Im Reichspostmuseum.

Das Reichspostmuseum in der Reichspostdirektion in der Leipziger Straße, ebenfalls eine der neuesten Schöpfungen der Reichspostverwaltung, ist eine der sehenswerthesten, in ihrer Art einzig in Deutschland dastehenden öffentlichen Sammlungen, welche nicht allein die besprochenen modernsten Erfindungen des postalischen und telegraphischen Verkehrs in anschaulichen Modellen besitzt, sondern auch eine trefflich geordnete und übersichtliche Folge der Entwicklung des Postwesens aller Zeiten und Völker aufweist. Auch den Postwerthzeichen ist hier eine besondere Abtheilung gewidmet, welche klar macht, wie auch die Beschäftigung mit dieser Seite des internationalen Verkehrs, ernstlich betrieben, nützlich und belehrend wirkt. Welche Entwicklung von dem Schnelläufer, der keuchend die neuesten Nachrichten von Ort zu Ort berichten mußte, zu den neuesten untermeerischen Kabeln, in denen der elektrische Funke Tausende von Meilen in Sekunden zurücklegt, und von dem hohlen Baumstamm, der Brücke und dem Fahrzeug des Wilden, bis zu den interozeanischen Postdampfern mit Maschinen von mehreren tausend Pferdekräften!

Das Beleuchtungswesen. „Mehr Licht!" das letzte Wort des sterbenden Goethe, ist die Losung der Großstädte, darunter auch Berlins, dessen Straßen-, Laden- und Hausbeleuchtung mit London, Paris, Wien und New-York wetteifert. Die kläglichen Anfänge der Stadtbeleuchtung unter dem Großen Kurfürsten haben wir früher „beleuchtet"; mit dieser Thranbeleuchtung, nur selbstredend in ausgiebigerem Maßstabe, später mit Rübölflammen, behalf man sich bis ziemlich weit in das 19. Jahrhundert hinein.

Für eine bessere nächtliche Erleuchtung wurde allerdings schon im Jahre 1803 dadurch gesorgt, daß anstatt der kleinen dreieckigen Laternen, welche auf Holzpfählen standen, in den Hauptstraßen größere Laternen mit Reverbören (Metallspiegeln), jede mit zwei Lichtern versehen, entweder auf Eisenstangen an den Häusern oder auf Granitpfeilern oder endlich an Stricken quer über der Straße hängend, angebracht, die älteren kleinen Laternen dagegen in die wenig besuchten Gassen und die Vorstädte versetzt wurden, so daß nunmehr keine Gasse in den Winterabenden ohne Erleuchtung war und der „Mondschein im Kalender", welcher leider oft genug wegen Bewölkung des Himmels versagte, abgedankt werden konnte. Wie staunten nun die guten Berliner, als das erste Leuchtgas gebrannt wurde! Vom 1. Januar 1826 ab sollte die neue Erfindung ins Leben treten, doch begann sie erst im November in der Straße Unter den Linden und in einigen benachbarten Straßen. 120,000 Mark jährlich kostete diese erstaunliche und sehr wichtige Neuerung der Haupt- und Residenzstadt. Natürlich fehlte es auch hier wieder der Bevölkerung an der nöthigen Initiative, und Engländer mußten das unerhörte Wagniß übernehmen. Die Imperial-Kontinental-Gasassociation zu London richtete durch den Ingenieur J. Perks die erste Gasbeleuchtungsanstalt vor dem Halleschen Thore links an der Stadtmauer Nr. 4, vorlängs des Kanals, ein. In 140 eisernen Retorten wurde hier das Gas von den Kohlen abgedampft und nach Absonderung des Theers in eisernen Röhren in das Reinigungshaus geführt, wo es seinen Weg durch Tonnen, die mit Kalkwasser gefüllt waren, nahm. Von hier ging es in große Behälter von Eisenblech, wovon die größten 48 Fuß Durchmesser, 36 Fuß Höhe, 170 Fuß Umfang hatten.

Einundzwanzig Jahre später gelangte die Stadtgemeinde endlich zu einer eigenen Gasbeleuchtung. Durch den Vertrag, den das Ministerium des Innern und der Polizei am 21. April 1825 mit den Engländern abgeschlossen hatte, wurde Letzteren auf die Zeit vom 1. Januar 1826 bis dahin 1847 das ausschließliche Recht ertheilt, in den Straßen Berlins Röhren zur Fortleitung des erzeugten Gases zu legen und öffentliche wie private Gebäude mit Gaslicht zu versorgen. Indeß war der Stadt das Recht vorbehalten, bei Ablauf des Vertrages entweder denselben zu verlängern, oder jedes andere System der Beleuchtung anzunehmen, in welchem Falle die Röhrenleitung der Gesellschaft die Führung anderer Rohrsysteme nicht behindern sollte. Jedoch stand der Gesellschaft alsdann der fernere Gebrauch ihres Eigenthums und das Recht zu, Privatpersonen, welche dies wünschen möchten, auch ferner mit Gas zu versorgen. Die bereits im Jahre 1840 vom Magistrate angeknüpften, am 14. Oktober 1844 aber wieder abgebrochenen langwierigen Verhandlungen wegen Verlängerung des Vertrages führten zu keinem Ergebniß. Die Forderung der Stadtbehörde wegen Ausdehnung der Gasbeleuchtung auf die Friedrich-Wilhelmsstadt und die Vorstädte, sowie wegen Herabsetzung der Gaspreise und hinsichtlich der Zeitdauer des neuen Vertrages wurde von der englischen Gesellschaft abgelehnt und infolge dessen vom 1. Januar 1847 neben der englischen eine eigene städtische Gasbeleuchtung eingerichtet, welche allmählich großartige Verhältnisse angenommen hat. Durch Allerhöchste Verordnung vom 25. August 1844 und 17. August 1846 ward der Stadtgemeinde für die Gaswerke die Aufnahme einer Anleihe von 4½ Mill. Mark und, unbeschadet der Rechte der Nebengesellschaft, ein Privilegium auf 50 Jahre ertheilt.

Obwol nun die beiden Gasbeleuchtungen sich im Herstellungs- und Abgabepreise zu unterbieten suchten, blühten sie beide, lieferten gutes und billiges Gas und große Ueberschüsse, welche, soweit sie der Gemeinde zufielen, zu städtischen Zwecken verwendet wurden. Bis jetzt hat die Stadtgemeinde für ihre Gaswerke etwa 37 Mill. Mark ausgegeben. Das städtische Gas wird den Abnehmern zu 160 Mark für 1000 cbm berechnet; die Einnahme, auf ein gleiches Quantum bezogen, beträgt mit dem Ueberschuß aus der Gasmessermiethe zwischen 140 und 146 Mark. Wie erheblich der Vortheil dieser städtischen Einrichtung ist, beweist, daß sofern die Stadtkasse auf nur ein Fünftel der Einnahme aus dem Gasverbrauch verzichtete, dies eine Erhöhung der Gemeindeeinkommensteuer um mindestens $16 \frac{2}{3}$ Prozent = $\frac{1}{6}$ der gesammten Einkommensteuer betragen würde. Der Gewinn im Jahre 1879/80 betrug bei einer Produktion der städtischen Gaswerke von 61,852,000 cbm Gas 3,333,333 Mark. Nur in Frankfurt a. M. ist der Verkaufspreis für den Kubikmeter, der in Berlin 16 Pf. beträgt, etwas geringer, nämlich 15 Pf., in den meisten deutschen Städten erheblich höher, z. B. in Hamburg 20 Pf., in Leipzig 22 Pf. Die Gasbereitungsanstalten wie die Gasometer gehören zu den ausgezeichnetsten derartigen Bauten, welche in Europa vorhanden sind, und ein Besuch einer derselben ist ebenso unterhaltend wie belehrend.

Nicht mehr Licht, sondern besseres Licht! sagt der neueste, gefährlichste Mitbewerber des Leuchtgases, die Elektrizität. Keinem Zweifel unterliegt es, daß dieselbe allmählich in Berlin die Gasbeleuchtung verdrängen wird. Drei Haupthindernisse stehen einer allgemeinen Einführung der elektrischen Beleuchtung allerdings in Berlin zur Zeit noch entgegen. Zunächst eine gewisse Unsicherheit in der Beständigkeit des Leuchtens, ein Umstand, den eine verbesserte Technik sicherlich in nicht zu ferner Zeit gänzlich überwinden wird, sodann der Kostenpunkt, welcher angeblich größer als beim Gase sein soll. Sobald die elektrische Beleuchtung im großen Maßstabe ausgeführt wird, werden sich indessen wahrscheinlich auch die Herstellungs- und Betriebskosten erheblich vermindern, gerade wie dies bei der Telegraphie und ähnlichen modernen Erfindungen auch der Fall gewesen ist. Das größte Hinderniß einer schleunigen Einführung elektrischer Beleuchtung liegt aber, nach unserer Ueberzeugung, in dem großen Einfluß der Gasanstaltsverwaltungen und an dem fest organisirten, schwer zu brechenden Widerstande, welchen dieselben in allen größeren Städten dem elektrischen Lichte entgegenzusetzen scheinen. Allerdings erregt es eine gerechtfertigte Besorglichkeit, wenn man die ungeheuren Kapitalien sich vergegenwärtigt, welche in den Gasfabriken, Gasometern und Leitungen angelegt sind, und die Verlegenheit der verantwortlichen Techniker, welche vor einer zu gewärtigenden Erweiterung dieser vielleicht in wenigen Jahren überflüssig werdenden

Gasanlagen stehen, mag keine geringe sein. Alles dies mag die elektrische Beleuchtung verzögern, eingeführt werden wird sie trotzdem!

Während man bis vor wenigen Jahren sich zur Erzeugung des elektrischen Stromes zu Beleuchtungszwecken nur der galvanischen Batterien bediente, wendet man jetzt, nachdem die magneto-elektrischen Maschinen in größerer Vollkommenheit geliefert werden, fast ausschließlich diese letzteren an, welche es ermöglichen, den elektrischen Strom in größerer Stärke und mit einem erheblich geringeren Kostenaufwande herzustellen, als dies mit Batterien möglich war. Zum Betriebe jener Maschinen bedarf man einer Dampfmaschine, einer Gaskraftmaschine oder einer andern Betriebskraft, z. B. eines Wassergefälles u. dgl. Die durch die Betriebsmaschine in Drehung versetzten Spiralen der magneto-elektrischen Maschine erzeugen, je nach der größern oder geringern Umgangsgeschwindigkeit, einen stärkern oder schwächern Strom, welcher mittels isolirter Leitungsdrähte zu den elektrischen Lampen geleitet wird und in diesen eine seiner Stärke entsprechende Lichtwirkung hervorbringt.

Die Leitungsdrähte, welche von den elektrischen Maschinen zu den Lampen führen, sind an den Wänden und Decken frei, oft lose hängend, entlang geführt. Durch Umschalter, welche in handlicher Höhe angebracht sind, lassen sich die Lampen je nach dem Bedürfniß ein- oder ausschalten. Bisweilen hat man mehrere Lampen mit einem Umschalter in Verbindung gebracht, so daß man nach Belieben die eine oder andere Lampe benutzen kann. In den elektrischen Lampen wird das Licht, als Davy'scher Lichtbogen, dadurch erzeugt, daß der Funke zwischen zwei einander gegenüberstehenden Kohlenspitzen überspringt.

Die elektrischen Lampen in Berlin sind zweierlei Art. Wofern man einzelne wenige Lichtquellen von großer Helligkeit erhalten will, wie bei Beleuchtung von großen Werkstätten, Werkplätzen ꝛc., bedient man sich der sogenannten Regulatorlampen; wofern man dagegen einer größeren Anzahl von Lichtquellen mit geringerer Intensität bedarf, wie zur Beleuchtung öffentlicher Straßen, wendet man gewöhnlich die Jablochkoff'schen Kerzen an. Bei der ersteren Beleuchtungsart, wo es auf die Beleuchtung großer Räume ankam, erhielt man von jeder Lampe ein intensiv weißes Licht von der Helligkeit mehrer hundert Gasflammen, aber mit lebhaften Intensitätsschwankungen, bei der zweiten Art wol kaum eine größere Helligkeit als von etwa 30 Gasflammen, aber ein mildbläuliches Licht von viel beständigerer und ruhigerer Wirkung.

Die erstere Beleuchtungsart wird in Berlin vielfach zur Beleuchtung öffentlicher Gebäude, des Rathhauses, der Museen ꝛc. bei Festlichkeiten, außerdem bei nächtlichen Tief- und Hochbauten angewendet, während das elektrische Kerzenlicht im Privatgebrauch, z. B. in Läden und Schaufenstern der Leipziger Straße, in größeren Arbeitsräumen der Post- und Telegraphenverwaltung, auf dem neuen Anhaltischen Bahnhof u. s. f., Eingang gefunden hat. Die erste eigentliche Straßenbeleuchtung in Berlin wurde auf Kosten der erwähnten Firma Siemens u. Halske nach deren verbessertem System ausgeführt und in der Passage (Kaisergalerie) während der Dauer der Berliner Gewerbeausstellung im Jahre 1879 zur großen Befriedigung des Publikums eingerichtet. Bei einer Veranschlagung der Kosten für die neu einzurichtende Beleuchtung des Pariser Platzes im November 1880 stellte sich heraus, daß dieselbe mit Gas rund 9200, mit elektrischen Kerzen rund 12,300 Mark kosten würde. Der Magistrat hat die

Beleuchtung dieses Platzes mittels Elektrizität vorläufig fallen lassen, dagegen eine solche angeordnet für den Opernplatz und den Platz Am Zeughaus.

Daß der Elektrizität in gewerblicher und sonstiger gemeinnütziger Beziehung eine große Zukunft bevorsteht, ahnt Jeder, und es ist in ganz Deutschland mit Freuden begrüßt worden, daß der Reichssekretär für das Postwesen in Berlin mit der Gründung eines Elektrotechnischen Vereins vorangegangen ist, welcher die auf diesem so wichtigen Felde auftauchenden Erfindungen prüfen und geeigneten Falls im öffentlichen Interesse eigene Vorschläge machen wird.

Die Seele aller dieser Bestrebungen ist ein Mann, den Berlin mit Stolz als Mitbürger begrüßt und der sich als Autorität im Gebiete des Magnetismus und der Elektrizität einer internationalen Anerkennung erfreut. Wir haben seiner schon bei der elektrischen Straßenbahn gedacht. Werner Siemens, 1816 zu Lenthe in Hannover geboren, besuchte das Gymnasium zu Lübeck, trat im Jahre 1834 in die preußische Artillerie und wurde 1838 Offizier in Magdeburg. Früh schon widmete er sich privatim physikalisch-chemischen Studien, erhielt auch schon damals Patente für galvanische Versilberung und Vergoldung, für einen elektrischen Typendrucktelegraphen und ward 1847 zur Einführung des elektrischen Telegraphen in Preußen kommandirt. Hier führte er Guttapercha als Drahtisolator ein und legte 1848 mit seinem Schwager, Professor Himly, die ersten unterseeischen Minen mit elektrischer Zündung zur Vertheidigung des Kieler Hafens. Als Kommandant von Friedrichsort bei Kiel half er bei dem Bau der Vertheidigungswerke des benachbarten Eckernförder Hafens, die sich 1849 im Kampf gegen die dänische Flotte so erfolgreich bewährten. Er baute eine große Anzahl von Telegraphenlinien auf dem europäischen Kontinent, verließ das Heer und richtete mit dem Mechaniker, jetzigen Berliner Stadtrath Halske eine Telegraphenbauanstalt ein, welche sich rasch vergrößerte, in London, St. Petersburg und Tiflis Zweiggeschäfte gründete und zuletzt, nach Halske's Austritt im Jahre 1867, in seinen und seiner Brüder, Wilhelm und Karl Siemens, Besitz überging. Werner Siemens machte eine große Reihe der wichtigsten Erfindungen auf dem Gebiete der Elektrizität, infolge deren ihn die Berliner Universität zum Ehrendoktor der Philosophie und die Akademie der Wissenschaften zu ihrem Mitgliede ernannte, das erste Mal, daß einem Techniker diese Ehre widerfuhr. Auch die St. Petersburger Akademie hat ihm diese Auszeichnung zutheil werden lassen. Im Jahre 1880 wurde er vom Kaiser Wilhelm zum Geheimen Regierungsrath ernannt. Das Patentamt und das geodätische Institut schätzen es sich zur Ehre, den berühmten Physiker als Mitglied zu haben.

Nach der Darstellung des Architekten A. Biebendt wurde die Telegraphenbauanstalt von Siemens u. Halske, welche 1847 unter bescheidenen Verhältnissen in der Schöneberger Straße begründet ward, bald nach ihrem jetzigen Lokal Markgrafenstraße 94 verlegt und 1869 erheblich vergrößert. Von dem Vordergebäude, welches die Bureaus und einige Wohnungen enthält, erstrecken sich zwei 120 m lange, 6 Geschoß hohe Fabrikgebäude bis zur Charlottenstraße. Die neueren Fabrikgebäude liegen zwischen den Vorderhäusern Markgrafenstraße Nr. 92 und 93. Die für die umfängliche Fabrik nothwendigen Gegenstände werden in derselben zumeist selbst angefertigt. So enthält die Fabrik, welche eine vierzig-pferdekräftige Dampfmaschine besitzt, ihre eigene Messing- und Eisengießerei nebst Formerei und Tischlerei.

8*

Im Ganzen sind gegen 50 Beamte, über 600 Arbeiter und 50 Lehrlinge und Mädchen beschäftigt. Die Fabrik liefert hauptsächlich alle zur elektrischen Telegraphie und dem Eisenbahnsignalwesen gehörigen Vorrichtungen und Materialien, stellt auch ganze Telegraphenlinien her. In Charlottenburg bei Berlin existirt seit 1872 unter der Firma Gebrüder Siemens u. Co. eine Zweigniederlassung, in welcher vorzugsweise Alkoholmeßapparate für die Spiritusproduktionssteuer fabrizirt werden.

Ganz neuerdings hat sich Siemens erboten, nicht allein Berlin mit elektrischen Straßenbahnen und elektrischer Straßenbeleuchtung, sondern auch alle Grundstücke, an denen seine Straßenbahnen vorbeiführen, im Innern mit **elektrischer Beleuchtung und mit elektrischer Arbeitskraft** zu versehen, wobei die Schienen seiner Eisenbahn als Leitung benutzt werden. Die Verhandlungen über diese außerordentlichen Projekte schweben bei den städtischen Behörden Berlins. — Hierneben läuft ein anderes Projekt des Regierungsbaumeisters Höhmann, welcher dem Magistrat von Berlin und der königlichen Ministerialbaukommission Vorschläge unterbreitet hat, um sowol die vornehmsten Theile im Westen der innern Stadt, wie den Lustgarten, Opernplatz, die Straße Unter den Linden, das Brandenburger Thor, den Vorplatz des Rathhauses ꝛc., als auch die hervorragendsten Plätze und Straßen des Thiergartens elektrisch zu erleuchten. Die vorhandenen Wasserkräfte an der Spree-Freiarche nahe der Bauakademie, sowie an der Unterschleuse des Schiffahrtskanals, sollen als Kraftquellen zur Bewegung der erforderlichen dynamo-elektrischen Maschinen mittels Turbinen dienen. Durch freihängende Kupferdrähte soll den Lampen, welche in einer Höhe von 8—10 m angebracht gedacht sind, die Elektrizität zugeführt werden.

Dem Magistrat ist ferner ein gerade hier passend zu erwähnender Vorschlag unterbreitet, die **Stadt Berlin** durch ein großartig organisirtes Unternehmen, durch **Central-Wasserheizungen**, zu erwärmen. Eine derartige Warmwasserheizung ganzer großer Städte ist seit Kurzem bereits mit Erfolg in Amerika eingerichtet und in Berlin, etwa von den ärmeren und vereinzelt belegenen Außendistrikten abgesehen, auch wohl ausführbar. Der Anfang wird im Kleinen bereits gemacht und das große Unternehmen dadurch vorbereitet, daß in vielen Häusern eine gemeinschaftliche, im Keller angebrachte Centralheizung für sämmtliche Wohnungen eingeführt ist. Durch Röhrenleitungen läßt sich von gewissen Centralstationen aus auf überraschend weite Strecken heißer Wasserdampf übertragen, der durch Abzweigungen in die angeschlossenen nachbarlichen Häuser geleitet und hier zur Erwärmung der Treppen, der Flure und Zimmer verwendet werden kann. Als Motor hofft man Wind- oder Wassermühlenkraft benutzen zu können.

Auch eine möglichst vorzügliche, einheitliche **Wasserversorgung Berlins** zu erzielen, hat sich die Stadtverwaltung in den letzten Jahren ganz vorzüglich angelegen sein lassen. Das ältere Berlin ist im Spreethal belegen und hat überall bei geringer Tiefe Wasser, welches da, wo es durch Sand oder Kies filtrirt wird, an sich vorzüglich ist. Allmählich wurden aber die Haus- und Straßenbrunnen durch die Düngergruben und Aborte sowie die schlechten Haus- und Straßenentwässerungen mittels Senkgruben und offenen Rinnsteinen oder schlecht gemauerten, durchlässigen Abführleitungen sowie durch die Gasleitungen mehr und mehr verdorben, ja geradezu vergiftet. Ferner gestaltete sich die Schwierigkeit, überhaupt nur Wasser zu gewinnen, sehr groß, als die Bebauung

beiderseits des Spreethals die Höhen erklomm, die aus ungeheuren Lagern unge=
schichteten Geschiebemergels, jener Grundmoränenablagerung von Gletschern,
bestehen, welche in der Eiszeit die Gegend Berlins in einer Dicke von weit über
100 m bedeckten; man hat oft bei 60 und mehr Meter Tiefe kein Wasser, und wo
man die dem Diluvium unterliegenden Tertiärschichten der Braunkohlenbildung
erreichte, nur ein schlechtes mineralisches Wasser gefunden.

Diese Trinkwassernoth machten sich wiederum unternehmende Engländer
zunutze, denn die Berliner Geldmänner hatten auch für die nützliche und ver=
dienstliche Anlage einer Trinkwasserleitung eben keine Mittel.

Die Berliner Wasserwerke.

Da die Verhandlungen der Stadtbehörde, wegen Einrichtung einer eigenen
Wasserleitung für Berlin sich lange hinzogen, fand der königliche Polizeipräsident
der Stadt, von Hinckeldey, sich bemüßigt, am 23. November 1852 die Stadt
in einem sehr bestimmt gehaltenen Schreiben zu unterrichten, daß er im Auf=
trage des Gouvernements mit zwei Engländern, Thomas Fox und Crampton,
einen Vertrag behufs Versorgung Berlins mit fließendem Wasser abgeschlossen
habe, und verlangte in kürzester Frist, wenigstens innerhalb acht Tagen, darüber
bündige Antwort, ob die Stadt geneigt sei, eine Million Thaler, zahlbar in vier
Jahresraten, zur Ausführung zu bewilligen.

Als der Magistrat die Unmöglichkeit einer Beschlußfassung in so kurzer
Zeit hervorhob, ward die Frist um vier Tage verlängert, als aber die Zusage
auch alsdann nicht rundweg erfolgte, mitgetheilt, daß der König den von den
Ministern des Innern und für Handel entworfenen Vertrag mit jenen Auslän=
dern genehmigt, aber die Interessen der Stadt gebührend berücksichtigt habe.

Diese „gebührende Rücksicht" bestand darin, daß der Stadt vorbehalten wurde, sich mit einem Kapital von höchstens 200,000 Thalern zu betheiligen, jedoch ohne Anspruch auf Mitwirkung bei der Ausführung und Leitung des Unternehmens. Der Magistrat vertheidigte hierauf in einer Denkschrift sein Verhalten, indem er gleichzeitig jede Betheiligung ablehnte.

Die Engländer gingen frisch ans Werk, brauchten aber statt der von der Stadt seitens des Polizeipräsidiums geforderten einen Million Thaler deren vier. Am 28. Oktober 1853 ward zu dem umfassenden Unternehmen der Grundstein zunächst für die Pumpstation vor dem Stralauer Thore gelegt und im Frühjahr 1856 der Betrieb der Wasserwerke eröffnet. Nach dem Vertrage sollte den Unternehmern auf 25 Jahre vom 1. Januar 1856 gestattet sein, ausschließlich die öffentlichen Straßen und Grundstücke zu den für die Ausführung des Unternehmens erforderlichen Anlagen zu benutzen.

Die Wasserwerke, welche die ersten Jahre unrentabel blieben, aber vom Jahre 1860 steigende Dividenden unter die Aktionäre vertheilten, wurden am 31. Dezember 1873 für 8,375,000 Thlr. mit dem Rechte, die Einnahmen bereits vom 1. Juli ab zu beanspruchen, an die Stadt verkauft, in Wirklichkeit aber erst am 15. Februar 1874 übernommen, wobei der umsichtige Chefingenieur Henry Gill mit in den Gemeindedienst übertrat.

Als bisherige Wasserquelle diente die Oberspree dicht vor der Oberbaumbrücke, woselbst der Fluß ein vorzügliches, kaum merklich schwärzliches und leicht torfsaures Wasser liefert, das zunächst aus dem großen Wasserbecken des Müggelsees und weiter aufwärts aus den zahllosen Armen der Spree im Spreewald zwischen Lübben und Vetschau herkommt. Sie passirt hier ausgedehnten Erlenwald und große Torflager, daher jene erwähnte Beschaffenheit des Wassers, welche in technischer und medizinischer Hinsicht nicht ungern gesehen wird.

Da die Wasserwerke an der Oberspree nur für eine halbe Million Menschen berechnet waren, reichten sie bald nicht mehr zu; es wurde daher eine zweite große Pumpstation am Tegeler See westlich von Berlin angelegt und mit dieser ein mächtiges Hebungswerk auf der Hochebene westlich von Charlottenburg verbunden. Die Kosten der Gesammtanlage daselbst wurden auf rund 20 Millionen Mark fixirt, wobei die sehr erheblichen Landerwerbsausgaben nicht einbegriffen sind. Im Frühjahr 1875 begonnen, ward das Werk schon am 2. Februar 1877 in Betrieb gestellt. Aus den so erweiterten Werken sind bis zum 1. Januar 1880 im Ganzen 14,828 Grundstücke mit Wasser versorgt worden, während die Zahl der an die Wasserleitung angeschlossenen Grundstücke am 1. Januar 1874 nur 8114 betragen hatte. Außerdem haben die Werke das zu Feuerlöschzwecken, zur Reinigung und Besprengung der Straßen, zur Spülung der Aborte und zur Bewässerung der Schmuckplätze erforderliche Wasser geliefert. Das im Jahre 1880 gehobene Wasser beider Leitungen betrug gegen 24 Millionen cbm.

Das Tegeler Wasser gehört dem Havelsystem an, wenn es auch, vor der Hand nicht direkt aus dem Tegeler See, einer Ausbuchtung der Havel, sondern aus benachbarten Tiefbrunnen gewonnen wird, und hat eine mehr gelbliche Farbe sowie keine humose Beimischung. Leider schlich sich hier eine Fehlerquelle allmählich ein, welche einen erheblichen, zeitweise geradezu für die Hauptstadt bedenklichen Umfang nahm. In den Brunnen, Behältern und Rohrleitungen entwickelte sich nämlich eine zu den niedrigsten pflanzlichen Organismen gehörige

Alge aus der Gattung Crenothrix, welche sich ins Ungeheure vermehrte und das Wasser mitunter ungenießbar, namentlich aber für gewisse technische Zwecke, als Brauereien und Färbereien, geradezu unverwendbar machte. Alle Versuche, diese Algenpest vollständig zu bewältigen, wie durch sorgfältiges Reinigen der Sammelbecken u. s. f., sind bislang mißlungen; auch stehen sich die Ansichten der Gelehrten über den Ursprung der Crenothrix feindlich gegenüber. Während die Botaniker behaupten, daß diese hartnäckige Alge in den Tiefbrunnen und den benachbarten Erdschichten von jeher gelebt habe, wird dies von den Geologen als unmöglich bestritten.

So liegt die Sache; die Bürgerschaft aber kann auf den Austrag des gelehrten Streites der Naturforscher nicht warten, während die Techniker den Bau von Filtern als die einzige Möglichkeit vorschlagen. Bis jetzt zögert die Stadtverordnetenversammlung noch, die für dieselben erforderlichen Millionen zu bewilligen. Dennoch drängt die Noth so stark, daß auf irgend eine Weise binnen Kurzem wird Abhülfe geschaffen werden müssen. Dies erscheint um so dringlicher, als beide Wasseranstalten, die Berliner und die Tegeler, ein gemeinschaftliches Röhrensystem besitzen und zu besorgen steht, daß die Algenpest sich allmählich auch auf das ältere Oberspree-Wasserwerk übertrage.

Daneben ist das Bedürfniß nach Wasser so gestiegen, daß auch die Tegeler Werke bereits überlastet sind, ja technischerseits wird behauptet, wie gerade die Ueberanstrengung der dortigen Saugepumpen recht eigentlich die Algenpest förderte.

So sieht sich die Kaiserstadt bereits nach einem dritten Wassersystem um. Wir können nur warnen, das Havelgebiet, da es der Sitz der Algenpest ist, hierzu zu wählen. Die Oberspree und der gewaltige Müggelsee mit seinem vortrefflichen Wasser bieten noch genug desselben, um noch eine zweite Wasserleitung von der Oberspree her zu speisen.

Zu erwähnen ist endlich, daß, um die Vertheilung des Wassers auf der Hochstadt zu regeln, noch ein Wasserthurm im Norden zwischen der Belforter- und Treskowstraße inzwischen mit bestem Erfolg eingerichtet worden ist.

An die Wasserversorgung Berlins lehnt sich unmittelbar die **Straßenbesprengung**, mittelbar auch die **Straßenreinigung**, wie zuvor kurz angedeutet, an. Die Geschichte dieser zwei umfangreichen städtischen Institute kennzeichnet ebenfalls deutlich die Herausbildung und die Ansprüche der Großstadt. Als im Jahre 1826 das Polizeipräsidium beim Ministerium des Innern beantragte, den Eigenthümern die Besprengung des Bürgersteiges und Straßendammes vor ihren Grundstücken aufzuerlegen, erhob sich dagegen ein allgemeiner Sturm in der Bürgerschaft. Von 1852 ab wurde die Straße Unter den Linden mit den anliegenden Plätzen von der fiskalischen Straßenreinigung gesprengt und von 1857 ab traten in manchen Straßen Bürgerausschüsse zusammen, welche auf eigene Kosten sprengen ließen. Da sah es nun vielfach absonderlich aus, wenn die Sprengwagen plötzlich vor einem nicht beisteuernden Grundstück ihre Wasserspende zurückhielten oder auch ganze Straßenhälften und Straßenstrecken übergingen. Da der Verkehr und die Bevölkerung fort und fort wuchsen, wurden die Mißstände, welche aus einer mangelnden allgemeinen Straßenbesprengung erwuchsen, um so krasser, als damals das Pflaster schlecht war und der sandige Untergrund Berlins zwischen den weiten Fugen der Steinbettungen überall hervordrang, um sich bei Wind und Trockne sofort in Staubwolken zu verwandeln. Erst die Uebernahme der Wasserwerke und die ortspolizeiliche

Uebertragung der fiskalischen Straßenreinigung auf die Stadtgemeinde hat hier gründliche Abhülfe verschafft. Die Straßenreinigung ist seitdem vortrefflich organisirt, erfolgt von Wasserwagen aus, welche von den Hydranten der Wasserwerke gespeist werden und erfordert zur Zeit etwa 250,000 Mark jährlich Zuschuß. Im Jahre 1876 wurden 125 ha Fläche mit 332,809 cbm Wasser besprengt.

Von dem traurigen Zustande der Straßenreinigung im 17. Jahrhundert haben wir früher ein Bild entworfen. Die Prinzipien der Gassenkehrordnung des Großen Kurfürsten von 1679 sind im Wesentlichen bis 1848 geltend geblieben. 1851 verband der Fiskus die Straßenreinigung mit der Feuerwehr, deren Spritzenmannschaften als Straßenkehrer fungirten. Die Stadtgemeinde führte mit dem Fiskus vieljährige Verhandlungen, die dahin abzielten, beide polizeiliche Funktionen: Feuerwehr und Straßenreinigung ihr zu übertragen. Fiskalischerseits wurde nur das letztere zugestanden; als Grund der Nichtübertragung der Feuerwehr auf den Magistrat wurde vorgeschützt, daß man höheren Orts nicht den Uebergang militärisch organisirter Mannschaften in die Hände der städtischen Behörden zugeben könne. Schließlich war die Kommune verständig genug, die Forderung der Uebertragung des Feuerlöschwesens vorläufig fallen zu lassen, und so ging die polizeiliche Straßenreinigung für sich vom 1. Januar 1876 auf die Gemeinde über.

Bei allen öffentlichen Einrichtungen, welche Berlin dem Staate nach hartem Kampfe abgerungen, richtete die Stadt sofort gründliche Verbesserungen, ohne die Kosten zu scheuen, ein, so auch hier. Die Reinigung der Bürgersteige verblieb den Hausbesitzern, da die Uebernahme der Reinigungslast hier unpraktisch und mit enormen, in keinem Verhältniß zum Gegenstande stehenden Opfern verbunden sein würde. Das Abfuhrgeschäft wurde in Verding gegeben und die Hauptreinigung auf die Nachtzeit beschränkt, um den Verkehr möglichst wenig zu belästigen.

Von dem großartigen Umfang der Geschäfte, welche der Straßenreinigung obliegen, gewähren folgende Zahlen eine Vorstellung. Im Jahre 1876 gelangten rund 480 ha täglich durch etwa 740 ständige Arbeiter zur Reinigung; 48,890 Tagewerke leisteten Hülfsarbeiter. Dabei wirkten 30 Kehrmaschinen, 48,283 Reisbesen und 14,150 englische Piassavabesen. Das Arbeitslohn der ständigen Arbeiter und Kutscher betrug 861,015 Mark, der Hülfsarbeiter 107,044 Mark. Die Beschaffung von Arbeitsgeräthen, Hydrantenständern und Wasserleitungsutensilien erforderte eine Ausgabe von 110,300 Mark. Das Kehrichtabfuhrlohn betrug 711,000 Mark und die Gesammtausgabe für die Straßenreinigung im Jahre 1876 nicht weniger denn 2,012,770 Mark.

Auch die Reorganisation des Feuerlöschwesens, welches früher auf persönlicher Theilnahme der Bürger oder Beschaffung eines Stellvertreters beruhte, ist seitens der Staatsbehörde an die Bewässerung Berlins angeknüpft und bislang so musterhaft verwaltet worden, daß die Anstalten der Berliner Feuerwehr weit und breit im In- und Auslande von Sachverständigen besucht und nachgeahmt werden. Von großem Erfolge hat sich namentlich die Beschaffung fahrbarer Dampffeuerspritzen gezeigt, welche bisher die gefährlichsten Brände in viel kürzerer Zeit bewältigt haben, als dies mit Handdruckspritzen bester Konstruktion möglich gewesen wäre.

Da wir einmal bei dem gewaltigen Exekutivapparat der Kaiserstadt sind, so wird der Leser vielleicht wissen wollen, was die Berliner Polizei kostet?

Der Polizeipräsident, welcher für die Sicherheit der Reichshauptstadt gegen die inneren heimlichen Feinde und die Aufrechthaltung der äußern öffentlichen Ordnung zu sorgen hat, verfügt über ein Beamtenheer von 3607 Personen, also mehr, als eine Brigade Mannschaften zählt. Der Präsident nimmt aber eine Stelle ein, welche thatsächlich höher ist als die eines Brigadegenerals, obwol er in der Beamtenklitterung formell niedriger steht.

Berliner Feuerwehr.

Der Berliner Polizeipräsident ist durch den bloßen Umstand, daß er „das Ohr des Kaisers und Königs" hat, was dem Oberbürgermeister entzogen ist, weit hinausgehoben über die übrigen Polizeichefs in den Provinzialhauptstädten. Der häufige persönliche Vortrag bei dem Monarchen giebt seinem verantwortungsvollen Amte auch einen äußerlichen Glanz und weithin ragenden Einfluß. Seine Besoldung, 11,400 Mark, ist deshalb der eines Divisionsgenerals gleichgestellt, eine persönliche Zulage erhöht es bis auf 15,000 Mark, das Gehalt eines Unterstaatssekretärs, wozu noch eine freie Dienstwohnung kommt.

Seinen engern Stab bilden ein Oberregierungsrath mit freier Wohnung und 6000 Mark Gehalt und zwei Regierungsräthe mit 4800 bezw. 4200 Mark Gehalt. Zum Stabe im weitern Sinne gehören noch die drei Regierungsräthe und Abtheilungsdirigenten, die 19 Abtheilungs= und Polizeiräthe sowie die 10 Polizeiassessoren, deren Bezüge von 2100 bis 6000 Mark sich stellen. Demnächst folgen die Bureaubeamten erster und zweiter Klasse, nämlich 72 Polizeisekretäre und 76 Assistenten, weiter 12 Kanzlisten. Zur Rendantur gehören 10 Beamte (1 Oberbuchhalter, 1 Kassirer, 1 Rendant, 7 Buchhalter). Den Subalterndienst (Boten, Exekutoren, Portier, Kastellan, Kassendiener, Hausinspektor, Leichendiener, Aufseher) versehen 52 Beamte mit 960 bis 1200 Mark Gehalt, während die einzige hier beamtete Frau 720 Mark bezieht.

An der Spitze der Schutzmannschaft steht der Polizeioberst (6000 Mark) mit 13 Polizeihauptleuten (3600 bis 4200 Mark) und 129 Polizeileutnants und Kriminalkommissarien (2700 bis 3300 Mark). Die 10 Abtheilungs= Wachtmeister beziehen 1650, die 277 sonstigen Wachtmeister 1425, die 2919 Schutzmänner durchschnittlich 1200 Mark. Dies sind die persönlichen Kosten der Berliner Polizei, welche sich, obwol sie keineswegs im Einzelnen hoch erscheinen, einschließlich der Wohnungsgeldzuschüsse (978,060 Mark) und der Entschädigung von Hülfsarbeitern (231,402 Mark) auf 6,165,237 Mark belaufen und zu denen noch 275,840 Mark sachliche Kosten, welche der Staat zu tragen hat, hinzutreten. — Die sonstigen sachlichen Kosten werden mit rund 2,610,000 Mark von der Stadtgemeinde aufgebracht.

Die Polizeiverwaltung von Breslau, der zweitgrößten Stadt Preußens, erfordert nur etwa den neunzehnten Theil des Aufwandes, nämlich 347,985 Mark, und die gesammte Polizei Preußens außerhalb Berlins kostet nur 3,260,404 Mark 5 Pf., also etwa die Hälfte der Berliner. In einer Schilderung der modernen Kaiserstadt muß man sich einmal eine solche Zahlenreihe vergegenwärtigen, sie verdeutlicht Einem die Bedeutung und den Umfang der deutschen Millionstadt und die Last ihrer Verwaltung besser als ein langathmiger Foliant.

Die Kanalisation und die Rieselfelder. Bei einer Besprechung der neuesten öffentlichen Musteranlagen Berlins darf das größte Werk der städtischen Verwaltung: die Entwässerung der Stadt und die Rieselfelderwirthschaft, nicht vergessen werden. Es ist dies ein im eigentlichen Sinne gigantisches Unternehmen, welches an Umfang und Eigenartigkeit in keiner Stadt der Erde, selbst in London nicht, gefunden wird und sich dreist mit den größten Ingenieurbauten aller Völker und Zeiten messen kann.

Der Weg zu dieser modernsten Entwässerung Berlins ist ein langwieriger und dornenvoller gewesen. Wer hätte nicht noch von den offenen, stagnirenden Rinnsteinen Berlins gehört, die in der warmen Jahreszeit mephitische Dünste verbreiteten, dennoch aber von dem echten Spießbürger mit einer konservativen Gesinnung vertheidigt wurden, die einer bessern Sache werth gewesen wäre.

Sprüchwörtlich konnte man diese traurige oberirdische Entwässerung für Berlin nennen, deren Vorhandensein späteren Geschlechtern so unglaublich, wie uns die Schweineställe vor den Häusern Berlins im 17. Jahrhundert, vorkommen wird und deren Zustand dadurch wenig verbessert wurde, daß man in dieselben aus Schlitzrinnen auf den Bürgersteigen die atmosphärischen Niederschläge und aus den Sammelgruben mittels Zungenrinnsteinen von den Häusern neue Zuflüsse, deren schlimmster Inhalt durch Schlammfänge abgesondert werden sollte, hinzuleitete.

Das Verlangen nach einer allgemeinen und durchgreifenden unterirdischen Entwässerung wurde in dem maßgebenden Theile der Bürgerschaft unter solchen Umständen immer dringlicher, um so mehr, als man sich sagen mußte, daß eine durchgreifende Verbesserung der offenen Rinnsteine bei dem geringen Gefälle, welches man ihnen in der zumeist flachen Stadt zu geben vermochte, unausführbar sei. Die städtischen Behörden waren gleichwol in Verlegenheit, welchem Systeme sie den Vorzug geben sollten, indem die Verantwortlichkeit, welche sie bei ihrer Entschließung übernahmen, nicht blos in der Verausgabung von mindestens 40 Millionen Mark, sondern auch darin lag, ob, bei den eigenthümlichen Verhältnissen Berlins und der Umgegend, die neuen Anlagen nicht schon in absehbarer Zeit sich als nutzlos oder verfehlt herausstellen würden. Eine Abfuhr der flüssigen Stoffe erschien bei deren Massenhaftigkeit unausführbar. Bei dem Vorzuge einer Kanalisation stritten aber die Anhänger verschiedener Systeme aus technischen Gesichtspunkten mit großer Heftigkeit gegen einander.

Das einfachste Mittel wäre gewesen, die Abwässerungen und leichteren Abgänge herauszupumpen oder herauszuschwemmen; hier stellte sich aber das Hinderniß in den Weg, daß die Unterspree und die Havel gar nicht in der Lage waren, diese enormen Unrathmassen ohne die bedenklichsten Uebelstände aufzunehmen. Eine Desinfektion dieser Massen vor der Einführung in die öffentlichen Gewässer erwies sich als unausführbar.

So gelangte man nach den sorgfältigsten Ermittelungen schließlich zu dem System der Abwässerung mit Anlage von Rieselfeldern, wozu in Deutschland die Stadt Danzig und in England einige kleinere Gemeinden Vorbilder, freilich von geringem Umfange, geliefert hatten. Dies System befördert die Hausentwässerungen weit von der Stadt fort auf dazu geeignetes Land, wo die Massen im natürlichen Boden versickern. Diese Methode erscheint als das rationellste System, weil so die ungeheuren Massen an Düngstoffen, welche die Entwässerungen enthalten, der Landwirthschaft nicht verloren gehen, vielmehr im höchsten Maße fruchtbar wirken. Der bekannte, 1873 verstorbene Agrikulturchemiker Justus Freiherr von Liebig hatte in seinen berühmten „Chemischen Briefen" schon vor einem Menschenalter auf die bedenkliche Bodenverarmung hingewiesen, die dadurch allmählich entstehen müsse, daß die in den Abgängen und Abwässern der großen Städte enthaltenen werthvollen Dungstoffe zumeist in die Flüsse und schließlich in die Meere gelangten. So hoffte man alle Vorzüge, welche eine allgemeine Kanalisation Berlins bieten konnte, zu vereinigen und übertrug schließlich dem Baurath James Hobrecht, welcher mit dem Geheimen Oberbaurath Wiebe und dem verdienten Civilingenieur Veitmeyer die nöthigen Vorstudien gemacht hatte, die Ausführung des Riesenwerkes. Denn so muß man das Unternehmen bezeichnen, die vielen Meilen, welche die Straßen Berlins lang sind, mit gewölbten Kanälen zu durchziehen, die stellenweise so breit werden, daß vier Menschen aufrecht neben einander gehen können. Stundenlang kann man in diesen Kanälen, die, mit Kerzen erleuchtet, an die römischen Katakomben erinnern, unter der Erde entlang gehen. Von dem Lärm auf der Straße über sich hört man nichts, nur hier und da mahnt ein dumpfes Rollen daran, daß schwere Lastwagen einem soeben zu Häupten dahinfahren. Die Luft ist in diesen unterirdischen Passagen gut, dennoch fühlt man sich einer gewissen Beklommenheit enthoben, wenn man an einem Einsteigeschacht das Tageslicht wieder begrüßt.

Der bezeichnendste Unterschied von der bisherigen Entwässerung ist der, daß letztere sich im Innern der Stadt, in der Spree und dem Schiffahrtskanal, vollzog, während die Hobrecht'sche Kanalisation nach außen hin entwässert. Zu diesem Behufe ist die Stadt in fünf einzelne und selbständige Entwässerungsbezirke, Radialsysteme genannt, zerlegt, von denen jedes eine Pumpstation besitzt, welche mit Dampfkraft die Abwässerungen weit von Berlin fort auf das platte Land zu schaffen hat. Veranschlagt sind die Kosten für Radialsystem I auf 3,731,060 Mark, II auf 5,280,080 Mark, III auf 6,200,000 Mark, IV auf 9 Mill. Mark, V auf 8,625,000 Mark, wozu noch mehrere Hülfsradialsysteme für die Außendistrikte treten werden. Ausgeführt sind Radialsystem III, Friedrich- und Dorotheenstadt, und IV, Alt-Berlin, Friedrich-Wilhelmsstadt und Nachbarschaft.

Am 14. August 1873 wurden die ersten Spatenstiche zur Bauausführung gethan, 1874 die Güter Osdorf und Friederikenhof 10 km südlich Berlin unweit des Schlachtfeldes von Großbeeren mit 824,$_{33}$ ha für 1,365,000 Mark gekauft und für Rieselwirthschaft eingerichtet. Sie sind bestimmt, die Radialsysteme I bis III aufzunehmen. Für IV und V wurden 1875 die 10 km nordöstlich belegenen Güter Falkenberg und Bürknersfelde sowie die Marzahner Hinterpläne, 736,$_{35}$ ha für 975,000 Mark zu Berieselungszwecken erworben, die Erwerbung neuer Rieselgüter wird binnen Kurzem erfolgen.

Diese Güter sind von unzähligen Gräben durchschnitten und in Rabatten getheilt, welche nach dem Oeffnen der Zuleitungen mit den Berliner Abwässerungen berieselt werden und eine erstaunliche Fruchtbarkeit erhalten. Der Gemüsebau hat infolge dessen zum Besten Berlins einen erheblichen Aufschwung genommen. Auch wird fast ununterbrochen Gras, welches den Kühen sehr zuträglich ist, so massenhaft erzeugt, daß sich die Güter der Umgegend auf Milchwirthschaft eingerichtet haben. Als weitere segensreiche Folge ist eine durchgängige Verbesserung der in Berlin verkäuflichen, früher wegen ihrer Verfälschung berüchtigten Kuhmilch bemerkbar, welche besonders Neugeborenen und Päppelkindern — so werden die zumeist mit der Flasche aufgezogenen jugendlichen Weltbürger in Berlin benamset — zugute kommt und die erschreckliche Sterblichkeit unter ihnen bereits ersichtlich vermindert hat.

Ein Besuch der Rieselgüter Osdorf und Friederikenhof, welche von der Station Lichterfelde der Berlin-Anhalter Bahn leicht zu erreichen sind, ist äußerst lohnend und kann nur bestens empfohlen werden.

Straßenbau. Aus den geheimnißvollen Tiefen des unterirdischen Berlin mit seinen Wundern moderner Ingenieurkunst sind wir mittels eines Gully, d. i. eines Einsteigeschachts der Kanalisation, ans Tageslicht gelangt und stehen nun mit dem frohen Gefühl, wieder festen Fuß gefaßt zu haben, auf einer der neuesten Normalstraßen. Unter Normalstraßen versteht die Bauverwaltung Berlins diejenigen Straßen, deren Regulirung, Pflasterung und Entwässerung nach den neuesten Normativbestimmungen für die Straßenpflasterung hergestellt ist.

Während das Pflaster Berlins früher ebenso schlecht wie seine Entwässerung war, kann sich jetzt mit den Normalstraßen keine deutsche Stadt auch nur entfernt vergleichen, und nur wenige Großstädte der Erde können theilweise mit dem neuen Berliner Straßenpflaster konkurriren, so daß das letztere in der That eine Sehenswürdigkeit der Kaiserstadt geworden ist.

Diese Verkehrsverbesserung ist um so rühmlicher anzuerkennen, als die Vorbedingungen für ein auskömmliches Pflaster nirgends ungünstiger als in Berlin sind. Unter allen Großstädten hat Berlin, wie bekannt, den sandigsten Untergrund und den stärksten Lastwagenverkehr, namentlich liegen nach beiden Rücksichten hin die Verhältnisse von London und Paris ungleich günstiger. Der Berliner Magistrat mußte sich daher, falls er etwas Gutes und Dauerhaftes schaffen wollte, vor Allem dazu verstehen, einen unverrückbar festen Untergrund für die Straßen zu schaffen und dann das beste Material für die eigentliche Pflasterung zu wählen. So gilt denn für Berlin recht eigentlich der paradoxe Satz: das theuerste Pflaster ist das billigste, als zutreffend. Denselben zur Geltung gebracht zu haben, ist das Werk des Stadtbauraths Rospatt, dessen Verdienst um die Straßen und Plätze der Reichshauptstadt erst die folgende Generation vollauf würdigen wird.

Nach den Normalvorschriften wird zunächst in der Straße durch mittels Dampfwalzen eingeebneter Schuttsteine und Betonlager ein festes Gewölbe hergestellt und über diesem auf starker Quarzkiesbettung ein netzartiges Gefüge sorgfältig behauener Steine eingesetzt und mit Cement oder Asphalt befestigt. Die Steine I. Klasse sind vollkommene Würfel, bei II. Klasse sind kleine, bei III. Klasse noch etwas größere Maßabweichungen gestattet. Alle übrigen Klassen — früher zählte man gegen zehn — sind verboten. Das beste Material ist schwedischer Granit von dem Eilande Tjürkoe bei Karlskrona, daneben werden Steine aus Belgien, Granite von der Donau bei Passau und aus Schlesien, Basalte und andere Hartgesteine benutzt. Als sonstiges Befestigungsmaterial findet man vorzüglich Asphalt aus dem Neuenburger Jura vom Val-de-Travers verwandt, welcher in gepulverter Form aufgetragen und mit heißen Bolzen festgeglättet wird, Holzpflaster und Pflaster von Eisen. Welches Material sich auf die Dauer am besten bewähren wird, vermag zur Zeit Niemand zu sagen; daß aber die geräuschlosen Pflasterungen, selbst wenn sie weniger dauerhaft als ihre Nebenbuhler sein sollten, schließlich die unwiderstehliche öffentliche Meinung und damit die Zukunft für sich haben, läßt sich unschwer voraussehen. Nur an neuen Straßen haben die Besitzer der angrenzenden Grundstücke und auch dann nur, sobald sie bauen, die Kosten der Pflasterung des halben Dammes nach der Frontlänge zu erstatten. Für diese Berechnung werden Berlins Straßen in zwei Klassen getheilt und wird in Hauptstraßen der Quadratmeter Pflasterung mit $13^{1}/_{3}$, in Nebenstraßen mit 11 Mark in Ansatz gebracht, ein Preis, der hinter den wahren Kosten nicht unerheblich zurückbleibt.

Die auf diese Weise neu hergestellten Straßen der XV Abtheilungen des Bebauungsplans haben keine eigenen Namen, sondern Nummern, die Plätze lateinische Buchstaben, z. B.: Platz A Abth. VIII des Bebauungsplanes, u. s. f.

Unter solchen Umständen kommen alle Jahre Straßentaufen vor. Die Straßenbenennung wird mit großer Umständlichkeit und mit einer gewissen Feierlichkeit gehandhabt. Sicherlich sind es in erster Linie staatspolitische Gründe, welche das Recht, Straßenbenennungen zu ertheilen, in den drei Residenzstädten Berlin, Charlottenburg und Potsdam zu einem ausdrücklichen Vorbehalt der Krone gemacht haben. Man will eben keine unliebsamen Personen und Ereignisse durch Straßenbenennungen verewigt wissen. Das Vorschlagsrecht geht von den Magistraten jener drei Städte aus, in Berlin ist dasselbe seit einigen Jahren dem Verfasser als Dezernenten übertragen. Der Vorschlag wird dem Polizeipräsidenten mitgetheilt, welcher ihn dem Minister der öffentlichen Arbeiten behufs Vorlage vor dem Könige unterbreitet. Der König verwirft oder bestätigt den Vorschlag mittels Allerhöchster Verordnung.

Eine Musterung der neueren Straßen auf dem Stadtplan von Berlin ergiebt, daß bei der Auswahl der Namen nach bestimmten Grundsätzen verfahren wird. Zunächst finden sich geographische Namen, welche möglichst nach den Himmelsrichtungen, in denen, vom Mittelpunkt Berlins aus gerechnet, die betreffenden Ortschaften liegen und wobei durch den Fluß sowie die großen Bahnhofssysteme, welche in Berlin liegen, Abschnitte und Gruppen, gebildet werden. So findet man im Süden die Zossener=, Trebbiner=, Luckenwalderstraße, im Südosten die Wiener= und Görlitzerstraße, im Osten die Memeler=, Warschauer=, Petersburger=, Danzigerstraße, im Norden die Greifswalder= und Swinemünderstraße, im Nordwesten die Lübecker=, Bremer, Flensburgerstraße, im Südwesten die Magdeburger= und Genthinerstraße. Personennamen werden entweder nach ihrem Beruf oder nach zeitgenössischer Zusammengehörigkeit gruppirt. Nahe bei einander finden sich daher im Südwesten die Baukünstler, Bildhauer und Maler Hitzig, Drake, Rauch, Cornelius verewigt, am Kleinen Königsplatz die Staatsmänner und Generäle Bismarck, Moltke, Roon, Hindersin, Herwarth, Prinz Friedrich Karl; bei der neuen Artilleriekaserne und den sonstigen Militärbauten Moabits der Erfinder des Zündnadelgewehrs Dreyse und der Kanonenkönig Krupp; nahe dem Kreuzbergdenkmal Dörnberg und Schill, die beiden patriotischen Vorläufer der Erhebung von 1813; sodann Hardenberg, Tauenzien, Blücher, Bülow, Nostiz, York, Gneisenau, Kleist, während die Schlachten von 1813 daneben gefeiert werden: Kulm, Nollendorf, Hagelsberg, Dennewitz, Großbeeren, Katzbach. An Friedrich's des Großen Zeit erinnern dort Schwerin und Keith, an die Kurfürstenzeit die Namen Kurfürsten=, Froben=, Burggrafen= und Landgrafenstraße. Mit stolzen Namen werden gern die Plätze bezeichnet: Arcona=, Vineta=, Teutoburger=, Arminius=, Hansaplatz. Nur eine Klasse von Benennungen, nach staatspolitischen Ereignissen, fehlt Berlin wie wol allen deutschen Städten: wir finden keinen Aufklärungs= oder Freiheitsplatz, keine Konstitutions= oder Verfassungsavenue, keine Straße des 2. Dezember u. dgl. mehr. Dies öffentliche Kokettiren mit der innern Politik scheint bislang eine Angewohnheit und Eigenartigkeit der „lateinischen" Rasse zu sein. —

Vom Stadthaushalt und Regiment der Millionstadt, da er jeden Deutschen interessirt, folgende kurze Angaben. Die Einnahmen und Ausgaben balancirten in dem Etatsjahre vom 1. April 1880 bis dahin 1881 mit je 39,107,289 Mark. Das von der Stadt besessene, durch die Kämmerei verwaltete Gemeinde=

vermögen ist verhältnißmäßig gering und gab in dem bezeichneten Etatsjahr nur 687,664 Mark Ertrag. Die übrigen 32,968,021 Mark sind durch Steuern aufgebracht; da solche bekanntlich von Niemand gern gezahlt werden, klagt auch der Berliner über dieselben; auf der andern Seite kann man aber bei den verschiedensten Gelegenheiten den Stolz der Bürgerschaft hören, daß sie mit ihrer Steuerkraft fast ausschließlich das gewaltige Gemeinwesen erhält. Gewiß rühmlich ist es, daß die Hauptlast aus dem Schulwesen entspringt, welches 7,492,597 Mark erfordert, daß hiernächst die Sorge für die bauliche Instandhaltung der Stadt mit 5,188,239 Mark, dann die äußere Armenpflege mit 4,934,769 Mark folgt, zu der noch für Krankenpflege und Gesundheitswesen 1,851,997 Mark hinzutreten. Für 1881—82 ist der Etat mit rund 41 Mill. Mark veranschlagt. Ein Defizit hat die Stadt trotz der auf die Gründerperiode folgenden schweren Zeit bis jetzt glücklicherweise nicht zu verzeichnen gehabt.

Vom Stadtregiment sei mitgetheilt, daß dasselbe vom Magistrat als Vertreter der Gemeinde nach außen hin geführt wird, während das wichtige Geldbewilligungsrecht der Stadtverordnetenversammlung zusteht. Die Verfassung des Magistrats ist kollegialisch, derart, daß auch der Oberbürgermeister und der Bürgermeister nur einfaches Stimmrecht haben, daneben sitzen im Magistrate 2 Syndici, 13 Stadträthe, 2 Stadtschulräthe und 2 Stadtbauräthe, sämmtlich besoldet, ferner 17 unbesoldete Stadträthe, im Ganzen 34 Magistratsmitglieder. Die Stadtverordnetenversammlung besteht aus einem Vorsteher, seinem Stellvertreter und 122 Stadtverordneten, sämmtlich unbesoldet. Im Vergleich zu allen übrigen Städten Deutschlands ist diese Zahl von Verwaltungsmitgliedern eine äußerst geringe, sie beweist, ein wie großes Arbeitsfeld beiden Körperschaften anheimfällt und spricht für die Energie und die opferfreudige Hingebung derselben. Dem Magistrat sind nur wenige Geschäftszweige noch vorbehalten, die meisten Angelegenheiten werden in Verwaltungsdeputationen erledigt, die zu $1/3$ aus Magistratsmitgliedern, zu $2/3$ aus Stadtverordneten bestehen; außerdem wirken gegen 6000 unbesoldete Bürger als Beamte mit, so daß das gesammte Stadtregiment einen echt volksthümlichen, im besten Wortsinne demokratischen Charakter trägt.

Daß bei unserer Betrachtung der modernen deutschen Kaiserstadt in der in diesem Kapitel geschilderten neuesten Entwicklung der eigentliche Schwerpunkt liegt, wird unserm Leserkreis nicht entgangen sein. Danach ist von dem älteren Berlin nicht mehr viel im Leben und Wesen des jetzigen Geschlechts vorhanden. Die Zeit, wo Berlin eine ruhige Residenz war, wo der Hof, das Militär und die Staatsbehörden die Hauptstadt repräsentirten und gewissermaßen unter ihre Flügel nahmen, die Zeit des landesväterlichen Regiments und der polizeilichen Bevormundung ist hier für immer vorbei. Gleichwohl liegt sie erst so wenige Jahrzehnte zurück, daß die völlige Umwandlung der noch lebenden älteren Generation traumhaft vorkommt, ebenso traumhaft wie dem aufstrebenden Geschlecht, welches nicht begreifen kann, wie hier die geflügelten Worte: „Ruhe ist die erste Bürgerpflicht" und das Dogma vom beschränkten Unterthanenverstand haben entstehen können und wie hier die polizeiliche Erziehung bis zu den Ereignissen von 1848 so weit ging, daß der Gendarm dem Bürger, der strafbarer Weise auf der Straße rauchte, die Cigarre fortnahm und ihn behufs polizeilicher Ahndung obenein auf die Wache führte. Die Staatsregierung hat sich schließlich aber so wenig mehr um die Wohlfahrt

Berlins bekümmert, daß sie bei den meisten öffentlichen Einrichtungen ihren Obliegenheiten nur eben so weit, als durchaus nothwendig, nachkam. Wir erinnern hierbei daran, wie in der Zeit, wo der Staatsfiskus noch Herr der Stadt war, also bis zum 1. Januar 1876, fast nichts für die Straßen, Brücken, Promenaden und Parks geschehen ist, wie namentlich die Pflasterung immer schlimmer in Verfall gerieth. Statt daß sonst der Staat etwas zur Verschönerung der Stadt und ihrer Umgebungen that, zahlte und zahlt noch jetzt umgekehrt die letztere dem Fiskus einen namhaften Beitrag zur Unterhaltung des Thiergartens. Den Kleinen Thiergarten in Moabit hat der Staat trotz aller Bitten und Vorstellungen abgeholzt und bebaut, den Rest unterhält die Stadt auf ihre Kosten. Die Hasenheide, der einzige Wald im Süden der Stadt auf meilenweite Entfernung, ein beliebter Erholungsort der Berliner, ist dem Verkehr vor Kurzem durch Anlegung riesiger Schießplätze so gut wie entzogen und jedes Angebot der Gemeinde, ihr doch wenigstens einen Theil zur Anlegung eines Parks zu überlassen, rundweg abgeschlagen.

Die enorm schnelle Vermehrung der Bevölkerung, mit der sich selbstredend auch die Zunahme gefährlicher Elemente verbindet, hat außerdem die Reichs- wie die Staatsregierung bestimmt, ihrerseits Berlin gegenüber decentralisirend zu wirken und so viel wie möglich ältere wie neuere öffentliche Institute dem Weichbilde der Hauptstadt zu entziehen. So ist das Reichsgericht nach Leipzig, das Reichsrechnungsamt nach Potsdam gekommen, das Armee-Kadetten-Institut nach Lichterfelde, das Marine-Kadetten-Institut nach Kiel, die polytechnische Hochschule nach Charlottenburg, das große, mit einem Alumnat verbundene Joachimsthal'sche Gymnasium nach Wilmersdorf, das große Strafgefängniß nach Plötzensee, das neue Garnisonlazareth nach Tempelhof verlegt worden, Institute, welche zusammengenommen genügen würden, um durch ihre Einrichtung eine große deutsche Stadt ansehnlichst auszustatten, beziehentlich durch ihre Verlegung bedenklich zu schädigen. An Berlin sind die Maßnahmen spurlos vorübergegangen; von den städtischen Behörden Berlins ist auch nicht in einem einzigen Falle gegen diese decentralisirenden Maßregeln Einsprache erhoben, im Gegentheil haben ihre Vertreter beispielsweise unbedingt für Leipzig als Sitz des Reichsgerichts aus dem richtigen Motive gestimmt, daß der oberste Gerichtshof Deutschlands in einer Stadt sein muß, die nicht Sitz einer fürstlichen Hofhaltung ist, vielmehr nach dieser Richtung hin vollständig unbeeinflußt erscheint.

Diese Maßnahmen legen wir der Regierung nicht als ein Uebelwollen, sondern als einen Akt bewußter Emanzipation aus. Die Centralregierung fühlt, daß die neue Kaiserstadt anfängt, mündig zu werden, und diese will, koste es auch die größten Opfer an Geld und Arbeit, die volle ortspolizeiliche Selbstverwaltung erringen.

Die Wanderung durch die Fabrik- und Kunstgewerksstätten Berlins, durch die meilenlangen belebten Straßen mit ihren Industriepalästen und Schauläden, die Industrieausstellung von 1879, die von der Gemeinde neugegründeten vielfältigen Einrichtungen für die öffentliche Wohlfahrt lehren uns, was Thatkraft und Fleiß, was Selbstbewußtsein und Bürgertugend zu schaffen und zu erhalten vermögen.

Ein solches Gemeinwesen ist zur Selbstverwaltung reif. Möge daher die königliche Regierung die polizeiliche Zuständigkeit der Gemeindeverwaltung und Bürgerschaft vertrauensvoll erweitern. Beide Faktoren werden sicherlich vollauf bemüht sein, das in sie gesetzte Vertrauen zu rechtfertigen.

Wilhelm von Humboldt.   Karl Ritter.   Alexander von Humboldt.
J. G. Fichte.   Hegel.

Berlin als Pflegestätte der Wissenschaft.

Die philosophische Königin und ihr Zirkel in Charlottenburg. — Die Hochschule und ihre Berühmtheiten (Fichte, Schleiermacher ꝛc.). — Aus der Berliner Gelehrtenwelt (die beiden Humboldt, Karl Ritter, Roon, Dove, Raumer, Ranke, Droysen, Pertz ꝛc.). — Wissenschaftliche Institute. — Aus der Glanzzeit des Berliner Theaters. — Im Verein jüngerer Künstler (Rückblick auf die älteren Maler: Menzel, Hosemann, Steffeck ꝛc.). — Ein Berliner Dichterklub (Franz Kugler, Putlitz, Scherenberg ꝛc.).

Die philosophische Königin und ihr Zirkel in Charlottenburg. Auf dem Wege von Berlin nach Spandau, unweit des linken Spree-Ufers, lag gegen Ende des 17. Jahrhunderts ein kleines, aus wendischer Zeit stammendes Fischerdorf Lützen oder Lietzen, welches dem kurfürstlichen Oberhofmarschall von Dobrzynski, der dort ein Landhaus gebaut hatte, gehörte. Bei einer Spazierfahrt gefiel dieser anmuthige Fleck der zweiten Gemahlin des Kurfürsten Friedrich III.; sie kaufte das Gut, und der galante Gemahl ließ es im Jahre 1696 durch den berühmten Schlüter mit einem Schlosse versehen, welches sich durch Anbauten allmählich erweiterte. Der uns schon bekannte Nebenbuhler des großen Baumeisters, der höfisch gewandte Eosander von Göthe, wußte sich schon hierbei durch allerhand Rath und Vorschläge so einzudrängen, daß die Kurfürstin ihn in einem Briefe an den brandenburgischen Gesandten im Haag, Herrn v. Schmettau, ihr „Orakel in Bausachen" nannte. Die Kurfürstin, welche sich, im Gegensatz zu ihrem prunkliebenden Gatten, aus rauschenden Festlichkeiten nicht viel machte, zog um deswillen den Aufenthalt in Lützenburg, wie man das neue Schloß nannte, bald besonders vor.

Am 12. Juli 1700 sah es aber doch überaus glänzend und prächtig hier aus; denn die Kurfürstin gab zur Feier des Geburtstages ihres Gemahls, welcher Tags zuvor den Stiftungsbrief der Sozietät der Wissenschaften in Berlin vollzogen hatte, ein großartiges Maskenfest, zu dem Alles, was Rang und Namen am Hofe, im Heere, im Adel, in der Kunst und Wissenschaft innerhalb der Hauptstadt beanspruchte, feierlich eingeladen war.

Friedrich der Große mißt die Ehre der Gründung jenes Gelehreninstituts vornehmlich der Kurfürstin und dem großen Philosophen Leibniz*) bei; jene Fürstin, sagt er, habe das Genie eines großen Mannes mit den Kenntnissen eines Gelehrten vereinigt und einen Philosophen wie Leibniz vollkommen zu würdigen gewußt; dieser aber, vom Himmel mit einer der bevorrechteten Seelen bedacht, welche sich den Fürsten gleichstellen, ja mehr als eine Seele habend, sei für sich allein schon eine Sozietät gewesen. Dies Wort ist wörtlich zu nehmen, wenn wir Schwegler folgen, der von ihm sagt: Leibniz war nächst Aristoteles der genialste Polyhistor, der je gelebt. Er verband die höchste, durchdringendste Kraft des Geistes mit der reichsten ausgebreitetsten Gelehrsamkeit. Deutschland hat besondere Ursache, auf ihn stolz zu sein, da er nach Jakob Böhm (gest. 1624) der erste bedeutende Philosoph ist, der den Deutschen angehört: mit ihm ist die Philosophie in Deutschland einheimisch geworden. Leider ließ ihn theils die Vielseitigkeit seiner Bestrebungen und literarischen Unternehmungen, theils seine wandernde Lebensart zu keiner zusammenhängenden Darstellung seiner Philosophie kommen. Er hat seine Ansichten meist nur in kleinen Gelegenheitsschriften und in Briefen entwickelt, größtentheils in dem Lieblingsidiom seiner fürstlichen Freundin, in französischer Sprache. Eine innerlich zusammenhängende Darstellung seiner Philosophie ist daher nicht leicht; seine berühmteste Leistung ist die mit dem materialistischen System des nicht minder berühmten jüdischen Philosophen Baruch Spinoza (gest. 1677) in Widerstreit stehende Monadenlehre.

Leibniz, 1646 zu Leipzig, wo sein Vater Professor war, geboren, hatte ein Wanderleben, meist an Höfen, verlebt. 1672 hatte er in Paris Ludwig XIV. zur Eroberung Aegyptens vergeblich zu bestimmen versucht; hatte dann in London, in Hannover, in Wolfenbüttel, in Wien gelebt und war frühzeitig mit der Prinzessin Sophie Charlotte, der Tochter des Herzogs Ernst August von Hannover, in einen Verkehr getreten, der sich je länger je anregender, liebenswürdiger und vertrauter für beide Theile gestaltete. Der Kurfürst von Brandenburg, für seine Zeit ein fein gebildeter Monarch, wußte ebenfalls die Talente und Verdienste des berühmten Gelehrten zu schätzen, um so mehr, als dessen

---

*) So schreiben wir mit der Berliner Akademie der Wissenschaften und dem Berliner Magistrat, der dem 1878 eingeweihten neuen Gymnasium den Namen Leibniz-Gymnasium gegeben hat. Der große Philosoph hat sich mitunter auch Leibnitz, sein Vater Leybnitz oder Leybniz gezeichnet. Man nahm es damals selbst mit der Rechtschreibung der eigenen Namen nicht eben genau.

Gewinnung für den Berliner Hof demselben einen wissenschaftlichen Stern ersten Ranges verschaffte und dem Herrscher den Ruf eines fürstlichen Mäcens eintrug, wozu der Umstand kam, daß Leibniz als vollendeter Weltmann sich dem höfischen Tone vorzüglich anzupassen, ja sich als Vertrauensperson und Unterhändler vielfach ein diplomatisches Ansehen beizulegen verstand. So hing der Kurfürst mit allem Eifer dem Gedanken nach, die lutherische und reformirte Kirche zu vereinigen, welchen Sophie Charlotte mit dem ganzen ihr eigenen angelegentlichen Eifer aufnahm und ihrem Hofprediger Jablonski 1698 mittheilte, welcher Leibniz für die Sache gewann.

Leibniz bei Sophie Charlotte.

Wenn Letzterer trotz aller Bemühungen jenen Lieblingsgedanken der Hohenzollern, den erst König Friedrich Wilhelm III. durch die Stiftung der evangelisch-unirten Kirche, wenigstens in gewissem Umfange, für Preußen verwirklicht hat, auch nicht auszuführen vermochte, weil die damalige theologische Welt in ihr dogmatisches Parteigezänk viel zu vertieft war, um zu einer Einigung zu gelangen, so gab ihm diese ehrenvolle Mission doch nach außen hin neues Ansehen.

Nun hatte Leibniz seine Stellung zur Kurfürstin benutzt, um sie für den Gedanken der Gründung einer Societät der Wissenschaften in Berlin zu begeistern; sie ließ dem Kurfürsten, dem die Idee, besonders mit Rücksicht auf den ähnlichen Vorgang Ludwig's XIV., schmeichelte, keine Ruhe, bis er selbst im März 1700 Leibniz nach Berlin zur weiteren Förderung der Sache einlud. Der Gelehrte wurde mit vieler Auszeichnung aufgenommen und nicht blos zum kurfürstlichen Geheimen Rath, sondern, nach Gründung des neuen höchsten wissenschaftlichen Vereins des Landes, zum Präsidenten desselben ernannt. Später ward die Sozietät in vier Klassen getheilt, wobei der Name Akademie der Wissenschaften zum Vorzug kam, der sich seitdem auch andauernd behauptet hat.

Zu Roß und zu Wagen, auch mit der Treckschute, die am Spree-Ufersaum durch Pferde gezogen ward, strömten die Gäste nach Lützenburg, um sich in dem herrlichen neugeschaffenen Schloßgarten zu ergehen, dessen Entwurf der berühmte Gartenkünstler Le Nôtre und dessen Ausführung der gleichfalls von Paris verschriebene Gärtner Godeau besorgt hatte. In dem reichen Zirkel der philosophischen Fürstin überstrahlte diese selbst alle die zahlreichen anwesenden Damen durch Geist und durch Anmuth der Erscheinung. Alle ihre Zeitgenossen stimmen überein, daß ihre Schönheit außerordentlich gewesen und Ehrfurcht und Bewunderung geboten, der Ausdruck ihrer seelenvollen klaren Züge nur Zuneigung und Vertrauen eingeflößt habe. Der Ritter Toland, auf welchen Paladin ihrer Tafelrunde wir später zurückkommen werden, schrieb von ihr wörtlich: „Was ihre Person anlanget, so ist sie eben nicht so gar lang und schmal, sondern vielmehr etwas stark von Leibe; ihre ganze Bildung ist überaus regulär und ihre Haut sehr weiß und lebhaft; sie hat blaue Augen und kohlschwarze Haare; sie hat sehr gerne schöne Damen um sich, wie denn ihr ganzes Frauenzimmer davon voll ist."

Der Ceremonienmeister v. Besser hatte für den Festtag deutsche Verse gedichtet, die aber nicht sonderlich gefielen; sicherlich mit Recht, denn sie waren steif und gespreizt. Aber nicht deshalb mißfielen sie damals, sondern weil sie deutsche waren und man französischen Schäferspielen und mythologischen Tändeleien in französischer Sprache nach dem Zeitgeschmack stets den Vorzug gab. Deshalb müssen die damaligen Bemühungen Besser's, ebenso des Dichters Canitz, die Muttersprache zur Geltung zu bringen, immerhin anerkannt werden. Leibniz hat uns von dem Feste einen französischen Bericht, aus dem wir Einiges verdeutschen, hinterlassen. Es wurde der Jahrmarkt in einem Dorfe in komischer Maskerade aufgeführt. Der Leiter des Ganzen war ein Herr v. Osten. In dem Dorfe waren allerhand Buden mit ihren Schildern aufgestellt, in denen man unentgeltlich Schinken, Würste, Ochsenzungen, Weine, Limonaden, Thee, Kaffee, Chokolade u. dergl. vertheilte. Der Markgraf Christian Ludwig, Herr von Obdam, Herr du Hamel u. A. saßen in den Buden. Herr v. Osten spielte den Wunderdoktor und hatte seine Harlekins und Hanswürste, unter welche sich der Markgraf Albrecht mischte. Der Doktor hatte auch Tausendkünstler, den Grafen Solms und Herrn v. Wassenaer, bei sich. Als Becherspieler zeichnete sich kein Geringerer als der Kurprinz selbst aus.

Die Bude des Quacksalbers wurde von der Kurfürstin als Doktorin verwaltet. Herr Désaleurs spielte vortrefflich den Zahnbrecher. Bei der Eröffnung des Theaters erschien in feierlichem Aufzuge der Doktor auf einem künstlichen Elefanten, die Doktorin, getragen von ihren Leibtürken, auf einem Stuhl. Die erwähnten sonstigen Personen folgten hierauf; als dieser Zug vorbei war, kamen Hofdamen als Zigeunerinnen unter Anführung der Prinzessin von Hohenzollern, um ein kleines Ballet aufzuführen, in welches sich Andere zum Tanzen hineinmengten. Dann kam der Astrolog mit Brille und Fernrohr. Diese Rolle hatte man Anfangs Leibniz zugedacht, man war aber so taktvoll, dem großen Gelehrten einen Ersatzmann in der Person des Grafen Wittgenstein zu geben. Dieser prophezeite dem Kurfürsten, der aus der nächsten Loge zusah, allerhand Angenehmes. Die Prinzessin von Hohenzollern wahrsagte der Kurfürstin in hübschen deutschen Versen. Herr v. Quirini machte den Kammerdiener der Doktorin. Ein Fräulein der Prinzessin von Hohenzollern hatte Zahnschmerzen; der Zahnbrecher, mit Hufschmiedezangen bewaffnet, riß ihr einen fürchterlichen Zahn von Armeslänge aus, welcher sich nachmals als ein Walroßzahn entpuppte. Der Doktor belobte seinen Zahnbrecher und machte die Versammlung auf die Geschicklichkeit, einen solchen Zahn ohne Schmerzen herauszuziehen, gebührend aufmerksam.

Unter den Kranken, welche Hülfe verlangten, waren die Herren v. Ahlefeld und v. Flemming, die Gesandten Dänemarks und Polens, als Bauern in der Tracht ihrer Heimat gekleidet. Artigkeiten auf das kurfürstliche Paar wurden mitunter in derber Weise eingemischt; so endete Flemming „auf gut Hinterpommersch":

„Vivat Friedrich und Charlott!
Wer's nicht recht meint, ist ein Hundsfott."

Jedes schwatzte in seiner Landessprache, so daß schließlich ein wahres Babel entstand.

Zuletzt kam Herr v. Reisewitz, der sächsische Gesandte in Polen, als Stadtphysikus dazu und griff den Wunderdoktor an; dieser vertheidigte sich, zeigte seine Papiere, Pergamente, Privilegien, Atteste der Kaiser, Könige und Prinzen vor. Der Stadtphysikus moquirte sich darüber, wies auf schöne goldene Ehrenmedaillen an seinem und seiner Frau Halse, behauptete, diese durch seine Geschicklichkeit erworben zu haben, und so zog sich der Streit lustig weiter, bis schließlich der Kurfürst selbst in holländischem Matrosenkostüm aus seiner Loge kam und hier und da in den Buden kaufte. Die Versammlung vergnügte sich an diesen harmlosen, mitunter handgreiflichen Scherzen besser als an der prächtigsten Oper.

Um 3 Uhr Morgens kam Leibniz von Lützenburg heim; daß ihm dergleichen auf die Dauer nicht behagte, zeigt eine Bemerkung, welche er an die Kurfürstin Sophie von Hannover schrieb: „Je fais ici une vie que madame l'électrice appelle après moi ein liederlich Leben. Me voilà donc bien dérangé et bien hors de mon élément." — Derben, ungezwungenen Schelmereien war Sophie Charlotte eben nicht abgeneigt; es lag das in ihrer Natürlichkeit und Einfachheit, welche sich weder durch die Hofetikette, noch die Strenge des überaus ceremoniösen Gemahls unterdrücken ließ.

Dieser hatte endlich den sehnlichsten Wunsch seines Lebens, die Königskrone zu erlangen, erreicht. Schon am 17. Dezember 1700 begann die Abreise nach Königsberg von Berlin aus, und viele Tage hinter einander folgten, nach der Schilderung Varnhagen v. Ense's, immer neue Abtheilungen des Hofes und seiner Begleitung. Seinem Hange gemäß bot der Kurfürst alle erdenkliche Pracht auf. Er und die Kurfürstin reisten mit ihrem persönlichen Gefolge, 300 Karossen und Rüstwagen, mit Postpferden voran; sie fuhren nur Vormittags, und wo sie ankamen, war prunkvolle Tafel und mannichfache Festlichkeit bis auf den Abend; in zwölf Tagen gelangten sie nach Königsberg. Drei andere Abtheilungen des Hofes, wahren Heereszügen vergleichbar, folgten etwas langsamer nach; außer den mitgenommenen Pferden wurden noch gegen 30,000

Vorspannpferde gebraucht. Am 15. Januar 1701 wurde die öffentliche Bekanntmachung durch Herolde mitgetheilt, daß Preußen zu einem Königreich erhoben sei; am 17. Januar stiftete der König den Orden vom Schwarzen oder dem Preußischen Adler und ernannte sogleich, den Kurprinzen an der Spitze, 18 Ritter. Die feierliche Krönung fand am 18. Januar statt. Der König trat im Ornat aus seinen Gemächern in den großen Audienzsaal, setzte sich dort die Krone mit eigenen Händen auf das Haupt, nahm das goldene Scepter und begab sich in feierlichem Zuge nach den Zimmern der Königin, die ihm mit allen ihren Damen entgegentrat, sich vor ihm neigte und in diesem Augenblicke die Krone von ihm aufgesetzt erhielt.

Sophie Charlotte.

Sophie Charlotte war in Goldstoff gekleidet, der mit Ponceau-Blumen durchwirkt und an allen Näthen mit Diamanten besetzt war, die auch den ganzen Brusttheil dicht bedeckten. Rechts an der Brust haftete ein Strauß von lauter Birnperlen, darunter eine besonders große, alle zusammen von ungeheurem Werthe. Unter der auf das krause Haupthaar gesetzten Krone strahlte ihr liebliches Gesicht, so daß mit Recht in einem Bonmot nicht sowol der Königin zur Krone, als vielmehr der Krone zur Königin Glück gewünscht wurde.

Der Königin mußte aber doch schließlich bei all der Herrlichkeit die Zeit etwas lang werden, weshalb sie in aller Unschuld eine vom Zar Peter dem Großen eingetauschte Schnupftabaksdose hervorzog und gemüthlich ein Prischen nahm. Der König, auf's Höchste hierüber indignirt, warf ihr nicht blos unwillige Blicke zu, sondern schickte ihr sofort einen Kammerherrn mit der Mahnung zu, sie möge des Ortes eingedenk sein, wo sie sich befinde, und des Ranges, den sie daselbst einnähme.

Die philosophische Königin und ihr Zirkel in Charlottenburg. 135

Einige Zeit später reiste die junge Königin in Begleitung der Schwester des Königs, des Markgrafen Friedrich Albrecht, Bruders des Königs, nach Hannover, und auch Leibniz begleitete sie. Als eine Sonderbarkeit wird angemerkt, daß es der Markgraf sich nicht nehmen ließ, höchsteigenhändig als Kutscher den Wagen von Berlin nach Hannover zu fahren, obwol der König dergleichen Excentrizitäten so wenig wie die nach seiner Meinung etwas plebejischen Vergnügungen gut hieß, denen sich Sophie Charlotte nunmehr zur Entschädigung für die in Berlin ausgestandene Langeweile ungenirt hingab. Wie arg es dabei zuging, berichtet uns Leibniz in einem Briefe an die Fürstin von Hohenzollern-Hechingen.

König Friedrich I.

Da dergleichen unter den höchsten und gebildetsten Damen passirte, wird der Leser keinen Anstoß nehmen, die Erzählung vielmehr als ein kulturgeschichtliches Bild der damaligen Zeit ebenso unbefangen auffassen. Es wurde das Gastmahl des Trimalchio von dem römischen Dichter Petronius, einst dem Vergnügungskommissar Kaiser Nero's, aufgeführt. Den Trimalchio spielte der Raugraf, seine Gemahlin Fortunata wurde von der geistreichen Vertrauten Sophie Charlottens, dem Fräulein v. Pöllnitz, gegeben. Für die Gäste, unter denen die Königin selbst, der Kurfürst von Hannover und der Herzog Ernst August waren, standen Polsterlager bereit. Trimalchio betrank sich in Ungarwein und stand dann und wann sehr ungenirt auf, um sich zu erleichtern. Außerdem wurde ihm überall ein riesiges Nachtgeschirr nachgetragen, von dem er behauptete, es wäre das des Bacchus, welches dieser einem Giganten an den Kopf geworfen habe, als die Riesen unter Anführung des Encelades den Olymp stürmen wollten.

Es sollen noch tollere Dinge vorgefallen sein, wenigstens hinterbrachte man dem König Friedrich I. so viel, daß er in großen Zorn gerieth und ein volles Jahr kaum mit seiner Gemahlin verkehrte. Gleichwol wäre es thöricht, auf die Königin dieserhalb einen Stein zu werfen; denn noch später unter König Friedrich Wilhelm I. wurden Fastnachtsspiele und Hanswurstiaden vor dem Hofe aufgeführt, die von argen, fast lebensgefährlichen Schalksstreichen und groben Unflätigkeiten geradezu wimmelten. Das Volk war damals eben in allen Kreisen noch an eine überderbe Kost gewöhnt.

Daneben finden wir bei der wunderbaren Frau den Sinn für das Tiefste und Höchste derartig ausgebildet, daß der Name der philosophischen Königin keine Uebertreibung enthält. Von ihren Kenntnissen zeugt es, daß sie den berühmten Polyhistor Carpzov in Leipzig in einem Buchladen in nicht geringe Verwirrung brachte, indem sie sowol den Namen als dem Inhalte nach viel mehr neue Bücher anzuführen wußte, als jener Gelehrte. Desgleichen wird erwähnt, daß sie früher einem Gelehrten eine Stadt richtig in Afrika anwies, die er aus Unwissenheit nach Asien versetzte. Mit dem berühmten Marschall v. Schomberg und anderen ausgezeichneten französischen Refugiés verkehrte sie häufig und bediente sich des Französischen so gut, daß einer der Flüchtlinge frug, ob sie auch Deutsch verstünde. Ihr verdankt Berlin die Einrichtung einer Sternwarte und eines eigenen Kalenders. Diese Vorliebe für Wissenschaftlichkeit bewog sie, vertrauliche Gesellschaftstage einzurichten, wo die lästige Hofsitte aufgehoben war und die Damen, zur Vermeidung allen Aufwandes, in einfacher schwarzer Kleidung erschienen; auch Gelehrte und sonst nicht Hoffähige fanden hier Zutritt. Neben Leibniz, Kanitz, Besser, Schomberg finden wir den alten Feldmarschall Derfflinger bei ihr, der sich vom Schneidergesellen zur höchsten militärischen Stellung aufgeschwungen, sich zwar nicht durch Gelehrsamkeit auszeichnete, aber einen gesunden Mutterwitz besaß und auch ein gefälliges Benehmen an den Tag legte. Daneben die Minister und Geheimräthe Otto v. Schwerin, v. Meinders, v. Fuchs, Eusebius v. Brand, Christoph Graf v. Dohna, den Gelehrten Ezechiel v. Spanheim. Wir finden hier den Dichter Abbate Mauro, den Komponisten Attilio Ariosti, unter dessen Leitung sich die Fürstin in der Musik und in der Komposition vervollkommnete. Sie spielte und sang mit Fertigkeit und Anmuth die Werke der verschiedensten Meister, besonders des damals berühmten Corelli. Der jugendliche Händel kam damals nach Berlin, spielte mehrmals am Hofe und ward von Ariosti ausgebildet. Unter den Sängern finden wir dort den kaiserlichen Sänger Ballarini, ferner Antonio Tosi, Paolina Fridelin, Regina Schönaes, unter den plastischen Künstlern Schlüter, Jacoby und den berühmten Medailleur Falz.

Besonders fühlte sich die königliche Philosophin durch theologische Studien angezogen; der reformirten Konfession mit Frömmigkeit zugethan, bethätigte sie doch Freisinnigkeit und Toleranz bei jeder Gelegenheit. Eine besondere Unterhaltung gewährte es ihr, Gelehrte oder Geistliche verschiedener Konfessionen sich über dieselben aussprechen zu lassen. Je heftiger die Theologen aneinander geriethen, um so ruhiger, mit feiner Ironie, verhielt sich Sophie Charlotte. So weiß sie uns Ergötzliches zu berichten über die Disputation, welche der schon erwähnte Freigeist John Toland mit dem strenggläubigen französischen Geistlichen Beausobre hatte. Der Streit ward so heftig, daß die Königin interveniren mußte. Ein ähnliches dialektisches Turnier ließ die Letztere zwischen ihren französischen Hofpredigern, dem genannten Beausobre und Lenfant einer- und dem Jesuiten Vota andererseits stattfinden, welcher Beichtvater des Königs Johann Sobiesky von Polen war, natürlich wiederum, ohne daß ein Theil den andern irgendwie überzeugte. Auch die berühmteste theologische Schrift von Leibniz, seine „Theodicee", ist, wie er selbst zugiebt, wesentlich den Anregungen Sophie Charlottens entsprungen. Unter Theodicee wird der Versuch verstanden, den Glauben an die Vorsehung und göttliche Weltregierung gegen die Einwürfe aufrecht zu erhalten, welche in dem Vorhandensein des natürlichen Uebels und des sittlich Bösen gegen die Güte und Gerechtigkeit Gottes zu liegen scheinen. Leibniz' Buch handelt: „Ueber die Güte Gottes, die Freiheit des Menschen und den Ursprung des Bösen"; Leibniz und seine philosophische Schülerin stellen hier das Uebel und das Böse als eine nothwendige und unvermeidliche Folge, ja geradezu als Ausdruck der Beschränktheit der geschaffenen Welt dar: letztere sei nicht absolut, sondern relativ, d. h. unter allen möglichen Welten, welche Gott habe schaffen können, die beste.

Daß diese eingehende und unermüdliche Anregung von höchster Stelle und die Bemühungen, Kunst und Wissenschaft, Philosophie und Religion, heitere und schöngeistige Lebensart zu pflegen, auf die gebildeten Elemente Berlins mächtig einwirken mußten, läßt sich denken und ist durch den Verlauf der Geschichte Berlins bestätigt worden. Von dieser Zeit hat das für Berlins Bevölkerung charakteristische kritische Wesen, jener freigeistige, witzelnde Ton, seinen Anfang genommen, welcher durch das hausbackene, strenge Regiment Friedrich Wilhelm's I. nur wenig eingedämmt, unter dem Regime des Philosophen von Sanssouci sich alsbald wieder Bahn brach und von da ab immer mehr vertiefte. Für die damalige Zeit und unter den damaligen Verhältnissen hatte der Vergleich des Volksgeistes in der Stadt an der Spree mit dem, der einst in der leichtlebigen, geistreichen Stadt am Jllissos herrschte, etwas Berlockendes; und der Berliner hört seitdem den Namen „Spree-Athen" für seine Vaterstadt so gern, wie der Königsberger seit Kant für seine Heimstätte den Namen „Stadt der reinen Vernunft".

Auch praktisch hat Sophie Charlotte ihre Fürsorge für Berlin vielfach bethätigt. Als Kurprinzessin hatte sie den großen Garten am rechten Spree-Ufer geschenkt erhalten, welcher von dem Schloß Monbijou den Namen führt und damals so ausgedehnt war, daß der größte Theil der jetzigen Spandauer Vorstadt, sowie ein Theil der Dorotheenstadt dazu gehörte, ebenso der den Invaliden gehörig gewesene und deshalb so genannte Stelzenkrug, und ein schönes Vorwerk mit einer Meierei. Im August 1691 parzellirte sie den Acker in Feldereien, welche sie an Berliner Bürger zu Baustellen und Gärten verschenkte oder gegen einen geringen Grundzins

trat sie am 12. Januar 1705 eine Reise nach Hannover an, wobei sie ihrem besorgten Gemahl verschwieg, daß sie bereits bedenklich halsleidend war. Die rauhe Jahreszeit verschlimmerte das Leiden; gleichwol suchte die Fürstin, durch Willensstärke das körperliche Leiden noch längere Zeit zu unterdrücken, bis sie selbst am 1. Februar erkannte, daß es mit ihr zu Ende ginge. Pöllnitz erzählt, der französische Prediger von La Bergerie, den sie gern mochte, sei hereingetreten, um ihr mit seinem geistlichen Amt in den letzten Stunden beizustehen; sie habe ihn mit den Worten begrüßt: „Man erkennt seine Freunde in der Noth; Sie kommen, mir Ihre Dienste anzubieten in einer Zeit, wo ich nicht mehr im Stande bin, etwas für Sie zu thun; ich danke Ihnen dafür!" — Als er geistlichen Trost versuchte, sagte sie: „Ich habe seit 20 Jahren der Religion ein ernstliches Studium gewidmet und mit Aufmerksamkeit die Bücher gelesen, die davon handeln. Mir ist kein Zweifel übrig, Sie können mir nichts sagen, was mir nicht bekannt wäre; ich kann Ihnen versichern, daß ich ruhig sterbe." Der anwesende Wundarzt l'Estoc erinnerte sie, daß sie durch Sprechen ihr Uebel verschlimmere. „So leben Sie denn wohl, Herr von La Bergerie!" sagte sie noch zuletzt, „l'Estoc schilt, er will nicht, daß ich spreche. Ich sterbe als Ihre gute Freundin." Sie wiederholte auch mehrmals die Versicherung, daß sie mit Gott sehr wohl stehe. Nachdem sie darauf einige Stunden still verbracht, nahm sie wieder das Wort und sagte zu Fräulein von Pöllnitz: „Ach, wie viele unnütze Ceremonien wird man für diesen Körper anstellen!" Und als sie ihre Freundin in Thränen zerfließen sah, fuhr sie fort: „Was weinen Sie? Dachten Sie, ich sei unsterblich?" Sie segnete hierauf Alle, welche ihrem Dienste angehörig, in Thränen ihr Bett umstanden, und sagte ihnen Lebewohl; noch zuletzt rief sie ihren beiden Kammertürken zu: „Adieu Ali! Adieu Hassan!" Einige Augenblicke später reichte sie ihrem Bruder, dem Herzog, die Hand, und sagte: „Adieu, mein lieber Bruder! ich ersticke." — Das Geschwür im Halse barst, die philosophische Königin war todt! —

Der König ward bei der Todesnachricht ohnmächtig, der Schmerz brachte ihn fast von Sinnen. Gleichwol tröstete er allmählich sich mit den „Ceremonien", auf die Sophie Charlottens klarer Geist angespielt hatte. Die Begräbnißfeierlichkeiten wurden mit fast übertriebener Pracht veranstaltet. Der Katafalk im Berliner Dom kostete allein 240,000 Mark.

Lützenburg erhielt den Namen Charlottenburg und ward später königliche Residenzstadt. Fast ist es zu verwundern, daß eine Ehrenschuld dieser sonst so rührigen Nachbarstadt Berlins — der großen Königin ein Denkmal zu setzen — bis jetzt noch immer nicht abgetragen ist.

Königliche Universität.

Die Hochschule und ihre Berühmtheiten.

> „Der Ganzheit, Allheit, Einheit,
> Der Allgemeinheit
> Gelehrter Weisheit,
> Des Wissens Freiheit
> Gehört dies königliche Haus!
> So leg' ich euch die goldenen Worte aus:
> Universitati Litterariae."
>
> Clemens Brentano.

Das rege geistige Treiben Berlins, zu welchem Leibniz und die philosophische Königin den Grund legten und welches durch die unter Friedrich II. erfolgte Neubelebung der Akademie der Wissenschaften frischen Ansporn erhielt, hatte es von selbst mit sich gebracht, daß eine namhafte Anzahl vorzüglicher Gelehrter in Berlin beständig verweilten, von denen viele öffentliche Vorlesungen hielten. Diese waren in den höheren Ständen sehr beliebt und wurden geradezu Modesache, namentlich als Mitglieder des königlichen Hauses dieselben zu besuchen begannen. Hierzu kamen die großen Staatsinstitute in Berlin, außer der erwähnten Akademie vorzüglich die medizinischen Anstalten, welche sich eines großen Rufes und Besuches erfreuten. Wiederholentlich war schon gegen Ende des 18. Jahrhunderts die Errichtung einer eigenen Universität vorgeschlagen, immer aber an Bedenken gescheitert, die darin gipfelten, daß gerade die Residenz mit ihren Zerstreuungen der ungeeignetste Platz für Musensöhne sei.

Die kriegerischen Ereignisse im Beginn des 19. Jahrhunderts ließen jene Idee vorerst nur noch mehr in den Hintergrund treten, und in der ersten Betäubung nach der Katastrophe von 1806, welche den Staat auf die Hälfte seines Besitzstandes reduzirte und mit unerschwinglichen Kontributionen belastete, schien vollends jede Aussicht auf eine Berliner Hochschule geschwunden; denn woher die Mittel nehmen, da das Staatswesen in seinem vorhandenen Umfange kaum erhalten werden konnte? Dennoch reifte gerade damals, in der trübsten Zeit Preußens, in großen und muthigen Geistern, welche an einer Wiedererhebung Deutschlands nicht verzweifelten, der erhabene Entschluß, Das, was Preußen materiell verloren, vorerst auf ideellem Gebiete wieder zu erringen. Für eine medizinische Fakultät, desgleichen für eine theologische waren die Kräfte in Berlin selbst vorhanden. Für die philosophische Fakultät hatte man mit drei Sternen ersten Ranges, dem Historiker Johannes Müller, dem Dichter Friedrich Schiller und dem Naturforscher Alexander v. Humboldt, Verbindungen angeknüpft. Außerdem veranstaltete der Philosoph und Freigeist Johann Gottlob Fichte, welcher Professor in Erlangen war, des Winters philosophische Vorträge vor einem gemischten Publikum. So hielt er im Winter 1807 auf 1808, während ein französischer Marschall Gouverneur von Berlin war und seine Stimme oft von den durch die Straßen ziehenden feindlichen Trommeln übertäubt wurde, seine zündenden „Reden an die deutsche Nation".

Gleichzeitig betrieb Fichte in Verbindung mit dem berühmten, nicht minder freisinnigen Theologen und Kanzelredner Friedrich Ernst Daniel Schleiermacher (geb. 1768, gest. 1834) und dem ebenso geschätzten Philologen Friedrich August Wolf die Errichtung einer Hochschule in Berlin in Wort und Schrift auf das Ernstlichste. Aeußerlich kam als begünstigend der Umstand hinzu, daß die Universität Halle durch Napoleon I. geschlossen war und hervorragende Professoren der Universität zu Frankfurt a. O. auf deren Verlegung nach Berlin drangen, sowie daß die Franzosen, welche die geistigen Bewegungen in der Hauptstadt argwöhnisch überwacht hatten, Berlin am 3. Dezember 1807 verließen, während gerade der rechte Mann an die Spitze des Unterrichtswesens berufen wurde. Dies war Alexander v. Humboldt's ebenbürtiger Bruder Wilhelm (geb. 1767, gest. 1835). Gleich groß als Gelehrter wie als Beamter — Rudolf Köpke nennt ihn einen Staatsmann von Perikleïscher Hoheit des Sinnes — wußte er den noch immer unschlüssigen König zum Entschluß zu drängen. Am 16. August 1807 erließ Friedrich Wilhelm eine Kabinetsordre an die Minister v. Altenstein, Graf zu Dohna und Beyme, welche Humboldt's Anträge mit dessen eigenen Worten bewilligte: 1) Errichtung einer Universität in Berlin und deren Verbindung mit der Akademie der Wissenschaften, der Künste und anderen für den akademischen Unterricht geeigneten Instituten. 2) Dotirung der Hochschule mit 450,000 Mark jährlich. 3) Ueberweisung des Palais, welches dem 1802 verstorbenen Prinzen Heinrich gehört hatte, und das bereits zur Anlage — man höre — einer Bierbrauerei bestimmt gewesen war. Es ist dies nicht blos eines der imponirendsten Gebäude, sondern es hat geradezu die schönste Lage in Berlin, an einem freien Platze gegenüber dem Opernhause und der Staatsbibliothek, jetzt auch dem einfachen Palais des Deutschen Kaisers. Die von Wolf und Buttmann vorgeschlagene Inschrift lautet: Universitati litterariae Fridericus Guilelmus III. rex. A. CIƆIƆCCCVIIII.

Clemens Brentano ließ die Studenten zur Feier der Eröffnung am 15. Oktober ein Lied singen, in dem es heißt:

> „Glück auf, Glück auf! Viktoria!
> Es ist im Vaterlande,
> Ein Musenberg voll Gloria
> Mit Gottes Gunst entstanden";

und dann die Lehrenden:

> „Frei ist die Seele, frei! — — —
> Wir wecken dich und zeigen treulich dir,
> Was wir von ew'ger Wahrheit selbst erkannt,
> Und zeigen dir, wie uns das Licht verwandt;
> So ist der freien Lehre freier Brauch,
> Wir wollen euch zu lernen lehren!"

Ein schönes Wort, das der Dichter, wie Köpke treffend ausführt, selbst bald vergaß; die neue alma mater ist diesem Zeugnisse treuer geblieben als Brentano. Außerdem erschienen zwei Begrüßungsgedichte, sonst erhob sich keine Stimme; keine feierliche Einweihung, keine Aufzüge, kein studentischer Wichs. Die Zeit war zu ernst.

Rektor ward der tüchtige Jurist Schmalz, der sich später durch seine bureaukratischen Anschauungen verhaßt machte, Dekane waren für die theologische Fakultät Schleiermacher, für die juristische Biener, für die medizinische der weit bekannte Arzt Hufeland, für die philosophische Fichte, der von Michaelis 1811—12 Rektor wurde. An sonstigen Größen der ersten Jahre heben wir hervor unter den Gottesgelehrten Marheinete, de Wette und Neander, unter den Rechtsgelehrten Eichhorn und Göschen, unter den Heilkünstlern Reil, Rudolphi und Gräfe sen., aus der philosophischen Fakultät Solger, die Philologen Böch und Bekker, die Naturforscher Weiß und Lichtenstein.

Geraume Zeit dauerte es, ehe die Studenten sich in den für Berlin passenden Ton fanden; durch das burschikose, auf den kleineren Hochschulen übliche Wesen geriethen sie Anfangs mit den Bürgern, Handwerkern und dem Militär in solche Konflikte, daß der König selbst sich zu scharfen Verordnungen genöthigt sah. Allmählich gewöhnten sich aber die Musensöhne an Berlin und die Berliner an die Studentenschaft. Ein spezifisch studentisches Wesen hat sich freilich in Berlin nie entwickelt, dafür ist die Stadt immer zu groß, ihre geistige Luft immer zu scharf gewesen. Der Berliner Student, dessen Geldbeutel es irgend leisten kann, geht daher wenigstens auf ein Semester nach einer „echten" Studentenstadt. Vollständig söhnten sich die Berliner durch die hochherzige Betheiligung der akademischen Jugend in den Freiheitskriegen mit diesen aus. Im Frühling 1813 leerten sich die Hörsäle; was irgend Waffen zu tragen im Stande war, trat unter die Fahnen. Zündend wirkten die Schwertlieder Theodor Körner's:

> „Das Volk steht auf, der Sturm bricht los;
> Wer legt noch die Hände feig in den Schoß?
> Pfui über dich Buben hinter dem Ofen,
> Unter den Schranzen und unter den Zofen!
> Bist doch ein ehrlos erbärmlicher Wicht;
> Ein deutsches Mädchen küßt dich nicht,
> Ein deutsches Lied erfreut dich nicht
> Und deutscher Wein erquickt dich nicht. —
> Stoßt mit an,
> Mann für Mann,
> Wer den Flamberg schwingen kann!"

Gegen solchen Aufruf konnte Niemand taub bleiben, und wehe ihm, wär' er taub geblieben, die allgemeine Verachtung hätte ihn unmöglich gemacht. Dieterici berichtet: „Man fragte sich in den Hörsälen nie: wirst du dienen? sondern nur: wo wirst du dienen? zu welcher Waffe wirst du gehen? Auch hier galt, was Niebuhr am 13. Februar schrieb: „das Gedränge der Freiwilligen, die sich einschreiben lassen, ist heute so groß auf dem Rathhause, wie bei Theuerung vor einem Bäckerladen." Alle diese jugendlichen Gemüther waren, um Köpke's Worte zu gebrauchen, erfüllt von einem Kampfesdurst des reinsten und idealsten Inhalts. Nicht besser kann er geschildert werden als mit den einfachen Worten, welche der Theolog Friedrich Wilhelm Sachse an seinen Bruder, der ebenfalls zu den Fahnen geeilt war, in diesen Tagen schrieb: „Sei fromm und vertraue Gott; der Einzelne muß untergehen, damit das Ganze hervorgehe. Sterbliches wird gesäet und Unsterbliches blüht daraus hervor; wir wollen uns opfern für das Vaterland, damit aus edlem Samen edle Früchte hervorgehen!" — Nicht minder ergreifend ist der Bericht jenes Schülers von Fichte, Friedrich Wilhelm Schulze, dem Fichte's Religionslehre, die er im Tschako bei sich trug, in der Schlacht bei Dennewitz ein rettender Schild gegen die tödliche Kugel ward, die in das Buch einschlug und in dem Blatt haften blieb, wo es hieß: „Denn Alles, was da kommt, ist der Wille Gottes mit ihm und d'rum das Allerbeste, was da kommen konnte."

Fichte selbst griff zu den Waffen, und noch ist ein zeitgenössisches Bild vorhanden, welches den Edlen darstellt mit der großen Brille, den langen Haaren, dem unmilitärisch vorgeschobenen Leibe und den etwas schwächlichen Beinen, Pistolen im Gürtel, in der Rechten einen mächtigen Sarraß haltend. Seine Gattin, welche sich bei der Pflege der Verwundeten ein Nervenfieber zugezogen hatte, genas, während der Philosoph dem Lazarethtyphus im noch nicht vollendeten 52. Lebensjahre am 28. Januar 1814 unterlag. Auch andere Dozenten griffen zu den Waffen oder unterstützten die Ausrüstung von Freiwilligen. Die eiserne Gedenktafel in der Aula weist 43 Studirende nach, die im Kampfe geblieben oder an den Wunden und Strapazen starben. Der größte Antheil kam hiervon, was ausdrücklich hervorgehoben zu werden verdient, auf die evangelischen Theologen. Viele Berliner Studenten erhielten das eiserne Kreuz für bewiesene Tapferkeit. Während 1813 im Ganzen 28, 1814 29, 1815 70 Studenten vorhanden waren, hob sich die Zahl 1818 schon auf 1181. Die größte Besuchsziffer aus früherer Zeit weist dann das Wintersemester 1833—34 auf: 2561 Studenten.

Diese Höhe ist erst kürzlich wieder erreicht und während mehrerer Jahre in der Besuchsziffer Berlin durch Leipzig überflügelt worden, für dessen altberühmte Hochschule die Regierung, vor Allem aber die Dozentenschaft unausgesetzt nach allen Richtungen hin thätig ist. Im preußischen Abgeordnetenhause sind neuerdings harte Worte gegen die hauptstädtische Universität verlautet; es steht uns nicht an, selbst wenn ein Körnchen Wahrheit darin sein sollte, auf die persönlichen Anspielungen einzugehen. Jedenfalls haben diese Ausstellungen sachlich das Gute gehabt, daß das Kultusministerium durch Verbesserung und Neuschaffung von Instituten für die Hochschule in den letzten Jahren Außerordentliches geleistet hat. Wir erinnern an die Universitätsbibliothek, das physikalische, physiologische und pharmakologische Institut, das Herbarium, die klinischen Anstalten, welche mit reichsten Mitteln umgestaltet oder neugeschaffen worden sind.

Aus der Berliner Gelehrtenwelt (die beiden Humboldt, Karl Ritter, Roon, Dove, v. Raumer, Ranke, Pertz, Droysen u. s. w.). Die Berliner Gelehrtenwelt stand und steht zur Universität und Akademie sowie zu den vielen wissenschaftlichen Vereinen Berlins, welche für dessen geistiges Leben stets von größter Bedeutung gewesen sind, in innigster Beziehung. Die beiden Gebrüder v. Humboldt, welche niemals Universitätsprofessoren waren, wurden als wissenschaftliche Leuchten der Hauptstadt bereits erwähnt. Alexander, welcher von 1799—1804 einen großen Theil des spanischen Südamerika, außerdem besonders Mexiko bereist und erforscht, auch im Jahre 1829 auf russische Staatskosten eine nicht minder erfolgreiche Reise nach dem nördlichen Asien, Ural und Altai, der chinesischen Dsungarei und dem Kaspischen Meere unternommen hatte, widmete sich nachmals vorzüglich dem Hauptwerke seines Lebens, dem „Kosmos", Entwurf einer physikalischen Weltbeschreibung, welche die Resultate seiner reichen literarischen und eigenen naturkundlichen Forschungen zu einem einheitlichen System zusammenfaßt. Einer seiner Biographen sagt: „Humboldt hat die Aufgabe glücklich gelöst; sein Werk bildet ein Glaubensbekenntniß über das All der Schöpfung, wie dasselbe in dem Geiste des umfassendsten Naturforschers hat entstehen können. Kein Buch im Gebiete des Naturwissens hat je solchen Erfolg gehabt, so mächtig eingewirkt auf alle Stände; das Studium der Natur ist durch ihn in ganz neue Lebenskreise eingeführt worden.*)" Auch durch edle, eigenartige Sprache zeichnet sich, wie die 1808 erschienenen „Ansichten der Natur", Humboldt's Kosmos aus; er ist in alle europäische Sprachen übersetzt und hat eine eigene weitschichtige Literatur hervorgerufen. Am 6. Mai 1859 starb Alexander v. Humboldt in seinem 90. Lebensjahre, bis zum letzten Augenblicke geistesfrisch.

Neben Humboldt wird gern, oft, man möchte sagen in Einem Athem, der Name des berühmtesten deutschen Geographen, Karl Ritter, genannt. Am 7. August 1779 zu Quedlinburg geboren, hatte er sich durch sein Hauptwerk: „Die Erdkunde im Verhältnisse zur Natur und Geschichte des Menschen" an die Spitze der deutschen Geographen gestellt und ward bald die Seele der am 7. Juni 1828 begründeten Gesellschaft für Erdkunde zu Berlin, zu welcher gleich anfänglich Direktor K. F. Klöden, Prof. Berghaus, Prof. Zeune, Adalbert v. Chamisso, der Kartograph Reymann, Baeyer, Präsident des Centralbureaus der europäischen Gradvermessung, der berühmte Geologe Leopold v. Buch, der Astronom Encke, der Direktor des Zoologischen Museums Lichtenstein, der später als Feldherr in den Feldzügen von 1864 und 1866 ausgezeichnete Vogel v. Falkenstein, später auch der nachmalige Kriegsminister und Reorganisator der preußischen und deutschen Armee v. Roon gehörten. Die Bedeutung dieser Gesellschaft ist weit über Berlin hinausgegangen, indem sie die Anregung zur Bildung einer Reihe ähnlicher Vereine in ganz Deutschland wurde. Von ihr hat sich im weiteren Verlaufe (1869) die Berliner Gesellschaft für Anthropologie, Ethnologie und Urgeschichte, unter Virchow als Anthropologen und Bastian als Ethnologen, abgelöst, ferner die Afrikanische Gesellschaft und im Jahre 1878 der

---

*) Wir schalten ein: bis auf Darwin's spätere Schriften, von denen wieder eine neue Epoche der Naturbetrachtung datirt.

Centralverein für Handelsgeographie und Förderung deutscher Interessen im Auslande. Unter sonstigen späteren Mitgliedern jener Muttergesellschaft seien noch folgende erwähnt: Heinrich Wilhelm Dove, der Begründer der modernen Meteorologie (Witterungskunde), unter den Entdeckungsreisenden die Afrikaforscher Heinrich Barth, Georg Schweinfurth, Nachtigal und Gerhard Rohlfs sowie Professor Lepsius, der auf Kosten Friedrich Wilhelm's IV. die Alterthümer Aegyptens erforschte.

Wir wenden uns der Geschichtsforschung zu, welche in Berlin ausgezeichnete Vertreter zählt. Es genüge, an Leopold v. Ranke, Friedrich v. Raumer, Gustav Droysen und Heinrich v. Sybel auf dem Gebiete der neueren europäischen, der deutschen und preußischen Geschichte, sowie an G. Heinrich Pertz, den Begründer der Monumenta Germaniae, des Quellenwerkes für die älteste und ältere deutsche Forschung, sowie an Ernst Curtius und Theodor Mommsen zu erinnern, jener groß in der griechischen, dieser in der römischen Alterthumswissenschaft.

Unter den Sprachforschern begegnen wir gleichfalls einer Anzahl der hervorragendsten Gelehrten: dem Linguisten und Sanskritforscher Bopp, den Philologen Böckh, Bekker und Geppert. Welcher Berliner Gymnasiast erinnert sich nicht an Zumpt's lateinische, an Buttmann's griechische Grammatik, deren Verfasser ebenfalls der Berliner Hochschule angehörten. Unter den Germanisten seien Lachmann, Moritz Haupt und Müllenhoff, vor Allen aber die Gebrüder Jakob und Wilhelm Grimm erwähnt, zwei Namen, deren jeder Deutsche mit Stolz und Ehrfurcht Erwähnung thut. Jakob Grimm (geb. am 4. Januar 1785 zu Hanau) und Wilhelm Grimm (geb. am 24. Februar 1786 baselbst) gehörten zu den vielgenannten sieben Göttinger Professoren (außer ihnen Albrecht, Dahlmann, Ewald, Gervinus und Wilhelm Weber), welche, weil sie gegen den Verfassungsbruch König Ernst August's von Hannover protestirt hatten, entlassen und verwiesen wurden. Friedrich Wilhelm IV., damals noch freisinnigeren Anschauungen huldigend, berief die beiden großen Sprach- und Alterthumsforscher 1841 nach Berlin; ihnen verdankt das deutsche Volk unendlich viel: die umfassendste wissenschaftliche Erforschung und Begründung seiner Sprache, ingleichen die Sammlung und Verarbeitung der in Sprache und Gewohnheit, Sage, Sitte und Gebrauch erhaltenen bildungsgeschichtlichen Ueberbleibsel und Ueberlebsel. Was seitdem an dem Aus- und Aufbau germanischer Volks- und Alterthumskunde geschaffen wurde, ruht auf den Schultern der hessischen Dioskuren.

Wir verlassen die philosophische Fakultät nicht, ohne noch zweier hellleuchtender Sterne Berlins am deutschen Philosophenhimmel zu gedenken: Schelling und Hegel. Wir nennen Schelling zuerst, obwol er Hegel lange überlebt hat, da seine philosophische Entwicklung aus der Fichte's hervorgegangen ist. Außerhalb des Rahmens dieses Buches liegt der seltsame Entwicklungsgang der Philosophie Schelling's, welche verschiedene, schwer zu einander reimende Phasen durchlaufen hat; wir erwähnen vielmehr nur die eigenthümliche Wendung, welche nach der Uebersiedlung Schelling's nach Berlin im Jahre 1841 eintrat. Bereits vorher war eine mystische, an den Neuplatonismus anknüpfende Weiterung seiner Philosopheme eingetreten, die schließlich zum Versuch einer Theogonie und Kosmogonie im Sinne des Theosophen Jakob Böhm gelangte und dem Philosophen in dem König Friedrich Wilhelm IV. sowie in den pietistischen Hofkreisen selbstredend eben so viel Anhang, wie in den rationalistischen Philosophen Anfeindung verschaffte. Schelling ist in Berlin der letzte Hof- und Modephilosoph gewesen; das Interesse für die Philosophie ist seitdem in Berlin wie überall abgeschwächt und durch den Einfluß und die Popularisirung der Naturwissenschaften verdrängt worden.

Weit nachhaltiger, ja während seiner Blütezeit in vieler Beziehung geradezu beherrschend, ist die Einwirkung Hegel's. Georg Wilhelm Friedrich Hegel, am 27. August 1770 zu Stuttgart geboren, ward 1818 nach Berlin berufen.

Jakob Ludwig Karl Grimm und Wilhelm Karl Grimm.

Als eins der ersten Opfer der Cholera starb er am 14. November 1831, dem Todestage des Philosophen Leibniz. Er ruht an der südlichen Mauer des alten Dorotheenstädtischen Kirchhofes am Oranienburger Thor, dicht neben Fichte.

In Berlin erreichte Hegel einen unerhörten Erfolg; außer der akademischen Jugend saß fast Alles, was auf Namen und Stellung Anspruch machte, namentlich die hohe Beamtenschaft, zu seinen Füßen, so zwar, daß seine Lehre schließlich die Geltung einer Staatsphilosophie erhielt. Man behauptet, daß dies nicht zur inneren Reinheit seiner Philosophie und ihres moralischen Kredits beigetragen habe. Doch verleugnet, wie sein Biograph Rosenkranz betont, Hegel in seiner 1821 erschienenen Rechtsphilosophie die Grundforderungen des modernen Staatslebens nicht: er verlangte Volksvertretung, Freiheit der Presse und Oeffentlichkeit der Rechtspflege, Schwurgerichte und gemeindliche Selbstverwaltung. Sein akademischer Vortrag war stockend, unbehülflich, schmucklos, aber nicht ohne eigenthümlichen Reiz, als unmittelbarer Ausdruck tiefer Gedankenarbeit. Seinen geselligen Umgang nahm er mehr mit unbefangenen Personen als mit solchen des gelehrten Standes; er liebte es nicht, in geselligen Kreisen geistig zu glänzen. In einer kurz vor Hegel's Tode in Berlin erschienenen Schrift heißt es: „obgleich seine Vorlesungen zu den besuchtesten gezählt werden können, so hat die Erfahrung gelehrt, daß ein wirkliches Verständniß seines Systems nur Wenigen beschieden ist." Ueber diesen Punkt existiren unter den älteren Berliner Gelehrten noch mancherlei Anekdoten. Ein geflügeltes Wort des großen Philosophen an der Spree soll gelautet haben: „Von meinen Schülern allen hat mich nur Einer verstanden, und dieser Eine hat mich mißverstanden", nach Anderen sollte er gesagt haben: „und dieser Eine hat mich „ganz" mißverstanden", was als ein Hieb auf den Philosophen und Juristen Gans gedeutet wurde, den Herausgeber und treuesten Schüler Hegel's. Gewiß muß viel Mißverstand unter Hegel's Jüngern umgelaufen sein, wenn man erwägt, wie auf der einen Seite die höchsten staatlichen Vertreter des Absolutismus sich Hegel's Schüler nannten, während auf der andern Seite der bekannte politische Flüchtling Karl Marx, das geistige Haupt der Sozialdemokratie, sein Hauptwerk: „Das Kapital, Kritik der politischen Oekonomie", ausdrücklich als auf der Hegel'schen dialektischen Methode beruhend und als Fortbildung der Hegel'schen Philosophie bezeichnet. — Der bekannte konservative Philosoph und Jurist Friedrich Julius Stahl, welcher 1840 an die Berliner Universität berufen wurde und durch seine sofortigen heftigen Angriffe und politischen Denunziationen wider Hegel einen gewaltigen Sturm unter der freisinnigen Studentenschaft erregte, hatte, wenn man jene sozialistische Entwicklung des Hegel'schen Systems ins Auge faßt, mit dem ihm eigenen Scharfsinn in der That an eine wunde oder gefährliche Stelle des großen Denkers angestreift. Verfasser entsinnt sich, wiederholt aus Stahl's eigenem Munde gehört zu haben, wie er Hegel als den Abschluß der „staatsgefährlichen atheistischen, höchstens theistischen Philosophie seit Cartesius" (gest. 1650) bezeichnete. Jedenfalls schließt mit Hegel die von Kant inaugurirte moderne metaphysische und transcendentale Philosophie, überhaupt vorläufig die Geschichte der Philosophie.

Die auf Hegel gefolgten philosophischen Entwicklungen, theils eine Fortbildung des Hegel'schen Systems, theils eine neue Grundlegung der Philosophie anstrebend, gehören der Gegenwart, noch nicht der Geschichte an. — Erwähnen wollen wir beiläufig, daß noch eine andere eminente philosophische Kraft, der Vater des modernen Pessimismus, der Sonderling Arthur Schopenhauer (geb. 1788 zu Danzig, gest. 1860 zu Frankfurt a. M.), als Privatdozent an der Berliner Hochschule habilitirt gewesen ist.

Unter den juristischen Koryphäen Berlins heben wir folgende glänzende Namen: den Staatsminister von Savigny, den berühmten Germanisten Karl Friedrich Eichhorn, die gelehrten Romanisten Göschen, von Bethmann-Hollweg und Puchta hervor.

Unter den Chemikern Berlins erwähnen wir Eilhard Mitscherlich, Heinrich Rose und Hofmann; unter den Physikern Magnus, sowie den 1871 nach Berlin berufenen Helmholtz, den Erfinder des Augenspiegels, dem namentlich auch die Akustik so wesentliche Fortschritte verdankt.

Als Zoologen seien Lichtenstein, Rudolphi, Peters, Ed. v. Martens und der Entdecker der sogenannten Infusorienwelt Ehrenberg, als Botaniker Link, Kunth und Alexander Braun, als Mineralogen und Geologen Weiß, Gustav Rose, Leopold v. Buch und Beyrich angeführt.

Angedeutet wurde bereits, daß schon vor der Gründung der Universität die medizinischen Wissenschaften blühten. Wir nennen zuerst einen in Berlin noch immer und hoffentlich für immer populären Namen, den „alten Heim" (geb. 1747, gest. 1834), der als praktischer Arzt wie als Menschenfreund überaus beliebt war.

Seine hinterlassenen Krankenlisten weisen nach, daß er jährlich 3—4000 arme Kranke, von denen er viele noch sonst unterstützte, behandelte. Ernst Ludwig Heim besaß das volle Vertrauen der königlichen Familie, welche ihn auch bei der Behandlung der unglücklichen Königin Luise zu Rathe zog.

Eines ähnlichen Rufes genoß der geniale Operateur Johann Friedrich Dieffenbach (geb. 1792, gest. 1847), sowie der nicht minder berühmte Augenarzt Albrecht v. Gräfe (geb. 1828, gest. 1870), welchem demnächst, wegen seiner Verdienste um die leidende Menschheit und als Begründer der neuen Berliner augenärztlichen Schule, in der Nähe der Charité ein Denkmal errichtet werden wird. Hufeland haben wir bereits erwähnt. Als ausgezeichnete Physiologen seien Johannes Müller und du Bois=Reymond erwähnt. Auch den Begründer der Cellular=Pathologie, Rudolf Virchow, geb. den 13. Oktober 1821 zu Schievelbein, haben wir bereits genannt. Laut Kabinetsorder vom 14. Mai 1856, trotz seiner bekannten liberalen politischen Gesinnungen, aus Würzburg berufen, errichtete er das Institut für pathologische Anatomie an der Universität, welches als mustergiltig in der ganzen Welt anerkannt ist. Wir werden dem vielseitigen, liebenswürdigen Gelehrten noch im Schlußkapitel als Politiker begegnen.

Hiermit schließen wir die Uebersicht der Berliner Gelehrtenwelt, nicht weil dieselbe zu Rande wäre, sondern weil wir sie bei dem zugemessenen Raume nicht annähernd erschöpfen können.

Wissenschaftliche Institute. Ueber die öffentlichen Institute für Kunst und Gelehrsamkeit haben wir bereits Mancherlei berichtet; hier erübrigt, als Nachlese noch einiger wissenschaftlichen und gemeinnützigen Anstalten zu gedenken.

Unter den mit der Hochschule verbundenen Instituten sei zunächst das Zoologische Museum erwähnt, welches, obwol in sehr ausgiebigen Räumen des Universitätsgebäudes untergebracht, dringend eines neuen größern Lokales bedarf. Das älteste Stück der Sammlung ist ein von dem jagdliebenden König Friedrich Wilhelm I. 1724 eigenhändig abgefangener Keiler; hinzu traten die zoologischen Bestände der königlichen Kunstkammer, darunter die für die Artenerkennung noch heut hochwichtigen Fischsammlungen des Dr. Markus Elieser Bloch. Unter dem jetzigen Direktor Peters haben sich die Bestände außerordentlich vermehrt, und vermögen mit der Sammlung nur die Museen in London, Paris und Leyden zu konkurriren. — Das in demselben Gebäude befindliche Museum für Mineralogie, dessen Grundstock durch den Geheimen Oberbergrath Dietrich Karsten 1789 angelegt wurde, enthält unter Anderem die Sammlungen der Fachgelehrten Weiß, Klaproth, Heinrich und Gustav Rose,

Alexander von Humboldt und Ehrenberg und wird durch das Geologische und Paläontologische, gegenwärtig von Geheimrath Beyrich verwaltete Museum ergänzt. — Die in dem, dem kaiserlichen Palais gegenüberliegenden Flügel aufgestellte anatomisch-zootomische Sammlung besitzt viele Seltenheiten, darunter das im Jahre 1847 angekaufte, zur Ordnung der größten Walthiere gehörige, aus Alabama stammende riesenhafte Gerippe des Hydrarchos Harlani. Nach der Richtung der pathologischen Anatomie des Menschen wird diese wichtige Sammlung durch die in dem erwähnten Virchow'schen Institut befindlichen Materialien abgerundet.

Weniger beachtet und doch besonders reichhaltig ist das auf die Anregung des gelehrten Professors K. Wilh. Ferd. Piper am 23. Mai 1849 begründete Christlich-archäologische Kunstmuseum im Universitätsgebäude, welches namentlich viele Schriften, Abbildungen und sonstige auf die Kenntniß und Erklärung der ersten Jahrhunderte des Christenthums bezügliche Gegenstände enthält.

Zu den großartigsten Schöpfungen der letzten Jahre gehört der imposante Komplex von Museen, welcher vom Baurath Tiede auf dem geräumigen Grundstück der ehemaligen königlichen Eisengießerei in der Invalidenstraße unweit des Neuen Thors mit bedeutendem Kostenaufwand hergestellt worden ist. Ueber die Stilisirung dieser Monumentalbauten, von denen das Museum Angesichts links für die königliche Bergakademie und die Geologische Landesanstalt, das rechts für die Landwirthschaft bestimmt ist, rechten wir nicht gern, wollen uns vielmehr auch hier wieder darüber freuen, wie der Militärstaat Preußen seit der Errichtung des Deutschen Reiches Kunst, Wissenschaft und Gewerbe rühmlichst und freigebigst zu pflegen begonnen hat. Beide Gebäude dienen zugleich recht praktischen Zwecken. Die Geologische Landesanstalt hat es sich zur Aufgabe gestellt, unter Anderem den Boden des preußischen Staates für jede einzelne Provinz allmählich in Bezug auf seine Zusammensetzung und Ertragsfähigkeit genau zu prüfen und die Ergebnisse in Kartenblättern und Beschreibungen niederzulegen, welche für ein Billiges verkäuflich sind.

Aehnlich sammelt und verarbeitet das Landwirthschaftliche Museum alle auf die Landwirthschaft und Fischerei bezüglichen Gegenstände. Einen besonders großartigen Anblick gewährt hier die den gewaltigen Mittelraum bis zum dritten Stockwerk einnehmende Maschinenhalle, welche in würdigster Weise dadurch eingeweiht wurde, daß in ihr die Eröffnung und der Schluß der ersten internationalen Fischereiausstellung, welche die bei der Fischerei betheiligten Nationen des Erdballes umfaßte, im Jahre 1880 stattfand.

Der Umfang und die Wichtigkeit für alle menschliche Erkenntniß, welche die Lehre vom Menschen (Anthropologie), von den Völkern (Ethnologie) und von den vorgeschichtlichen Alterthümern in den letzten 25 Jahren gewonnen hat, bestimmte die preußische Regierung, auch für diese Wissenszweige in Berlin ein besonderes Institut, das Anthropologische Museum, zu errichten. Dasselbe wird nach den Entwürfen des Baurath Böckmann an der Ecke der Königgrätzerstraße und der zukünftigen Verlängerung der Zimmerstraße, unweit des Kunstgewerbemuseums erbaut und ist bestimmt, die ethnographische und nordische Alterthümersammlung des Neuen Museums, die anthropologische Sammlung, welche sich zur Zeit im Pathologischen Institut befindet und an Rassenschädeln sowie Rassengerippen reich ist, in Verbindung mit der ebendaselbst verwahrten Sammlung der Berliner Gesellschaft für Anthropologie, Ethnologie und Urgeschichte aufzunehmen.

Einen verwandten Gedanken, nämlich den Entwicklungsgang der Kultur in der Mark Brandenburg, einschließlich der stammverwandten, aber administrativ zur Provinz Sachsen gehörigen Altmark, von der Urzeit bis zur Gegenwart durch geeignete Gegenstände zu illustriren, verfolgt das nach den Vorschlägen und auf den Antrag des Verfassers am 4. Oktober 1874 seitens der städtischen Behörden begründete Märkische Provinzialmuseum.

Die königliche Bibliothek.

Aus kleinen Anfängen im Rathhause erwachsen, dann nach dem städtischen Verwaltungsgebäude, Klosterstraße 68, verlegt und jetzt in den Haupträumen des ehemaligen Köllnischen Rathhauses untergebracht, hat dies lehrreiche Institut durch den Eifer der Bewohner Berlins und der Provinz einen so bedeutenden Umfang gewonnen, daß es bereits die meisten ähnlichen Museen Deutschlands an Umfang und Inhalt (ca. 50,000 Objekte) überflügelt hat. Namentlich ist die Abtheilung der heidnischen Alterthümer sehr reich und sehenswerth. Der Eintheilungsplan dieses Museums ist fast von sämmtlichen staatlichen und kommunalen Sammlungen verwandter Richtung adoptirt worden. Ein Besuch dieses Institutes wird die frühere Vorstellung, als sei Berlin und die Provinz Brandenburg arm an geschichtlichen und vorgeschichtlichen Ueberbleibseln, vollständig widerlegen.

Aus der Glanzzeit des Berliner Theaters. Das Stubium der heutigen Berliner Theaterzettel ist ein langwieriges; mühsam überwältigt das Auge 19 Anzeigen größerer Theater: das königliche Opernhaus, das königliche Schauspielhaus, das französische Schauspiel, das Friedrich Wilhelmstädtische Theater, das Wallnertheater, das Viktoriatheater, Kroll's Theater, das Nationaltheater, das Wilhelmtheater, das Belle-Alliance-Theater, das Residenztheater, das Stadttheater, das Centraltheater, das Heinsborfftheater, das Germaniatheater, das Luisenstädtische Theater, das Thaliatheater, das Borussiatheater, das Americantheater, wobei eine ganze Reihe von Theatern, wie die Walhalla, welche neben der strengeren Mimik noch anderen Darstellungen huldigen, ganz außer Acht gelassen sind. Fragt man aber Sachverständige, welche der ältesten Generation Berlins angehören, ob sie in dieser theatralischen Fruchtbarkeit etwa auch die Blütezeit des Berliner Theaters erblicken, so werden sie lächeln oder unwillig den Kopf schütteln.

Nein! vor zwei Menschenaltern, als Berlin nur drei Theater zählte, da stand hier die scenische Kunst im Zenith, da war das Berliner Theater das anerkannt vorzüglichste in Deutschland. In helle Begeisterung gerathen unsere Veteranen, wenn sie des Schauspiels und der Oper in den zwanziger und dreißiger Jahren gedenken, und die historische Kritik des Theaterwesens giebt ihnen Recht. Iffland, der bramaturgische Freund Schiller's, welcher 1796 als Direktor des Nationaltheaters nach Berlin berufen wurde und von 1811 bis zu seinem Tode, am 22. September 1814, Generaldirektor der königlichen Schauspiele daselbst war, gilt mit Recht als der Geist, welcher den granbiosen Aufschwung der Berliner Bühne vorbereitete. Schiller's hohe Gedanken von 1784: „die Schaubühne als moralische Anstalt betrachtet", schwebten ihm als hehres Ideal vor, und es traf hierneben glücklich zu, daß König Friedrich Wilhelm III. ein enthusiastischer Theaterfreund war, welcher häufig den Theaterzettel selbst rebigirte.

Der König bezwang sich Iffland gegenüber sogar so weit, daß er ihm einen Orden verlieh, denn, so sehr der König das Schauspiel auch liebte, so sehr war er in den altherkömmlichen Vorurtheilen gegen die Mimen selbst befangen, und brückte dies z. B. bei der Weigerung, dem Schauspieler Louis Schneider, dem Dichter des „Kurmärkers und der Picarbe", eine Dekoration zu verleihen, offen aus, also hinsichtlich eines Mannes, der der Freund, ja der Vertraute seines kaiserlichen Sohnes Wilhelm werden sollte. Bei Iffland glaubte Friedrich Wilhelm III., seinem Prinzip nichts zu vergeben, weil derselbe Generalintendant der königlichen Schauspiele, folglich Beamter war.

Die eigentliche Blütezeit des Berliner Theaters fällt also in die Regierung Friedrich Wilhelm's III., und zwar etwa in die Zeit von 1816—1835. Iffland war es noch kurz vor seinem Tode gelungen, den bamals bedeutendsten Charakterschauspieler Deutschlands, den unsterblichen Ludwig Devrient (geb. 1784, gest. 1832), zu gewinnen, der zuerst in Berlin als „Franz Moor" auftrat und burch das Dämonische seines Spieles die Zuschauer gleichsam elektrisirte. Man soll bei dem großen Tragöden vergessen haben, daß er spielte, man glaubte, daß Devrient und der Zuhörer Das, was er spielte, im Augenblick wirklich erlebten. An diesen „Ahnen" schließt sich eine ganze Reihe verwandtschaftlicher gleichnamiger Schauspieler an, die alle tüchtig in ihrem Fach, doch nicht an Ludwig heranreichen. Iffland's Nachfolger, Graf Brühl, engagirte ebenfalls die ausgezeichnetsten Kräfte für die Hofbühne, und zwar gleichmäßig für Schauspiel wie Oper, ebenso seit dem Jahre 1828 der ihn ablösende Intendant Graf Redern. Wir erwähnen nur einige der glänzendsten Namen: Pius Alexander Wolff, in der Rolle jugendlicher, schwärmerischer Helden; von ihm rührt der Text der später von Karl Maria v. Weber komponirten und zuerst in Berlin aufgeführten Preciosa her. Wolff's Gattin war in ersten Heldinnen (Klärchen, Maria Stuart) nicht minder groß.

August Wilhelm Iffland.

Im Schauspiel glänzten ferner Rebenstein, Gern (Vater und Sohn), Weiß, später Seydelmann; weiter: Auguste Crelinger, Klara Stich, Charlotte v. Hagn; in der Oper der ausgezeichnete Tenorist Bader, die berühmte dramatische Sängerin Wilhelmine Schröder-Devrient, die Milder, Fräulein v. Schätzell u. A.

Man kann sich von dem leidenschaftlichen Antheil der damaligen Berliner für die Bühne in unserer von tausend anderen Tagesinteressen dermalen bewegten Reichshauptstadt kaum einen rechten Begriff machen. Oper und Schauspiel ersetzten Politik und in gewissem Sinne Religion bei dem Berliner Publikum. Daß es zu aufregenden Haupt- und Staatsaktionen nicht kam, dafür sorgte die im patriarchalischen Absolutismus geleitete Staatsmaschine und die vorsorgliche Polizei; so war die Bühne und die Theaterpresse der Abzugskanal, in den sich das öffentliche Interesse im eigentlichsten Sinne hineinstürzte. Eine neue Oper oder ein neues Schauspiel versetzte die Hauptstadt in größere

Aufregung, als es jetzt die hitzigsten Parteikämpfe im Landtage und Reichstage vermögen. Das enthusiasmirte sich oder erboste sich, das nahm für oder wider das Stück oder diesen oder jenen Schauspieler Partei, als wenn es das Wohl der ganzen Nation gegolten hätte. Die noch lebenden Zeugen wissen z. B. nicht genugsam den Taumel, ja die Verzückung zu beschreiben, in den Berlin am und nach dem 18. Juni 1821 gerieth, als Weber's Freischütz zum ersten Male im neuen Schauspielhause aufgeführt wurde. Ob man sich über das Gewinnen der Entscheidungsschlacht bei Waterloo desselben Datums sechs Jahre zuvor mehr gefreut hatte, war schwer zu sagen. Wie sich Spontini, der Generaldirektor der Musik, der Komponist der Vestalin, der Olympia und von Ferdinand Cortez, den die Berliner nicht sonderlich leiden konnten, über den Triumph Weber's geärgert haben müsse, wurde eifrigst ventilirt. Auch Weber's Euryanthe hatte einen großartigen Erfolg, wenn es auch nach Berliner Art nicht an boshaften Kritiken und eben solchen Wortspielen, als „Schreifritz" für Freischütz und die „Ennuyante" für die Euryanthe, fehlte.

Trotz des Vorurtheils des Königs gegen das Personal der Bühnen, standen die Künstler derselben gerade damals im höchsten Ansehen; man drängte sich nach ihrem Umgange, und Anekdoten, Witze u. dergl. wurden von ihnen und über sie mit einer Wichtigkeit kolportirt, wie man das heute etwa bezüglich der Person des Reichskanzlers oder anderer Großwürdenträger thut.

Eine interessante Standalgeschichte, welcher wir Adolf Streckfuß' fesselnde Darstellung zu Grunde legen, möge als Typus der damaligen theatralischen Verhältnisse hier nacherzählt werden. — Klara Stich, die Tochter der Schauspielerin Crelinger, und Charlotte v. Hagn waren Rivalinnen in den Rollen und in der Gunst des Publikums; sie haßten sich deshalb, wie unser Gewährsmann als erfahrener Kenner behauptet, so gründlich, wie zwei Schauspielerinnen sich nur zu hassen vermögen. (Verfasser schaltet hier zur Vertheidigung des schwachen Geschlechtes ein, daß es männliche Schauspieler nicht besser machen; denn es soll vor nicht allzu langer Zeit an derselben Bühne vorgekommen sein, wie zwei jugendliche Liebhaber, die sich in brüderlicher Liebe das edle Dioskurenpaar Kastor und Pollux oder das treue Freundespaar Pylades und Orest leider nicht zum klassischen Vorbilde nahmen, mehrmals bei Rollen, in denen sie sich zu umarmen hatten, Stecknadeln derartig in ihren Gewändern befestigten, daß die Umarmung blutig, also mehr einer Mensur ähnlich, ausfiel.) — Damals sollte Charlotte von Hagn, eine feurige, stolze Natur, in „Hermann und Dorothea" die Titelrolle geben, wurde krank und erfuhr zu ihrem Verdruß, daß das Stück nicht abgesagt worden sei, daß vielmehr die sanfte, anmuthige Klara Stich ihre Rolle spielen solle. Sofort eilte die Hagn, unwohl, wie sie war, in vollem Kostüm ins Theater, als eben der Vorhang aufgezogen war, und wollte selbst auftreten. Dies war dem sanften Klärchen denn doch zu viel: sie forderte ihr Recht, die stolze Charlotte replizirte, und es kam vor versammeltem Schauspielerpersonal zu einem „Schauspiel", das mit einer Ohrfeige, Kratzwunden und zerzausten Frisuren, wie die böse Welt erzählte, geendet haben soll. Für den Augenblick wurde die Sache dadurch entschieden, daß die resolute Mutter Crelinger im richtigen Augenblicke ihr Klärchen auf die Bühne — schob. Zum Pendant verfiel Charlotte von Hagn in tiefe Ohnmacht und, als sie erwachte, in eine mehrwöchentliche Krankheit.

Man kann sich denken, daß ganz Berlin in zwei Feldlager getheilt wurde, die sich „hie Lottchen", „hie Klärchen" wie Guelf und Ghibelline befehdeten.

Endlich erschien der ersehnte Tag, wo die Hagn nach ihrer Genesung zum ersten Male wieder auftreten sollte. Der gewissenhafte Chronist dieses für die Berliner unbeschreiblich wichtigen Ereignisses berichtet, es sollte „Ein Ball zu Ellerbrunn" gegeben werden. Das Theater ausverkauft. Glücklich, wer im Olymp für schweres Geld ein Plätzchen erobert hatte. Als Charlotte v. Hagn nun die Bühne beschritt, ging ein Höllenlärm los, wie er im königlichen Theater zu Berlin nie vorher, nie nachher gehört worden sein soll.

Ludwig Devrient.

Donnerndes Beifallklatschen, Jubelgeschrei, Zischen, Pfeifen und Pochen schwirrten durch einander. Die geängstigte Schauspielerin verbeugte sich demüthig. Sie wollte sprechen, aber das Getöse ließ kein Wort vernehmlich werden. Erst nach Minuten legte sich der Sturm, aber er begann von Neuem, als die Verehrer Charlottens die Ebbe benutzten, um Beifall zu klatschen. Das exaltirte Treiben nahm so zu, daß die zur Verzweiflung getriebene Schauspielerin schließlich auf die Kniee fiel und mit flehentlichen Geberden um Verzeihung bat.

Jetzt endlich waren die Gegner soweit versöhnt, daß die Schauspielerin beginnen konnte, und sie spielte, nachdem sie die erste Befangenheit überwunden, glänzender denn je, ja sie versöhnte ihre Widersacher vollständig. Als der Vorhang fiel, ward der großen Künstlerin ein allgemeiner donnernder Beifall zutheil. Sie erschien und der Beifall, wenn möglich, verdoppelte sich. Wehe dem Anhänger

Klärchens, der jetzt noch Mißfallen geäußert hätte; er wäre den schwersten Gefahren, wie Streckfuß versichert, ausgesetzt gewesen.

Was wollte das Alles aber besagen im Vergleich mit dem Paroxysmus der Spree-Athener zur Blütezeit der „schönen Henriette", der „göttlichen Henriette Sontag", zu der Zeit, als in Berlin, wie Pater Abraham a Santa Clara ironisch gesagt haben würde, eine „schöne" göttliche „Sontagsfeier" Berlin beseelte.

Dieser Anlaß führt uns zu dem dritten Theater, welches Berlin damals besaß. Mit List und Mühe hatte der ungebildete, aber geriebene frühere Kaufmann Friedrich Cerf sich die Konzession zu einer Schaubühne, gegenüber dem Privilegium der königlichen Schauspiele, im Jahre 1822 abzuringen gewußt. Am 4. August 1824 wurde das neue Königstädtische Theater in dem Cerf'schen Hause am Alexanderplatz in der Neuen Königsstraße an der Königsbrücke eröffnet. Das Geld für das Aktienunternehmen war hauptsächlich von jüdischen Geldmännern, darunter Herz Beer, der Vater des Komponisten Meyerbeer, des Astronomen Wilhelm Beer und des Dichters Michael Beer, hergegeben worden. Kultivirt wurde hauptsächlich die Lokalposse und die Oper.

Damals blühte der Berliner Witz in harmloseren Formen als später; „Nante Strumpf", der Eckensteher, figurirte in komischen Liedern und Stücken als Typus des dummschlauen, dem Branntweingenuß ergebenen Thunichtgut der untersten Klassen. Diesen Typus kultivirte der ausgezeichnete Komiker Beckmann mit Naturwahrheit. Sein Nante mit der Eckenstehernummer 22 füllte allabendlich die Räume des neuen bürgerlichen Musentempels. Die Kollegen Schmelka und Polt sekundirten ihm trefflich.

Da erschien am Himmel derselben Schaubühne ein neues Gestirn, welches sich die königliche Theaterintendanz unbegreiflicher Weise hatte entgehen lassen, und das alsbald Alles um sich her überstrahlte. Henriette Sontag, geb. den 13. Mai 1805 zu Koblenz, hatte schon im sechsten Jahre die verhängnißvollen Bretter betreten und im 15. als Sängerin bereits namhafte Erfolge verzeichnet. 1824 wurde sie von Cerf engagirt. Ihre Hauptrollen waren „Das Fräulein im Schnee", Rosine in Rossini's „Barbier", „Die Italienerin in Algier", „Cenerentola", Helene in der „Donna del Lago", Donna Anna im „Don Juan", „Die Prinzessin von Navarra", „Die Euryanthe", die Agathe im „Freischütz", die Karoline im „Matrimonio segreto", die Sophie im „Sargino" u. a. — Es fehlte freilich auch nicht an einschränkenden Kritiken; die Catalani, allerdings eine Nebenbuhlerin, sagte von Henriette Sontag: Sie ist groß in ihrem Genre, aber ihr Genre ist nicht groß.

Dies Genre war jedoch nach dem Herzen der kunstfreudigen, musikliebenden Berliner und fesselte sie vollständig. Der bekannte Dichter Karl v. Holtei, damals Theaterdichter und Sekretär am Königstädtischen Theater, schildert den Eindruck, den die Diva auf ihn machte, folgendermaßen: „Ich habe schönere Frauen gesehen, größere Schauspielerinnen; habe gewaltigere Stimmen gehört, vielleicht auch höhere Virtuosität des Gesanges, das will ich nicht leugnen. Aber einen so innigen Verein von Anmuth, Reiz, Wohllaut des Organs, Ausbildung aller künstlerischen Fähigkeiten, Darstellungsgabe, besonnener Anwendung der gegebenen Mittel, bescheidener Koketterie, wüßte ich nie und nirgends bewundert zu haben."

Die Berliner im Ganzen hielten die schöne Henriette als den Ausbund aller Vortrefflichkeit. Dieser Sontags=Enthusiasmus steckte die höchsten Kreise, die ältesten Herren, Staatsmänner und Gelehrte an. Es soll vorgekommen sein, daß hohe Beamte, Kammergerichtsräthe u. s. f., die mit Namen bezeichnet wurden, den Triumphwagen der schönen Primadonna auf der Bühne keuchend und schwitzend zogen, nur um ihr, während des Spiels, nahe sein zu können, also eine Arbeit verrichteten, zu der man sonst stämmige Grenadiere heranzog.

Ungeheures Aufsehen erregte daher eine satirische Broschüre: „Henriette, die schöne Sängerin" (Leipzig 1827), welche den Sontags=Taumel geißelte, dem Verfasser aber „als Pasquillanten" mehrere Monate Gefängniß einbrachte.

Das königliche Opernhaus.

Dies schadete indessen dem Autor, einem früheren Artillerieoffizier und alsdann Redakteur der Vossischen Zeitung, dem beliebten Schriftsteller Ludwig Rellstab, so wenig, daß er vielmehr von da ab und für lange Zeit als der journalistische Löwe des Tages in der Metropole der Intelligenz galt.

Welche Trauer, als die göttliche Sängerin, die sich inzwischen mit dem sardinischen Geschäftsführer im Haag, Grafen Rossi, vermählt hatte, Berlin den Rücken wandte! Jedenfalls hat das Königstädtische Theater den Verlust seiner Diva nicht zu überwinden gewußt; es schleppte sein Dasein noch bis 1848 hin, um in den damaligen allgemeinen Wirrnissen schließlich zu verschwinden, wie dies mit dem echten Berliner Theaterenthusiasmus schon seit Jahren geschehen war.

Im Verein jüngerer Künstler (Rückblick auf die älteren Maler: Menzel, Hosemann, Steffeck). Im Verein jüngerer Künstler, der sein Versammlungs- und Ausstellungslokal in dem früher erwähnten Geber'schen Industriegebäude, Kommandantenstraße 77—79, hat, lernen wir den Umfang und die Bedeutung der Maler und Bildhauer Berlins kennen. Von den Letzteren haben wir bereits eine namhafte Anzahl erwähnt, anderen werden wir noch im folgenden Kapitel begegnen; hier wollen wir uns hauptsächlich nach Palette und Pinsel umsehen. Als Senioren der Berliner Künstler können Adolf Menzel (geb. 1815) und Steffeck (geb. 1818), der seitherige Vorsitzende des Vereins, angesehen werden. Eine vortreffliche Auswahl von Bildern der Berliner Meister finden wir in dem schon beschriebenen Prachtbau der Nationalgalerie. Auf die dort vorhandenen Gemälde der Berliner Schule werden wir besonders Bezug nehmen.

Eine öffentliche Galerie derartiger moderner Kunstwerke war lange Zeit schon in Berlin schmerzlich vermißt worden, bis der 1861 verstorbene kunstsinnige Konsul J. H. W. Wagener seine mit einem Aufwande von weit über 300,000 Mark zusammengebrachte Gemäldesammlung dem damaligen Prinz-Regenten vermachte, welcher sofort die Ausstellung und Vermehrung derselben anordnete. Aus diesem Kern hat sich die jetzige Galerie moderner Meister entwickelt und wird nach Maßgabe der bisher vom Landtage freigebig bewilligten Mittel alljährlich vermehrt.

Beginnen wir mit dem Vorsitzenden des Künstlervereins, Steffeck, so hat derselbe als Darsteller des edelsten der Thiere einen internationalen Ruf errungen, der ihm höchstens von dem Pferdemaler Franz Krüger (geb. 1797, gest. zu Berlin 1857), seinem Lehrmeister, streitig gemacht werden kann. Wenig bekannt ist es, daß auch der berühmte Schafmaler Brendel (Nebenbuhler des „glatter" malenden Westflanderers Verboeckhofen) in Berlin geboren ist und hier lange gewirkt hat.

Unter den Berliner Landschaftern heben wir Biermann und Eduard Hildebrandt sowie Pape hervor. Besonders erwähnt werden muß der vielseitige August Kopisch (geb. 1799, gest. zu Berlin 1853). Wer hätte nicht schon als Kind sein allerliebstes Gedicht deklamirt:

„Wie war zu Köln es doch vordem
Mit Heinzelmännchen so bequem!"

Wer hätte nicht von seinen Wanderfahrten in Hesperien gehört, wie der kühne deutsche Schwimmer die blaue Grotte zu Capri entdeckte und damit allen Landschaftsfreunden einen unvergleichlichen, großartigen Naturgenuß, den Neapolitanern und Capresen eine mit großem Geldverdienst verbundene dauernde Annexion zuwendete, Umstände, die es wol rechtfertigen, dem Entdecker ein Denkmal auf dem Felseneiland zu errichten. Auch Schriftsteller war er, vor Allem aber leidenschaftlicher Landschafter. — Krause (gest. 1864 zu Berlin) hat eine eigene Berliner Marineschule begründet. Die Vorzüge seiner Bilder, wenn dieselben auch die Mängel autodidaktischer Bildung nicht ganz verleugnen, liegen, wie Max Jordan ausführt, in der Korrektheit der Beobachtung und der Einfachheit des Vortrages. — Bei Land und Wasser gedenkt man gern der anmuthigen Schützlinge der Flora. Diese haben in den Berliner

Blumenmalern Johann Friedrich Schultze und Gottfried Wilhelm Völcker ansprechende Vertretung gefunden.

Als Architekturmaler hat Berlin in Johann Philipp Eduard Gärtner eine hervorragende Kraft aufzuweisen.

Bei dem mit Recht zur Zeit so beliebten Amberg ist es schwer zu sagen, was man mehr bewundern soll, die Landschaft, die er malt, oder die Figuren, welche in derselben sich bewegen. Namentlich das lichte Grün der Buchen im Junimonat liebt er gar sehr und weiß es mit zierlichen Figuren aus der zweiten Hälfte des 18. Jahrhunderts zu beleben, welche uns das Manierirte in der Männertracht und das Kokett-Zierliche der damaligen Frauenart höchst ansprechend vorführen.

Damit gelangen wir zur Genremalerei, in der die preußische Hauptstadt seit Jahrzehnten Außerordentliches geleistet hat. Wer entsänne sich nicht gern des verewigten Theodor Hosemann, welcher neben der Kinderwelt das Berliner Proletariat und das Weißbier-Philisterium so humoristisch zu schildern verstand? Oder des 1878 verstorbenen Eduard Friedrich Meyerheim, dessen Vorwürfe auf einer edlern Stufe stehen und der uns das behagliche Leben des einfachen Bürgers und Landmanns so traulich auszumalen verstand. Sein Sohn Paul Meyerheim ist prickelnder; ihm hat's das Berliner Wesen angethan, sein Humor grenzt schon an Satire. Neben dem Kleinleben und den Leiden und Freuden der bürgerlichen und bäuerischen Welt schildert er mit eingehender Charakteristik das Treiben der Thiere. Man behauptet, daß die Insassen hinter den Gitterstangen des Zoologischen Gartens mit ihm auf „Gut Freund" stehen und daß seine Affenscenen eigentlich Pasquille auf die menschlichen Vettern sind.

Auch Ludwig Knaus darf den Berliner Malern zugerechnet werden; er gehört, wie die zahlreichen Anerkennungen aller möglichen Akademien beweisen, zu den ersten der jetzt lebenden Genremaler. Sobald ein neues Bild von ihm erscheint, findet es Freunde und Bewunderer. Am anmuthigsten ist seine Auffassung der Kinderwelt; wer kennt nicht z. B. die im Freien gefeierte Verlobung mit dem Kindertisch daneben, wo in der ergötzlichsten Weise von den Kleinen die Allüren der Großen nachgeahmt werden. Sehr richtig hat er selbst dies Bild (Nr. 169 der Nationalgalerie) genannt: „Wie die Alten sungen, so zwitschern die Jungen".

Der beliebte Meyer von Bremen, dessen gemüthvolle Genrebilder denen des erwähnten älteren Meyerheim so ähnlich sind, könnte — er ist seit 1852 nach der preußischen Metropole übergesiedelt — eben so gut Meyer von Berlin genannt werden. Sein Bild „Hausmütterchen" (Nr. 223 a. a. O.) ist allbekannt: ein etwa neunjähriges Mädchen in einer Mansardenstube, höchst „ehrpuselig" als Wächterin eines Wiegenkindes mit dem Strickstrumpf beschäftigt. — Pistorius (gest. 1862) und Steinbrück gehören zu den älteren Berliner Genremalern, die von der Romantik angehaucht sind. Dies gilt besonders von dem Letztern, dessen Bild „Marie bei den Elfen", nach Tieck's Märchen, nicht leicht im photographischen Album einer jungen Dame fehlt.

Bei dem trefflichen Karl Ludwig Friedrich Becker (geb. 1820 zu Berlin) sind wir in Verlegenheit, ob wir ihn noch als Genre- oder als

Historienmaler aufzufassen haben. Selbst die unstreitig genrehaften Motive haben einen bestimmten lokalen und chronologischen Typus. Vorzüglich sind dieselben aus der Zeit der venetianischen Renaissance gewählt, Doge und Dogaressa, Nobili und die ganze Pracht der Königin der Adria. Mit Vorliebe malt er Sammt, Seide und Atlas und gemahnt in dieser Beziehung an Tizian und Paolo Veronese. Das Bild Nr. 17 (a. a. O.) spielt zwar auf deutschem Boden, Besuch Kaiser Karl's V. bei dem reichen Augsburger Patrizier Fugger; aber es gewährt dem Maler wiederum vollste Gelegenheit, seine Prachtliebe zu entfalten.

Gentz umgiebt das Genrebild mit moderner ethnographischer Ausstattung. Namentlich den Orient weiß er trefflich zu illustriren, und als sein Meisterwerk gilt mit Recht der farbenprächtige Einzug des deutschen Kronprinzen in Jerusalem im Jahre 1869 (Nr. 408 des Katalogs).

Eduard Magnus (gest. zu Berlin 1872) hat als Genre- und Porträtmaler gleich Bedeutendes geleistet, wie Gustav Gräf (geb. 1821) im Porträt und der Historie. Mit Recht bewundert wird Gräf's Bild „Vaterlandsliebe im Jahre 1813", welches uns in sehr ergreifender Weise das Opfer der Ferdinande von Schmettau schildert, welche ihr herrliches goldiges Haar, für das nachmals 3600 Mark gezahlt wurden, auf dem Altare des Vaterlandes darbringt, während andere Personen die goldenen Trauringe gegen eiserne mit der Inschrift „Gold gab ich für Eisen!" austauschen. — Bei August v. Klöber (gest. 1864) ist das Mythologische häufig in das Genrehafte übersetzt, oder vielleicht gerade deshalb muthen uns seine Amor und Psyche, seine Genien, seine jugendlichen Bacchus ꝛc. so an.

Bei den Berlinern Julius Schrader (geb. 1815) und Gustav Richter (geb. 1823), dem Schwiegersohne Meyerbeer's, finden wir die Gabe für das Porträt und die Historienmalerei ganz gleichmäßig entwickelt. Ihre Porträts werden bewundert; namentlich hat das Vollbild der Königin Luise von Preußen auf der Berliner Kunstausstellung von 1879, von Richter, geradezu einen Beifallssturm erregt. Nicht minder gerühmt werden die der Bibel entnommenen historischen Sujets, beispielsweise Nr. 329 (a. a. O.), von Schrader, das farbenprächtige Bild „Esther vor Ahasver".

Unter anderen tüchtigen Geschichtsmalern erwähnen wir noch Otto Heyden (geb. 1820) und August v. Heyden, Letzterer gleichzeitig einer der besten Kenner des Kunstgewerbes, sowie Kolbe (gest. 1853) und Knille (geb. 1832). — Bleibtreu hat sich als historischer Schlachtenmaler seit 1864 großen Ruf erworben; auf einem ethischeren, ansprechenderen Gebiete Plockhorst, der auch tüchtiger Porträtist ist. Seine religiösen Bilder „Johannes, die Maria tröstend" und „Michael mit dem Satan um den Leichnam Moses kämpfend" haben seinen Ruhm weit verbreitet.

Eines vollberechtigten Ansehens erfreut sich die Berliner Künstlerfamilie Begas, welche spanischer Abstammung ist. Karl Begas (geb. 1794, gest. in Berlin 1854) bildete sich in Paris unter Gros; seine Altargemälde verschafften ihm einen großen Ruf; daneben war er als Genremaler nicht minder bekannt; seine „Lurlei", besonders sein reizendes Bild „Die Mohrenwäsche" sind durch den Grabstichel und die Photographie weit verbreitet. Von seinen drei nicht minder talentvollen Söhnen hat Oskar (geb. zu Berlin 1828) sich durch monumentale Wandgemälde, z. B. im Berliner Rathhause, ausgezeichnet.

Den zweiten Sohn Reinhold haben wir bereits als Verfertiger der herrlichen Marmorbildsäule Schiller's vor dem Schauspielhause kennen gelernt; endlich ist Adalbert Begas als hervorragender Historien- und Porträtmaler zu erwähnen.

Als Historienmaler im großen Stil erfreut sich eines hohen Ansehens der gegenwärtige Direktor der Kunstakademie, Anton v. Werner (geb. 1843 zu Frankfurt a. O.), ein echter Berliner Künstler im liebenswürdigsten Wortsinne. Wenn er auch in der Farbe etwas kalt, in der Zeichnung mitunter etwas streng erscheint, so werden diese kleinen Ausstellungen durch die Großartigkeit seiner Komposition und die harmonische Bewältigung von Masseneindrücken reichlichst aufgewogen.

Als dem Altmeister der Geschichtsmalerei wird neidlos aber die Palme dem geistvollen Adolf Menzel dargebracht. Seine Illustrationen zu Franz Kugler's Geschichte Friedrich's des Großen, sowie seine Oelbilder aus der Geschichte des Philosophen von Sanssouci werden ihm für alle Zeiten einen ehrenvollen Platz in der Geschichte der Malkunst sichern. Auch auf anderen Gebieten hat er sich ab und zu und dann immer mit Glück versucht. Bei der Lebensgeschichte des Lokomotivenkönigs Borsig haben wir bereits auf das großartige Gemälde (Nr. 220 der Galerie) „Moderne Cyklopen", das genial naturalistisch aufgefaßte Eisenwalzwerk der Laurahütte in Schlesien, angespielt, eine Darstellung, welche beweist, wie ein wahrer Künstler auch der modernsten Industrie hochpoetische Seiten abgewinnen kann.

Rudolf Friedrich Henneberg's Bilder in derselben Galerie: „Der wilde Jäger" und „Die Jagd nach dem Glück", haben dem talentvollen, leider schon im 50. Lebensjahre, 1876, verstorbenen Künstler schnell die Herzen erobert. Namentlich die zuletzt erwähnte allegorische Darstellung: ein Junker in der Tracht des 16. Jahrhunderts jagt zu Roß dem Trugbilde der auf der Glaskugel schwebenden Fortuna über den schmalen Balken einer verfallenen Brücke nach. Jeden Augenblick erwartet man den verhängnißvollen Sturz, den der daneben reitende Sensenmann mit teuflischem Grinsen begleitet. Das wahre Glück, eine engelhafte Jungfrau, liegt überritten am Wege. — Wir schließen die Reihe Berliner Künstler mit Gustav Spangenberg. Sein „Zug des Todes" (Nr. 420) läßt wegen des wehmüthigen, erschütternden Inhalts den tiefsten, ergreifendsten Eindruck im Beschauer zurück. Der Künstler soll die grandiose Komposition unter dem Eindruck des Schmerzes über den Verlust eines geliebten Kindes ausgeführt haben. Freund Hein im Mönchsgewande schreitet als Meßner der Prozession der Abgeschiedenen voran, die er durch eine öde Heide ins Jenseits führt. Raben fliegen umher, Wolken hängen tief herunter. Das Tageslicht erlöscht, hoch am Firmament gewahrt man bereits den Abendstern. Vor und hinter dem Tod ziehen fünf Kinder mit wundersam vergeistigtem Ausdruck in den starr vorwärts gerichteten Augen. Zu drei und drei folgt müden Schrittes die unabsehbare Reihe, Männer und Frauen verschiedensten Alters und Standes: Mühselige, Lebensfrische, Jammernde und Versöhnte. Zur Rechten steht ein junger Landsknecht am Kreuzwege neben dem Bildstock, still Abschied nehmend von seiner weinenden Braut; gegenüber ein vergessenes und verlassenes altersschwaches Mütterchen, das den Todtenführer vergeblich um Mitnahme anfleht. Das Ganze eine wunderbare Wiederbelebung der mittelalterlichen Todtentänze, ein durch seine nackte Wahrheit gleichzeitig furchtbares und doch versöhnendes „Gedenke, daß du sterben mußt".

Ein Berliner Dichterklub (Franz Kugler, Putlitz, Scherenberg u. s. w.). Zu den liebenswürdigsten Erscheinungen der Berliner Schriftstellerwelt in der ersten Hälfte dieses Jahrhunderts gehört Franz Kugler (geb. 1808), den wir bereits in Gesellschaft Adolf Menzel's erwähnt haben. Von großer Vielseitigkeit hat er sich besonders auf kunstgeschichtlichem Gebiete und als Liederdichter bewährt. Seine Romanze:

„An der Saale hellem Strande stehen Burgen stolz und kühn"

hat sich als echte Sangesweise im Volke eingebürgert. Fast noch produktiver und wichtiger ist er für Berlin als Mittelpunkt dichterischer und schöngeistiger Thätigkeit geworden, wobei ihm seine Stellung als vortragender Rath im Kultusministerium zu statten kam.

Aus dem damaligen Dichterklub sind Viele bereits ins Jenseits gewandelt, Andere, wie Gustav Gans Edler Herr zu Putlitz, aus einem der ältesten Adelsgeschlechter in der Priegnitz, noch in voller Kraft. Mit einem kleinen duftigen Idyll „Was sich der Wald erzählt", das in zahlreichen Auflagen erschien, erntete er, ihm selbst erstaunlich, zuerst großen Beifall; bald aber verließ er die Lobelypoesie, um sich ausschließlich dem Lustspiel und Drama zu widmen. So gilt er selbst als einer der bühnengewandtesten Schriftsteller, sein historisches Schauspiel „Das Testament des Großen Kurfürsten" sichert ihm namentlich in Berlin stets ein volles Haus.

Jener Zeit und jenen Kreisen gehört F. Scherenberg an, dessen epische Schlachtbilder „Waterloo", „Leuthen", „Abukir", „Hohenfriedberg", „Ligny" seiner Zeit die Jugend begeisterten und gern zu Deklamationsstücken gewählt wurden, während sie jetzt bereits vernachlässigt sind.

An der Spitze der echt vaterländischen, speziell märkischen Dichter muß Wilhelm Häring (geb. 1798), mit Schriftstellernamen Wilibald Alexis, erwähnt werden, der deutsche Walter Scott nicht ohne Grund wegen der treuen historischen Stimmung und Staffage, welche er seinen Romanen zu geben pflegte, genannt; einer der letzteren, „Walladmor", infolge einer scherzhaften Wette entstanden, und „Schloß Avallon" wurde von Scott selbst die größte literarische Mystifikation des Jahrhunderts genannt und lange als eine Arbeit des großen schottischen Novellisten gehalten. Aber nicht in diesen und ähnlichen Schriften, sondern in den in der Heimat spielenden Romanen: „Der falsche Waldemar", „Werwolf", „Die Hosen des Herrn von Bredow", „Der Roland von Berlin", „Isegrimm", „Cabanis", „Ruhe ist die erste Bürgerpflicht", liegt für uns, für Berlin und die Mark, der Schwerpunkt der Thätigkeit Häring's. K. F. v. Klöden hat später in „Die Quitzow's und ihre Zeit", Louis Schneider im „Bösen Blick" etwas Verwandtes, aber doch von Wilibald Alexis vielfach Verschiedenes geleistet, insofern in dem Klöden'schen vielgelesenen und mit Recht gerühmten Werke das Romanhafte nur äußerliche Zuthat, gewissermaßen Gewürz, um das trocken Historische genießbarer zu machen, ist, während Schneider's Roman, sich zu sehr im Phantastischen und Grausigen gefallend, weder dem Aesthetischen noch dem Historischen gerecht wird.

Jetzt führt den Reigen märkischer Lokaldichter unbestritten Theodor Fontane an, dessen „Wanderungen durch die Mark Brandenburg" wie sein Roman „Vor dem Sturm" zu den farbenreichsten Stimmungsbildern der Heimat gehören.

Neben ihm wirkt unermüdlich auf gleichem Gebiete Adolf Streckfuß, Mitglied des Berliner Magistrats und Sohn des bekannten geistreichen Geheimen Oberregierungsrathes und Uebersetzers des Ariost, des Tasso und des Dante, Karl Streckfuß (gest. 1844). Unter den unlängst verstorbenen märkischen und Berliner Schriftstellern seien noch erwähnt George Hiltl, seinerZeit ein beliebter Komiker an der Hofbühne, und der Hofrath Georg Hesekiel, der für seine Erzählungen, Novellen und Romane vorzüglich das Tiefland zwischen Elbe und Oder zum Schauplatz wählte. Ludowika Hesekiel in Potsdam, Tochter des Letzterwähnten, fährt in denselben Geleisen fort, während ein anderer beliebter Romanschriftsteller aus der nämlichen Stadt, Philipp Galen (Stabsarzt Dr. Lange), den Stoff aus weiteren Fernen sammelt und verarbeitet. — Auch F. Brunold (Lehrer Meyer in Joachimsthal) ist in diesem neuen märkischen Dichterbunde zu nennen, dem Oskar Schwebel (Archidiakonus in Küstrin) und Dr. Ferdinand Pflug, Verfasser des „Landwehrbuchs", als Erzähler. Adalbert Kuhn (Direktor des Köllnischen Gymnasiums zu Berlin), sein Schwager Wilhelm Schwartz (Direktor des Gymnasiums zu Posen), Prof. Dr. Paulus Cassel, Prof. Dr. Georg Büchmann, Verfasser der „Geflügelten Worte", Dr. Heinrich Pröhle, Dr. Edmund Veckenstedt, jetzt in Libau, und Wilibald von Schulenburg in Charlottenburg, der beste Kenner der niederlausitzer Wenden und des Spreewaldes, auch eifriger Sammler von Märchen, Sagen, Ueberlieferungen über Sitten und Gebräuche Berlins und der Mark, angehören. Als anmuthigen Dichter und Erzähler schließen wir außerdem noch Dr. Heinrich Klette, den langjährigen Redakteur der Vossischen Zeitung, und Dr. Rudolf Löwenstein, den Kinderdichter und geistvollen Redakteur des Kladderadatsch, mit Vergnügen an. Für diese Gruppe Berliner und märkischer Dichter und Schriftsteller hat sich seit dem Jahre 1873 ein besonderes Organ herausgebildet, nach dem Berliner Wappenthier genannt „Der Bär, illustrirte Berliner Wochenschrift, eine Chronik fürs Haus", begründet von George Hiltl und Ferdinand Meyer, herausgegeben von Emil Dominik. Man wird in diesem Organ nicht leicht einen der spezifisch Berliner und märkischen Dichter und Historiker vermissen. Ueberhaupt ist es überraschend und erfreulich, wie das Interesse für die poetische und historische Auffassung und Darstellung der engern Heimat in Berlin und der Mark immer mehr zugenommen hat. Eigentlich datirt dieser Aufschwung erst seit 1864, also seit der glücklichen Wendung in Deutschlands politischen Geschicken. Zwei Vereine, für die Geschichte Berlins und für die Geschichte der Mark Brandenburg, von denen namentlich der erstere eine ungemein rührige Thätigkeit entfaltet, fördern in Verbindung mit dem erwähnten Märkischen Museum das Interesse für die engste Heimat außerdem.

Von der Gegenwart wollen wir noch einige Jahrzehnte weiter zurück auf die Berliner Dichterwelt blicken. Da gewahren wir mit Ueberraschung, wie in der als nüchtern und ideallos verschrieenen Spreestadt gerade die romantische Dichterschule Deutschlands besonders viele namhafte Vertreter gehabt hat. Wir beginnen mit Wilhelm Heinrich Wackenroder, einem dem schwärmerischen Novalis verwandten Dichter, der als Sohn des Bürgermeisters von Berlin daselbst 1772 geboren wurde und schon 1798 verstarb. Seine „Herzensergießungen eines kunstliebenden Klosterbruders" verschafften ihm vielen Beifall. Zacharias Werner (geb. 1768, gest. 1823), der Verfasser von

"Martin Luther oder die Weihe der Kraft", Heinrich von Kleist, der Dichter der vaterländischen Schauspiele "Prinz Friedrich von Homburg" und das "Käthchen von Heilbronn", der sich in einem Anfalle von Geistesumdüsterung mit seiner Geliebten den Tod gab und nahe bei Wannsee unfern Potsdam im Waldesgrün ruht, haben einen nicht geringen Theil ihrer schöpferischen Kraft in Berlin empfangen und offenbart. Ebenso Friedrich v. Schlegel, der Norweger Henrich Steffens und der Freiherr v. Eichendorff, dem wir die Humoreske "Aus dem Leben eines Taugenichts" und unter vielen schönen Gedichten das echte Volkslied verdanken:

"In einem kühlen Grunde, da geht ein Mühlenrad,
Mein Liebchen ist verschwunden, das dort gewohnet hat."

Mehrere von diesen romantischen Schwärmern sind, was Eichendorff von Hause aus bereits war, eifrige Katholiken geworden, so Schlegel, Werner und, wenigstens vorübergehend, Steffens; andere, wie der geniale E. T. A. Hoffmann, gleichbedeutend als Musiker wie als Novellist, gelangten zum entgegengesetzten Extrem. Hoffmann, der vertraute Freund des genialen Ludwig Devrient, bildete mit diesem die "sektirende" Gruppe unter den Berliner Romantikern, mit Recht auch deshalb so genannt, weil Sekt ihr Lieblingsgetränk war, dem sie mehr als zuträglich huldigten. In ihrer Stammkneipe bei Lutter & Wegner, einer noch jetzt berühmten Weinhandlung an der Ecke der Französischen und Charlottenstraße, am Gensdarmenmarkte, fand lange Zeit das mitternächtliche Symposion der genialen Kraftmenschen Berlins statt, die hier dem Zwiegespräch der begeisterten phantasiereichen Freunde lauschten. Die Tradition dieses schöngeistigen Klubs ist durch mancherlei Anekdoten noch jetzt im Gedächtniß des Berliners lebendig erhalten. Neben sonstigen Berliner Dichtern jener Zeit, als Freiherr de la Motte Fouqué (geb. 1777, gest. zu Berlin 1843), v. Staegemann, Langbein, Müchler, Raupach, L. Robert, Daniel Leßmann, W. Gubitz, Philipp Kaufmann, v. Uechtritz, nennen wir als die bedeutendsten Vertreter der Romantik in Preußens Hauptstadt Ludwig Tieck und den edlen Adalbert von Chamisso.

Ludwig Tieck (geb. 1773 zu Berlin, gest. daselbst 1853), der als Uebersetzer zu den besten seiner Periode gerechnet ward, auch längere Zeit Vorleser König Friedrich Wilhelm's IV. war, gehört unter die fruchtbarsten und beliebtesten Novellendichter Deutschlands, also zu den Pflegern jener speziellen Dichtung in ungebundener Rede, die vor ihm nur unvollkommen kultivirt war, wie denn entschieden die Novelle auch größere Gestaltungsgabe als der breitere behäbige Roman voraussetzt, welcher der Eigenart des Deutschen im Allgemeinen mehr zu entsprechen scheint. Ueber Chamisso (geb. 1781 auf Schloß Boncourt in der Champagne, gest. zu Berlin 1838) viel Worte zu verlieren, scheint kaum nöthig, da er noch immer zu den gelesensten und beliebtesten Dichtern Deutschlands gehört. Seine Lebensschicksale sind merkwürdig genug. Nach dem Beginn der revolutionären Wirren (1790) wanderte Chamisso aus, wurde 1796 Page bei der Gemahlin Friedrich Wilhelm's II. von Preußen, später Offizier. Da er gegen sein altes Vaterland nicht kämpfen wollte, zog er sich aus dem preußischen Dienste zurück, ohne sich aber in Frankreich wohl zu fühlen. Vielmehr kehrte er bald wieder nach Berlin zurück, woselbst er, nachdem er die russische Entdeckungsexpedition unter Otto v. Kotzebue 1815—18 mitgemacht, sich dauernd niederließ und am

Herbarium Anstellung fand. Erstaunlich wird es allezeit bleiben, wie ein Franzose sich nicht blos die deutsche Sprache, sondern auch das deutsche Gemüth mit seiner Tiefe und Innigkeit so völlig aneignen konnte. Schon 1813 hatte er seinen „Peter Schlemihl" verfaßt, der in ziemlich alle europäischen Sprachen übersetzt wurde. Sein Liedercyklus „Frauenlieb' und Leben" eroberte ihm die weiblichen Herzen Deutschlands. In der Friedrichstraße 235 wohnte der Dichter viele Jahre, dort entstanden viele seiner schönsten Dichtungen; dort ist auch das Stübchen der „alten Waschfrau", zu deren Bestem der Menschenfreund noch kurz vor seinem Tode zwei Lieder dichtete, die den beabsichtigten Zweck voll erfüllten.

Adalbert von Chamisso.

Merkwürdig ist es, daß das „junge Deutschland", die Sturm- und Drangzeit der Dichter des 19. Jahrhunderts nach der Julirevolution von 1830, diese freigeistige, aufklärerische Richtung, in dem kritischen, oppositionslustigen Berlin so schwach vertreten ist, zumal wenn der starke Anhang der entgegengesetzten schwärmerischen romantischen Schule daselbst in Vergleich kommt. Wir wüßten nur Theodor Mügge (geb. 1806 zu Berlin) und Theodor Mundt (geb. 1808 zu Potsdam) zu nennen, dem sich seine Gattin Klara, bekannt unter dem Schriftstellernamen Luise Mühlbach, in verwandter Richtung beigesellte. Durch die schleierlose Enthüllung von Situationen, die man mindestens als bedenklich bezeichnen muß, stellte sich die Letztere in den Vordergrund der emanzipirten Schriftstellerinnen. Mit unleugbarem Behagen zeichnete sie Sensationsbilder, bei denen Gift, Dolch, Blutschande, Nothzucht nicht fehlten.

11*

Zum Glück für ihren Ruf verließ sie diese Richtung im vorgerückteren Alter, welches die besonnene und edlere Darstellungsweise zu fördern pflegt, und widmete sich angeblich historisch gehaltenen Romanen, welche freilich zur Verfälschung der Geschichtsbegriffe, zumal in weiblichen Köpfen, lange Zeit um so mehr beigetragen haben, als sie sich unleugbar glatt und angenehm lesen.

Von den Dichtern Berlins aus der Gegenwart sei uns vergönnt, Julius Rodenberg, Otto Roquette (Verfasser von „Waldmeisters Brautfahrt") und den leider früh verstorbenen Brachvogel, den Verfasser des „Narziß", zu erwähnen. Als Berliner dürfen wir seit Langem zwei blühende Romandichter, Berthold Auerbach und Friedrich Spielhagen, mit Stolz aussprechen, deren Ersterer Stammvater der Dorfgeschichten sowie Nestor der deutschen Dichter ist, während Spielhagen noch auf der vollen Höhe seiner Kraft steht.

Wir schließen den Berliner Dichterkreis mit einem neuen Berliner Poeten, Julius Wolff, der, obwol 1834 geboren, erst 1871 mit einem Bändchen Kriegslieder: „Aus dem Felde" — „ins Feld" trat. Darauf folgte 1874 „Till Eulenspiegel redivivus", jetzt in 8. Auflage; 1875 „Der Rattenfänger von Hameln", jetzt in 12. Auflage; 1877 „Der wilde Jäger", jetzt in 9. Auflage, und späterhin eine größere epische Dichtung, „Tannhäuser", die in wenigen Wochen zwei Auflagen erlebte. Hier finden wir einen gottbegnadeten Poeten, bei dessen dichterischer Erzählung es Einem geht, wie den Kindern von Hameln in seinem mit stürmischem Beifall aufgenommenen Rattenfänger:

> „Wie zu Ende war das Liedlein,
> Sang er wieder es von vorn;
> Und der Kinder Augen glänzten,
> Ihre Wangen blühten rosig,
> Und sie flüsterten und lauschten,
> Folgten gern dem lust'gen Sänger" —

wie der freundliche Leser nunmehr uns auch, nicht gleich den armen Kleinen in den düstern Koppelberg bei Hameln, sondern in die frischen grünen Umgebungen der Kaiserstadt gern folgen möge.

An der Siegessäule. Zeichnung von H. Lüders.

Der Wrangelbrunnen im Thiergarten.

Die Umgebungen der Hauptstadt.

Der Thiergarten. — Der Humboldt= und der Friedrichshain. — Im Zoologischen Garten (das Aquarium). — Die Flora in Charlottenburg. — Das Mausoleum daselbst. — Berliner Friedhöfe. — St. Hubertus im Grunewald. — Jagdhaus Dreilinden. — Schildhorn. — Ein Tusculum am Tegeler See. — Das neue Irrenheim in Dalldorf. — Auf dem Gesundbrunnen (Pankow=Schönhausen). — Feuerwerk in Treptow (der neue Ostpark). — Turnfest in der Hasenheide (Rixdorf=Tempelhof). — Heerschau am Kreuzberg (Ueberblick der deutschen Kriegsmacht). — Invalidenhaus und =Park.

„Blaue Havel, Grunewald,
Grüßt mir alle beide,
Sagt, zu ihnen käm' ich bald,
Und die Tegler Heide."

Der Thiergarten. Es ist der letzte Sonntag im Junimonat des Jahres 1767. Wir befinden uns im Thiergarten auf einem großen halbkreisförmigen Platze nahe der Spree, der Zirkel oder der Kurfürstenplatz genannt, weil von ihm aus sieben schnurgerade Eichenalleen ausliefen, welche noch jetzt vorhanden sind und von den sieben Kurfürsten benannt wurden. Es ist ein langer, heller, sonniger Nachmittag, so schön, wie ein Frühsommertag in Berlin nur sein kann, das junge Laub der Bäume hat noch nicht von Staub und Hitze gelitten und prangt noch im schönsten Hellgrün. Um 6 Uhr finden wir ein festlich geputztes

Publikum, wol mehrere tausend Personen. In der Mitte des Platzes ist eine Estrade, von welcher Regimentsmusik spielt. Die schaulustige Menge drängt sich um die Wagen der königlichen Familie, deren Mitglieder ungenirt an dem Treiben Theil nehmen; nur das Haupt derselben ist nicht anwesend. In schön vergoldeten Phaetons, in von allen Seiten mit Glasfenstern versehenen Kutschen, zum Theil in damals sogenannten Wurstwagen, an deren Schlägen Pagen und Heiducken stehen, fahren die Prinzessinnen die Hauptallee entlang, und die Offiziere des Regiments Gensdarmes und Zietenhusaren wetteifern in Pracht der Uniformen und lassen ihre in reichen Schabracken prangenden Rosse in allen Gangarten paradiren. Am Wasser erblicken wir einige Leinwandzelte, deren erste von zwei Refugiés, Dortu und Thomassin, im Jahre 1745 erbaut worden waren. Jetzt hatten zwei Restaurateure auch schon hölzerne Schankstätten errichtet; an der einen, welche der Refugié Mourier kürzlich aufbaute, sehen wir eine goldene Gans als Schild prangen mit der doppelsinnigen Inschrift: Monnoie (mon oie) fait tout.

Im Todesjahre des Alten Fritz (1786) finden wir schon festere, für den Winter berechnete Buden, denn inzwischen war das Schlittschuhlaufen und Pickschlittenfahren auf den beiden Armen der Spree hier, deren südlicher jetzt verschüttet und in eine Straße, die Fortsetzung des Kronprinzenufers, verwandelt worden ist, Mode geworden. Gleichzeitig ist den Etablissements der ursprüngliche Name „die Zelte" bis auf den heutigen Tag verblieben. Zehn Jahre zuvor, im Juli 1776, gab hier der Prinz Ferdinand zu Ehren des Großfürsten Paul, nachmaligen Kaisers von Rußland, ein großes Fest, wozu man zwischen dem Zirkel und dem jetzigen Schloß Bellevue, stromabwärts, da, wo der ehemalige sogenannte Poetensteig abführt, unter Mitbenutzung eines ebenfalls halbrunden, mit der offenen Seite nach der Spree zu belegenen Platzes, weitläufige Anstalten getroffen hatte. Die Berliner, von jeher ein neugieriges Völkchen, waren in Massen zusammengeströmt, als der Himmel seine Schleusen öffnete und Gerechte wie Ungerechte mit einem Platzregen übergoß. Ein allgemeines Sauve-qui-peut brach aus, und der Weg zur Stadt war schließlich, wie ein Augenzeuge berichtet, weit und breit mit verloren gegangenen Bändern, seidenen Schuhen, Coiffüren und Schuhschnallen bedeckt.

Das Schloß Bellevue wurde nach dem Tode des Alten Fritz von dem Prinzen Ferdinand, der es 1785 dem Platz-Hofrath Bertram abgekauft hatte, erbaut und mit dem schönen, noch jetzt vorhandenen Garten versehen.

Ein Fremder in den „Bemerkungen eines Reisenden durch die preußischen Staaten in Briefen" vom Jahre 1779 schildert das lebhafte Treiben in den Zelten ähnlich. Ihm hatte dasselbe Abends so gut gefallen, daß er am nächsten Morgen eine Promenade in die Nähe machte. „Eine Allee", erzählt er, „gefiel mir gestern vor allen anderen. Sie führte zu einem kleinen runden Platz, auf welchem an einer hohen Eiche eine kleine Ruhebank angelehnt ist. Ganz gewiß hatten gestern Abend ein paar Liebende hier gesessen oder, welches noch wahrscheinlicher ist, mag ein feuriger Liebhaber hier auf dieser Stelle geseufzt haben. Ich fand ein Quartblatt, auf welchem Folgendes aus dem Ramler stand:

— — — O, sich geliebt zu seh'n,
Welche Seligkeit — —

Unten standen mehrere Buchstaben."

Auf der Unterspree zwischen Zelten und Moabit. Zeichnung von H. Lüders.

Der empfindsame Reisende, welcher von der seiner Zeit so eigenen Gefühlsschwelgerei angekränkelt erscheint, bricht hierbei in folgende Apostrophe aus: „Ich glaube, der zärtliche Liebhaber, der diese Verse ohne Zweifel in der Absicht hinlegte, damit seine Geliebte sie finden möchte, hat Recht, ich stellte dabei meine besonderen Betrachtungen über die Liebe und ihre Wirkungen an. Unter dem Grübeln und Gehen kam ich nahe an den Tarone'schen Garten an der entgegengesetzten Seite des Thiergartens, an der Thiergartenstraße. Es mochte etwa zehn Uhr Vormittags sein. Eine Menge von Kutschern, geschäftigen Bedienten, ein Chor Musikanten, welches sich einfand, ließen mich eine Fête muthmaßen. Ich ging einige Gänge zurück und beobachtete Alles. Damit ich's kurz mache, einige, vermuthlich Adelige, hielten ein Dejeuner. Nachher hörte ich von dem Markör des Tarone'schen Kaffeehauses, daß auf diesem Dejeuner alles Mögliche gewesen wäre, was Nahrung geben könnte. Chokolade, Thee, Kaffee, Limonade und Orgeade, Batavia und Persiko, Butterbrot, Schinken und Braunschweiger Wurst, Danziger Branntwein und kalt Rindfleisch u. s. f. Bis gegen ein Uhr währte das Essen und das Tanzen bei dem kleinen Bassin, welches vor diesem Garten liegt. Die Damen waren alle en négligée nach dem besten und feinsten Geschmack ajustirt und sahen zum Theil wie die Grazien aus. Fast möchte ich sagen:

Sie tanzten, nymphenhaft geschürzet,
Auf kurzem Gras —

denn nachlässig, leicht und für Auge und Herz interessant waren sie angezogen. Sie flogen mehr als sie tanzten, und ihr ganzer Körper war ein solches perpetuum mobile, als ich noch nicht gesehen habe. Wie gesagt, gegen ein Uhr machten sie Stillstand, sprangen in die Wagen und eilten ohne Zweifel zur Toilette, um sich zur Tafel, welche um zwei Uhr angeht, vorzubereiten."

So lebte und liebte, schwelgte und „schwögte" man vor hundert Jahren im Berliner Thiergarten.

Die Zelte erfuhren aber auch die Unbeständigkeit des Geschmackes und der Laune. Im 19. Jahrhundert verfielen sie immer mehr zu gewöhnlichen Bierkneipen, um noch einmal in bedeutungs- und verhängnißvoller Weise die allgemeine Aufmerksamkeit auf sich zu ziehen. — Viele Tausende von Personen, meist Männer, darunter viele Handwerker, die „blauen Montag" feierten, hatten sich vor den Zelten versammelt. Vom Himmel blaute der erste schöne Frühlingstag. Aber dieser war es nicht, welcher die Massen hier zusammenführte. Nachdem die augenscheinlich erregten Männer längere Zeit in einzelnen Gruppen sich unter lebhaftem Gestikuliren unterredet, drängten sie sich um die Orchesterbühne, von der diesmal nicht die lustigen Weisen Strauß'scher Walzer, sondern politische Reden herabschallten. Proteste wurden erhoben, Beschlüsse gefaßt und Adressen an den König entworfen. „Wir wollen Freiheit!" rief der eine Volksredner, „vollständige Freiheit, ohne Excesse", ein Anderer verlangte eine deutsche Flotte, was Heiterkeit erregte. Der Polizeipräsident von Minutoli trat heran und suchte die aufbrausenden Gemüther zu beschwichtigen, was ihm so gut gelang, daß ihm ein Hoch ausgebracht wurde und die Menge in dicht gedrängten Kolonnen durch den Thiergarten und die Linden nach dem Schloßplatz zog. Dort an der Ecke machten jedoch plötzlich die Gardekürassiere einen Angriff, sprengten die Volkshaufen und verwundeten und tödteten hierbei mehrere

Personen, was eine unbeschreibliche Erbitterung erregte. So endete die vierte Volksversammlung in den Zelten am 13. März 1848; am folgenden Sonnabend wüthete der Straßenkampf in der Stadt Berlin. —

Die Anfänge des Thiergartens liegen drei Jahrhunderte zurück. Der Grund und Boden gehörte der Stadt Kölln und einzelnen Bürgern und wurde von dem Markgrafen Joachim, dem nachmaligen Kurfürsten Joachim II., 1527 gekauft, mit dem Beding, daß, wenn in künftiger Zeit solcher Raum von ihm nicht mehr gebraucht werden sollte, er alsdann dem Rathe und der Gemeinde zu Kölln wieder zufallen solle. Diese Rechte wurden später von dem Kurfürsten abgelöst, und ist seitdem der Thiergarten volles Eigenthum der Landesherren geworden. Der Thiergarten war nur ein Theil des von Wiesen und Brüchen unterbrochenen Waldes, der in seinen feuchteren Stellen mehr Buschwald, auf den höheren Stellen Nadelholz mit Eichen untermischt enthielt und eine sehr bedeutende Ausdehnung bis tief in das jetzige südliche, südwestliche, westliche und nordwestliche Berlin hinein hatte. Dieses Waldland umfaßte nämlich außer dem jetzigen Thiergarten die Dorotheenstadt, den Friedrichswerder und einen Theil der Friedrichsstadt. Auf dem rechten Spreeufer war ähnliches großes Heiderevier, da, wo jetzt Moabit und die Oranienburger Vorstadt liegen, welches sich mit der einem Nonnenkloster gehörigen Jungfernheide vereinigte und bis Spandau reichte. Der eigentliche Thiergarten wurde mit Wild reichlich besetzt; so finden wir eine Notiz, wonach Kurfürst Johann Sigismund dem Hofjägermeister Hans Jakob Roth befahl, im Herbste Hasen einzufangen und einzusetzen, auch solle in den Gärten etwas gesäet werden, damit das Wild Nahrung habe. In der Gegend, wo jetzt die Sandsteinbildsäule der „Winzerin" von Drake steht, lag das Reiherhaus, von wo aus ein Jäger die für die Reiherbeize, einen damals sehr beliebten fürstlichen Sport, erforderlichen Thiere in Obhut nahm. Vielleicht ist dieser Beamte der kurfürstliche Vogelsteller an der neuen Brücke, von dem 1620 erwähnt wird, daß er zugleich das Geschäft habe, die Schiffe durchzulassen. Diese neue Brücke ist vermuthlich die spätere Hunde=, jetzige Schloßbrücke. Durch Reskript vom 19. März 1657 wurde der Oberjägermeister von Hertefeld beauftragt, „Wild und Rehkälber" einzufangen und auszusetzen. Es sollen damals auch große Hirsche aus Zossen und Auerhähne aus Preußen oder der Neumark nach Berlin geschafft, in den Thiergarten gesetzt und zu ihrer Ernährung Hafer ausgesäet worden sein. 1742 ließ Friedrich II., welcher im Schlesischen Kriege die böhmische Fasanenzucht kennen gelernt hatte, auf dem südwestlichsten Terrain des Thiergartens, dem wir im weiteren Verlauf noch besondere Aufmerksamkeit zu schenken haben werden, eine Fasanerie anlegen und mit mehreren Arten des „kolchischen Huhns" reichlich ausstatten. — Um das Wild am Ausbrechen zu verhindern, wurde der Thiergarten mit einem Plankenzaun umhegt und zur Instandhaltung desselben besondere Stakensetzer bestellt.

Während des Dreißigjährigen Krieges war der Thiergarten verfallen, auch wurden durch die Festungswerke, die Anlegung des Friedrichwerders, der Dorotheen= und nachmals der Friedrichsstadt demselben große Ländereien entzogen. So lag der Jägerhof in der Jägerstraße, auf dessen Terrain wir im 3. Kapitel die Hauptbank haben entstehen sehen und in welchem das Waidzeug verwahrt wurde, bald weit entfernt von dem zugehörigen Jagdreviere. Schon

1573 war der Theil, welcher auf der Schloßinsel nördlich liegt, abgezweigt und hier unter Kurfürst Johann Georg durch den Schönburg'schen Gärtner Desiderius Corbinianus der heutige Lustgarten angelegt worden.

Der Große Kurfürst that nun zuerst wieder etwas zur Erhaltung und Verschönerung des Thiergartens. Wir haben früher erzählt, wie die Kurfürstin Dorothea die Straße „Unter den Linden" anlegte und selbst im J. 1681 den ersten Baum pflanzte. Allerdings muß es mit dieser Straße noch lange absonderlich ausgesehen haben; im Winter 1705 erfroren die Lindenbäume sämmtlich, und bereits Kurfürst Friedrich III. hatte eine scharfe Verordnung im J. 1690 ergehen lassen müssen, daß die Bürger ihre Schweine „Unter den Linden" besser einpferchten, weil diese durch ihr ungenirtes Wühlen die neugepflanzten Bäume beschädigten.

Eine breite Allee führte zu dem Brandenburger Thore hinaus nach der Lietzenburg; aber von einer Wegebefestigung war keine Rede. Unser erwähnter Gewährsmann weiß mit gutem Humor von einer Spazierfahrt vom Brandenburger Thore nach Charlottenburg, welche er als Fußgänger begleitete, zu berichten: „So ziemlich hielt ich mit den Pferden gleichen Schritt, denn obgleich vier nach berlinerischer Art gute Pferde vorgespannt waren, so ging es doch ziemlich langsam. Die besten Miethpferde sind in Berlin abgetrieben und machen gegen sächsische wahrlich keine sonderliche Figur. Das kann auch nicht anders sein. Selten haben die armen Geschöpfe einen ganzen Nachmittag oder eine ganze Nacht ununterbrochene Ruhe. Doch war auch der viele Sand, der von Berlin bis Charlottenburg liegt, eine beträchtliche Ursache."

Jetzt legt der Pferdebahnwagen die Strecke in 25 Minuten zurück, zu der man damals im Jahr 1779 fünf und eine halbe Stunde, also die Zeit brauchte, während welcher man mit dem Kourierzug von Berlin nach Hamburg fährt. Dennoch lag eine tiefe Naturpoesie über dem malerischen Walde und begeisterte den empfindsamen Reisenden zu folgender Aeußerung: „Eine der ausgesuchtesten Gesellschaften, ein wonnevoller Tag, Scherz, Lustigkeit und ein munterer Einfall nach dem andern — Charlottenburg — der Thiergarten — da möcht' ich wol den milzsüchtigsten Briten auffordern, ob er nicht seinen Spleen wenigstens an diesem Tage vergessen würde?" — von Raumer, dem wir eine treffliche Schilderung des Thiergartens vom Jahre 1839 verdanken, äußert sich aus noch späterer Zeit ähnlich.

„Auf den tiefen Sandwegen, die, mit Ausnahme der Charlottenburger Chaussee, durch den Thiergarten führten, sah man nur selten einen Wagen dahinschleichen; dafür wurden die Wanderer indessen nicht durch Wagengerassel gestört oder durch den Chausseestaub belästigt, und die geräuschlose Stille ward zumal des Vormittags nur durch das Rufen des Kukuks oder den Gesang zahlreicher Singvögel unterbrochen. Betrat man den Thiergarten vom Brandenburger Thore aus und wendete man sich links, so sah es am Eingang wol etwas wüst aus und der unaufmerksame Fußgänger stolperte leicht über die Wurzeln der Tannenallee, welche ihre glatten Nadeln weit umherstreute. Drang man aber tiefer ein, so hatte man den Genuß eines natürlichen Waldes; selten zeigte eine morsche Bank die Spur einer Menschenhand, bis irgendwo eine herrliche Allee sich ausbreitete und daran erinnerte, daß man sich im Thiergarten befand. Hatte man sich im dichten Unterholz und Moose gelagert und ausgeruht

und drang nun immer weiter vor, so gelangte man hinter der Hofjäger=
allee in eine Gegend, wo an wilden Gräben und auf stets feuchtem Boden eine
eigenthümliche Flora des Thiergartens zu finden war, welche einsame Botaniker
sammelten; andere suchten die versteckten Buchen und majestätischen Eichen in
ihrer Verborgenheit auf, zu denen das kleine, unweit des Landwehrgrabens
mitten in den Bäumen gelegene Kornfeld einen artigen Gegensatz bildete.

Thiergarten, Landschaft an der Löwenbrücke. Zeichnung von Alb. Richter.

Jenseit der Fasanenbrücke war ein ganzer Fleck wilden Baumwuchses, wo
auch der eigenthümliche Geruch des märkischen Kienwaldes mit seinen Leiden
und seinen Freuden zu schmecken war, und hinter Bellevue, wo eine Barrière
dem Poetensteige jedes Fuhrwerk fern hielt, und da, wo jetzt das Gräfe'sche
Etablissement liegt, die ganze Gegend noch durchaus den Charakter des Ur=
sprünglichen an sich trug, sah man in völliger Abgeschiedenheit die wilde Ente
über Sumpf und Wiese hinziehen und hörte in früher Morgenstunde den
Kiebitz schreien." —

Preußens Könige haben über den Thiergarten sehr verschieden gedacht.
Während der praktische Friedrich Wilhelm I. für den Wald, weil er nichts ein=
brachte, auch nichts that, wendete Friedrich II. ihm große Sorgfalt zu. Dem
sentimentalen Geschmack der Zeit entsprechend, ward ein Irrgarten und Poeten=
oder Philosophensteige angelegt, die sich in der Waldeinsamkeit verloren und zuweilen
durch runde Plätzchen, „Salons" genannt, mit Bildsäulen und Ruheplätzchen

unterbrochen wurden, welche zu behaglicher Beschaulichkeit einluden. Die kurze
Regierung Friedrich Wilhelm's II. war für den Thiergarten nicht ungünstig.

Standbild der Königin Luise. Von Encke.

Friedrich Wilhelm III. ließ seit 1834 für ihn Manches durch den berühmten
Lenné, den Vater der modernen deutschen Gartenkunst, thun. Zuvor, 1810,
war die Luiseninsel an der Thiergartenstraße angelegt und von benachbarten
Bewohnern zur Erinnerung an die am 23. Dezember 1809 erfolgte glückliche

Der Thiergarten. 173

Rückkehr der königlichen Familie mit einem von Gottfried Schadow entworfenen altarartigen Denkmal, Postament mit Schale, geschmückt worden.

Standbild Friedrich Wilhelm's III. Von Drake.

Sonderbar ist es, daß der kunst= und natursinnige Friedrich Wilhelm IV. für den herrlichen Park der Stadt Berlin so wenig gethan hat. Zwar wurden unter Lenné 1843—1846 die ersten Anlagen auf dem Exerzirplatz, jetzt Königsplatz, gemacht, auch dem Besitzer eines Wintergartens in Breslau, Kroll, gestattet, an der Westseite des Platzes ein Vergnügungsetablissement, das jetzige Kroll'sche Theater, einzurichten, und dem kunstsinnigen Grafen Raczinsky, an der gegenüberliegenden Seite den Bau einer Gemäldegalerie mit zwei Kunstwerkstattgebäuden rechts und links zu erbauen; aber der eigentliche Thiergarten verfiel und verwilderte, namentlich verschlammten sich die Wasserläufe, denen durch den Landwehrkanal und Schafgraben die übelriechenden Abwässerungen der unablässig anwachsenden Hauptstadt zugeführt wurden, und machten die schönsten Erholungsstätten derselben zu dumpfigen, ungesunden Fieberhöhlen. Die Bürgerschaft dagegen that ihre Schuldigkeit, indem sie das herrliche Standbild Friedrich Wilhelm's von der Meisterhand Drake's in der Nähe der Luiseninsel aus eigenen Mitteln stiftete und dadurch den König moralisch nöthigte, wenigstens für die gärtnerische kunstgerechte Ausschmückung der Umgegend etwas zu thun.

Das kleine Fürstenthum Waldeck, welches seit geraumer Zeit den lebhaftesten Wunsch äußert, sich von Preußen einverleiben zu lassen, behauptet Berlin gegenüber einen berechtigten Anspruch auf Anerkennung, denn es hat dieser Stadt zwei der größten Bildhauer des 19. Jahrhunderts geschenkt: Christian Rauch, den wir bereits als Künstler des Friedrich-Denkmals Unter den Linden kennen lernten, und Friedrich Johann Heinrich Drake, jener 1777 in der Residenzstadt Arolsen, dieser in dem Badeort Pyrmont 1805 geboren. 1826 trat Drake in Rauch's Atelier, woselbst sich sein reiches Talent schnell entfaltete. An der Marmorstatue Friedrich Wilhelm's III. werden die Hochreliefs des Sockelfries: „Segnungen des Friedens", gebührend bewundert. In reizvoller Verschlingung sind hier liebliche Kindergestalten mit schönen Männer- und Frauengestalten dargestellt, Gruppen, die um so mehr anheimeln, als die Motive und der Hintergrund dem Thiergarten entnommen und die Bewohner desselben, als die Eichhörnchen, die Singvögelchen und die munteren Goldfische, nicht vergessen sind.

Gerade gegenüber erhebt sich, als genaues Seitenstück in den Maßen und der Ausstattung berechnet, am 10. März 1880 enthüllt, die Marmorbildsäule der Königin Luise, in sanft anmuthiger Schönheit, ebenfalls ein Geschenk Berlins und der Berliner an ihren König, als Festgabe zum achtzigsten Geburtstage. Der Künstler Erdmann Encke, geb. 1840 zu Berlin, ein Schüler Albert Wolff's, hat das sinnige Wesen der königlichen Dulderin auf das Glücklichste zum Ausdruck gebracht; gleichzeitig gab die herrliche Gestalt derselben dem Bildhauer eins der vorzüglichsten plastischen Motive. Um den Sockel schlingt sich auch hier ein Hochfries: „Der Auszug in den Befreiungskampf" und „Die glückliche Heimkehr des Siegers", dazwischen „Die Mildthätigkeit gegen die Zurückgebliebenen" und „Die Barmherzigkeit gegen Verwundete und Kranke". Das Denkmal ist schnell ein wahrer Wallfahrtsort für die Berliner und die Fremden geworden, und verdient dies in vollstem Maße.

Noch ein nicht minder ansprechender marmorner Schmuck wurde am 2. Juni desselben Jahres dem Thiergarten einverleibt, die Bildsäule Goethe's von Fritz Schaper (geb. 1841 zu Alsleben im Mannsfeldschen), aus freiwilligen Beiträgen hergestellt. Auch Schaper ist ein Schüler Albert Wolff's und hat sich bereits durch mancherlei Arbeiten, z. B. die 1879 enthüllte Bismarck-Bildsäule in Köln, die Bronzestatue des Mathematikers Gauß für

Braunschweig, hervorgethan. Goethe, in der Vollkraft seiner Jahre, hält in der Rechten eine Schriftenrolle und ist mit einem faltigen Mantel ausgestattet. Wie so häufig bei dergleichen Standbildern fesseln auch hier die drei Gruppen des Sockels, also die Nebenfiguren, welche statuenartig frei herausgearbeitet sind, am meisten den Beschauer. Im lauschigen Waldesgrün, unweit des Brandenburger Thores, macht dies vortreffliche Kunstwerk einen freudig überraschenden Eindruck.

Denkmal Goethe's. Von Schaper.

Auf einem der erwähnten ehemaligen „Salons" wurde im J. 1878 die schöne metallene Gruppe der sterbenden Löwin aufgestellt. Zwei Junge suchen vergeblich Nahrung bei der vom tückischen Pfeil durchbohrten Mutter, während der männliche Löwe aufgerichtet mit furchtbarem Ingrimm nach dem feindlichen Jäger ausschaut. Verfertiger dieser künstlerisch trefflichen, naturwahren Schöpfung ist der berühmte vorerwähnte Albert Wolff, der „Thier-Wolff", zum Unterschiede von anderen Bildhauern gleichen Namens,*) genannt, früher in Berlin, jetzt in Weimar.

Damit sind wir unvermerkt in die Verwaltung des Thiergartens unter Kaiser Wilhelm und in die Blütezeit des Thiergartens gelangt. Unter Zuhülfenahme eines Zuschusses von 30,000 Mark, den die Stadtgemeinde alljährlich der königlichen Verwaltung spendet, hat letztere den Thiergarten immer mehr in einen Park verwandelt, weil der waldartige Charakter aus verkehrlichen und sicherheitspolizeilichen Gründen nicht länger mehr aufrecht erhalten werden kann. Eine besondere Wasserkunst am Hippodrom hat die Becken des Thiergartens mit reinlicher Strömung versehen; geschmackvolle Anlagen heben sich aus den Rasenflächen überall hervor; zur Schonung und Vermehrung des Baumbestandes wird das Erforderliche gethan, ebenso zur Unterhaltung, Reinigung und Besprengung der Wege. Gleich Friedrich dem Großen hält Wilhelm I. darauf, daß kein großer Baum ohne seine Bewilligung entfernt wird. Ein verständnißvolles Anerkenntniß für den hohen Werth des Thiergartens, dem ein großer Theil Berlins ein gemäßigteres Klima und gesunde Luft verdankt; möchte dasselbe doch von allen Nachfolgern des ersten deutschen Kaisers zum Besten der Reichshauptstadt wie ein heiliges Vermächtniß übernommen und beherzigt werden!

Der Humboldt- und der Friedrichshain. Zum Andenken an den hundertjährigen Geburtstag Alexander v. Humboldt's eröffneten die städtischen Behörden am 14. September 1869 einen 35 ha großen Park vor dem Rosenthaler Thor links an der Brunnen= und Babstraße, zwischen diesen letzteren, der Hoch= und der Wiesenstraße, belegen. Gleichzeitig wurde unter ungeheurer, in damaligen Zeitläuften politisch demonstrativer Betheiligung von Volksmassen der Grundstein zu einem Denkmal gelegt. Die Vorgänge hierbei erregten namentlich durch den Umstand Aufsehen, daß sich hier zum ersten Male die Sozialdemokratie in geschlossenen Reihen, mehrere Tausend Männer stark, sämmtlich mit rothen Abzeichen versehen, öffentlich zeigte. Später hat sich die Stelle, wo der Grundstein gelegt war, als zu der Symmetrie der Anlagen so wenig stimmend herausgestellt, daß sie aufgegeben worden und inzwischen unter Rasen und Strauchwerk verschwunden ist. Als neue Stelle für das Humboldt=Denkmal ist der höchste Punkt des leichthügeligen Bodens auserkoren, wo man einen möglichst großen Findlingsblock mit einem Medaillonbild des großen Naturforschers aufzustellen gedenkt. —

Inzwischen ist nun der große Park bis 1876 mit einem Aufwand von 340,000 Mark fertig gestellt worden und hat sich unter der Pflege des genialen, leider bereits 1877 verstorbenen städtischen Gartendirektors Meyer sowie seines umsichtigen Schülers Maechtig überraschend schön entwickelt. Hoch belegen, gewährt er der sonst fast ganz baumarmen Gegend einen vollendeten Schmuck

---

*) So Emil Wolf, geb. 1802 in Berlin, der sich unter seinem Verwandten J. G. Schadow bildete, 1822 nach Rom ging, wo er Rudolf Schadow's Atelier übernahm. Der Einfluß Thorwaldsen's ist bei ihm unverkennbar mit seiner klassisch=idealen Richtung. Frauengestalten gelingen ihm am besten. Die Nationalgalerie besitzt von ihm eine ausgezeichnete „Judith", im Begriff, das Schwert zur Enthauptung des Holofernes zu ziehen.

und der gerade dort zahlreichen ärmeren Bevölkerung einen hochwillkommenen und wohlgeschützten Erholungsplatz. Denn das muß man unseren unbemittelten und weniger schriftgelehrten Außendistrikten nachsagen, daß sie überall und wider Erwarten Vieler die neuen Gartenanlagen, welche die Kommune dem öffentlichen Schutze anvertraut hat, bestens behandeln. Der Satz, daß das Aesthetische erziehlich wirkt, hat somit in Berlin eine erfreuliche Bestätigung erhalten. Sehr geschickt sind die Anlagen nach Zonen geographisch angeordnet und die Pflanzen der arktischen, subarktischen, kälter temperirten, wärmer temperirten und subtropischen Zone in besonderen Abtheilungen ungezwungen vereinigt.

Der Friedrichshain, 53 ha groß, zwischen dem Neuen Königs- und Landsberger Thor, der Friedensstraße, Landsberger Allee und Elbinger Straße, 1845 eröffnet, ist noch höher belegen und gestattet von seinen Erhebungen einen umfassenden Ausblick über die Stadt. Er umschließt in seinem Innern das von dem 1880 verstorbenen Baumeister Gropius ausgeführte neue städtische Krankenhaus, welches Virchow im Jahre 1879 als das besteingerichtete derartige Institut in Europa bezeichnete, einen weit ausgedehnten Spielplatz, eine Bronzebüste Friedrich's des Großen und den Begräbnißplatz der am 18. und 19. März 1848 Gefallenen bürgerlichen Standes. Ein Lindenbaum in der Mitte überragt fast diesen ganzen Friedhof, dessen Strauchwerk zu einem dichten Hag verschlungen ist und im Frühling duftende Blüten spendet, Frieden über der Stätte des Todes. „Der Hain ist eine Wohlthat für diese Gegend und ihr Stolz", erzählt Julius Rodenberg, „denn obgleich von geringerer Ausdehnung als der Park im Westen, entbehrt er doch keineswegs der landschaftlichen Reize. Seine Bäume stehen in der Fülle der Kraft und sein hügeliges Terrain bildet eine wechselnde Scenerie, wie man sie nicht zum zweiten Mal in Berlin hat. Gutgepflanzter Rasen gleitet sanft an den Abhängen nieder und bedeckt mit seinem hellgrünen Sammet weite Flächen; beständig öffnen sich neue Durchblicke; man wandert bergauf, bergab durch duftendes Gesträuch und kommt zuweilen an Stellen, so lauschig und einsam, daß man meint, das Reh müsse an den Rand der Lichtung heraustreten. Dann wieder in einer Staubwolke, welche die Sonne vergoldet, bewegen sich hundert kleine Gestalten: Kinder sind es, die hier in der Mitte des Hains um das Bronzebild unsers Königs, des großen Friedrich, den Ringelreihen tanzen, Festungen aus Sand bauen, sich haschen und entlaufen. Ehe- und Liebespaare füllen die Bänke des Rondels; nicht weit davon ist ein hübsches Zelt errichtet, in welchem Milch zu haben ist, frisch von der Quelle, und auf einer Anhöhe, mit den Laubmassen und Wiesen zu seinen Füßen, steht in freier und luftiger Lage das städtische Krankenhaus, dessen rothes Mauerwerk weithin sichtbar ist durch das Grün, dessen stiller weißer Hof auch die Kinder zur Ruhe mahnt, wenn sich eins von seinem Spielplatz hierher verirrt."

Im Zoologischen Garten. Das Aquarium. Die bereits erwähnte Fasanerie wurde unter Leitung des Zoologen Lichtenstein in den Jahren 1841 bis 1844 durch eine Aktiengesellschaft in einen „zoologischen Garten" verwandelt, das älteste und räumlich noch immer das größte derartige Institut in Deutschland. Die Menagerie auf der Pfaueninsel bei Potsdam ward ihm gleich Anfangs einverleibt. Die weite Entfernung von der damaligen Grenze der bebauten Stadt, die schlechte und theure Verbindung mit derselben und die geringe Pflege, welche der Garten erfuhr, waren dem Besuch desselben und dem Finanzzustande nicht gerade förderlich. So kam es, daß der Garten bereits durch den Zoologischen Garten in Hamburg, sowol was die Ausstattung und den Thierbestand wie die Annehmlichkeiten für das Publikum anlangt, in den Hintergrund gebrängt war, als die Gesellschaft den sehr erfahrenen Leiter des Zoologischen Gartens von Köln, Dr. Bodinus, im Jahre 1869 zum Direktor wählte. Der neue Chef hat die Anlagen so erfreulich umgeschaffen und den Thierbestand so ausgiebig vermehrt, daß der Berliner Garten jetzt zu den besuchtesten Etablissements von Berlin gehört. Die Besuchsziffer hat an manchen Tagen schon 70,000 überstiegen; Konzerte und anthropologische Schaustellungen, bei denen sich fremde Völkerschaften des Südens wie Nordens in ihrer Nationaltracht und in ihrem heimischen Treiben vorführen, tragen nicht wenig dazu bei, die schaulustige Menge anzulocken und im besten Sinne des Wortes zu befriedigen. — Auf die bauliche Ausstattung ist fast zu viel des Guten verwendet, wenn man erwägt, wie allein das neue Elefantenhaus 300,000 Mark kostet. Lieber sollte das Geld auf manche noch recht wüste und unerfreuliche Anlagen verwendet werden; denn was Sauberkeit und Schönheit der Gartenpromenaden anlangt, so haben die der Zoologischen Gärten zu Hamburg, Köln und Frankfurt a. M. noch immer den Vorrang. Den erfreulichsten Eindruck macht die Partie um die Teiche nahe dem Restaurationslokal; dort finden während der guten Jahreszeit Nachmittags Konzerte statt, welche ein zahlreiches Publikum anlocken.

Neben dem Zoologischen Garten müssen wir des Aquariums gedenken, obwol es nicht in den Umgebungen, vielmehr in der Stadt an der Ecke Unter den Linden und der Schadowstraße liegt, da es die großartigste derartige Anstalt auf dem europäischen Festlande und das Vorbild zu vielen ähnlichen Schöpfungen geworden ist. Dies merkwürdige Bauwerk enthält weit mehr als der Name sagt, nämlich außer den Aquarien noch Terrarien und eine Menagerie, aus welcher nur die Raubthiere und größeren sonstigen Thiere ausgeschlossen sind. Unter Anderm wurde hier der erste und bis jetzt einzige Gorilla, der seltenste Vertreter der großen menschenähnlichen Affensippe Afrika's, längere Zeit lebendig gezeigt. Das Aquarium stellt eine Gebirgslandschaft dar, welche in der zunächst betretenen geologischen Grotte in täuschender Weise die Schichtungen des Urgebirges, der Uebergangsgesteine, des Flötzgebirges enthält, zwischen denen die Eruptivgesteine ihre Lavamassen emporgepreßt haben. Von oben fällt ein Wasserfall herunter, Papageien oben in den Felshöhlen, Schwimm- und Watvögel im Wasserbecken unten beleben die Scenerie. Von hier ab treten wir in das Innere einer gewaltigen Höhle, gebildet aus Basalten, wie die Fingalshöhle, oder aus Tropfsteinen, wie die Baumannshöhle und die Adelsberger Grotte. Immer tiefer dringen wir in das Innere der Erde ein. Zu beiden Seiten öffnen sich die Wasserbecken mit den feuchten Bewohnern der Tiefe. Das krystallklare Naß ist künstliches Seewasser, nach dem Rezept des jetzigen geschickten Direktors des Aquariums, Dr. Otto Hermes, dem es als Chemiker nicht blos gelungen ist, was vor ihm Niemand in dem Maße verstand, das Seewasser künstlich und dauernd klar herzustellen, sondern auch in demselben Fische und andere Thiere viele Jahre hindurch lebendig zu erhalten. Das geniale Bauwerk ist eine Leistung des leider früh verstorbenen Architekten Wilhelm Lüer aus Hannover, 1867—69 mit den Mitteln einer Aktiengesellschaft hergestellt.

Im Zoologischen Garten. Zeichnung von H. Lüders.

Die Flora in Charlottenburg. — Das Mausoleum. Als drittes Glied im Bunde führt man in der Gegenwart bei den meisten Großstädten neben dem Zoologischen Garten und dem Aquarium eine Flora auf. Eine solche besitzt die Umgebung Berlins an der Berliner Straße zu Charlottenburg in hoher Vollendung. Bei der Anlage der Charlottenburger Flora kam der Umstand, daß das Terrain bereits ein altes, adeliges Gartengrundstück war, ausgezeichnet zu statten. Man brauchte daher hinsichtlich der Anlagen um das eigentliche Hauptgebäude herum nur hier und da bessernd nachzuhelfen, indem man ein Rosenparterre schuf und die den Engländern nachgeahmten Teppichbeete auf den Rasenflächen gefällig ausbreitete. Dagegen ist die Warmhausflora eine grandiose, eigenartige Schöpfung. Dieselbe ist von dem mehrerwähnten Baukünstler Johannes Otzen entworfen und von H. Stier 1871—1874 ausgeführt. Das Gebäude enthält vorzüglich einen großen Konzert- und Festsaal, $45_{,18}$ m lang, $22_{,75}$ m breit und etwa 23 m hoch, umgeben von einem $2_{,8}$ m weiten Umgange. Daran schließt sich unmittelbar das große, allseits gestreckt kuppelförmig, also ähnlich einem modernen Bahnhofe, überglaste Palmenhaus, welches mit ausgezeichneten Exemplaren der tropischen und subtropischen Zone ausgestattet ist. Aeußerlich stellt das Floragebäude, im Backsteinrohbau, mit reicher Anwendung von gebrannten Thonornamenten, eine Kombination romanischer Motive mit Renaissanceformen dar. Auch hier locken namentlich die Konzertnachmittage einen regen Besuch an. —

Der Fremde, welcher Charlottenburg besucht, verfehlt nicht leicht, einen Abstecher nach dem Mausoleum im Schloßgarten zu machen. Von dem westlichen Flügel des Theatergebäudes führt eine dunkle Allee von Edeltannen schnurgerade nach der Grabstätte Friedrich Wilhelm's III. und seiner Gemahlin Luise und versetzt den Wanderer bereits in eine feierliche Stimmung, welcher sich beim Betreten des Gebäudes Niemand zu erwehren vermag. Ein bläuliches gedämpftes Licht empfängt uns, wir steigen Marmorstufen empor; rechts von uns finden wir den Sarkophag des Königs, links den der königlichen Dulderin. Beide, in liegender Stellung auf dem Paradebette, wenden das Gesicht der halbrunden Nische zu, in welcher ein Altar mit dem Kreuz steht. Die Anlage zeugt für die Zeit der Entstehung, wo die Schwärmerei für hellenische und römische Formen selbst auf den Friedhöfen und in den Grabkapellen Eingang fand und die christliche Tektonik vollständig verdrängt hatte. Aus jener Zeit datiren die Säulenstümpfe statt Kreuze, jene steinernen heidnischen Todtenurnen, so daß man sich eigentlich wundern muß, wie man nicht damals einen Schritt weiter that, der heut wieder hier und da, freilich mehr vom sanitären Standpunkte, angestrebt wird, das heißt weshalb man damals nicht auch die Leichenverbrennung und Feuerbestattung einführte. So ist das 1810 von Gentz begonnene Mausoleum nichts als ein heidnischer Tempel, ein viersäuliger dorischer Prostylos. Er war der Dürftigkeit der Zeit entsprechend aus Pirnaer Sandstein gefertigt, einem Material, das in Berlin vielfach verwendet worden ist, sich aber wegen seiner Weiche nirgends bewährt hat und jetzt durch Nebrasandstein und ähnliches härteres Material ersetzt wird, welchem neben größerer Festigkeit auch ein schöner marmorbräunlicher Farbenton eignet. 1820 ließ der König daher die Façade durch polirten märkischen Findlingsgranit ersetzen, den ein herrlicher Glanz, eine schöne Farbe und unverwüstliche Härte auszeichnen.

1843 befahl Friedrich Wilhelm IV. das mit Marmor bekleidete Innere zu erweitern und durch ein Altarbild und andere Zuthaten zu verchristlichen. Die erwähnten liegenden Bildsäulen des Königspaares aus weißem carrarischen Marmor, Meisterwerke Rauch's, sind durch Bild und Schrift so unzählige Male verherrlicht, daß wir auf eine eingehendere Beschreibung verzichten. Die Kandelaber, mit Parzen und Horen geschmückt, sind von Rauch und Tieck, das Kruzifix von Achtermann in Bonn, das Altarbild von Pfannschmiedt.

Berliner Friedhöfe. Auch die zahlreichen Berliner Friedhöfe — fast jede Gemeinde besitzt einen besonderen Begräbnißplatz, oft in beträchtlicher Entfernung außerhalb des Weichbildes — haben treffliche Kunstdenkmäler aufzuweisen.

Mausoleum in Charlottenburg.

Vor dem Oranienburger Thor linker Hand liegen die alten Friedhöfe der französischen, der Dorotheenstädtischen und Friedrichwerderschen Kirche. Wir heben hier die trefflichen Denkmäler der um die Eisenindustrie verdienten Jakob Ravené Vater und Louis Ravené Sohn auf erstgenanntem Friedhof, das von Schinkel selbst für sich entworfene Denkmal auf dem Friedrichwerderschen Kirchhof und das von Strack erbaute Denkmal des Lokomotivenkönigs Borsig sen. hervor. — Auf dem Invalidenkirchhof erhebt sich auf pfeilerartigem Unterbau, über einem mit Reliefs geschmückten Fries, ein schlafender Löwe, das Grabdenkmal Scharnhorst's, des Begründers der preußischen Landwehr. Das herrliche Bildwerk ist von Rauch, das Bauwerk von Schinkel. Unter den monumentalen Grabkapellen erfreut sich eines bedeutenden Ansehens das tempelartige Mausoleum des Begründers der Nationalgalerie, Konsuls Wagner, auf dem Petrikirchhof, von Lucae mit einem Kostenaufwand von 60,000 Mark 1869 hergestellt. — Besondere Beachtung verdient außerdem noch in der Dorotheenstädtischen Kirche das Marmordenkmal des jugendlichen Grafen von der Mark, welches durch Gottfried Schadow 1787 gefertigt wurde. Der natürliche Sohn Friedrich Wilhelm's II. und der Gräfin Lichtenau ist schlafend, einem Endymion ähnlich, dargestellt, über ihm an der Wand ein Relief mit den Parzen. — Alle diese Denkmäler sind in einem, christlicher Kunst entfremdeten, antiken oder vielmehr antikisirenden Stile gehalten.

Eine ganz eigenartige Schöpfung verspricht der 1880 angelegte städtische Ostfriedhof in Friedrichsfelde an der Grenze des Dorfes Lichtenberg zu werden. Während die Stadtgemeinde Berlin bisher nur Armenkirchhöfe kannte, hat sie dort auf sehr geräumigen Ländereien einen allgemeinen öffentlichen Begräbnißplatz eröffnet, auf welchem Personen jeden Standes und jeden religiösen Bekenntnisses beerdigt werden können. Dieser Friedhof ist nach dem Muster des neuen Centralfriedhofs von Hamburg in Ohlsdorf parkartig angelegt. Die Todten ruhen hier in einem Hain, nach dem Grundsatz, daß mit dem Tode aller konfessionelle Hader begraben sein soll und daß wir vor dem Tode Alle gleich sind, friedlich neben einander. Man hofft, diesen Friedhof so ansprechend zu gestalten, daß auf ihm die religiösen Genossenschaften allmählich sämmtlich beerdigen lassen werden; namentlich steht zu gewärtigen, daß sich die ärmeren Gemeinden Berlins, denen die Beschaffung eigener Friedhöfe unerschwingliche Kosten verursacht, den Friedhof baldigst in Mitbenutzung nehmen.

St. Hubertus im Grunewald.

„Salvete, fratres, in Sancto Huberto,
Spitzet die Ohren, credite experto."

Julius Wolff.

Am 3. November geht es in dem großen Waldrevier der preußischen Könige, das sich in meilenlanger Ausdehnung von Charlottenburg ab längs des linken Havelufers bis in die Nähe von Potsdam erstreckt, gar lustig zu, während die dunkle, zumeist aus Kiefern, mit Eichen untermischt, bestehende Forst, von den Sonn- und Festtagen in guter Jahreszeit abgesehen, wo der Berliner sich in der Waldeinsamkeit ergeht, wie in tiefem Ernst schweigend daliegt.

Von St. Hubertus, einem aquitanischen Herzogssohne vom Hofe König Pipin's von Heristal, wird erzählt, wie er in der Charwoche einen weißen Hirsch jagte und, als er ihn erlegen wollte, gewahrte, daß er ein Kruzifix zwischen dem Geweih trug. Dies bewog den Weidmann, den Hirsch zu schonen und sich taufen zu lassen. Seitdem ist er Schutzpatron des edlen Weidwerks und bewährt seinen Ruf so gut, daß er die große Hetzjagd, welche ihm zu Ehren alljährlich im Grunewald veranstaltet wird, fast immer mit gutem Wetter begnadigt. Es wäre auch sonst Jammer und Schade um die sauberen rothen Jagdfräcke und weißen Reithosen der Hubertusjäger, um die glänzenden Toiletten der weiblichen hohen und erlauchten Theilnehmerinnen und nicht minder um die vielen aus Berlin, Potsdam und Umgegend herbeiströmenden Zuschauer, die auch von der lustigen Sauhatz etwas mit ansehen wollen.

Denn einem braunen, wehrhaften Borstenträger gilt es heute. Es ist ein Keiler von fünf Jahren, mehrere hundert Pfund schwer, also ein Hauptschwein oder hauendes Schwein. Gestern lag der Grimmige noch in der finstern Saubucht nahe dem unheimlichen Teufelssee inmitten der Forst. Für heute hat man ihn nach einem starken Bohlenverschlag nahe dem Jagdschloß Grunewald getrieben, von wo aus er alsbald losgelassen werden soll. Mißmuthig grunzend, als ahnte er Böses, schlägt er mit seinem Achtung einflößenden Gewerft auf den Boden, wo dieser hart ist, oder wühlt mit dem Gebrech, wo er sumpfig ist, während seine kleinen Augen tückisch umherblinzeln.

Das alte Jagdschloß ist reich an geschichtlichen Erinnerungen. Es soll an der Stelle errichtet worden sein, auf welcher einst Kurfürst Joachim II. zwei kämpfende Rothhirsche erblickte. Ueber der Hauspforte des altersgrauen Gebäudes ist zu lesen: „Nach Christi Geburt 1542, unter Regierung des Kaiserthums Carl's V. hat der durchlauchtigste hochgeborene Fürst und Herr Joachim II., Markgraf zu Brandenburg, des heiligen Römischen Reiches Oberfeldhauptmann, dies Haus zu bauen angefangen, und den 7. März den ersten Stein gelegt und zum grünen Wald genannt." An der Treppe finden wir ein buntbemaltes Sandsteinrelief, darauf links der Kurfürst, inmitten der Erbauer des Schlosses, der wohlbeleibte Kaspar Theyß, den wir schon vom Berliner Schloßbau her kennen, mit einem mächtigen Humpen (Willkommen), der die Aufschrift trägt „Caspar Theyß es gilt", rechts der Kellermeister Kunz Buntschug mit einem kleineren Gefäß, darunter die Verse:

„Caspar Theyß, was soll die kleine Flasch'!
Die Conz Buntschug hat in der Tasch'?
Dieser Willkomm' muß zuvor heraus,
Sonst wird ein solcher Lärmen d'raus."

So pflegte der joviale Herr zu scherzen. Bei der Jagd begleitete ihn hier Anna Sydow, die „schöne Gießerin". Nach einer ganz unverbürgten Sage soll die Geliebte Joachim's von der Treppe des Jagdschlosses später auf Befehl des Kurfürsten Johann Georg herabgestoßen worden sein. Einen Anhalt zur Mythenbildung hat dabei eine schmale Wendeltreppe gegeben, welche von der Seite des Grunewaldsees heraufführt und derartig vermauert ist, daß sie erst im zweiten Stockwerke wieder zu Tage tritt. Nach einer andern Deutung hätte dies Schicksal nicht die spätere „weiße Frau", sondern eine Hofdame betroffen, welche auf Geheiß der eifersüchtigen Kurfürstin ihren Tod gefunden. Hinter dem Schloß breitet sich träumerisch still, von Schilf umwoben, ein ansehnlicher See aus; er ist dem Schloß abhold und nagt an dessen Terrasse, die nur durch Pfahlwerke vor dem Absturz geschützt werden kann.

Wir müssen uns bald von der schönen Landschaft losreißen, denn schon schlägt das ungeduldige „Giff" und „Gaff" der wilden Meute an unser Ohr. Froher Hörnerklang, der Fürstenruf der Piqueure verkündet uns eben die Ankunft eines Jägers vor dem Herrn, wie Nimrod: es ist Prinz Karl von Preußen, der Bruder des greisen deutschen Kaisers. Nachdem die Parforcejagden auf den Edelhirsch mit dem Tode Friedrich Wilhelm's I. glücklicherweise eingegangen waren, rief sie Prinz Karl auf Sauen im Jahre 1828 wieder ins Leben. Bei der ersten Jagd nahmen der damalige Kronprinz, die Prinzen Karl und August Theil. — Jetzt wird die Bucht geöffnet und mit unwilligem Grunzen stürmt die grobe Sau ins Freie. Der Oberförster und zwei Jagdjunker in ihren kleidsamen grünen Uniformen folgen der Fährte eine Weile. Dann machen sie Halt. Nun setzt sich der Jagdzug in Bewegung, vorauf vier Piqueure mit den buntgefleckten Hunden, dann eine Abtheilung grüner Feldjäger, die fürstlichen Herrschaften, darunter zwei Damen in stattlicher Amazonentracht, hierauf die Schar der Rothröcke. Da, wo der Eber den Weg gekreuzt, lassen die Piqueure ihre lang gehaltenen Fanfaren aus den gewaltigen Hifthörnern ertönen, die Hunde springen heulend in die Höhe — ein scharf gezogener Peitschenknall — und fort stürmt die Meute, daneben traben barfüßig die von Kopf bis zu Fuß roth gekleideten Treiber.

Es ist ein prächtiger Tag, das Buchenlaub raschelt bereits am Boden, die härtere Eiche hält ihre lohfarbenen Blätter noch fest; dunkel leuchtet dazwischen das Nadelkleid der märkischen Kiefer, und die Sonne wirft vom klaren Herbsthimmel röthliche Streiflichter auf die Heide: ein herrlicher Anblick für den Naturfreund. Der Keiler macht der Meute zu schaffen, indem er, Deckung suchend, durch den dicksten Tann und durch Gestrüpp, grimmig schnaufend, stürzt. Hier im Dickicht brechen zum Unglück drei Rehe aus, und ungefähr 15 Koppeln Hunde jagen alsbald wie toll dem neuen Wilde nach. Nur acht Koppeln bleiben auf der Saufährte und zwingen, „laut Hallo!" hinterher, den Keiler, einen Haken einzuschlagen; wiederum gehen einige Meuten hier auf Damwild, Hasen und Füchse verloren. Der Eber läuft über Sturzacker nach sumpfigem Terrain, die Pferde stutzen und straucheln. Immer gefährlicher wird der Ritt. Die Meute zählt kaum noch sechs Koppeln, ihr folgt hart auf dem Fuße der eifrige, pflichttreue Oberpiqueur,*) der seine Verwegenheit fast mit dem Leben bezahlen soll. Am Ausgange eines Dorfes versucht der kühne Reiter von der Wiese aus über einen breiten, frisch ausgebaggerten Wassergraben nach dem Acker hinaufzusetzen. Der Schimmel, sonst ein vorzügliches Springpferd, holt zu kurz aus und bleibt mit den Hinterfüßen im Morast, sogleich tiefer und tiefer versinkend, stecken. Jetzt kommt der kritische Augenblick; jetzt heißt es für den Reiter Sein oder Nichtsein, mit einem Satz heraus oder im Schlamm versinken. Der Weidmann giebt dem Roß die Sporen, dies versucht in die Höhe zu steigen, vermag aber wegen des Sumpfes keinen Halt zu fassen und überschlägt sich rückwärts, den Oberpiqueur unter sich begrabend. Glücklicherweise erscheinen in dem Moment, wo der Gefallene schon sein Leben verloren giebt, zwei Piqueure und ein Traineur und versuchen mit eigener Gefahr, den versinkenden Jäger aus seiner schrecklichen Lage zu befreien. Einer reißt aus Leibeskräften das Pferd zurück, die Anderen ziehen unter letzterem den Oberpiqueur hervor. Mit Verlust der Stiefel, die im Sumpfe verbleiben, gelingt dies. Dank dem weichen Boden, ist der Verunglückte ohne Knochenbruch davongekommen, nur muß er auf Strümpfen über die nasse Wiese laufen. Die Dorfbewohner machen sich mit Hebebäumen daran, das fast völlig versunkene Pferd herauszuschaffen. Nach langen Mühen gelingt es, wie todt liegt das erschöpfte, über und über mit Morast bedeckte Thier auf dem nassen Grase, ein in einen Rappen verwandelter Schimmel. Einige Jagdhiebe bringen ihn zur Besinnung, und schließlich trabt er seinen Kameraden unverletzt und munter nach.

---

*) Wir schildern einen wirklichen Hergang aus dem Jahre 1880.

Der Keiler hat inzwischen einen See durchschwommen und legt sich müde in ein dichtes Röhricht; sechs Hunde decken ihn und ein kühner Gardereiter hat das Glück, ihn auszuheben, worauf er mit dem langen Weidmesser abgefangen wird. Leider waren (bei der Hubertusjagd im Jahre 1880) zwei ernstlichere Unfälle zu beklagen, zwei gräfliche Parforcejäger stürzten mit den Pferden so unglücklich, daß der eine ein Bein, der andere einen Arm brach.

Dennoch hatte Oberstleutnant v. Prittwitz und Gaffron Recht, wenn er bei der 1300. Parforcejagd im Grunewald den Reim sprach:

„Im Grunewald wächst zu allermeist
Eine Wurzel vom preußischen Reitergeist."

Hubertusjagd im Grunewald. Zeichnung von H. Lüders.

Hier lernt der Offizier sich für den kühnen Ritt im Felde versuchen zum Besten von Kaiser und Reich.

Das Jagddiner findet meistens im Marmorsaale und in dem daran stoßenden Marschallsaale des Potsdamer Stadtschlosses statt. Der Kavalier, welcher die Ehre hatte, den Kurgel auszuheben, bringt den Trinkspruch auf den Kaiser, der älteste Offizier den auf Prinz Karl aus. Donnerndes Horridoh und Tusch der Gardejägerkapelle fällt dabei ein.

Bei der am 17. November 1863 abgehaltenen eintausendsten Hetzjagd auf Sauen, von denen im Grunewald 273 stattfanden, ergab eine Zusammenstellung, daß König Friedrich Wilhelm IV. abgefangen: 19 Stück, König Wilhelm I. — welcher als Kaiser im Jahre 1871 der letzten Hubertusjagd beiwohnte — 48, Kronprinz Friedrich Wilhelm 2, Prinz Karl 255, Prinz Friedrich Karl 25, Prinz Albrecht 46, Prinz Albrecht (Sohn) 21, die Prinzen August und Adalbert 38 und 22, Prinz Georg von Preußen 5 Stück. Ausgehoben hatte am meisten Prinz Karl, nämlich 57 Stück.

Als Kuriosum mag erwähnt werden, daß der Soldatenkönig Friedrich Wilhelm I., welcher ein eifriger Jäger war und namentlich viel Wildschweine erlegte, die Judenschaft durch ein Edikt zwang, die auf den Hofjagden erbeuteten wilden Schweine zu einem bestimmten, allerdings mäßigen Satze zu kaufen, eine Anordnung, die um so seltsamer klingt, als die Israeliten, nach mosaischer Satzung, bekanntlich jene Thiere selbst nicht genießen dürfen. Diese „Juden-Säuriche" waren in fiskalischer Hinsicht die Vorläufer des von uns besprochenen „Judenporzellans". — Das merkwürdigste Wildpret in der Mark Brandenburg wurde von des Soldatenkönigs Vater in der Neubrücker Forst bei Frankfurt a. O. erlegt, wie ein Gedenkstein daselbst besagt. Derselbe zeigt einen Hirschkopf mit nicht weniger denn 66 Enden Geweih und folgender Inschrift: „Diesen Hirsch hat in der Brunstzeit mit eigener Hand geschossen der Durchlauchtigste, Großmächtigste Fürst und Herr, Herr Friedrich III., Markgraff und Churfürst zu Brandenburg im Ambte Biegen auf der Jakobsdorffischen Heyde den 18. September, Anno 1696, hat gewogen fünf Centner, 35 Pfund, nachdem er schon 3 Wochen geschrieen." Dies Wunder von einem Hirsch erregte europäisches Aufsehen. Das Geweih ist in dem Audienz- oder Monstrosensaale zu Schloß Moritzburg bei Dresden aufgehängt.

Neben dem Schwarzwild enthält der Grunewald Roth- und Damhirsche, Rehe, Füchse, Hasen, denen ebenfalls eifrig nachgestellt wird. Im Winter müssen zur Durchfütterung des Wildes daselbst nicht unbeträchtliche Summen aufgewendet werden, weil bei starkem Schneefall die Thiere vom Hungertode bedroht sind. So schrieb das Hofjagdamt für den Grunewald im Jahre 1880—81 folgende Lieferungen aus: 1200 Centner Wiesenheu, 400 Centner reife ungedroschene Lupine und 200 Hektoliter Kartoffeln.

Durch die neue Zweigbahn der Berlin-Potsdamer Bahn, welche sich bei Zehlendorf südwestlich abzweigt, ist die malerische Seenkette des Grunewaldes, welche als altes Havelbett sich von dem Lietzensee bei Charlottenburg bis zu der Ausbuchtung der Havel bei der Station Wannsee hinzieht, dem Verkehr aufgeschlossen. Der stille Strom, welcher mit seinem klaren Wasser und seinem feinsandigen Grund so recht zum Baden einladet, gewinnt hier, von der Friedrich Wilhelms-Brücke westlich vorbei am Kladower Sandwerder bis zur Kladower Bucht gemessen, die gewaltige Breite von 4500 m, wogegen — vergleichsweise — die Breite der Elbe bei Dresden 500 m, die des Rheins bei Köln 420 m beträgt. Durchgängig ist die Havel dort 1500 m breit. Unweit der Station Wannsee oder Dreilinden, wie die unmittelbar gegenüberliegende Station der Berlin-Wetzlarer Bahn heißt, zweigt sich südöstlich ein einsamer Waldweg ab, auf welchem man nach einer Viertelstunde Gehens ein einsames und schlichtes Forsthaus erreicht, das sich als solches durch Geweihschmuck und das Gekläff von Jagdhunden zu erkennen giebt.

Hier, im Jagdhaus Dreilinden, haust einer der besten und eifrigsten deutschen Jäger in ländlicher Zurückgezogenheit, der Neffe des deutschen Kaisers, der Feldmarschall Prinz Friedrich Karl. Für Verschönerungsanlagen ist daselbst nicht gerade viel gethan; aber einen würdigen Eindruck, so recht dem kühnen Helden, der Jagdhaus Dreilinden bewohnt, entsprechend, macht der riesige Runenstein, welcher auf dem Rasenplatze vor dem Eingange steht. Es ist ein roher graniterner Geschiebeblock, auf welchem wir von unten nach oben deutlich folgende Runen, die seicht eingemeißelt sind, entziffern:

᛭ᚼᛆᛁᚱᚢᛚᚠᛦ

· H A I R U L F ʀ

Jagdhaus Dreilinden mit dem Runenstein.

Der Prinz fand den Stein, als er 1864 die Dänen bekriegte, in der Nähe von Hadersleben an einem einsamen Wege stehen und versetzte ihn sich zum Andenken hierher nach seinem Buenretiro. Der Name bedeutet einen Mann Hairulf oder, wenn wir das r finale berücksichtigen, einen aus dem Geschlecht der Hairulfer. Wie fast immer, vermag man auch bei diesem Runendenkmal über die Person des also Verewigten nichts auszusagen. Die Vergleichung mit anderen Runendenkmälern lehrt uns, daß es sich um die jüngere und kürzere Runenzeile handelt und daß das Denkmal dem Ende des dänischen Heidenthums oder der frühesten christlichen Periode angehört. — Im Jahre 1880 ist Jagdhaus Dreilinden umgebaut und erweitert worden; früher eine einfache Unterförsterei, zeigt es sich auch jetzt noch ganz schlicht eingerichtet. Wer auch immer von dem fürstlichen Besitzer empfangen worden ist, weiß die gastliche Aufnahme nicht genug zu rühmen. Weibervolk ist freilich verpönt. Nur Männer in schlichter Jagdjoppe vereinigen sich hier zu behaglicher Zusammenkunft; Fremde sind überrascht, wie es doch bei dem „grimmen Hagen", dem von den Franzosen so gefürchteten „rothen Prinzen", so echt deutsch gemüthlich zugeht.

Schildhorn. Wir brechen aus Dreilinden auf, von dessen neuer trefflicher Kellerei man sich nur ungern trennt — denn auch vom rothen Prinzen gilt Ernst Moritz Arndt's Vers:

„Ein echter Deutscher mag keinen Franzmann leiden,
  Doch seine Weine trinkt er gern" —

und gelangen, durch dichten Wald 10 km nordwestlich am hohen Rande des Havelflusses stromaufwärts rüstig vorwärts schreitend, an eine der vielen Landzungen, die, in den breiten Strom drängend, Hörner genannt werden. Hier schießt nun ein solches Horn besonders kühn in das seeartige Becken hinein. Nachdem wir eine feuchte Wiese durchwandert, welche bei Hochwasser noch jetzt die Landzunge zu einer wirklichen Insel macht, betreten wir das sagenberühmte Schildhorn. Am nördlichsten Vorsprung, da, wo die bewaldeten Abhänge der romantischen Insel Pichelswerder von Mitternacht herüberwinken, steht eine einem Eichbaum nachgebildete steinerne Säule mit einem metallenen Schilde daran; früher war ein Schwert darauf befestigt, welches von andenkensüchtigen Turnern längst entführt worden ist. Das Denkmal gemahnt vielfach an eine alte Rolandssäule.

Wir stehen auf einem der denkwürdigsten geschichtlichen Punkte aus Berlins Umgegend; hier entschied sich das Jahrhunderte lange blutige Kämpfen und Ringen der heidnischen Slaven und der christlichen Deutschen zum dauernden Siege der Letzteren. Der Chronist berichtet uns, wie der Tempel des dreiköpfigen wendischen Triglaff auf dem Harlunger Berge bei Brandenburg a. H. ums Jahr 1136 durch einen den Deutschen wohlgesinnten Fürsten Pribislaw, der in der Taufe den Namen Heinrich empfing, zerstört ward. Pribislaw und seine Gemahlin Petrussa oder Petrissa nahmen den gefürchteten Kriegshelden Albrecht den Bären, Markgrafen der Nordmark, an Kindesstatt an und setzten ihn mit Uebergehung seiner, des Pribislaw, heidnischen Verwandten, namentlich des Fürsten Jazlo oder Jacza von Cöpenik, zum Erben der Burg Brandenburg und des Havelgaues (Hevedun) ein. Als im Jahre 1141 Pribislaw starb, nahmen die Deutschen von Brandenburg Besitz, doch vermochten die Heiden sie im Jahre 1156 noch einmal aus der vielumworbenen Feste zu vertreiben. Nach herbem Verlust und schwerem Kampf gelang es dem Bär Albrecht, Jazko aus Brandenburg zu vertreiben.

Die Sage erzählt nun weiter: Von den christlichen Rittern hart verfolgt, gelangte Jazko, der Wendenfürst, an die Ausbuchtung der Havel, welche die Scharfe Lanke oder der Sack genannt wird, weil sie sich nach Bocksfelde und Pichelsdorf nördlich sackartig ausdehnt, südlich aber zwischen dem Weinmeister und Pichelsdorfer Horn zusammengeschnürt wird. Der Fürst hatte zwischen dem erbarmungslosen Schwert der deutschen Verfolger oder den Fluten der hier besonders tiefen und breiten Havel zu wählen. Ohne Besinnen vertraute er sich, gepanzert wie er war, auf die Kraft seines treuen Schlachtrosses bauend, dem heimatlichen Strom an und gelobte, Christ zu werden, falls er das andere

Ufer sicher erreichte. Mit vieler Noth und Gefahr geschah es also. Jazko landete an der jenseitigen Halbinsel, die sich ihm hülfreich weit ins Wasser entgegenstreckte. Dort angelangt, hing er Schild und Schwert an einen Eichstamm und erfüllte sein Gelübde.

Bestätigt wird die Richtigkeit dieser echten ungetrübten Volksüberlieferung durch die silbernen Hohlmünzen (Brakteaten) mit dem Bildniß Jazko's, welche den Wendenfürsten nach slavischer Art mit langem Bart (während die christlichen deutschen Fürsten dieser Zeit unbärtig oder höchstens schnurrbärtig dargestellt sind) und mit dem Zeichen des Kreuzes abbilden.

Das Schildhorn an der Havel. Zeichnung von Alb. Richter.

Auf einer der Münzen mit wendischer Inschrift in lateinischen Buchstaben wird er genannt: Jacza Knes de Copanik (Jazko, Herr von Köpnik), nach dem nahe Berlin an der obern Spree an deren Vereinigung mit der wendischen Spree oder Dahme belegenen Städtchen, in dessen ehemaligem, auf einer Insel erbautem Burgwall oder Schloß Jazko seine Lebenstage als Knes oder Castellanus beschlossen haben mag. Möglich ist es, daß er den Namen Jazko oder Jakza, eine Slavisirung des christlichen Namens Johann, erst nach seiner Bekehrung angenommen hat. Doch ist auch die Annahme nicht ausgeschlossen, daß er diesen Namen von der Geburt ab führte, denn die Wenden waren in den letzten 150 Jahren vor dem Falle Brandenburgs vielfach mit christlicher Religion und Sitte in Berührung gekommen. Auch die geschichtliche Existenz der Petrissa ist von überkritischen Forschern bis zum Jahre 1880 angezweifelt worden, wo mit einem Male unweit Potsdam viele alte Münzen derselben in einem jetzt im Märkischen Museum befindlichen Topfe mit denen ihres Gemahls und des brandenburgischen Markgrafen Albrecht's des Bären zusammen entdeckt worden sind, Prägstücke, welche sogar das Bildniß der Fürstin überliefern.

Ein Tusculum am Tegeler See. Unter so ernsten Betrachtungen, unbekümmert um das lustige Treiben auf der breiten Havelfläche, das Singen und Toben der lustigen Berliner, Charlottenburger und Spandauer, welche an dem schönen Sonntagnachmittag zu vielen Tausenden die Haveluser aufsuchen, fahren wir mit dem Dampfschiff stromaufwärts am Burgwall des rechten Flußufers vorbei, vorbei auch zwischen der alten Feste Spandau und der Vorstadt Stresow, wo die Spree, von Berlin kommend, die Havel aufsucht, vorbei an der Citadelle mit ihrem sagenumwobenen uralten Juliusthurm, hinter dessen dicken Mauern der Reichskriegsschatz von baar 120 Millionen Mark für böse Zeiten — die der Himmel in Gnaden von uns abwende! — aufgespeichert liegt, hinein in den herrlichen Tegeler See, an einer Reihe grüner, baumbelaubter Eilande entlang, bis zur Landungsbrücke des friedlichen, mittelalterlichen Dörfchens Tegel. Von dort gehen wir unter alten Linden an der freundlichen Kirche vorüber, links in nordwestlicher Richtung umwendend, und machen am Hermsdorfer Fließ, das hier in den See mündet, einen Augenblick Halt. Dies ist die Stelle, wo der Ritter Dietrich v. Quitzow, der den Berlinern abgesagt und ihnen die Herden fortgetrieben hatte, die nacheilenden Bürger schlug und ihrer 16 ansehnliche Männer gefangen nahm, um sie erst nach harter Schatzung freizugeben. Das war im Jahre 1410 — eine lange Spanne Zeit von da bis heut — und doch scheint es uns schier unglaublich, wie ein einziger Priegnitzer Landedelmann eine wehrhafte Stadt gleich Berlin jemals in Schrecken setzen konnte. Drei Vierteljahre waren verflossen und noch immer saßen Nikolaus Wins und seine Gefährten in den Kerkern des benachbarten, festen Schlosses Bötzow (später Oranienburg genannt). Als der Rath den Quitzow zum Frieden mahnte, richtete er das nachfolgende Schreiben an die Obrigkeit von Berlin, das wir unter Anderm auch als Beleg dafür, wie sehr noch damals der dortige Dialekt dem Niederdeutschen ähnelte, mittheilen. Es ist ein im Magistratsarchiv aufbewahrter schmaler Papierzettel, außen mit Resten eines grünen Siegels. Die Handschrift ist nicht schreibermäßig, sondern überhastet, wie der Stil bestätigt, augenscheinlich in Aufregung verfaßt, wofür die gegen damaligen Brauch ungewöhnlich kurze und daher unhöfliche Aufschrift „An den Rath zum Berlin" ebenfalls spricht:

> Wetet Ratmanne, alz gy screuen dat gededinget is, dat ick med jw in guder fruntschap sitten schal, wat dar gegedinget is dat wet ick ock wol mede; wen dat wert my nenreleie wis uan Jw so geholden alz it gedinget wart. Ock alz gy screuen, dat ick Jw suluen louen gesecht hebbe, dat en is nicht, ick en hebbe Jw nichts nich gesecht und kan Jw dar wòl ouer straffen alze me unendelke lúde straffen schal, dy dy unendelke dinck screuen, wen kunde ick des Juwen wol vele krigen, dat wolde ick med eren wol beholden. Screuen und myn Jngl.
>
> Dyderick uan Quitzow.

(Wisset, Rathmannen, als ihr schreibt, daß gedinget ist, daß ich mit euch in guter Freundschaft sitzen soll, was da gedinget ist, daß weiß ich auch wol mit: aber das wird mir keinerlei Weise von euch so gehalten, als es gedinget ward. Auch als ihr schreibt, daß ich euch selber Glauben gesagt habe, das ist nicht, ich habe euch nichts gesagt, und kann euch da wol über strafen, als man unredliche Leute strafen soll, die die unredlichen Dinge schreiben; denn könnte ich des Euren wol viel kriegen, das wollte ich mit Ehren wol behalten. Geschrieben unter meinem Insiegel.

Dietrich von Quitzow.)

Schloß Tegel.

Es dauerte noch lange, ehe die Fehde mit dem Ritter beigelegt wurde. Erst die Niederwerfung der märkischen Adelsburgen durch das grobe Geschütz des ersten Kurfürsten setzte dem Raubritterthum dauernd ein Ziel.

Jenseit der Brücke gelangen wir bald unter die schattigen Bäume, welche das alte Humboldt'sche Besitzthum Schlößchen Tegel umfrieden. Eine ungeheure, epheubewachsene Eiche, mit weithin reichenden knorrigen Aesten wird von Landschaftern und Naturfreunden vielfach bewundert, die Humboldt-Eiche. Wir verlassen das mit Antiken und Oelgemälden ansprechend geschmückte Tusculum am Tegeler See, das von vier Thürmlein flankirt wird und von Wilhelm von Humboldt auf die Familie von Bülow vererbt ist, um den berühmten, viel besungenen Friedhof der Humboldt's aufzusuchen. Ein immergrüner Hag, an den sich ein Hain anschließt, umfaßt die Familien-Begräbnißstätte, welche zu keiner Zeit ihren ergreifenden Eindruck auf den Beschauer verfehlt. Die Vöglein, zu Häupten des großen Brüderpaares in den dunklen Bäumen nistend, singen und zwitschern. Eichhörnchen hüpfen neugierig herum. Träumend liegt die ruhige Seefläche, jene mächtige Ausbuchtung der Havel, da, friedlich wie die großen Todten, welche hier einsam in freier Gottesnatur schlummern.

Wir aber verfolgen noch einmal den Weg, den der edle Strom südwärts zurücklegt, mit den Versen Theodor Fontane's:

> „Es spiegeln sich in deinem Strome
> Wahrzeichen, Burgen, Schlösser, Dome:
> Der Juliusthurm, den Märchen und Sagen
> Bis Römerzeiten rückwärts tragen,
> Das Schildhorn, wo, bezwungen im Streite,
> Fürst Jazko dem Christengott sich weihte,
> Der Harlunger Berg, des oberste Stelle
> Weitschauend trug unsere erste Kapelle,
> Das Plauer Schloß, wo fröstelnd am Morgen
> Hans Quitzow steckte im Rohre verborgen,
> Die Pfaueninsel, in deren Dunkel
> Rubinglas glühte Johannes Kunkel,
> Schloß Babelsberg und „Schlößchen Tegel",
> Nymphäen, Schwäne, blinkende Segel, —
> Ob rothe Ziegel, ob steinernes Grau,
> Du verklärst es, Havel, in deinem Blau." —

Das Irrenheim in Dalldorf. Oestlich von Tegel führt uns ein 4 km langer Weg durch Heide und Feld nach der neuen großen städtischen Irrenanstalt bei Dalldorf. Die hergebrachte, aber durchaus unzuträgliche Einpferchung des unglücklichsten Theils der Menschheit in dem geräuschvollen Häusermeer Berlins ließ im Jahre 1869 in den städtischen Behörden den Entschluß reifen, in gesunder ländlicher Umgebung ein wirkliches Irrenheim zu gründen. 280 Magdeburger Morgen wurden zu diesem Behufe angekauft, und im Februar 1880 konnte die Ueberführung von 400 Geisteskranken und Geistesschwachen hierher erfolgen.

Die Gebäude der Anstalt sind vom Stadtbaurath Blankenstein für etwa 4 Millionen Mark nach dem Pavillonsystem, also unter Vermeidung einer kasernenartigen Hauptanstalt aufgeführt und mit Allem, was Erfahrung und Wissenschaft an die Hand geben konnte, ausgerüstet. Die Behandlung der zahlreichen Unglücklichen ist eine humane; soviel als möglich werden dieselben im Freien beschäftigt, wobei die ausgedehnten Parkanlagen und Aeckereien trefflich zu statten kommen. Im ersten Stock des Verwaltungsgebäudes befinden sich schöne Gesellschaftsräume, für Männer und Frauen getrennt, wie auch gemeinschaftliche Versammlungssäle, Billard-, Musik- und Spielzimmer. Ein großer Saal mit Altarnische dient für den Gottesdienst und wird mitunter als Konzertraum, in welchem die Kranken selbst musiziren, benutzt. Möge dem edlen Zweck, den Berlin in Dalldorf anstrebt, durch reichlichen Erfolg der verdiente Lohn werden!

Auf dem Gesundbrunnen (Pankow — Schönhausen). Wer den Berliner der unteren Klassen beobachten, um mit dem Possendichter Kalisch zu reden, sehen will „Berlin wie es ißt und trinkt", der folge uns nach dem „Brunnen"; also nennt der Berliner den Stadttheil Gesundbrunnen, den er noch immer, wie eine besondere Ortschaft betrachtet, obwol ihn der große, nimmersatte Magen der Hauptstadt schon im Jahre 1862 verschlungen hat. Die kleineren Häuser gemahnen allerdings vielfach daran, daß der Brunnen bis vor Kurzem außerhalb des Weichbildes lag. Als Gesundbrunnen und Heilquelle vom Großen Kurfürsten angelegt, ist er jetzt nur noch Bierquelle für den durstigen Großstädter. An Sonn- und Feiertagen finden hier Volksfeste statt, an die Vogelwiese bei Dresden, an die Oktoberfeste in München, an den Wurstelprater in Wien erinnernd, ähnlich und doch verschieden, so verschieden, wie eben Berlin von Dresden, München und Wien ist. Neben dem welterobernden bayrischen Bier finden wir auf dem Brunnen noch das nationale Getränk des Berliners vollauf, die „Weiße", die „kühle Blonde", in deren Schaumwolken wir uns später noch bei Vater Klausing gebührend vertiefen werden; daneben die sauren Gurken und die Knoblauchswürste, welche der Verkäufer mit dem dem Berliner eigenen schnarrenden „R" anpreist:

>„Immer ran
>Warm sind sie noch,
>Kalt werden sie doch!" —

Vor dem östlich benachbarten Schönhauser Thor in den Vordörfern Pankow und Schönhausen geht es ebenso her. Wer neben dem Kneipgenuß den Naturgenuß nicht verschmäht — und der richtige Berliner ist ein fanatischer Naturfreund — der lagert sich im Grün des alten Schloßgartens von Schönhausen, dessen Eichen von Künstlern wie Biermann, Bellermann und ihren landschaftsmalenden Jüngern gern aufgesucht und gezeichnet werden. Andere, denen der Park noch zu geleckt ist, suchen die benachbarten Schönholzer Kiefern auf und kneipen hier an den Ufern der Panke Natur. Ist dies klare, im steinigen Bett murmelnde Bächlein derselbe Unglücksgraben, der eine Meile südlich, schmuzig und übelriechend wie ein Kloakenkanal, am Schiffbauerdamm ungalant die Dame Spree aufsucht, die Panke, der jetzt der Tod geschworen ist und deren südlicher Arm wohl in einigen Jahren zugedämmt werden wird, um den berechtigten Klagen der betheiligten Bewohner Abhülfe zu verschaffen? — Nachdem die Vorrathskober und die Geldbeutel bis auf das Kleingeld geleert sind, welches zur Bezahlung der Straßenbahn genügt, geht's spät Abends heim. Man hat frugal gelebt, daneben vielleicht auch geliebt und geschwärmt, auf jeden Fall sich gut vergnügt und denkt während der folgenden arbeitsschweren Wochentage noch gern an den Brunnen und Schönhausen zurück. Im Sommer und an schönen Tagen ist der Sprecathener leicht zufrieden gestellt.

Feuerwerk in Treptow (der neue Ost-Park). An der Oberspree befindet sich linkerseits ein uraltes Kämmereigut der Stadt Berlin mit einem geräumigen Vergnügungslokal, das hart am Strome, auf sanft steigendem Ufer gegenüber der malerischen Kirche des wendischen Fischerdörfleins Stralau liegt. Heute wollen wir das berühmte Volksfest der Berliner am 24. August, den Stralauer Fischzug, nicht beschreiben, das hat sich Freund Oskar Schwebel für seinen Abschnitt des Gesammtwerkes ausdrücklich vorbehalten, — da ist das breite Spreebett nach Treptow hin überaus belebt, kleine und große Dampfer, Boote und Gondeln befördern Menschenmassen hin und her; wir bleiben heute vielmehr in Treptow, um eins der Riesenfeuerwerke mitzumachen, welche nicht minder Tausende und aber Tausende anlocken. Mitzumachen, ja, ob aber mitanzusehen, ist eine andere Frage! Denn gewöhnlich öffnen sich des Himmels

Schleusen an den Feuerwerkstagen und statt Raketen und Feuerregen giebt es Wassergüsse, vielleicht auch Hagelschauer. Das weiß der Berliner, darum erscheint auch männiglich heute mit dem Regenschirme bewaffnet; von nun ab wird er noch kühner werden, da die Stadtväter von Berlin endlich ein menschliches Rühren gehabt und die Unterkunftsräume für den Fall von Unwetter im Jahre 1880 vergrößert haben. Gelingt das Feuerwerk aber wirklich einmal, dann hat man ein in der That großartiges Schauspiel, dessen Eindruck dadurch verdoppelt wird, daß die Wasserfläche das Funken- und Feuermeer wiederspiegelt. Bei solcher Gelegenheit glänzt das stille Kirchlein auf dem Stralauer Friedhofe in bengalischem Lichte, eine optische Täuschung vergrößert die Verhältnisse des alten gothischen Gotteshauses, so daß es einer Kathedrale gleicht. Endlich versinken die letzten Raketen im Wasser, und schwarze Nacht lagert über der weiten Fläche, — aber der genossene prächtige Anblick eines Feuerwerkes in Treptow wird nicht leicht in der Erinnerung verwischt.

Einen neuen Anziehungspunkt hat die kleine Ortschaft durch den neuen Ostpark erhalten, den die Stadt Berlin hier auf einem 84 ha großen Wiesenterrain mit einem Kostenaufwand von 1 Million Mark seit 1876 angelegt hat; in der südöstlichen Ecke liegt ein 3,5 ha großer See. Der Ostpark ist eine Meisterschöpfung deutscher Gartenkunst, die trefflich gedeiht und allen Naturfreunden bestens empfohlen sei. Als Fortsetzung schließt sich hieran östlich der ebenfalls 84 ha große städtische Plänterwald mit Millionen junger Bäumchen, welche zur Ausstattung der Berliner Parks, Garten- und Baumanlagen allmählich Verwendung finden.

Turnfest in der Hasenheide (Rixdorf-Tempelhof). 𝔍𝔉

Der Berliner, welcher sich zu der mit dem vierfachen F, dem Symbol von „Frisch! Frei! Fromm! Fröhlich! Roth in Weiß gezeichneten Fahne hält, pflegt mit nicht unberechtigtem Stolze darauf hinzuweisen, daß das Turnen eigentlich eine Berliner Erfindung sei, ebenso wie das Wort Turnplatz. Richtiger sollten wir sagen, eine Erfindung unseres großen deutschen Patrioten Friedrich Ludwig Jahn. Am 11. August 1878 ward hier auf den Abhängen der Hasenheide unter reger Betheiligung der Jugend und der Turnvereine zum Gedächtniß des hundertjährigen Geburtstages des Turnvaters Jahn ein Turnfest gefeiert, wie es, hätte er theilnehmen können, gewiß nach seinem Sinne und nach seinem Schlage gewesen wäre. Nach dem Kürturnen versammelten sich unter den Klängen der Musik die verschiedenen Turnvereine rings um das eigenthümliche Erzdenkmal des Meisters. Die lebenstreue Figur, mit dem vom langen Vollbart umrahmten kahlen Scheitel, charakteristisch in Haltung und Tracht, von dem bereits früher als Schöpfer des Luisendenkmals genannten Erdmann Encke modellirt, erhebt sich über einem Hügel von Felsblöcken der verschiedensten geologischen und geographischen Herkunft: denn alle größeren Städte der Erde, in denen sich deutsche Turnvereine befinden, haben einen Stein mit Widmungsinschrift zum Ganzen gespendet. Das ist die Stätte, wo der brave Jahn mit seinen Klosteranern (Schülern des Gymnasiums zum Grauen Kloster) „Räuber, Wanderer, Stadtsoldat" spielte, sie in Leibesübungen stark, gewandt und tüchtig machte, daneben auch mit glühendem Franzosenhaß erfüllte.

Daß die Vaterlandsliebe sich bei Jahn mitunter etwas derb und schrullenhaft geltend machte, ist bekannt. Als Beispiel führen wir eine vielerzählte Geschichte, nämlich die von der sprüchwörtlich gewordenen „Jahn'schen Tachtel" an.

Jahn's Denkmal in der Hasenheide. Von Encke.

Wenn Jahn mit einem Knaben durch das des Siegeswagens beraubte Brandenburger Thor ging, versetzte er ihm, wie erzählt wird, einen Schlag, eine „Tachtel", damit er sich der Schmach erinnere, die der Erbfeind dem Vaterlande zugefügt, ähnlich wie die Jungbürger beim Köpenicker Grenzenzuge, d. h. beim Beschreiten der Kämmereigrenzen des von uns erwähnten Städtchens Köpenick einen tüchtigen Hieb bekommen, damit sie sich die richtige Grenze gehörig einprägen. Auch die Sprachreinigung, das Erfinden gesuchter deutschthümelnder Wörter an Stelle von eingebürgerten Fremdwörtern, die Sucht, eine besondere Kleidung für „Alldeutschland" einzuführen, u. dgl. m. ist bei Jahn bespöttelt worden; aber dies Alles thut der Seelengröße des Mannes, den die lauterste Vaterlandsliebe, das wärmste Gefühl für die Jugend beseelte, und seinen Verdiensten um eine mannhafte Erziehung derselben keinerlei Abbruch, wie denn der schnöde Undank, die Verfolgung, womit ihm in der Demagogenzeit vergolten worden ist, immer ein trauriges Blatt in der Geschichte des 19. Jahrhunderts bleiben wird.

Der Turnplatz in der Hasenheide, der erste in Deutschland, wurde 1811 eröffnet, er ist gleichzeitig auch der einzige — leider — den Berlin noch in der freien Natur besitzt. Die gewaltige Ausdehnung der Stadt und die Vermehrung der unteren, mittleren und höheren Schulen, sowie die großen Entfernungen haben es schon seit Jahren unmöglich gemacht, die alten Turnplätze in Moabit, vor dem Schlesischen Thore u. s. f. beizubehalten. An Stelle derselben sind die Turnhallen getreten, deren jede Schule jetzt eine besondere besitzt. Die größte derartige Anstalt liegt in der Prinzenstraße und wird zu großen Schauturnen, turnerischen Vereinsversammlungen u. s. f. benutzt.

Der Turnplatz in der Hasenheide liegt am Hange eines Höhenzuges, der das alte urgeschichtliche Spreethal am rechten Ufer begrenzt und nach Osten zu den Namen der Rollberge, westlich den Namen Tempelhofer Berg führt. An die Rollberge lehnt sich das alte Dorf Deutsch-Rixdorf und das später mit vertriebenen evangelischen böhmischen Webern besiedelte Böhmisch-Rixdorf an, jetzt eine blühende Ortschaft von 16,000 Seelen, während der Tempelhofer Berg seinen Namen nach dem Dorfe Tempelhof, einer Gründung der Tempelritter, führt. Die Schluchten des Berges östlich der Belle-Alliancestraße sind durch Ausgraben von Sand, Kies und Lehm aus dem Innern des diluvialen Hügelrückens entstanden, am Eingange zu diesen Schluchten lag früher ein viel besuchtes Vergnügungslokal „der dustere Keller", das jetzt eine moderne Physiognomie angenommen hat. Durch die Verlängerung der Belle-Alliancestraße ist der westlichste Theil des Tempelhofer Berges, welcher seit Errichtung des Nationaldenkmales, wie wir früher hörten, Kreuzberg heißt, abgezweigt worden; auf den Abhängen dieser Erhebung wird binnen Kurzem ein schöner Park, für den der Name Viktoriapark in Aussicht genommen ist, angelegt werden, für den kahlen Süden Berlins eine dringliche, hochwillkommene Verbesserung. An den Kreuzberg schließt sich noch weiter westlich das Aufmarschterrain für die Berliner Garnison an, welche von hier auf der zwischen dem Kreuzberg und Tempelhof belegenen großen Hochebene sich zum Manöver und zur Musterung vor dem obersten Kriegsherrn entfaltet.

Heerschau am Kreuzberg (Ueberblick der deutschen Kriegsmacht). Der große Exerzirplatz der Berliner Garnison wird westlich durch die drei dicht nebeneinanderlaufenden Geleise der Militärbahn, der Dresdener und der Anhaltischen Bahn, südlich durch die Ringbahn, östlich durch die Fortsetzung des Kottbuser Dammes, nördlich vom Kreuzberg und der Hasenheide begrenzt und hat eine westöstliche Länge von etwa 5000, eine nordsüdliche Tiefe von etwa 2500 Schritt, gehört also zu den größten Uebungsplätzen Europa's.

Heerschau auf dem Tempelhofer Felde. Zeichnung von H. Lüders.

Er dient über 100 Jahre seinem Zwecke, indem schon der alte Fritz hier seine glänzenden Revuen abzuhalten pflegte, zu denen, gerade wie heute, die meisten europäischen Staaten ihre Berichterstatter schickten. Ja, damals legte man eigentlich noch mehr Gewicht auf dergleichen Schaustellungen als heute, denn der große König pflegte die besten Leistungen im Exerziren und Manövriren mit Rangerhöhung oder Ordensverleihung zu belohnen, was jetzt wol kaum vorkommt. Auch darin besteht eine Uebereinstimmung mit dem vorigen Jahrhundert, daß die große Besichtigung der Truppen im Frühling stattfindet. Was die Mannschaften von der Einstellung im Herbste ab gelernt haben, das soll hier dem kritischen und scharfen Blicke des obersten Kriegsherrn vorgeführt werden. Ein Unterschied besteht darin, daß die jetzige Frühjahrsparade sich streng an diesen Begriff hält, während vor hundert Jahren gleichzeitig manövrirt wurde. Zur Prüfung der Leistungen im Felddienste dient jetzt das Kaisermanöver im Herbst, nachdem der Haupttheil der Ernte vom Acker bereits eingebracht worden ist.

Auch die Anordnung der Parade, die Aufstellung, wie das Marschiren erinnert in vieler Beziehung an längst vergangene Zeiten und ist deshalb oftmals, namentlich von den Franzosen und Italienern, bespöttelt worden.

Die Truppen stehen in zwei Treffen, d. h. zwei langen Linien hinter einander. Jedes Treffen wird von einem Divisionsgeneral kommandirt, der darauf sieht, daß seine Soldaten schnurgerade gerichtet sind. Das erste Treffen bildet die Infanterie. Auf dem rechten Flügel derselben hält der das Ganze kommandirende General mit seinem Stabe, rechts davon die zuschauenden heimischen und fremden Offiziere. Das zweite Treffen wird von den übrigen Truppengattungen gebildet, während im vorigen Jahrhundert die verschiedenen Waffen gemischt in demselben Treffen standen.

Das ganze Paradefeld ist mit Reihen von Wagen, von Reitern und Zehntausenden von schaulustigen Fußgängern eingeschlossen, die von der zahlreichen Schutzmannschaft mit Mühe zurückgehalten werden, da alle möglichst viel, namentlich aber den Kaiser und dessen Gefolge sehen wollen. Weder Staub, noch Sonnenbrand, noch Regenschauer vertreibt den echten zähen Berliner Pflastertreter an diesem Haupttage vom Platze. Er hält es für eine Ehre, auszuhalten, das soldatische Bewußtsein, dieser altpreußische, gerade im Berliner so lebhafte Zug gebietet ihm das. Uebrigens sorgen fliegende Marketender dafür, daß Niemand verschmachtet; auch getröstet sich männiglich mit dem Gedanken, daß man beim Rückwege an den großen Brauereien beiderseits der Belle-Alliance-Straße vorbeipassirt, wo man auf alle Fälle Stärkung und Erholung finden kann.

Jetzt ertönen die jedem Spreeathener wohlbekannten Klänge des Präsentirmarsches, die Truppen erhalten ihre Fahnen.

Bei dem ehemaligen Steuergebäude an der Berliner Weichbildsgrenze besteigt der Monarch sein Pferd, von nun ab ist er im Dienst, Oberfeldherr des Deutschen Reichs. Mit einem freundlichen „Guten Morgen", was ihm wie Donnerbrausen aus tausend Kehlen widerhallt, begrüßt er, die Fronten abreitend, von Zeit zu Zeit die einzelnen Truppentheile. Eine fast endlos erscheinende bunte Suite von berittenen Offizieren folgt ihm. Da sind die verschiedensten Staaten vertreten, neben Franzosen, Engländern, Russen, Italienern, Spaniern, Oesterreichern sieht man Türken, Griechen, Rumänier, Amerikaner; selbst japanesische und chinesische Offiziere fehlen nicht.

Nachdem der Kaiser beide Treffen gemustert, nimmt er mit seinem Gefolge Aufstellung für den Vorbeimarsch. Dieser erfolgt zweimal. Zuerst kommen die jugendlichen Zöglinge des Lichterfelder Kadettencorps und die Infanterie in Compagniefronten, die Kavallerie in halben Escadrons, die Artillerie in Batterien, der Train in Zügen; dann wendet das ganze Gardecorps und defilirt zum zweiten Male vor dem Kaiser vorbei, diesmal um die Zeit abzukürzen, die Infanterie in Regimentskolonnen, die Kavallerie, Artillerie und der Train im Trabe.

Parole-Ausgabe an der Neuen Wache. Zeichnung von H. Lüders.

Kaiser Wilhelm trotz seines hohen Alters (22. März 1797 geboren!) bleibt bei dieser Gelegenheit drei bis vier Stunden auf seinem Paradepferde Gladiator ununterbrochen im Sattel und reitet die langen Treffen im Galopp auf und nieder, eine Leistung, welche ihm wohl wenig gleichalterige Männer nachthun können.

Bei dem Vorbeidefiliren kommt der so oft kritisirte und von vielen ausländischen Militärs als unnütze Drillerei verurtheilte, von der andern Seite wiederum viel berühmte preußische Paradeschritt und Parademarsch zur Geltung. Große Bataillonscarrés marschiren dort wie zu Anfang dieses Jahrhunderts vor der attakirenden Kavallerie im Paradeschritt ab, Batterien avanciren in gleichem Tempo, wie nach dem Lineal gerichtet, und ist es schon schwer genug, eine einzelne Compagnie so avanciren zu lassen, daß alle Leute schnurgerade fortschreiten, ohne sich „um eine Nasenlänge" zu verschieben, welcher enormen Vorübungen bedarf es, um eine volle Regimentskolonne sich so bewegen zu lassen!

Ohne uns in militärischen Dingen eine Entscheidung anzumaßen, müssen wir doch sagen, daß, um eine so große taktische Genauigkeit zu erreichen, der einzelne Mann wie die größeren einheitlichen Verbände eine überaus sorgfältige Ausbildung erlangt haben müssen. Gleichzeitig hiermit verbunden ist die spielende Beweglichkeit der Truppen unter dem Kommando. Dieses Einleben in einander, diese stete Fühlung, das Bewußtsein des unverrückbaren Aneinanderhaltens und die Ueberzeugung, unter einer ebenso festen wie einsichtsvollen Oberleitung zu stehen, — diese wichtigen moralischen Momente prägen sich dem einzelnen Manne wie der Truppenmasse für immer ein und erscheinen um so nöthiger, als die Dienstzeiten gegen früher so abgekürzt worden sind. Gerade die Kriege von 1866 und 1870/71 haben gezeigt, wie werthvoll es ist, daß eine Truppe derartig mechanisch vorbereitet, gedrillt und ausgebildet wird. So ist das Exercitium vom langsamen Schritt an, der beim Rekruten so komisch aussieht, bis zum Paradcmarsch und zur wirklichen Parade, für den ernsten Fall unleugbar eine höchst wirksame Vorbereitung, welche das deutsche Heer, mag auch der Fremdling die Nase rümpfen, sicherlich so bald nicht aufgeben wird, und zwar so wenig aufgeben wird, wie das Nachstreben nach dem erhabenen Beispiele unerschütterlicher Hingebung an die Pflicht, welches uns der greise oberste Feldherr Deutschlands persönlich zeigt. Mit Recht sagt der militärische Berichterstatter: Dies ist das kostbarste Vermächtniß, das dem deutschen Vaterlande einst von seinem Einiger überkommen wird, denn auf der Pflichttreue beruhen alle Tugenden.

Nach der Frühjahrsbesichtigung beginnt der Felddienst, die eigentliche Vorschule für den Krieg; die Nachweisung der hier gewonnenen Ausbildung wird durch die großen Herbstmanöver geführt.

Ein Ueberblick über die deutsche Kriegsmacht schließt sich an diese Betrachtungen hier am schicklichsten an.

Die Infanterie zählt nach dem Etat für 1880/81: in Preußen 115, Sachsen 9, Württemberg 8, Bayern 18 Regimenter. Im Ganzen 8876 Offiziere, 259,080 Mann. — Dazu kommen Jäger: Preußen 14, Sachsen 2, Bayern 4 Bataillone mit 424 Offizieren 11,120 Mann. Ferner Landwehrbezirkskommandos: Preußen 209, Sachsen und Württemberg je 17, Bayern 32, zusammen 348 Offiziere und 4581 Mann.

Die gesammte Infanterie hat 9648 Offiziere, 30,093 Unteroffiziere, 482 Zahlmeister-Aspiranten, an Spielleuten 2413 Unteroffiziere, 7283 Gemeine, an Gefreiten und Gemeinen 274,781 Mann, dazu 952 Militärärzte, 481 Zahlmeister.

Die Kavallerie in Preußen: 73 Regimenter und das Reitinstitut, Sachsen 6 und eine Reitanstalt, Württemberg 4, Bayern 10 und eine Equitationsanstalt. Stärke: 2358 Offiziere, 7247 Unteroffiziere, 96 Zahlmeister-Aspiranten; 1497 Spielleute, 53,528 Gefreite und Gemeine, 466 Lazarethgehülfen, 1875 Oekonomiehandwerker, zusammen 64,700 Mann. Dazu 265 Militärärzte, 96 Zahlmeister, 452 Roßärzte, 93 Büchsenmacher, 93 Sattler. — 62,591 Dienstpferde.

Die Artillerie. Preußen: Feldartillerie 28 Regimenter und die Lehrbatterie der Artillerie-Schießschule, Sachsen und Württemberg je 2, Bayern 4 Regimenter. — Fußartillerie: Preußen 10 Regimenter und 2 Bataillone, Sachsen und Württemberg je 1 Regiment, Bayern 2 Regimenter. — Zusammen 2312 Offiziere, 45,904 Mann und 13,845 Dienstpferde.

Ingenieurcorps und Pioniere. An Pionieren stellt Preußen 14 Bataillone und 1 Eisenbahnregiment, Sachsen und Württemberg je 1 Bataillon, Bayern 2 Bataillone und 1 Eisenbahn-Compagnie. — Zusammen 394 Offiziere, 10,315 Mann.

Train. Preußen 14 Bataillone und 1 hessische Compagnie, Sachsen und Württemberg je 1 Bataillon und Bayern 2 Bataillone. Zusammen 200 Offiziere, 4994 Mann, 2457 Dienstpferde. An Reserveoffizieren sind 5034 vorhanden, an Landwehroffizieren aller Waffengattungen 6238.

Im Generalstabsgebäude. Kartographische Abtheilung. Zeichnung von H. Lüders.

Der Reichsmilitäretat für 1880/81 hat Einnahmen 4,024,685 Mark gegen 4,948,524 Mark im Vorjahre, an fortdauernden Gesammtausgaben 283,884,650 Mark gegen 279,913,366 Mark im Vorjahr und einmalige Gesammtausgaben 8,701,266 Mark gegen 6,572,388 Mark im Vorjahr. Davon entfallen auf Preußen und die mit ihm in gemeinsamer Militärverwaltung stehenden Bundesstaaten an Einnahmen 3,711,577 Mark gegen 4,498,266 Mark im Vorjahr, an fortdauernden Ausgaben 251,084,928 Mark gegen 247,513,275 Mark im Vorjahr und an einmaligen Ausgaben 7,236,880 Mark gegen 5,836,314 Mark im Vorjahr; auf Sachsen an Einnahmen 183,156 Mark gegen 204,818 Mark im Vorjahr, an fortdauernden Ausgaben 19,056,866 Mark gegen 18,896,159 Mark im Vorjahr und an einmaligen Ausgaben 434,156 Mark gegen 357,550 Mark im Vorjahre; auf Württemberg an Einnahmen 129,952 Mark gegen 245,440 Mark im Vorjahr, an fortdauernden Ausgaben 13,742,856 Mark gegen 13,503,932 Mark im Vorjahr, an einmaligen Ausgaben 630,230 Mark gegen 659,368 Mark im Vorjahr. Vom 1. April 1881 ab wird das deutsche Heer formirt: die Infanterie in 503 Bataillone, Feldartillerie in 340 Batterien, die Fußartillerie in 31 Bataillone, die Feldpioniere in 19 Bataillone. Die Friedenspräsenzstärke entsprach nach § 1 des Reichsmilitärgesetzes 1 Prozent der Zollabrechnungs-Bevölkerung Deutschlands von 1867. Wird 1 Prozent der ortsanwesenden Bevölkerung vom 1. Dezember 1875 zu Grunde gelegt, so beziffert sich das Soll der Friedenspräsenzstärke auf 427,274 und die Vermehrung der Kriegsstärke auf 80 bis 90000 Mann. Ferner ergeben sich danach 8 bis 9000 Rekruten mehr. Am 15. November 1878 gehörten 190,935 Taugliche und zugleich Abkömmliche dem 5. Jahrgang der Ersatzreserve I. Klasse an, so daß jährlich durchschnittlich 38,187 Taugliche und Abkömmliche vom Friedensdienst befreit geblieben sind, was ziemlich überführend beweist, wie die strenge Durchführung der allgemeinen Wehrpflicht nicht ausführbar ist.

Die Bildung der Rekruten wirft auf die Verschiedenartigkeit der ethnologischen Zusammensetzung Deutschlands merkwürdige Streiflichter: von den im Ersatzjahr 1878/79 eingestellten 143,119 Rekruten besaßen 140,545 Schulbildung, 2574 gar keine, d. h. 1,8 Prozent konnte weder schreiben noch lesen. — 1877/78 betrug der betr. Prozentsatz: 1,73; 1876/77: 2,12; 1875/76: 2,37. — Das größte Kontingent der Bildungslosen stellen die Provinzen Ost- und Westpreußen: 8,65 Prozent, das kleinste Braunschweig: 0,6 Prozent.

Die Rangliste weist unter den 50 kommandirenden Generälen 19 Mitglieder souveräner und fürstlicher Häuser, unter 83 Generalleutnants 9 dgl., unter 422 Generalmajors 3 dgl. auf. Wie bemerkbar der alte deutsche Schwertadel noch immer hervortritt, ersieht man u. A. daraus, daß die Rangliste 45 Arnim, 38 Bülow, 33 Kleist, von den Reichsunmittelbaren 9 Fürsten Hohenlohe und 13 Grafen Stollberg aufführt.

Vergleichen wir militärisch mit Deutschland unsern Hauptgegner Frankreich, so ist dort die neue Heeresverfassung im Jahre 1880 im ganzen Umfange in Kraft getreten und betrug das Effektiv 1881: aktive Armee 498,467 Mann, Reserve der aktiven Armee (2 Klassen) 2926 Offiziere, 322,848 Mann, Territorialarmee (zwei halbe Klassen) 3179 Offiziere, 139,363 Mann, zusammen 966,783 Mann. Hönig veranschlagt die Wehrkräfte Frankreichs für das Jahr 1885 wie folgt:

1. Aktives Operationsheer: 19 Armeecorps zu rund 36,000 Mann gleich 683,000 Mann und 100,000 Pferde, worunter 505,000 Mann Infanterie, 266,000 Mann Kavallerie, 107,200 Mann Artillerie mit 2172 Geschützen und 20,000 Mann Genie und Pontoniere; 6 Kavalleriecorps mit 25,000 Mann und 26,000 Pferden, darunter 22,200 Kavalleristen, 2800 Artilleristen und 108 Geschütze; 5 Reserve-Infanteriecorps mit 162,000 Mann und 15,000 Pferden, darunter 133,000 Mann Infanterie, 14,000 Mann Artillerie mit 228 Geschützen und 5000 Mann Genie. — Summa 845,000 Mann.

2. Territorialheer: Demselben gehören augenblicklich die entlassenen Klassen der Jahre 1864—1868 mit circa 700,000 Mann an, darunter 613,150 Infanterie, 56,000 Artillerie, 11,850 Kavallerie und 19,000 Pioniere. Die Reserve des Territorialheeres wird bis 1885 mit 100,000 Mann organisirt sein. — Summa 1,300,000 Mann.

Die österreichisch-ungarische Gesammtarmee kann nur auf 800,000 Mann angenommen werden, und steht die Organisation nach der Registrande des Preußischen Generalstabs selbst hinter Italien zurück, dessen Mannschaftsbestand schneller auf eine größere Höhe ausgebildeter Leute gebracht werden kann.

Hoffentlich wird die thatsächliche Probe, welches von diesen Heeren die Oberhand behält, noch recht lange uns verschonen, — für immer, wagen wir Angesichts der Begriffe, welche unser Jahrhundert von Nächstenliebe und Menschenliebe hegt, kaum zu sagen.

Artillerie- und Ingenieurschule in Charlottenburg.

Die deutsche Armee selbst ist eingetheilt in 6 Armeeinspektionen, die Kgl. Bayerische Generalinspektion der Armee mit einbegriffen. An Armeecorps sind vorhanden: das Preußische Gardecorps, bestehend aus 2 Gardeinfanterie-Divisionen und einer Gardekavallerie-Division, nebst der Gardefeldartillerie-Brigade, dem Gardefußartillerie-Regiment, dem Gardepionier-Bataillon, dem Gardetrain-Bataillon und dem Eisenbahnregiment, außerdem 15 Armeecorps zu 2 Divisionen, deren Generalkommandos der Reihe nach stationirt sind: in Königsberg i/O., Stettin, Berlin (für die Provinz Brandenburg), Magdeburg, Posen, Breslau, Münster, Koblenz, Altona, Hannover, Kassel, Dresden, Stuttgart, Karlsruhe und Straßburg i/E.; folgen 2 Bayerische Armeecorps in München und Würzburg, und 1 Großherzogliche Hessische (25.) Division in Darmstadt. Die Verwaltung der Armee ressortirt vom Kriegsministerium in Berlin beziehungsweise in München, Dresden und Stuttgart. Der Große Generalstab ist in Berlin, Abtheilungen sind in den genannten Städten.

Außerdem funktionirt eine Generalinspektion des Militärerziehungs- und Bildungswesens, eine Kriegsakademie, eine Vereinigte Artillerie- und Ingenieurschule, eine Obermilitär-Examinationskommission, eine Inspektion der Kriegsschulen in Berlin. Kriegsschulen sind in Potsdam, Erfurt, Neiße, Engers, Kassel, Hannover, Anklam, Metz. — Kadettenanstalten in Lichterfelde (Hauptanstalt), Kulm, Potsdam, Wahlstatt, Bensberg, Plön, Oranienstein und Dresden. In Berlin ist ferner die Inspektion der Infanterieschulen, die Militärschießschule, die Centralturnanstalt. — Unteroffizierschulen sind in Potsdam, Jülich, Biebrich, Weißenfels, Ettlingen, Marienwerder, Weilburg (Vorschule), Annaburg und Marienberg. Von der bayrischen Inspektion der Militärbildungsanstalten in München hängen endlich ab: Die Kriegsakademie, die Artillerie- und Ingenieurschule, die Kriegsschule und das Kadettencorps.

Invalidenhaus und -Park. In der Scharnhorststraße hat Friedrich der Große für die dienst- und erwerbsunfähigen Krieger eine Heimstätte errichtet: den verwundeten, aber unbesiegten Soldaten — Laesis sed invictis militibus — lautet die von ihm gewählte Inschrift. Hier sind die alten Krieger, welche keine familiäre Verpflegung haben, den Verhältnissen nach wohl versorgt. Nebenher geschieht für die Invaliden durch die vielen in den letzten Jahren errichteten Stiftungen viel Gutes, so daß man sagen kann, es sei niemals besser für die bedürftigen Vaterlandsvertheidiger gesorgt worden. Die auf dem Vorplatze aufgefahrenen Batterien mit grünen Lafetten sind Geschenke Zar Nicolaus' I. Hinter dem Hauptgebäude sind Gartenanlagen. Die Scharnhorststraße vom Invalidenhause aus überschreitend, gelangen wir in den eigentlichen Invalidenpark, welcher sich um die Invalidensäule gruppirt. Diese Säule, auf drei Seiten von verzierten Mauern, vorn durch ein Gitter umhegt, ward als Nationalkriegerdenkmal dem Gedächtniß der Krieger geweiht, welche in den Kämpfen der Jahre 1848 und 1849 in Berlin, Baden, Posen, Holstein u. s. w. fielen. Auf einem 5,96 m hohen Unterbau von grauem Granit mit dem Medaillenbildniß Friedrich Wilhelm IV. erhebt sich eine 33,70 m hohe korinthische Säule mit einem Adler geschmückt. In dem von den Mauern umfriedigten Raume befinden sich die Gräber der zu Berlin in den Märztagen 1848 gefallenen Soldaten, während die Namen der in den sonstigen angedeuteten Kämpfen Gebliebenen auf Marmortafeln an den Innenseiten der Mauern angebracht sind. Das Denkmal ist von Brunkow entworfen und unter Stüler's sowie Soller's Leitung ausgeführt. Der Grundstein ward am 18. Juni 1851 gelegt, die Enthüllung fand am 18. Oktober 1854 statt.

Noch zwei Denkmale in dem Park erinnern an die ehemalige preußische Marine, an das Gefecht der Räderkorvette Danzig gegen die marokkanischen Riffpiraten bei Cap Tres Forcas und an den Untergang der Segelkorvette Amazone, eines Kadettenschiffes, welches mit vielen hoffnungsvollen Leben von der Nordsee — der Mordsee — wie sie die Seeleute nicht ohne Grund nennen, in einer schaurigen Novembersturmnacht auf Nimmerwiedersehen verschlungen wurde. Der Verlust betrug 5 Offiziere, 19 Kadetten, 2 Beamte und 88 Bootsleute. — In dem Gefecht bei Tres Forcas am 7. August 1855 blieben 7 Seeleute, 1 Offizier, der Adjutant des Admirals, Prinz Adalbert von Preußen, Niesemann, und 6 Mann todt; 17 Mann wurden verwundet, unter ihnen der Prinz selbst.

Zum Weißbier bei Vater Klausing. Zeichnung von H. Lüders.

Berliner Volkscharaktere.

Der Berliner auf Reisen (der Kleinstädter in Berlin). — Berlin, wie es ißt und trinkt (bei Klausing, der Weißbierphilister, im Berliner Rathskeller rc.). — Auf dem Köllnischen Fischmarkt (die Hökerfrau). — Berliner Straßenjungen und Berliner Witz. — Das soziale Defizit von Berlin (im Verbrecherkeller). — Zur Naturgeschichte des Berliners (die „preußische Rasse").

Der Berliner auf Reisen (der Kleinstädter in Berlin). „Wenn's Mailüfterl weht" oder, mit Schiller, „sobald die ersten Lerchen schwirren", kurzum, wenn das wirkliche, warme Frühjahr kommt, dann regt sich, wie bei den Vögelein vom Süden nach Norden, so umgekehrt bei den Nordstädtern von Mitternacht gen Mittag mächtig der Wandertrieb. Am stärksten wol bei dem Berliner. Unter den 1,122,385 Spreeathenern, welche nach der neuesten Reichsstatistik gezählt werden, sind dann wol nur wenige, welche nicht der Vaterstadt, und wäre es nur auf ein paar Wochen, den Rücken wenden möchten. Und so sind es denn unendliche Schwärme, welche von da ab bis in den Spätherbst hinein Süddeutschland und alle Theile Europa's überfluten. Ja unser Erdtheil faßt den Berliner Touristenschwarm, der anfängt europamüde zu werden, schon längst nicht mehr. In Algier, in Aegypten bis zum zweiten Katarakt hinauf; am Sonnentempel zu Baalbeck, auf der Unterlandstour Alexandrien=Suez=Bombay, in Schanghai, Jokohama und weiter in San=Franzisko und auf der ganzen Linie quer durch Amerika bis Neuyork finden wir Berliner Vergnügungsreisende verstreut. Der fünfte Kontinent war von ihnen bisher verschont, aber kein Zweifel, daß nach dem Erfolge der Ausstellungen in Sydney und Melbourne, bald der Berliner auch Australien lebhaft heimsuchen und ein gewissenhafter Reisestatistiker, frei nach David (Psalm 139), sodann wird ausrufen können:

„Nähme ich Flügel der Morgenröthe und bliebe am äußersten Meer — so träfe ich Berliner. Und spräche ich: Finsterniß soll mich decken, so würden doch Berliner um mich sein. Führe ich gen Himmel, so wären Berliner da; bettete ich mich in die Hölle, siehe, so ist der Berliner auch da."

Wer wollte dem Reichsstädter aus diesem Drang, die Welt zu sehen, einen Vorwurf machen, gilt doch das Reisen als eins der vorzüglichsten Bildungsmittel. Und wer müßte nicht berücksichtigen, daß Berlin, da es mit seiner ungeheuren Bewohnerzahl alle übrigen Städte Deutschlands (z. B. die nächstgrößte deutsche Stadt, Hamburg, fast um das Fünffache) übertrifft, ganz abgesehen von der besonderen Reiselust seiner Insassen, ein ungleich größeres Touristenkontingent schon nach der bloßen Wahrscheinlichkeitsrechnung zu verbreiten hat. Daß der Berliner also, nach jener Travestie des Psalmisten, allüberall durch seine Gegenwart auffällt, liegt in der Natur der Verhältnisse. Aber wie fällt der einzelne Berliner auf? Offenherzig gesprochen, nicht immer zum Preise des Kollektivbegriffes. Man wirft ihm ein geräuschvolles, hervordrängendes Wesen vor. Man will bemerken, daß er nicht im Stande ist, auch nur eine Stunde seine lokale Herkunft zu verschleiern und daß er überall, auf der schneeigen Alm, auf dem Rheindampfer, in den Museen Dresdens und Münchens, an der schönen blauen Donau u. s. f. u. s. f. sein Berlin übermäßig lobt und Vergleiche mit der Fremde anstellt, die nicht zu deren Gunsten ausfallen, aber Einseitigkeit und Ueberhebung dokumentiren. Daß ein solcher Typus von Berliner Reisenden existirt, beweisen die zahllosen Schilderungen desselben. Dieser Menschenschlag giebt ein unerschöpfliches Thema für die süddeutschen Witzblätter z. B. die Münchener Fliegenden Blätter, aber auch für den Kladderadatsch und andere Berliner Journale, ein Beweis, wie der Typus als solcher auch am Sitz seiner Heimat erkannt wird. Das sind, wunderlich genug, dieselben Leutchen, welche in Berlin alles Berlinische tadeln und, wenn sie von der Reise heimgekehrt sind, das Fremde bis in den Himmel erheben, um — sobald die ersten Lerchen wiederum schwirren — das nämliche Spiel zu wiederholen.

In einem Kapitel, welches die Volkscharaktere schildert, darf dieser Typus des Berliners nicht fehlen; nur möge man nach ihm nicht alle Berliner Reisenden, oder gar alle Berliner überhaupt taxiren, es wäre das so ungerecht, als wenn man nach den sogenannten Londoner shoemakers, welche einem auf der Reise oftmals unangenehm genug erscheinen, alle englischen Reisenden, alle Londoner, alle Engländer, beurtheilen wollte. Auch erfordert es die Gerechtigkeit, als Gegenstück einmal den „Kleinstädter in Berlin" unter der Loupe zu betrachten. Aus naheliegenden Gründen lassen wir hier einen Nichtberliner, einen Annektirten, einen „Mußpreußen", der Berlin in vorgerückteren Jahren zum ersten Mal besucht, sein süddeutsches Vorurtheil besiegt und Stadt und Bewohnerschaft aufmerksam studirt, endlich auch liebgewonnen hat, reden:

„Der deutsche Kleinstädter ist ein seltsames und nicht allzuliebenswürdiges Wesen, zumal wenn er sich für gebildet hält. Er hält sein Mottenburg für den Mittelpunkt der Welt und sich selbst für den Mittelpunkt von Mottenburg; und Jeden, der seine Ueberzeugung nicht theilt, hält er für dumm oder boshaft. Er ist gespreizt, geziert, anspruchsvoll und dabei unbeholfen; erpicht darauf, sich in der Gesellschaft aufzuspielen, aber unfähig, sich darin zu bewegen; verdrießlich, wenn er auf Dinge stößt, die anders sind, als bei ihm zu Hause. Diese Leute finden sich unbehaglich in Berlin schon aus dem einfachen Grunde, weil es eine Millionenstadt ist und weil in einer solchen der Kleinstädter nicht so respektirt wird, wie zu Hause, er sich hier auch nicht Alles nach seinem höchstpersönlichen Geschmack zurechtlegen kann, wie zu Hause.

Im Berliner Rathskeller. Zeichnung von H. Lüders.

Ich setze manche der abfälligen Kritiken Berlins auf Rechnung solcher persönlichen Eigenschaften der Kritikaster, welche wohl daran thäten, sie blieben zu Hause."

Berlin wie es ißt und trinkt (bei Klausing, der Weißbierphilister; im Berliner Rathskeller; u. s. f.) Zu den Vorurtheilen des Kleinstädters gehört auch die Vorstellung, daß es, was leibliche Verpflegung anlange, in Berlin nur höchst dürftig zugehe. Wahr ist, daß in der alten Berliner Tradition Mäßigkeit und Einfachheit liegt. Indessen ißt und trinkt Berlin keineswegs schlecht, wie jeder Fremde bezeugen wird, der in einer wohlsituirten Berliner Familie oder in einem der altrenommirten Restaurants von Hiller, Borchart, Huster, Dressel u. s. f. verkehrt hat. Unter den Getränken Berlin's citiren wir, wie billig, zuerst das Weißbier, die „Weiße" oder zärtlicher „die kühle Blonde" genannt, jenes moussirende, gelbliche, etwas trübe, obergährige Bier, welches nach einigen Historikern bereits 1880 sein dreihundertjähriges Jubiläum gefeiert hat, nach Anderen — denn auch hier streitet sich gern der Deutsche — erst 1890 feiern wird. Das bayrische Bier hat der „Weißen", welche gern mit einem Gläschen Kümmel, „Strippe" im Volksmunde, genossen wird, Abbruch gethan, dieselbe aber, wie den echten Berliner Weißbierphilister, mit seinem bedächtigen Wesen und seinem Embonpoint keineswegs ganz verdrängt. Erst kürzlich brach der neueste Historiograph dieses edlen Getränkes, in folgenden Dithyrambus aus:

„Es ist gewiß, daß die „Weiße" die Schrecken mit erlebt hat, welche der unselige Deutsche Krieg über Berlin brachte. Sie sah das Emporsteigen von Brandenburgs großem Kurfürsten, das Werden der dann königlichen Residenz, das Stockregiment des Soldatenkönigs, und sie ließ ihr Viktoria mitknallen, als Friedrich's des Einzigen Ruhm erscholl. Sie sah das alte Europa zusammenbrechen, Throne schwanken und zu Grunde gehen, und sie wurde sauer, als der Korse unsere Stadt betrat. Sie war eben und blieb und wird bleiben eine fest etablirte Macht im Leben Berlins.

„In der etwas bunt gemischten Schaar der Elfmalhunderttausend, die heute Berlin bewohnen, und von denen die volle Hälfte seit dem Böhmischen Kriege aus allen Landestheilen Preußens und Deutschlands zu uns kam, gilt's als die Taufe zum echten Berliner, wenn der zugezogene Frembling alle die Vorzüge der Weißen voll verstanden, wenn sein Herz zittert beim Schaum der nickelfarbenen, blondemaillirten „Krule", wenn er alle Unterschiede der „Edlen", von der „Bubikerweißen" bis zur „März-" und „Champagner-Weißen" bei Klausing und in der „Jeheimerathskneipe" von Päpke; bei Haase und Weimar, bei Rothacker und Hübner, bei Kothe und Lipke, bei Stübemann und Möves, bei Kortwich und wo sonst noch immer, begriffen hat. Wenn er den „richtigen Verstehste-mir" gewonnen, mit einem Wort, wenn er's „kapirt" hat, was das Herz — nicht Aphrodite's — aber doch des echten Berliners bewegt."

Bei „Klausing" traf man einst die richtigsten Typen des Weißbiertrinkers. Heut prangt noch in seinem Lokal in der Zimmerstraße das Oelbild des alten Weißbiervaters mit der Unterschrift „Johann Friedrich Klausing, geb. 1792, † 1857". In dem von uns bereits erwähnten Kurfürstenkeller ist dem Berliner Nationalgetränk eine neue, von Ludwig Burger's Hand mit Berliner Volkscharakteren geschmückte Ruhmeshalle eröffnet.

Wer das geräuschvollere Treiben des Trinkers bayrischen Bieres studiren will, den verweisen wir nach den dämmerhaften gewölbten Räumen des Rathskellers unter dem neuen Stadthause, als nach dem frequentesten derartigen Lokal.

Den Berliner Durst charakterisirt die Thatsache, daß die Hauptstadt 1878 an 947,869 hl bayrisches, 750,867 hl Weiß-, Braun- und Bitterbier, zusammen 1,698,763 hl Bier produzirte d. h. 168 l auf den Kopf. Dazu kommt das massenhaft eingeführte auswärtige Bier. Gleichwol bleibt der Berliner hinter dem Altmeister im Biervertilgen, dem Münchener, zurück, denn auf den Altbayer an der Isar entfielen 1878 rund 441 l.

Bei der Trennung von diesem ansprechenden Thema wiederholen wir gern die Worte, die über der Aktienbrauerei Tivoli auf dem Kreuzberg prangen:

„Genießt im edlen Gerstensaft
Des Weines Geist, des Brotes Kraft."

Auf dem Köllnischen Fischmarkte. Unter den Berliner Volkstypen der Vergangenheit pflegten die Köllnischen Fischweiber nicht vergessen zu werden, welche auf dem kleinen Platze zwischen dem Mühlendamm und dem Köllnischen Rathhause ihre Waare feil hielten und sich durch eine Zungenfertigkeit auszeichneten, wie sie den Kolleginnen in London auf Billingsgate, den „Damen der Halle" in Paris, den Fischweibern in Antwerpen und Amsterdam und, wie es scheint, auf dem ganzen Erdball eigen ist. Die Polizei hat die Köllnischen Fischweiber längst von ihrer Stelle vertrieben, aber die würdigen Nachkommen derselben sind dafür über alle Fischmärkte Berlins, Spittelmarkt, Gendarmenmarkt, Oranienburger Thor ꝛc., verbreitet. Wehe der Frau, namentlich der „Dame", welche die Fischwaare oder die Preise zu bemäkeln wagt — vor dem Sprechanismus der Fischweiber hilft nur schleuniger Rückzug; Männer, die doch nichts kaufen, oder Personen, welche in ihrer Nähe „schnacken" und die Kunden abhalten, werden durch Klatschen mit dem Handnetz auf das Wasser, so zwar, daß letzteres die Lästigen tüchtig bespritzt, vertrieben. Dabei sind diese rüstigen, wetterfesten und wettergebräunten Verkäuferinnen tüchtige Hausfrauen, die das Ihrige ordentlich zusammenhalten und es der Regel nach, weil sie sich durch einen erstaunlichen, instinktiven Korpsgeist, soweit es das Festhalten der Preise gilt, auszeichnen, zu etwas bringen.

Kann man sich zu diesen urwüchsigen Naturkindern, in denen noch das alte Kietzerthum, die altwendische Ueberlieferung fortlebt, einen größeren Gegensatz denken, als den geschniegelten und gebiegelten Kaufmannslehrling? Aber namentlich am Sonntag, wo er mit dem glänzend aufgebügelten Cylinder, den hellen Glacéhandschuhen, dem „Kneifer" und dem Stöckchen kokettirt, erkennt man in ihm den „schlichten Sohn des Volks" — die meisten Handlungslehrlinge stammen aus dem Krämer- oder kleinen Handwerksstande — nicht leicht, wenn man nicht scharf hinsieht; denn in nachlässig distinguirter Art sucht er gern noble Manieren und Passionen sich anzueignen. Als höchster Genuß und Triumph gilt dem Handlungslehrling am Sonntag ein Spazierritt auf einem Miethspferde.

Leider gehen diese Jünglinge, sobald sie auf ihren steifen Gäulen, welche durch konstante falsche Behandlung sich alle nur denkbaren Unarten angeeignet haben, den Stall des „Pferdephilisters" eben verlassen haben, den bedenklichsten Abenteuern entgegen. Oftmals bewegt sich der mißmuthige Braune, welcher die Künste des Herrn Kommis gleich durchschaut hat, nicht vom Thorwege fort oder höchstens bis zur nächsten Straßenecke und kehrt zum Gaudium der Straßenjugend — da hilft kein Widerstreben! — nach dem Stalle zurück. Glücklich bis zum Thiergarten gelangt, wird der Reiter nicht selten von seiner widerhaarigen Rosinante abgesattelt; nur in den Ausnahmefällen glückt ein Ritt bis Charlottenburg und zum Spanbauer Bock. In diesen idyllischen Fernen, wo der Handlungslehrling sich vor dem Auge seines Prinzipals sicher wähnt, feiert er seine Triumphe. Ein schwerer Kopf, ein leerer Geldbeutel bilden den Schlußakt.

Straßenjungen und Berliner Witz. Da lob' ich mir das echte, naturwüchsige Kind des Volkes, den „berühmten" Berliner Straßenjungen, den wir bei einer Schilderung der Volkscharaktere bei Leibe nicht aus unserm Kaleidoskop ausschließen wollen. Ein etwas frühreifes und altkluges, sagen wir richtiger: naseweises und vorlautes Wesen müssen wir bei den Kindern nicht blos der untern Stände Berlins nicht selten in den Kauf nehmen; das kaustische, dem Fremden mit Unrecht frivol erscheinende Wesen des Berliners, welches aber mehr auf einer Weltverachtung, auf dem Wahlspruch des heiligen Philippus Neri: „Verspotte die Welt, verspotte dich selbst und verspotte es, wenn man dich verspottet!" begründet ist, wird dem Berliner nicht angekünstelt oder eingewöhnt: es ist ihm und somit schon dem Säugling eingeimpft, angeboren, im Darwin'schen Sinne angepaßt und angeerbt im Jahrhunderte währenden Kampfe ums Dasein. Ein schnelles Sichhineinfinden in die Verhältnisse, eine mitunter erstaunliche Schlagfertigkeit in der Rede, namentlich in der Antwort auf plötzliche Fragen, ein unverwüstlicher, mit Selbstironie gepaarter Humor zeichnen den Berliner Straßenjungen aus. Ein Vorübergehender macht einen andern auf die rothgefrorenen Hände eines Straßenjungen aufmerksam; dieser „richtige" Berliner hat die Bemerkung kaum gehört, als er sogleich antwortet: „Das ist meiner Mutter ganz recht, warum kauft sie mir keine Handschuh'!" Dies geflügelte Wort, jetzt über 50 Jahre alt, kennzeichnet den erwähnten ironisch-humoristischen Zug; es ist, wie ähnliche Witzworte, typisch für den Straßenjungen geworden und hat sich in vielfachen Varianten über ganz Deutschland verbreitet. Gewöhnlich werden solche Redensarten und überhaupt die Streiche der Straßenjugend dem Berliner Schusterjungen zur Last gelegt, der, mit Bestellungen seitens seines gestrengen, den Knieriem schwingenden Meisters betraut, auf der Straße die Blicke überall herumschweifen läßt, um für die rauhe Wirklichkeit des Lebens die nöthige Lebensphilosophie zu sammeln, welche er nicht verfehlt, alsbald zum allgemeinen Wohl wieder an den Mann zu bringen.

Einen interessanten Einblick in das Treiben der unteren Klassen und den Volkshumor gewähren die Scenen, welche sich alltäglich bei der Ausgabe des Berliner Intelligenzblattes auf der Straße abspielen. Das Intelligenzblatt, gewöhnlich kurzweg „das Blatt" genannt, ist die gelesenste, unpolitische Zeitung der Kaiserstadt und wird von den Tausenden und aber Tausenden, welche ihre Dienste anbieten und Beschäftigung suchen, auf das Gründlichste durchstöbert. Schon eine Stunde vor dem Erscheinen der nächsten Nummer sind die Ausgabestellen von männlichen und weiblichen Personen, vom zehnjährigen Laufburschen an bis zur ergrauten Kinderfrau, förmlich belagert, und die Schutzmannschaft hat genug zu thun, um die Passage auf dem Bürgersteig und dem Straßendamm gangbar zu erhalten. Hier erblüht der Volkswitz und der Galgenhumor auf seinem ausgiebigsten Felde und vor dem dankbarsten Publikum.

Ueber die Entstehung und das Wesen des Berliner Witzes ist bereits eine ganze Bibliothek zusammengeschrieben; einig geworden hierüber sind die deutschen Gelehrten auch diesmal wiederum selbstverständlich nicht. Man wird also auch von unserer Arbeit nicht verlangen, daß sie das Räthsel völlig löse, wie unter dem ernsten, bedächtigen, mitunter schwerfälligen norddeutschen Volksstamm die schlagfertige und schneidige Eigenart des Berliner Witzes sich oasenartig entwickelt hat.

Der Berliner Witz wurde vorbereitet durch die französische Einwanderung unter dem Großen Kurfürsten, in deren Gefolge eine Menge schöngeistiger und leichtlebiger Persönlichkeiten an den Berliner Hof kamen. Dort kontrastirte freilich noch lange das unbeholfene Wesen des märkischen Adels, der Hofgelehrten und der Hofpoeten, deren Allüren so steifbeinig wie ihre Verse waren, zu dem gallischen Esprit. Unter der philosophischen Königin Sophie Charlotte sehen wir das altberlinische Element schon mehr in den schöngeistigen Ton des Hofes hineingezogen, aber noch immer ist der Witz geneigt, in Plumpheit und in die Zote zu verfallen. In letzteres Fahrwasser geräth der Berliner Witz noch mehr unter dem derben Soldatenkönige Friedrich Wilhelm I., obwol dieser dem Witz so wenig abhold ist, daß er ihn in seinen Tabakskollegien förmlich kultivirt und es nicht übel nimmt, wenn die Majestät mitunter selbst als Zielscheibe dient. Seine Läuterung und Verfeinerung erhält der Berliner Witz erst unter Friedrich dem Großen, von dem selbst unzählige launige Anekdoten existiren.

Ausgabe des Berliner Intelligenzblattes. Zeichnung von H. Lüders.

Von seiner Zeit ab vertieft und begründet sich der witzelnde oder, um des Alten Fritz' Wort anzuwenden, der „räsonnirende" Zug im Volkscharakter, begünstigt durch die Aufklärungsphilosophie und die religiöse Freigeistigkeit des großen Königs selbst. Das auf das Zeitalter des Letztern fallende Jahrhundert verallgemeinert und verfestigt den Berliner Witz in der Volksseele. Im hohenzollerschen Herrscherhause ist die Fridericianische Tradition stets aufrecht erhalten worden: wir erinnern nur an Friedrich Wilhelm IV., von dem, namentlich aus seiner Kronprinzenzeit her, eine Reihe geistreicher und beißender Witze im Volksmunde fortlebt, welche, gesammelt, ein artiges Bändchen ergeben würden.

Wenigstens zwei Pröbchen hiervon wollen wir nicht unterdrücken. Beim Nachtisch wurden Räthsel zum Besten gegeben, der Minister von Kleewitz vermochte jedoch trotz aller Mühe keins vorzubringen. „Sagen Sie doch", rief ihm der Kronprinz zu, „was ist das?

„Das Erste frißt das Vieh,
Das Zweite hab' ich nie;
Das Ganze ist eine Landplage!"

Das allgemeine Gelächter über die naheliegende Auflösung (Kleewitz) verdroß den Minister so sehr, daß er sich bei Friedrich Wilhelm III. beschwerte. Als der Kronprinz von diesem ungehalten zur Rede gestellt wurde, äußerte er gelassen, seine Auflösung sei: „Heuschreck".

Als die Musik das Lied „Ich bin ein Preuße" spielte, sagte der Herzog von Anhalt-Köthen zu Friedrich Wilhelm IV.: „Wie beneide ich die Preußen um diese Nationalhymne." Das ist nicht nöthig, versetzte der König, singen Ew. Hoheit doch: „Ich bin ein Köther, kennt ihr meine Farben!" —

Man hat behauptet, daß der Mangel an öffentlichem politischen Leben den Berliner gewissermaßen gezwungen habe, seine Kritik der Staats- und Kirchenverwaltung in Witzform zu kleiden, und daß der Berliner Witz seit Gewährung einer Repräsentativverfassung und dem Eintreten Preußens unter die parlamentarische Staatengruppe ausgestorben sei. Beide Ansichten, obwol noch jetzt ab und zu aufgewärmt, sind schief. Daß der Witz sich zur Zeit des absoluten Regiments und der Nichtöffentlichkeit der Staatsverwaltung, wo er irgend konnte, der öffentlichen Angelegenheiten bemächtigte, soll nicht bestritten werden und wird Niemand dem Witz verargen. Aber das Leben in Berlin war damals kleinbürgerlich, das öffentliche Interesse gravitirte mehr in der Literatur und besonders im Theater. Hauptsächlich aber erstreckte sich der Witz auf das materielle Leben und Treiben der Bevölkerung. Der Witz war harmloser als er später wurde und jetzt ist.

Wer eine Probe dieser Berliner Geistesblitze aus den ersten Jahrzehnten des 19. Jahrhunderts genießen will, der sehe sich die im Verlag der Gebrüder Gropius im Cholerajahr 1831 erschienenen, launig und geistreich illustrirten „Berliner Witze" an. Er wird dort den berühmten Witzbold Eckensteher Nante mit der Schildnummer 35 finden und damit der Vaterschaft vieler im lieben Deutschland seitdem längst eingebürgerten Schlagwörter auf die Spur kommen. Ueber die berühmte Redensart „das Karnickel (Kaninchen) hat angefangen", belehrt uns z. B. das Witzblatt Nr. 2: Der Hund eines Herrn beißt auf dem Dönhofsplatz einem Verkäufer von Kaninchen eins dieser Thiere todt. Auf den entstandenen Lärm eilt ein Polizist herbei und bedeutet den Herrn, daß er entweder sofort bezahlen oder ihm zur Feststellung seiner Persönlichkeit mit auf die Wache folgen müsse. Als der Herr Umstände macht, tritt ein Schusterjunge heran und spricht das große Wort gelassen aus: „Jehen Sie dreiste mit, lieber Herr, ick jehe ock mit, ick werde't bezeigen: det Karnickel hat angefangen, der Hund is unschuldig!" — Auf einem andern Bild verkauft ein Schlächter einer „Madam" Fleisch mit vielem Knochenwerk. „Aber, lieber Mann, der große Knochen Beilage?" — „Madamken, Beilage muß sind. Wenn erst die Ochsen werden uf Bratwürschte loofen, denn kriejen Se lauter Fleesch, so lange müssen wir die Knochen ock bezahlen" — u. s. f.

Dieser harmlose Witz ist allerdings seit dem Erwachen des politischen Interesses, also seit 1848, in den Hintergrund getreten und durch einen schärferen, satirischeren Ton erseßt worden. Welcher Art derselbe ist, geht zumal aus dem Berliner Kladderadatsch, als dem Altvater der neueren Satire, hervor; man erkennt diese moderne Erscheinungsform des Berliner Wißes in ihrer Eigenart am leichtesten durch einen Vergleich mit dem ungleich anspruchsloseren süddeutschen Wiß, wie er in den Münchener „Fliegenden Blättern" Ausdruck findet.

Im Vorzimmer des Amtsgerichts. Zeichnung von H. Lüders.

Das soziale Defizit von Berlin (im Verbrecherkeller). Neben der heitern Seite der Volksseele Berlins dürfen wir die Nachtseite derselben nicht übergehen. Wo viel Licht, ist auch viel Schatten. Dem Nichtberliner, namentlich dem kleinstädtischen Provinzialen, der die Hauptstadt noch nicht besucht hat, erscheint dieselbe nicht selten als das moderne Sodom und Gomorrha. Nicht zum Wenigsten trägt hierzu die Konkurrenz der vielen Berliner Tagesblätter bei, welche, um sich gelesen zu machen, einander in sensationellen Schauergeschichten, die bei Nacht und Nebel passirt sein sollen, zu überbieten pflegen. Eine stehende Rubrik bilden dort z. B. die geheimnißvoll Verschwundenen, Leutchen, die oft aus sehr triftigen Gründen, um ihren Gläubigern aus den Augen zu kommen oder um sich ungestört herumzutreiben oder um eine kleine Gefängnißstrafe abzusitzen, auf einige Tage, wie der Berliner sagt, „verbusten", von den Sensationsreportern aber als beraubt, grausam ermordet und gräßlich verscharrt geschildert werden. Gewöhnliche Wirthshausprügeleien mit blutigen Köpfen, wie sie in jedem Städtchen, jedem Dorfe vorkommen, werden zu haarsträubenden Schicksalstragödien aufgebauscht. Fast scheint es, könnte man kein Theater mehr besuchen, denn beim Nachhausegehen riskirt man Raubanfälle. Das betrügerische „Kümmelblättchenspiel" möchte man als das Nationalvergnügen der Berliner und jeden dritten Spree-Athener für einen „Bauernfänger" oder „Hochstapler" halten ꝛc.

Gleichwol soll das soziale Defizit Berlins nicht beschönigt, vielmehr gern zugegeben werden, daß es einen beachtenswerthen Faktor ausmacht. Da nun einmal aus ganz Deutschland und weiter hinaus Menschen in der Reichshauptstadt zusammenströmen, um durch Arbeit, redliche wie unredliche, sich dort Nahrung zu verschaffen, so müssen auch viel unsaubere Elemente mit unterlaufen und selbst bessere im Kampfe des Lebens zu Grunde gehen, die der Gesellschaft zur Last fallen. Ebenso wie es unrecht ist, Amerika einen Vorwurf daraus zu machen, daß dort viel verdächtiges und verbrecherisches Volk zusammenläuft, ebenso wenig kann man der Millionstadt Deutschlands aus der Menge „catilinarischer Existenzen", die sich in ihrem Innern verbergen, nachdem einmal die Freizügigkeit Reichsgesetz geworden ist, einen besonderen Tadel votiren. Die Personalien der Berliner Verbrecher lehren, daß die Mehrzahl derselben nicht in Berlin geboren ist.

Die Verbrechen gegen die Person, hauptsächlich Mord und Todtschlag, werden, wie jetzt leider überall, von Individuen, die noch in den Zwanzigern stehen, verübt. Es ist nicht Aufgabe unserer Schrift, zu moralisiren; aber jeder Einsichtige wird uns zugeben, daß diese traurige Erscheinung der Gegenwart der mangelhaften Erziehung oder der Nichterziehung einer ganzen Altersklasse unserer Generation und damit unserer modernen Gesellschaft überhaupt zur Last gelegt werden muß.

Bezüglich der Vergehen gegen das Eigenthum äußert sich eine erfahrene Autorität wie folgt. „Nur eine große Stadt, wo das Verbrechen sich systematisch, nach bestimmten praktischen Regeln und Kunstgriffen ausgebildet hat, kann eine, fast möchte man sagen, organisirte Diebeswelt besitzen. So ist es in Berlin. Die gestraften Individuen, von der Gesellschaft verstoßen, aller bürgerlichen Vorzüge beraubt und der polizeilichen Disziplinarstrafgewalt in jedem Augenblick verfallen, sind hierdurch selbstredend nur auf den Verkehr unter sich oder unter Gleichgesinnten angewiesen. Daher haben sie ihre bestimmten Orte, wo sie zusammenkommen, ihre bestimmten Dirnen, mit denen sie leben, ihre bestimmten Gaunerausdrücke, in welchen ihre Rede sich bewegt. Daher kennen sie auch alle einander persönlich, und diese persönliche Bekanntschaft wird durch das öftere Zusammensitzen im Kriminal- und Polizeigefängnisse, im Arbeits- und Zuchthause immer neu und frisch erhalten. Gerade diese, durch unsere Gesetze und Einrichtungen herbeigeführte Isolirung der Verbrecherwelt, diese gewaltsame Absperrung von dem moralisch gesunden Theile des Volkes ist aber die Hauptursache der steigenden Zunahme der Verbrecher, weil hierdurch die Quellen des rechtlichen Broterwerbes verstopft und nicht blos hierdurch, sondern durch schädliche Gesellschaft der Bestraften unter sich selbst immer neue Anreize zu Angriffen auf fremdes Gut gegeben werden. Sonach hat sich hier ein ganz eigenthümlicher Verkehr unter den Bestraften und ihren Dirnen gebildet, der sich der Oeffentlichkeit besonders in einer Reihe von Tanzkneipen, Schnapsläden und Puppenspiellokalen kundgiebt."

Viele dieser Lokale befinden sich, der althergebrachten Berliner Bauart entsprechend, in unterirdischen Räumlichkeiten und werden Verbrecherkeller genannt. Ursprünglich, das heißt vor 50 Jahren, erfreute sich ein bestimmtes Lokal an der Ecke der Leipziger und Jerusalemer Straße, das Rendezvous der eleganten Taschendiebe und deshalb auch von Neugierigen und Fremden häufig besucht, dieses Namens. Auf einem so umfassenden Felde der Thätigkeit, wie es Berlin darbietet, kann es nicht ausbleiben, daß eine gewisse Arbeitstheilung und eine Herausbildung besonderer Verbrechensspezialitäten eintritt.

Neues Strafgefängniß zu Plötzensee. Zeichnung von G. Rehlender.

So nennt man die Betrüger, welche unter der Biedermannsmaske, als westfälische oder schlesische Linnenhändler in blaue Kittel gekleidet, hausiren und Baumwolle für Leinwand verkaufen, Leinwandnepper. Die Flatterfahrer beschäftigen sich thunlichst nur mit echter Leinwand, freilich auf andere Art, indem sie Wäsche von den Hausböden stehlen. Der Hochstapler figurirt als feiner, distinguirter Betrüger; der so viel besprochene Bauernfänger plündert, leider muß man sagen „zur Schande der Nichtberliner", diese noch immer, trotz der zahlreichen Warnungen in den Lokalnachrichten der Berliner und Nichtberliner Zeitungen, oft genug aus; noch immer sind Nichtberliner so thöricht, mit solchen vor den Museen und Schaufenstern herumlungernden Individuen, denen doch die Gaunermiene vom Gesicht zu lesen ist, sich in Verkehr und auf das übel beleumdete „Kümmelblättchen" einzulassen. Auch die Torfdrücker (Taschendiebe) wundern sich, daß die „Dummen" (die Unvorsichtigen, welche Geld und Werthsachen in die offenen Rocktaschen stecken) nimmer aussterben. Eine andere Klasse sind die **Stipper**, welche Ladenkassen mit Leimruthen bestehlen; wiederum anders operiren die eleganten und gewandten **Ladendiebinnen**, welche Waaren unter ihren Mänteln zu eskamotiren verstehen.

Die **Kracherfahrer** oder **Goleschlächter** bestehlen die von und nach den Bahnhöfen fahrenden Rollwagen. Die **Chilfer** verüben Diebstähle beim Geld=, namentlich Goldwechseln. Die **Kastenschieber** räumen die Ladenkassen aus. Eine erst neuerdings aufgekommene Klasse bilden die **Marder**, so die **Briefkasten=marder**, Kinder, welche in geschickter Weise mit ihren kleinen Händen, die öffentlichen Briefkasten berauben; **Gänsemarder**, Diebe, welche im Herbst die fetten Gänse von den Küchenfenstern mit einem besondern Diebesgeräth stehlen; **Paletotmarder**, die aus „Versehen" in Restaurationen fremde Ueberröcke anziehen und mitnehmen u. dgl. m. Alle diese Verbrecher arbeiten lediglich in ihrer Spezialität und lassen sich nie oder nur ungern zu anderen Streichen herbei.

Die Berliner Verbrecher haben ihren eigenen, schwer verständlichen Jargon, der theils Berliner Jdiotismen enthält, wie z. B. „Blitzableiter" für Schutz=mann (wegen der Helmspitze so genannt), größtentheils aber mit dem Rothwelsch und der deutschen Gaunersprache übereinstimmt, welche letztere viele, meist verdorbene hebräische Wörter einschließt. Einzelne Worte und Wörter mögen das Spitzbubenlatein illustriren: **Schränkzeug** (Geräth zum Einbrechen), **Clamoniß** (Dietrich), **Tanteln** (Nachschlüssel). **Masatten=heber** (der eigentliche Einbrecher), **Kabber** (die Genossen), **Schmiersteher** (Aufpasser), **Chesse Leute** (Spitzbuben), **Greiferei** (Polizei), **Gannew** (Gauner), **Keiben** (Diebsdirnen), **Kobern** (das Anlocken von Männern seitens liederlicher Dirnen), **Schärfen** (Hehlerei), **Kassiber** (heimlich zugesteckter Zettel), **Putz** (Ausreden vor der Polizei und dem Gericht), **Kaspern** (die verbotene Unterhaltung im Gefängniß), **Balmischpets** (die Untersuchungsrichter). Manche Sätze, ja ganze Unterhaltungen im Rothwelsch bleiben dem Uneingeweihten völlig unverständlich. Kein solcher wird z. B. ahnen, daß „Schmuse betucke, der Schien tippelt!" bedeutet „Sprich leise, der Gefangenwärter kommt!" Das Bild Seite 213 zeigt uns, wie es im Vorzimmer des Amtsrichters aussieht, der mit den Schöffen über leichtere Vergehen abzuurtheilen hat.

Als Zwing=Uri gegen die Berliner Verbrecherwelt hat lange Zeit die Stadtvoigtei, Molkenmarkt Nr. 1—3, zwischen den Gebäuden der königlichen Staatsanwaltschaft, des Kriminalgerichts und des Polizeipräsidiums belegen, gedient. Jetzt ist ein gewaltiges neues Gefängniß für solche Personen, welche zu Gefängnißstrafe verurtheilt sind, am Plötzensee nordwestlich Berlins bestimmt. Das riesige Etablissement, 1868—1878 mit einem Aufwande von ca. 7 Millionen Mark nach den Plänen des Geh. Oberbauraths Herrmann gebaut, nimmt den Raum eines Städtchens ein und faßt, der Bevölkerung eines solchen entsprechend, 1600 Gefangene und ca. 400 Personen der Beamtenfamilien. — Das Arbeitshaus in Rummelsburg, von der Kommune nach den Plänen Blankenstein's errichtet, ist für Bettler, Landstreicher, liederliche Dirnen u. s. f. bestimmt. — Das Zellengefängniß an der Invalidenstraße, für die zu Zuchthausstrafe verurtheilten Männer, kann 500 Gefangene in strenger Einzelhaft und 65 in Kollektivhaft aufnehmen und wurde nach dem Vorbilde von Petonville 1842—1849 durch den Geheimen Oberbaurath Busse erbaut. In dem nordwestlichen, nahe der Lehrter Straße belegenen Hofe ward der Attentäter Hödel, welcher am 11. Mai 1878 auf Kaiser Wilhelm schoß, am 16. August desselben Jahres durch den Scharfrichter Krauts mit dem im Märkischen Museum befindlichen Richtbeil enthauptet: die erste Vollziehung der Todesstrafe nach langem Zwischenraum in Berlin, welcher hier bislang auch keine weitere gefolgt ist.

Wegen Unzulänglichkeit des bisherigen Strafgerichtsgebäudes ist in der Nähe des Zellengefängnisses am Treffpunkt der Rathenower Straße und der Straße Alt=Moabit ein neuer großartiger Gebäudekomplex mit ausgedehnten Gefängnissen für die Untersuchungsgefangenen erbaut worden, welcher wegen der Gediegenheit seiner Ausstattung und der Umfänglichkeit der Anlage zu den Sehenswürdigkeiten Berlins zählt.

Zur Naturgeschichte des Berliners („die preußische Rasse").

Nachdem wir den Reichshauptstädter von den verschiedensten Seiten kennen ge= lernt haben, wollen wir den Versuch zu einer „Naturgeschichte" desselben machen. Ueber keinen Hauptstädter unsers lieben Deutschlands ist verschieden= artiger geurtheilt worden. Während manche Schriftsteller durch den enormen, ungeahnten Aufschwung Berlins zu einem Panegyrikus des Volkscharakters be= geistert worden sind, haben andere, z. B. der Franzose Tissot, um das Goethe'sche Wort im Faust zu gebrauchen, den Berliner nicht viel besser veranschlagt, als eine „Spottgeburt von Dreck und Feuer". Wir deuteten bereits bei Schilderung der Volkstypen an, daß der jetzige Berliner Volksgeist nur als ein Ergebniß ge= schichtlicher Verhältnisse richtig beurtheilt werden kann. Seit dem französischen Kriege von 1870/71 ist denn auch die Naturgeschichte des Berliners im Zusammenhange mit der des Preußen allen Ernstes ethnologisch vor dem Tribunal der berühmtesten Anthropologen der Welt verhandelt worden. Den sieg= gewohnten Franzosen, welche nicht nur an der Spitze der Civilisation zu marschiren und den Ausbau der Intelligenz für Frankreich, zumal für Paris, zu vindiziren gewohnt sind, erschien ihre Niederlage durch die Deutschen so ungeheuerlich, so unbegreiflich, so sinnverwirrend, daß sie sich in aller Form Rechtens eine wissenschaftliche, völkerrechtliche und völkerpsychologische Erklärung hierfür zurecht machen mußten. Dies ist vollen Ernstes von einem angesehenen Anthropologen und Ethnologen, Monsieur de Quatrefages, geschehen in der vielbesprochenen Erfindung des type berlinois und der race prussienne. Nach der Meinung dieses Gelehrten und der meisten Franzosen sind die eigentlichen Deutschen eine stille, gutmüthige Rasse, aus Gelehrten und Ungelehrten be= stehend, beide zufrieden, wenn man sie selbst in Ruhe läßt, beide keine größeren Genüsse als eine wohlgestopfte Pfeife „Toback" und ein volles Glas Bier kennend, wobei jene zu „philosophiren", diese zu „duseln" pflegen. Diese Vollblut= Germanen sind Frankreich ungefährlich; es giebt unter ihnen zwar Querköpfe (têtes carrées), welche mitunter nicht so wollen, wie der gallische Nachbar; allein bei vorsichtiger und fester Behandlung beruhigen sich diese Elemente nicht nur leicht, sondern können auch — vergleiche den seligen Rheinbund — höchst nützliche Glieder im Bunde mit den Franzosen für deren weltbeglückende Missionen (Einverleibung des linken Rheinufers ꝛc.) werden. Unter diesen guten, harmlosen Deutschen, freilich schon nicht mehr auf eigentlich deutschem

Gebiete, macht sich seit mehr denn hundert Jahren in beunruhigender Weise ein neues Volkselement, die sogenannte preußische Rasse, breit.

Diese preußische Rasse hat zwar in schlauer Weise die deutsche Sprache angenommen, enthält aber eigentlich kaum germanisches Blut, vielmehr besteht sie wesentlich aus Finnen mit slavischer Beimischung. Von den russischen Grenzen her ist dieses der Civilisation Europa's gefährliche Element, wie dereinst die Mongolen, mit erschreckender Schnelligkeit vorgedrungen. Von halbbarbarischer Abstammung, zeigt dieser Preuße alle Merkmale des Halbwilden: Verschmitztheit unter dem Deckmantel des Biedermanns, Roheit statt Bildung, Grausamkeit, Blutdurst und eine unersättliche Habsucht, Ländergier und Beutelust. Preußen ist zu arm und verwahrlost, diese Horden zu ernähren; so haben sie sich unter der Maske des Deutschthums unvermerkt in Deutschland eingenistet, die Deutschen erst düpirt und dann in dem „siebentägigen Raubzug" von 1866 nach Art der Hunnen unvermuthet niedergeschmettert und unterjocht. Erschreckt und völlige Vernichtung gewärtigend, mußten ihnen die unglücklichen Deutschen 1870/71 gegen die Franzosen, die es mit Letzteren doch so redlich meinen, Heerfolge leisten, und das arme Frankreich von den unermeßlichen preußischen Heerscharen, an der Spitze Kaiser Wilhelm und Bismarck, einem Dschingiskhan und seinem Großvezier ähnlich, ist von diesen halbwilden preußisch-finnischen Völkerscharen im Ansturm überwältigt worden, wie seiner Zeit Spanien durch die Mauren und Ungarn durch die Türken. Den schlimmsten Ausdruck aber, den Prototypus der preußischen Rasse, bildet der Berliner.

Diesen Gallimathias haben französische Gelehrte, nicht ohne die Zustimmung anderer nicht französischer, selbstredend aber nicht deutscher Kollegen, wissenschaftlich durch Schädelmessungen u. dgl. zu erhärten versucht.

Wird man auch Angesichts des gekränkten Nationalgefühls der Franzosen mit dieser wunderlichen Theorie nicht zu streng ins Gericht gehen, so ist doch aus der Gesammtanschauung unserer Nachbaren deutlich herauszulesen, daß ihnen der preußische, besonders aber der berlinische Volkscharakter in der großen Masse der deutschen Nation als eigenartig aufstößt; und diese Eigenartigkeit, dies bestimmte und schneidige, kurz entschlossene und darum mitunter etwas schroffe Wesen der bezeichneten Volksgruppe ist wirklich vorhanden und um so auffallender, als dieser Typus mit Ausnahme des Ostpreußen, vornehmlich des dem Berliner in so vielen Punkten ähnlichen Königsbergers, in Norddeutschland nicht weiter existirt. Aus Vergleichen wird die Besonderheit am leichtesten verdeutlicht, und so wolle man gegen Berlin und seine Bevölkerung einmal Hamburg und seine Volkseigenthümlichkeit abwägen. Beide Städte pflegen seit Jahrhunderten enge Beziehungen, die sich mit dem Anwachsen Berlins als Industrieplatz erheblich steigern; gleichwol ist die Verschiedenheit derselben außerordentlich. Der Hamburger ist ruhig, bedächtig, mitunter bis zum Phlegma; der Berliner lebhaft, laut und selbst in den gebildeten Ständen zu einer schnellen Erregtheit neigend.

Diese Natur des Berliners und, wenn wir einmal den Ausdruck des Herrn Quatrefages anwenden wollen, der preußischen Rasse, ist um so merkwürdiger, als die deutschen Einwanderer, welche unter Albrecht dem Bären im 12. Jahrhundert die Mark Brandenburg besiedelten, wie uns Helmold, der Chronist der Slaven und die ältesten Familiennamen bezeugen, von der untern

Elbe und Weser kamen, also den hamburgischen Kolonisten stammverwandt sind. Die Sprache der Berliner war, wie die vorhandenen Urkunden lehren, niedersächsisch, ebenso Sitte, Recht und Gebräuche. Nach allen Schilderungen müssen wir auch den Berlinern von ehemals uns als derb, langsam und schwerfällig, im Guten wie im weniger Guten dem niederdeutschen Volksstamm entsprechend vorstellen. Unter Kaiser Karl IV. und unter dem ersten hohenzollerschen Kurfürsten wird die primitive märkische Volksart gegenüber dem gewandten, feinern Gebaren der Süd- und Mitteldeutschen von den zeitgenössischen Schriftstellern sogar ausdrücklich hervorgehoben.

Bis tief in die zweite Hälfte des 17. Jahrhunderts bleibt die ethnologische Zusammensetzung und damit der Volkscharakter des Berliners der nämliche. Von da ab erhielt aber, wie wir Seite 17 anführten, Berlin binnen wenig Jahren eine Vermehrung von über 46 Prozent an Franzosen, ein nicht blos numerisch, sondern auch durch feinere Sitte und Lebensart, Reichthum und staatliche Bevorzugung außerordentlich einflußreiches Bevölkerungselement, zu dem alsdann fremde Ansiedler aus der Schweiz, ferner Wallonen, Böhmen, Mähren, Salzburger u. f. f. nach und nach hinzutraten. Der Hof that das Seinige im reichsten Maße, wie wir ebenfalls gesehen haben, um das geistige Wesen des Berliners in Anregung und Gährung zu erhalten. Von der zweiten Hälfte des vorigen Jahrhunderts macht sich sodann das jüdische Element mehr und mehr in Berlin geltend; man kann wol sagen, daß die besten Bestandtheile des israelitischen Stammes, nicht blos die Plutokratie, sondern die geistige Aristokratie desselben, sich mit Vorliebe nach Berlin gewendet und in unverkennbarer Weise auf die Physiognomie Berlins eingewirkt haben. Es genüge, an die glänzenden Namen von Moses Mendelssohn, Marcus Elieser Bloch, an die Familien Friedländer, Magnus, Hertz, Behr, Eberty, an die Rahel Levin (Gemahlin Varnhagen von Ense's), Felix Mendelssohn-Bartholdy u. f. w. zu erinnern. Durch Fleiß und Ausdauer hat die jüdische Bevölkerung Berlins sich großen Wohlstand erworben, durch hervorragende Talente sich zu den höchsten Ehren- und Vertrauensstellungen in der Staats- wie Kommunalverwaltung emporgeschwungen. Ihr Einfluß auf die Literatur und Tagespresse, auf das gesellige und öffentliche Leben Berlins ist immer bestimmender, mitunter tonangebend geworden; die Lebhaftigkeit, die schnelle Fassungsgabe, Geistesgegenwart und rasche Entschiedenheit des jüdischen Charakters hat sich mit den Impulsen, welche der Berlinischen Bevölkerung durch die übrigen fremden Einwanderer gegeben wurden, so glücklich kombinirt, daß es nach diesseitiger Auffassung einseitig und unhistorisch wäre, wollte man den jüdischen Faktor in der Naturgeschichte des Berliners außer Acht lassen.

Um das Produkt des modernen Berliners herzustellen, muß man endlich noch die sonstige überaus starke Einwanderung und die fortwährend geistige Reibung in Rechnung stellen, welche der außerordentlich große und vielseitige Verkehr der Millionstadt hervorruft, mit dem sich keine andere deutsche Stadt vergleichen kann, weil eben keine auch nur annähernd so viel Bewohner hat. In allen Millionstädten, wie London, Paris, New-York, finden wir aber jenes rasche, rücksichtslose Leben und Treiben, jenes Drängen und Stoßen in der großen Masse wie im Wesen des Einzelnen, jene Nervosität, welche so leicht von dem Fremden falsch verstanden und übel gedeutet wird.

Dafür, daß die unliebsamen Eigenschaften des Berliners nicht so schlimm sein können, wie sie häufig geschildert werden, spricht doch vor Allem die ungemeine Anziehungskraft, welche die Spreestadt ausübt und durch die Einwohnervermehrung statistisch erhärtet wird. Dabei ist die Assimilirungskraft Berlins eine in der That erstaunliche. Die Berliner Gesammtbevölkerung hat, wie ein scharfer auswärtiger Beobachter betont, keinen spezifisch partikularistischen Charakter, keine eigentliche historisch hervortretende Lokalfarbe. Es ist auffallend, wie wenig alteingesessene Familien es in Berlin giebt. Man mustere in einer großen Gesellschaft in Berlin einmal die Herkunft der Anwesenden, und man wird erstaunen, wie wenig der Letzteren geborene Berliner sind. In der Berliner Stadtverordneten-Versammlung, also der durch freie Wahl berufenen bürgerschaftlichen Vertretung, hört man alle möglichen Dialekte „vom Fels zum Meer", so daß im deutschen Reichstage die Zusammensetzung der Idiome nicht viel buntscheckiger ist.

Aber der Berliner Dialekt! Karl Braun-Wiesbaden bemerkt hierüber: „Es giebt zwar eine Berliner Eigenthümlichkeit, zu sprechen, aber nicht eine Berliner Mundart oder einen Berliner Dialekt in dem richtigen wissenschaftlichen Sinne des Wortes. Das, was man in Berlin als „Berliner Slang" spricht, ist nämlich nichts spezifisch Ursprüngliches, sondern ein Konglomerat von verschiedenen dialektischen Ausdrucksweisen, die hier zusammengeflossen sind und sich an einander abgeschliffen haben, so daß sich aus ihnen ein selbstständiges gemeinsames Drittes gebildet hat, das sein Charakteristisches darin sucht, daß es die partikularen Schroffheiten, Spitzen, Ecken und Kanten der Einzeldialekte über Bord geworfen hat.

Derselbe, in Süddeutschland geborene, in Leipzig eingesessene, unparteiisch urtheilende Gewährsmann möge mit seinem Verdikt über den Berliner das Kapitel beschließen. „Ich will nicht sagen, daß der Berliner ein farbloses und indifferentes Geschöpf sei. Im Gegentheil, der Berliner — ich spreche hier von der Masse, und namentlich von den unteren und mittleren Klassen — hat seine scharf hervortretenden charakteristischen Eigenschaften. Vor Allem ist er fleißig und energisch. Etwas spöttisch und „schnobberig", aber nicht mißgünstig. Etwas „krakehlig" und streitbar, aber dabei dennoch gutmüthig. Eine böse Zunge, aber ein gutes Herz. Mundfertig und disputirsüchtig im Frieden, gehorsam und tapfer im Kriege. Ein schneidiger Fortschrittsmann, aber seinem Könige treu und aufrichtig ergeben. Gut deutsch, aber doch noch etwas besser preußisch. Radikal in politischen und streng rationalistisch in religiösen Dingen. Voll Widerstandslust und Widerstandskraft gegen Bureaukraten, Pfaffen und Junker, nicht ganz ohne einen leisen Anflug von Chauvinismus. Er schläft manchmal recht lange, wie von 1820 bis 1840, aber dann kommt ein plötzliches scharfes Erwachen. Doch genug zur Naturgeschichte des Berliners. Sagen wir kurz: Er ist weit besser, als sein Ruf!"

Kaiserfamilie. Zeichnung von Mörling und Neumann.

Ausflug nach Potsdam.

Friedrich Wilhelm I. und seine „blauen Jungen". — Das Militärwaisenhaus. — Die Garnisonkirche. — Das holländische Quartier mit dem Tabakskollegium. — Die Bittschriftenlinde, das Stadtschloß und Sanssouci (Friedrich's des Großen letzte Lebensjahre). — Die Friedenskirche (Friedrich Wilhelm's IV. Lebensende), Orangeriehaus, Pfingstberg, Sacrow, Nikolskoe. — Die Russische Kolonie. Die Pfaueninsel (Kunkel von Löwenstern). Friedrich Wilhelm III. in Paretz. — Die kronprinzliche Familie im Neuen Palais. — Das Marmorpalais. — Glinicke. — Die Weber von Nowawes. — Die deutsche Kaiserburg Babelsberg.

Friedrich Wilhelm I. und seine „blauen Jungen". Die Soldatenstadt und Residenz der preußischen Könige ist den Fremden zumeist nur in dieser Eigenschaft bekannt, und die Wenigsten ahnen, daß dieselbe geschichtlich weit älter als Berlin ist, daß der Ort Poždupimi (aus dem Wendischen verdeutscht „Unter den Eichen") bereits im Jahre 993 in einem von Kaiser Otto III. dem Kloster Quedlinburg ertheilten Gnadenbrief erwähnt wird, und daß eine Burg, eine Stadt und ein Kietz gleichen Namens bei einander seit jener Zeit existiren. Vom königlichen Hofe abgesehen, war Potsdam allerdings bis zum Jahr 1806 nicht viel mehr als eine große Kaserne und nebenbei eine Werkstatt von Bauhandwerkern.

Die Augen der Welt wurden auf die stille Stadt erst zur Zeit des Soldatenkönigs Friedrich Wilhelm's I. gelenkt, der hier seine „blauen Jungen", namentlich seine Lieblinge, die Riesengarde, drillte. In Berlin haben wir den höchst eigenartig angelegten und darum vielverkannten Monarchen als strengen, sparsamen Familien- und Hausvater gesehen; in Potsdam lernen wir den einzigen Luxus, den er sich erlaubte, das Soldatenspiel, kennen. Bereits als Kronprinz hatte er für besonders „große Kerls" eine eigenthümliche Vorliebe gezeigt und mit schwerem Gelde solche für die Leibkompagnie seines Regiments, welche in Königs-Wusterhausen stand, als Flügelmännern angeworben. Kaum zur Regierung gelangt, bemüht sich der König, sein Potsdamer Leibregiment aus lauter „großen Kerls zu rekrutiren; so entstand die vielbesprochene Riesengarde. Da dergleichen Männer von übergroßer Statur nicht leicht in Menge aufzutreiben waren, so mußten zur Austreibung und Anwerbung, sowie zum Transport derselben aus der Heimat nicht selten gewaltige Geldsummen aufgewendet werden. Leute von 6 Fuß kosteten tausend Thaler und darüber, solche von ganz ungewöhnlicher Statur noch viel mehr. Die Mannschaften stellten eine vollständige Völkergalerie dar; da waren neben langen Uckermärkern und Wenden Polen und Russen, Irländer, Italiener und andere Slaven östlicher und südlicher Herkunft. Die preußischen Gesandten hatten vollauf damit zu thun, dem strengen Gebieter lange Kerle zu verschaffen; und mit nichts konnten sie demselben sich wohlgefälliger erweisen, als mit der Uebersendung eines Spezimens so seltener Menschenwaare. Dabei wurde mit recht weitem Gewissen verfahren, nicht selten List, ja eigentlich Betrug, wo es sein mußte, auch offene Gewalt angewendet; und wehe Dem, der sich im Dienst störrisch zeigte oder Fluchtversuche machte. Auf Desertion stand der Galgen; wer sich im Dienste gegen einen Offizier gewaltsam widersetzte, wurde „arkebusiret" (erschossen) oder mit dem Schwert enthauptet. Der Dienst war anstrengend und durch seine Einförmigkeit ermüdend; doch zeigte sich der Fürst tüchtigen „Subjekten" gegenüber gnädig. Die Uniform war reich ausgestattet, die Löhne waren hoch, 4 Thaler für den Gemeinen zum Mindesten, bei besonders großen Grenadieren, namentlich bei den Flügelmännern, bis 20 Thaler monatlich steigend. Das eigenthümliche Wohlwollen des gestrengen Herrn erstreckte sich bis auf die vertrautesten Verhältnisse, bis auf die Ehe seiner blauen Jungen. Nichts konnte ihn mehr erfreuen, als wenn ein großer Kerl sich eine entsprechend große Dirne antraute; der König sorgte dann gern für die Aussteuer. Umgekehrt konnte ihn nichts mehr erzürnen, als wenn ein Riese eine vom König für ihn ausgesuchte Riesin nicht heirathen wollte. Zu den größten Leibgardisten zählte ein Norweger, Namens Jonas, und ein Preuße Hohmann. Als der hochgewachsene König August der Starke von Polen 1728 sich in Potsdam befand, vermochte er dem Manne nicht auf den Kopf zu reichen. Ein anderer Riese hatte sich lange Zeit als solcher für Geld sehen lassen und wurde allgemein wie ein Wunder angestaunt; er entging seinem Schicksal, in das Potsdamer Leibgrenadierregiment zu gerathen, nicht, wurde aber hier noch von vier oder fünf anderen Soldaten weit überragt. Das Gerippe eines solchen Potsdamer

Goliath's ist noch jetzt im Anatomischen Museum zu Berlin aufbewahrt. Das Regiment zählte drei Bataillone zu 800 Mann; man kann daraus entnehmen, wie schwer es sein mußte, diese 2400 Mann, bei denen Desertion und Tod „fürchterlich Musterung hielt", vollständig zu erhalten.

Bei der Leichenparade zu Ehren des verstorbenen Monarchen am 22. Juni 1740 erschien das Leibregiment zum letzten Male vollzählig. Friedrich II. löste das Riesenregiment auf und behielt nur ein Bataillon der kleinsten Leute übrig.

Die Potsdamer Riesengarde.

Der Rest ward in andere Regimenter gesteckt oder entlassen; an dem Unglückstage von Kollin fiel der letzte Rest der Riesengarde im tapfersten Kampfe gegen die österreichische Uebermacht.

Noch sind aber in Potsdam die Spuren der „großen Kerls" nicht ganz verwischt; wir meinen hier nicht ihre leiblichen Nachkommen, die man unter den Potsdamer Enakskindern noch immer wiedererkennen will, sondern das daselbst garnisonirende erste Garderegiment zu Fuß, welches noch immer die längsten Leute des preußischen Heeres enthält, wenn sie bei feierlichen Gelegenheiten die alten hohen spitzen Grenadiermützen mit dem blanken Blechschild vorn tragen, noch größer und stattlicher erscheinend.

Das Militärwaisenhaus. Streng, aber väterlich! Das war die Losung des Soldatenkönigs. Dies bekundete er u. A. in der Erbauung einer Versorgungs= und Erziehungsanstalt in Potsdam im Jahre 1722. Die Anstalt umfaßt das große Knabenwaisenhaus, das Mädchenwaisenhaus, das Haus für Offizierstöchter und das Lazareth, mit reicher Dotirung in Ländereien. Die Anstalt wurde für arme Soldatenkinder des ganzen Heeres bestimmt, welche über sechs Jahre alt und nicht gebrechlich sind. Alle wurden nicht nur ganz frei ernährt und gekleidet, sondern auch unterrichtet und erzogen, auch bei ihrer Entlassung ausgesteuert. Die Einrichtung war um so segensreicher, als bei dem damaligen Werbesystem die Soldaten sehr lange, oft zeitlebens, in ihrem Stande blieben und heiratheten, so daß die Hinterbliebenen nicht selten in Noth geriethen. Diese Verhältnisse haben sich seit der Einführung der allgemeinen Wehrpflicht erheblich geändert; noch immer aber ist das Militärwaisenhaus ein überaus wohlthätiges Institut, nebenbei für das preußische Heer aber auch von Bedeutung, da es demselben trefflich vorgebildete Unteroffiziere liefert. Die Disziplin, obwol militärisch streng, unterdrückt den natürlichen Frohsinn in den Kindern keineswegs, wie man in den Freistunden bei den Spielen, auf den Spaziergängen u. s. f. leicht beobachten kann. Das Gebäude zeichnet sich mehr durch seine Weitläufigkeit aus als durch seinen Stil, welcher der Entstehungszeit entsprechend nüchtern ist. Eine vom kunstgeschichtlichen Standpunkte traurige Beziehung knüpft sich an die Erbauung des Militärwaisenhauses: die Zerstörung des ältesten Gotteshauses, ja gewissermaßen des geheiligten Wahrzeichens der ganzen Mark Brandenburg, der berühmten, im byzantinischen Stile erbauten **Marienkirche auf dem Marien= oder Harlunger Berg bei Brandenburg.**

Den Besuchern des Königs unsers Harzgebirges, des Brocken, wird im Nordosten des Horizontes, in etwa 155 km Luftlinien Entfernung, ein kaum sichtbarer Punkt, der sagenumwobene Harlunger Berg, gezeigt, der Berg, welcher die erste christliche Kirche auf dem rechten Elbufer getragen haben soll. Ueber den Namen Harlunger Berg ist viel fabulirt worden; in die Kriegszüge wider die Wilzen, welche Karl der Große bezwang, wird er verflochten, und vielleicht will der Name Harlunger Berg nichts als Karlinger Berg, einen der Punkte, auf welchem die fränkischen Christen über das Wendenland Umschau hielten, andeuten. Einst stand auf ihm der Tempel des dreiköpfigen Gottes Triglaff, und noch lange ward dieser hölzerne Götze in dem herrlichen, zuerst 1166 erwähnten Gotteshause bewahrt. Später verfiel dasselbe aus Verwahrlosung im Innern etwas, war aber im Ganzen und Großen noch wohl erhalten, als Friedrich Wilhelm I. Befehl gab, das Gebäude abzubrechen, um die Steine für den Bau des Potsdamer Waisenhauses zu verwenden: eine That, welche Emil Dominik eine Roheit sonder Gleichen, für die nicht einmal die Jahreszahl des schmachvollen Ereignisses 1722 als Entschuldigung dienen könne, bezeichnet. Umsonst hatte sich das Brandenburger Domkapitel widersetzt, umsonst der Magistrat sich erboten, wenn die Kirche erhalten bleibe, aus seinen Ziegeleien die Steine umsonst nach Potsdam zu liefern. Mit Pulver mußte das zähe Mauerwerk zersprengt werden, über ein Jahr dauerte das Niederreißen und das Nachwühlen in der Erde. Das Letztere war dem Könige sicherlich die Hauptsache; er war mehr Schatzgräber als Kirchenverwüster.

Berlin. Ein Besuch des Kaisers im großen Militärwaisenhause. Zeichnung von H. Lüders.

Ein Oberst Bieny hatte ihm nämlich eingeredet, daß in den Fundamenten ungeheure Reichthümer vergraben lägen. Natürlich wurde davon nichts gefunden, und die Arbeiten kosteten viel mehr, als die Steintrümmer werth waren. Aber der König hatte doch seinen Willen durchgesetzt, und Potsdam bekam sein Militärwaisenhaus früher, als es vielleicht sonst der Fall gewesen sein würde.

Von dem am Kanal belegenen Gebäude schweift der Blick nach dem benachbarten, im nüchternen Zopfstil, nicht ohne eine gewisse steife, feierliche Würde, einem Flügelmanne der Riesengarde vergleichbar sich präsentirenden Gotteshause. Von dessen hohem Thurme spielt uns ein holländisches Glockenspiel einen Vers des alten Liedes „Ueb' immer Treu und Redlichkeit" ab: eine besonders eindringliche Mahnung zur Zeit des gestrengen Soldatenkönigs, welcher das Nichtbefolgen der zweiten Strophe „Und weiche keinen Finger breit von Gottes Wegen ab", mit den härtesten Strafen, selbst dem Galgen, zu ahnden pflegte.

Das ist die Garnisonkirche Friedrich Wilhelm's I., gewissermaßen ein getreues kirchliches Abbild seines patriarchalischen Regiments, in welcher ein einfaches Gewölbe den schmucklosen steinernen Sarg des Erbauers und daneben den noch schlichteren seines großen Sohnes birgt. Ein glorreiches Stück preußischer Geschichte umschließen die nüchternen Mauern mit ihrem Fahnenschmuck von 1813 bis 1871; mit den stummen und doch so beredten Zeugen der Erhebung Deutschlands gegen den korsischen Zwingherrn und dann zwei Menschenalter später gegen den Epigonen jenes gallischen Cäsar, der uns wider seinen Willen zur Einigung und Einheit verholfen hat.

Welch einen Gegensatz bildet hierzu, wiederum nur einen kurzen Weg weiter östlich, das holländische Quartier mit dem Tabakskollegium! Die Neigung der brandenburgisch-preußischen Herrscher für die Niederlande und niederländisches Wesen datirt seit dem Großen Kurfürsten, welcher angenehme, lehrreiche Tage im Haag verlebt hatte. Heirathen verknüpften das oranische Haus mit dem brandenburgisch-preußischen und trugen zur Pflege gegenseitiger Beziehungen bei, während außerdem unserm Soldatenkönige das nüchtern verständige, ruhig abwägende, trefflich kalkulirende Wesen der Mijnheer's besonders zusagte. Er pflegte von sich selbst zu sagen, daß er ein treu holländisch Herz habe, und ahmte holländische Sitte und Bauart nach. So entstanden in seinen späteren Lebensjahren jene seltsamen Bauten in der Nauener Straße und dem angrenzenden Häuserviertel, welche den holländischen Giebel führen und im rothen holländischen Rohziegelbau aufgeführt sind. Am Bassinplatz erhebt sich noch jetzt ein kleines Kaffee- oder Theehäuschen inmitten eines künstlichen, jetzt aus Gesundheitsrücksichten verschütteten Wasserbeckens, dessen Eigenart den Beschauer nach Amsterdam und Saardam versetzte. Daselbst versammelte der König seine Getreuen um sich, trank Bier aus irdenen, mit seinem Namenszuge, dem preußischen Adler oder dem Gardegrenadierstern verzierten Krügen und rauchte aus langen Kölnischen Thonpfeifen holländischen Kanaster dazu. Hier im Tabakskollegium herrschte eine derbe, burschikose Ungezwungenheit mit Späßen, welche unsere heutige Verfeinerung mitunter anstößig findet, die aber im Zeitgeist und im Denken der Brandenburger lagen und einen wohlthuenden Gegensatz zu der vornehmen Lüderlichkeit bildeten, die am französischen Hofe herrschte und die leider von der deutschen Nachäfferei an den meisten deutschen Fürstenhöfen als guter Ton eingebürgert worden war.

Die Bittschriftenlinde.   227

Die Bittschriftenlinde, das Stadtschloß und Sanssouci (Friedrich's des Großen letzte Lebensjahre). Nicht weit von der Langen Brücke in Potsdam steht ein krumm gewachsener, alter Baum, dem die Jahre schon so übel mitgespielt haben, daß er, halb verdorrt, nur aus einzelnen Aesten grünt. Augenscheinlich erhält ihn nur die sorgfältigste Pflege; das klaffende morsche Innere ist mit Lehm ausgefüllt, um die Fäulniß einzuschränken; eiserne Stützen sichern den Veteranen gegen Windbruch und bezeugen, daß es mit dem unansehnlichen, aber so ängstlich gehüteten Baum eine besondere Bewandtniß haben muß. Es ist die berühmte „Bittschriftenlinde".

Im Tabakskollegium.   Nach Th. van Oer.

Schräg gegenüber am Eckfenster des Potsdamer Stadtschlosses pflegte der Alte Fritz Audienz zu ertheilen und konnte von hier die Straße überschauen. Dies machten sich die Armen und Hülfsbedürftigen zunutze, postirten sich unter der Linde und hielten ihre Bittschriften so lange in die Höhe, bis der Monarch sie bemerkte und durch seinen Kammerhusaren abfordern ließ.

Die Kurfürsten Friedrich Wilhelm und Friedrich III. hatten von 1660 bis zum Jahre der Königskrönung des letztgenannten Monarchen (1701) durch ihre besten Architekten, als: Philipp de Chieze, Memhard, Nering und de Bodt, den Grund zu dem Schloßbau gelegt, der auf Befehl Friedrich's II. bald nach dem Regierungsantritt durch den früher erwähnten Freiherrn von Knobelsdorf außerordentlich verschönert und vergrößert ward. So wurden u. A. die Flügel

15*

sämmtlich zu drei Geschossen erhöht, außen korinthische Säulen und Pilaster angebracht und das Innere nach Rahl's und Hoppenhaupt's des Jüngern Zeichnungen verziert und prächtig möblirt. In diesem Schlosse wohnte auch Napoleon I. während der Okkupation; seit dem Jahre 1880 ist es gründlich für das zukünftige Kronprinzenpaar, den Prinzen Wilhelm und die Prinzessin Augusta Victoria, renovirt und im Stil der alten Zeit wieder ausgestattet worden, wobei man mit Recht auf moderne Zuthaten nur, soweit es unumgänglich schien, Rücksicht genommen hat. In der Vorstellung des Volkes wird der Alte Fritz ungleich weniger mit diesem stattlichen und weitläufigen Prachtbau, wie mit dem stillen Philosophenheim in Verbindung gebracht, zu welchem wir jetzt auf der großen vielstufigen Terrasse, nördlich von dem bekannten gewaltigen Springbrunnen, dessen Wassermassen durch die Wucht des Falles in den feinsten, schillernden Staub zerfließen, emporsteigen.

„Ohne Sorgen!" Ob der große König, als er den Namen Sanssouci für das Wohnhaus wählte, in dem er seine Tage beschließen wollte, im Ernste an seine eigene Sorgenfreiheit glaubte? Er, auf den der Ausspruch des Moses im 90. Psalm: „Unser Leben, wenn es köstlich war, ist es Mühe und Arbeit gewesen!" so wörtlich paßt, da er sich nicht blos den ersten Diener seines Volkes nannte, sondern gerade hier in Sanssouci als solcher unablässig thätig war, indem er sich nur die unumgänglich nothwendige Zeit für den Schlaf gönnte. Gerade er hat hier bis in sein hohes Alter die Wahrheit erfahren und seinen Unterthanen bewiesen, wie das menschliche Leben „ohne Sorge" nur geringen oder gar keinen Werth hat. So können wir seine Devise nur in jenem höhern philosophischen Sinne fassen, welcher die Nichtigkeit weltlicher Sorge, insbesondere die Sorgen des Ehrgeizes, der Ruhmsucht, der Genußsucht, erkannt und sich die Abstreifung dieser äußerlichen Herrschersorgen zum Ideal seiner innerlichen Läuterung und Vergeistigung gebildet, die ruhig prüfende, ethische Vertiefung des Lebens zum Endzweck gestellt hatte.

Das Schloß von Sanssouci, im besten Rococo, jenem viel verlästerten, weil viel mißverstandenen Stile, in der Zeit von 1745—1747 erbaut, erhielt nur ein Stockwerk, zum Verdrusse Knobelsdorf's, der sich von einem mehrstöckigen Palast eine erhabenere Wirkung versprach, und, ebenfalls auf den Befehl des hierin eigensinnigen Monarchen, keine Keller, daher es feucht und kalt, wenig geeignet war für einen Kriegsmann, der sich in den Strapazen der Feldzüge die Gicht geholt. Bezeichnend für den Stoicismus des gekrönten Philosophen erscheint es, daß er diese, für seine leibliche Behaglichkeit recht bald nur zu merklichen Uebelstände ohne Murren ertrug. Aber der Blick von der Terrasse ist entzückend und entschädigte den Bewohner von Sanssouci für die Unbequemlichkeiten des Schlosses. Das Auge reicht weit über die hochwipfeligen Bäume des Gartens hinaus nach der blauen Havel und den waldigen jenseitigen Höhen. Angesichts rechts vom Schloß ist ein marmornes Grab, welches Friedrich sich zur Ruhestätte erkor, aber nach dem Willen seines Neffen und Nachfolgers nicht beziehen durfte. Herum liegen im feuchten Grase Steine mit halbverwitterten französischen Namen, die Gräber der Windspiele und Lieblingshunde des Alten Fritz; auch sein Schimmel ist hier bestattet.

Die Räume von Sanssouci enthalten viel Pracht und sind fast ganz im Stile jener Zeit der Prunkliebe erhalten; dies gilt namentlich von der Zimmerflucht vom Eingang rechts, in denen der königliche Philosoph während der letzten Lebensjahre meist wohnte und woselbst er am Donnerstag, dem 17. August 1786 Morgens 2 Uhr 19 Minuten in den Armen des Kammerlakeien Strizky verstarb.

Garnisonkirche in Potsdam.

Seine Gemahlin Elisabeth Christine, Prinzessin von Braunschweig-Bevern, ihm am 12. Juni 1733 wider seinen Willen und auf Befehl des unbeugsamen königlichen Vaters angetraut, von ihm gemieden, obwol mit äußerster Achtung behandelt, lebte in stiller Zurückgezogenheit und hat Sanssouci niemals gesehen.

Zuweilen speiste Friedrich bei ihr im Schlosse zu Berlin, jedoch ohne vertraulich mit ihr zu sprechen. Die goldene Hochzeit im Jahre 1783 wurde nicht öffentlich gefeiert; um elf Jahre überlebte die Königin-Wittwe den Gemahl. Kaum weniger zurückhaltend war der Verkehr mit dem Thronfolger, dem Prinzen von Preußen, nachmaligem König Friedrich Wilhelm II., geb. am 25. September 1744, Sohn August Wilhelm's, des königlichen Bruders. Die ganze Veranlagung seines Neffen, sein Thun und Treiben stimmte so wenig zu dem ernsten und tiefen Wesen des großen Königs, daß von einer wirklichen Annäherung keine Rede sein konnte. So war Friedrich der Große in seinen letzten Lebensjahren wesentlich auf den Verkehr mit seinen alten militärischen, künstlerischen und wissenschaftlichen Freunden und Gesinnungsgenossen angewiesen.

Aber der Tod und mancherlei Schicksalswendungen hatten die weltberühmte Tafelrunde von Sanssouci bereits stark gelichtet. Zuerst ward der liebenswürdige Algarotti, welcher das nordische Klima nicht zu vertragen vermochte, dem Freundeskreise entzogen. Ein anderer Vertrauter, Marquis d'Argens, starb im Jahre 1771. Seinem Lehrer Quantz ließ der König 1783 auf dem Kirchhofe vor dem Nauener Thore in Potsdam ein Steindenkmal, die Muse Melpomene traurig an die Aschenurne gelehnt, errichten; Quantz' Tod verdüsterte das Leben Friedrich's, denn von da ab verzichtete er auf das geliebte Flötenspiel, zumal ihm solches durch das Fehlen der Zähne und das Zittern der Hände bereits erschwert worden war. Besonders nahe ging dem König der Tod des freigeistigen Encyklopädisten d'Alembert im Jahre 1783, welcher, um seine Unabhängigkeit zu wahren, nicht an den preußischen Hof zog, aber im regsten geistigen Verkehr mit dem König stand.

Bereits fünf Jahre zuvor war Voltaire in Paris verstorben. Uebersieht man die ganze Reihe glänzender Geister, mit denen Friedrich II. verkehrte, und prüft ihre Beziehungen zum König, ihre Briefwechsel mit ihm und die Aeußerungen desselben über sie zu Dritten oder in den Memoiren des Monarchen, so kommt man zu dem Schluß, daß er Niemand höher geschätzt hat als den Notarssohn von Chatenay. Nur dem wiederholten bringenden Ansinnen Friedrich's folgte Voltaire, als er im Jahre 1750 nach Potsdam kam, woselbst er Wohnung im Stadtschloß, eine Kammerherrnstelle, den Orden Pour le mérite und Besoldungen von im Ganzen etwa jährlich 15,000 Mark erhielt. Das Verhältniß der beiden Geister hätte sicherlich für alle Zeiten ungetrübt bestehen können, wenn es dem Gaste des Königs möglich gewesen wäre, Maß zu halten.

Allein bald trieb ihn eine maßlose Eitelkeit sowie die Eifersucht gegen Alles, was seinem Glanze vermeintlich Abbruch thun konnte, zu Intriguen. Hiermit nicht genug, zeigte Voltaire eine Habsucht und eine Findigkeit, sich kleinere und größere pekuniäre Vortheile zu verschaffen, die ihn verächtlich machen mußten. Man würde ihn noch immer haben gewähren lassen, wenn er nicht Handlungen begangen hätte, welche direkt gegen die Gesetze verstießen, wie er z. B. wider das ausdrückliche Edikt des Königs sächsische Steuerscheine in Leipzig zu geringen Preisen ankaufen ließ, um hernach in seiner Eigenschaft als preußischer Unterthan unter Berufung auf einen besondern Artikel des Dresdener Friedens, volle Bezahlung dafür zu nehmen. Noch bedenklicher wurden seine Indiskretionen in Bezug auf Friedrich, den preußischen Hof und die preußische Politik den fremden Gesandten gegenüber.

Zu einem ernstlichen Bruche kam es aber erst, als Voltaire, welcher den Präsidenten der Berliner Akademie der Wissenschaften Maupertuis in unziemlicher Weise angegriffen hatte, weil er in ihm wiederum einen Nebenbuhler erblickte, mit einer neuen verletzenden Satire nicht zurückhielt, obwol er Friedrich versprochen hatte, dieselbe ungedruckt zu lassen. Friedrich ließ das in Dresden erschienene Buch von Henkers Hand am 14. Dezember 1752, so daß es Voltaire mit ansah, auf öffentlicher Straße verbrennen. Gleichwol erhielt der Dichter, nachdem er in einem längeren Briefe reumüthig Abbitte gethan, noch einmal alle Beweise königlicher Huld zurück.

Das königliche Stadtschloß in Potsdam.

Weit entfernt, hierdurch vorsichtiger und rücksichtsvoller zu werden, benutzte er den Urlaub zu einer Badereise nach Frankreich im Frühjahr 1753, um in Leipzig wieder neue beleidigende Pasquille, welche er zu diesem Zweck und zur Veröffentlichung außerhalb der preußischen Lande vorbereitet hatte, drucken zu lassen. Der König, welcher eine nicht unbegründete Vorahnung von neuen Taktlosigkeiten Voltaire's gehabt, hatte ihm den Urlaub nur unter der Bedingung ertheilt, daß er sein Patent, seinen Orden, den Kammerherrnschlüssel und das Exemplar seiner Gedichte, welches er ihm anvertraut, zurücklasse. Als dies nicht geschah, wurde Voltaire in Frankfurt a. M. verhaftet und so lange zurückgehalten, bis er jene Gegenstände ausgeliefert hatte. Nunmehr erhielt er die königlichen Gnadenbeweise nicht noch einmal zurück. Wir übergehen eine Reihe von Niedrigkeiten Voltaire's, die anderweitig erzählt werden, können aber begreifen, warum Friedrich II. über ihn einst im Unwillen äußerte: „Von Geist ein Gott, von Gesinnung ein Schuft!"

Und dieser Bewunderung vor dem Genie Voltaire's, welche allen heutigen Beurtheilern übertrieben erscheinen muß, blieb Friedrich trotzdem und Alledem getreu. „Ich für mein Theil", schreibt ihm der König aus Landshut, den 18. April 1759, „vergebe Ihnen wegen Ihres Genies alle die Kabalen und Intriguen, die Sie mir in Berlin spielten, alle Libelle aus Leipzig und Alles, was Sie gegen mich sagten oder drucken ließen. Es war stark, hart und viel; indessen habe ich nicht den geringsten Groll mehr." Und unter dem 10. Juni 1759: „Wollen Sie denn erst im siebzigsten Jahre verständig werden? Lernen Sie doch endlich in Ihrem Alter, was für ein Ton schicklich ist, wenn man an mich schreibt. Begreifen Sie doch, daß es erlaubte Freiheiten, aber auch Unverschämtheiten giebt, die für Gelehrte und schöne Geister unerträglich sind. Werden Sie doch endlich philosophisch, d. h. vernünftig. Möchte der Himmel, der Ihnen so viel Witz zugetheilt hat, Ihnen doch auch verhältnißmäßigen Verstand ertheilen. Ließe sich das thun; so wären Sie der erste Mann in dem Jahrhundert, und vielleicht der größte, den je die Erde gehabt hatte. Und das wünsche ich Ihnen. Amen."

In einem Briefe vom 18. Juli 1759 heißt es: „Sie sind in der That ein besonderes Geschöpf. Wenn ich Lust habe, auf Sie zu schelten und Sie mir nur ein paar Worte sagen, so erstirbt mir der Vorwurf in der Federspitze:

„Bei des Gefallens glücklichem Talent,
Bei so viel Kunst und Geist und Grazie,
Verzeih' ich Voltaire'n Alles gern, und wenn
Mich seine Bosheit auch erbittert hat.
Ich fühle, daß mein Zorn, so sehr mein Herz
Empört auch war, durch ihn entwaffnet ist."

Am 21. Dezember 1765 schreibt Voltaire: „Sie erwähnen meiner Schwachheiten; vergessen Sie, daß ich ein Mensch bin?" — Friedrich antwortet: „Hätten Sie mir Das, womit Ihr Brief schließt, vor zehn Jahren gesagt, so wären Sie noch hier. Ohne Zweifel haben die Menschen ihre Schwachheiten, und ohne Zweifel gehört Vollkommenheit nicht zu ihrem Erbtheil; auch ich empfinde das, und weiß, daß es unbillig ist, von Anderen zu fordern, was man selbst nicht erfüllen und erreichen kann. Damit hätten Sie anfangen sollen, so wäre alles Andere überflüssig gewesen, und ich hätte Sie trotz Ihrer Fehler geliebt, da Ihre Talente groß genug sind, um einige Schwachheiten zu bedecken."

Zu einer von Pigalle modellirten Bildsäule Voltaire's steuerte Friedrich der Große 1770 zweihundert Friedrichsd'or bei. Unter eine treffliche Porzellanbüste des Dichters, welche in der Berliner königlichen Fabrik gefertigt worden war, schrieb Friedrich: „Viro immortali" (dem unsterblichen Manne). Voltaire konnte indessen trotz aller Beweise von Gunst und Freundschaft seine dreisten Angriffe nicht unterlassen und schrieb in dem satirischen Gedicht vom Jahre 1774, welches „Die Taktik" betitelt ist, Folgendes:

„Ich hasse alle Helden vom großen Cyrus an,
Bis zu dem hehren König, der Lentulus gewann,
Man mag ihr Thun bewundern über jedem Zweifel —
Ich fliehe Alle gern und weihe sie dem Teufel!"

Noch mehr, er hatte, nach Preuß, die Keckheit, in Bezug auf diese Satire einen Brief an Friedrich mit den Worten einzuleiten: „Obgleich ich euch zu allen Teufeln gewünscht habe, Sie und Cyrus und den großen Gustav" ꝛc. —

Große Fontaine und Terrasse zu Sanssouci.

Darauf erwiderte der König: „Sie gleichen in Ihrer Beredsamkeit dem berühmten Redner Antonius zu Rom, der seine Prozesse, wenn sie auch ungerecht waren, so zu führen wußte, daß er sie alle gewann. Ich bin Ihnen für Ihren Haß gegen mich sehr verbunden und bitte Sie, ihn ja fortzusetzen, da er die größte Gunst ist, die Sie mir erzeigen können. Bald werden Sie mich am vollen Tage überzeugen, es sei Nacht."

In seiner maßlosen Bewunderung der Dichtungen Voltaire's ging Friedrich so weit, daß er für eine Zeile aus der Henriade den ganzen Homer, den er an sich hochschätzte, hingeben wollte. „Ich habe", schrieb er 1777, „in Berlin eine öffentliche Bibliothek bauen lassen; Voltaire's Werke logirten vorher zu unanständig. Alexander der Große legte Homer's Werke, wie billig, in das sehr kostbare Kästchen, welches er unter anderen von dem Darius erbeutet hatte. Und ich? — nun, ich bin kein Alexander der Große und habe auch von keinem Menschen Beute gemacht, wol aber, nach meinen geringen Kräften, das bestmögliche Behältniß für die Werke des Homer unsers Jahrhunderts erbauen lassen."

Der am 30. Mai 1778 erfolgte Tod Voltaire's verfehlte denn auch nicht, den gealterten König in die tiefste und nachhaltigste Betrübniß zu versetzen. Besonders empörte es ihn, daß die Geistlichkeit dem Freigeist ein kirchliches Begräbniß verweigerte und daß der Abbé Mignot, der ihn in der Abtei von Scellières beigesetzt hatte, bestraft wurde. Der Alte Fritz schrieb selbst eine Lobrede auf Voltaire für die Akademie der Wissenschaften in Berlin. „So viel sich auch Ihre theologische Brut Mühe giebt", heißt es in seinem Briefe vom 1. Mai 1780 an d'Alembert, „Voltaire nach dem Tode zu schänden, so sehe ich darin doch weiter nichts, als das ohnmächtige Streben einer neidischen Wuth, welche ihren eigenen Urheber mit Schande bedeckt. Mit all den Stücken ausgerüstet, die Sie mir dazu geschickt haben, beginne ich jetzt in Berlin die merkwürdige Unterhandlung wegen Voltaire's Seelenamt; und obschon ich keinen Begriff von einer unsterblichen Seele habe, so wird man doch für die seinige eine Messe lesen." Dies geschah am 30. Mai 1780 in einem feierlichen Trauergottesdienst, der in der katholischen Kirche zu Berlin abgehalten wurde.

Von den Generalen Friedrich's wurde der hochbetagte treue Zieten, kurz vor dem Ableben seines Herrn, am 26. Januar 1786 ins Jenseits gerufen. Friedrich hatte den alten Haudegen bis an sein Ende stets mit der gemüthlichsten Aufmerksamkeit behandelt.

So vereinsamte der Philosoph von Sanssouci immer mehr; von dem ursprünglichen Gesellschaftszirkel lebten bis zu seinem Tode nur noch zwei Italiener im Verkehr mit ihm: der Marchese Lucchesini und der Abt Bastiani.

Von den vornehmeren Geistern der Aufklärungszeit, welche aber erst in der folgenden Epoche der letzteren glänzen, kamen zwei mit Friedrich kurz vor seinem Tode in Berührung. Zunächst im Herbst 1785 der edle, schwärmerische Marquis de Lafayette, der sieben Jahre später, empört über die entsetzlichen Ausschreitungen der französischen Demagogen, seinem Vaterlande den Rücken wandte; im selbigen Jahre der Graf von Mirabeau, der nachmals an der Einfädelung der französischen Staatsumwälzung, deren Hauptkatastrophe er freilich nicht mehr erlebte, stark betheiligt war.

Kurz zuvor entwirft uns der Graf von Ségur, welcher unter Washington in Amerika gedient hatte und auf der Durchreise als französischer Gesandter nach Rußland den großen König sah, von diesem folgendes Bild:

„Mit lebhafter Neugier betrachtete ich diesen Mann, der, groß von Genie, klein von Statur, gekrümmt und gleichsam unter der Last seiner Lorbern und seiner langen Mühen gebeugt war. Sein blauer Rock, abgenutzt wie sein

Körper, seine bis über die Knie hinaufreichenden langen Stiefel, seine mit Schnupftabak bedeckte Weste bildeten ein wunderliches und doch imponirendes Ganze. An dem Feuer seiner Blicke erkannte man, daß er geistig nicht gealtert hatte. Ungeachtet er sich wie ein Invalide hielt, fühlte man doch, daß er sich noch wie ein junger Soldat schlagen könne: trotz seines kleinen Wuchses erblickte ihn der Geist doch größer, als alle anderen Menschen. — Wenn man, einigermaßen an den Umgang mit der großen Welt gewöhnt, einige Erhabenheit im Denken hat, kann man ohne alle Verlegenheit mit einem Könige sprechen, einem großen Manne aber naht man sich nicht ohne Furcht."

Friedrich II. und Voltaire. Nach Camphausen.

Friedrich war übrigens in seinem Privatleben genugsam ungleich, ziemlich launenhaft, vorgefaßten Meinungen zugänglich, häufig spöttisch, oft epigrammatisch gegen die Franzosen, sehr angenehm für den Reisenden, den er begünstigen wollte, auf eine boshafte Weise pikant für Den, gegen den er eingenommen war, oder für Die, welche, ohne es zu wissen, den Moment, sich ihm zu nahen, schlecht gewählt hatten.

Stoisch, wie der königliche Philosoph im Allgemeinen war, huldigte er dem Epikur nur während der Mahlzeit, dann aber freilich mehr, als ihm gut war und in lebenverkürzender Weise. Der berühmte Arzt Zimmermann hat ihm freimüthig gesagt, die Köche seien seine gefährlichsten Feinde. Die unverdaulichsten Speisen waren ihm die liebsten. „Der König", schreibt er, „hatte heut, den 30. Juni, sehr viel Suppe zu sich genommen, und diese bestand, wie gewöhnlich, in der allerstärksten und aus den hitzigsten Sachen gebrauten Bouillon. Zu der Portion Suppe nahm er einen großen Eßlöffel voll von gestoßenem Ingwer. Er aß sodann ein gutes Stück Boeuf à la Russienne (Rindfleisch), das mit einem halben Quart Branntwein gedämpft war. Hierauf setzte er eine Menge von einem italienischen Gerichte, das zur Hälfte aus türkischem Weizen besteht und zur Hälfte aus Parmesankäse: dazu gießt man den Saft von ausgepreßtem Knoblauch, und dieses wird in Butter so lange gebacken, bis eine harte, eines Fingers dicke Rinde umher entsteht. Und diese Lieblingsschüssel hieß Polenta. Endlich beschloß der König die Scene mit einem ganzen Teller voll aus einer Aalpastete, die so hitzig und würzhaft war, daß es schien, sie sei in der Hölle gebacken. — Noch an der Tafel schlief er ein und bekam Konvulsionen. — Zu anderer Zeit aß der König wieder eine Menge von kühlenden und blähenden Früchten, besonders Melonen und allerlei Zuckerwerk."

Dennoch hielt der recht morsche Körper, von dem nie versiegenden Geiste elektrisirt, noch lange aus, ehe er zusammenbrach. Noch im August 1785 hatte er bei strömendem kalten Regen die ganze schlesische Armee unweit Strehlen zur Bewunderung der fremden militärischen Gäste manövriren und paradiren lassen. Im Jahre 1786 mußte er diese Musterungen aussetzen, im Uebrigen blieb er seinen landesväterlichen Pflichten mit rührender unerschütterlicher Aufopferung bis zu dem Tage seines Todes getreu.

Zu schwach, um ohne große Mühe zu gehen, ließ er sich im Rollstuhl auf die Terrasse von Sanssouci in die ihm wohlthuende Sonne setzen. „Bald werde ich dir näher sein!" soll er, mit einem Blick zum leuchtenden Gestirn, gesagt haben. Auch menschenfeindliche Stimmung berichtet man aus jenen letzten Tagen und den Ausspruch: „Ich bin es müde, über Sklaven zu herrschen!" Ein bedeutungsvolles, gewissermaßen symbolisches Wort an der Schwelle einer neuen Zeit. Denn drei Jahre später erfolgte die Erstürmung der Bastille in Paris: die Sklaven waren es müde, über sich herrschen zu lassen. — Als der berühmte Sulzer auf die Frage, wie es mit den unter seiner Leitung stehenden Schulen stände, entgegnete, seitdem man auf Rousseau's Grundsatz, daß der Mensch von Natur gut sei, fortgebaut habe, fange es an, besser zu gehen, antwortete der König: „Ach, mein lieber Sulzer, Ihr kennt diese verwünschte Rasse, der wir angehören, nicht genug." Dennoch hatte Friedrich sich eine verständige Durchschnittsmeinung über den Menschen zur Richtschnur gezogen: „Sich einbilden, daß alle Menschen Teufel sind, aufs Wüthigste seinen Grimm an ihnen auslassen, ist das Traumgesicht eines wilden Menschenfeindes; sich die Menschen insgesammt als Engel denken, und ihnen die Zügel schießen lassen, ist die Grille eines schwachsinnigen Kapuziners; glauben, daß sie weder Alle gut, noch Alle böse sind, die guten Handlungen über ihren Werth belohnen, die schlechten unter ihrem Verdienst bestrafen, Nachsicht mit ihren Schwachheiten haben und Menschlichkeit gegen Alle und Jeden, heißt handeln, wie es einem vernünftigen Menschen geziemt."

Von sich selbst aber schreibt Friedrich an Voltaire im Jahre 1776: „Ich stehe nun 36 Jahre am Ruder; vielleicht mißbrauche ich das Privilegium zum Leben und bin nicht gefällig genug, dann aufzubrechen, wenn man meiner überdrüssig ist. Die Methode, mich nicht zu schonen, habe ich noch wie sonst.

Je mehr man sich in Acht nimmt, desto empfindlicher und schwächer wird der Körper. Mein Stand verlangt Arbeit und Thätigkeit; mein Leib und Geist beugen sich unter ihre Pflicht. Daß ich lebe, ist nicht nothwendig, wol aber, daß ich thätig bin. Dabei habe ich mich immer wohl befunden." Und am Schluß seines letzten Willens fügte er die Worte an: „Meine letzten Wünsche in dem Augenblicke, wo ich den letzten Hauch von mir geben werde, werden für die Glückseligkeit meines Reichs sein. Möchte es doch stets mit Gerechtigkeit, Weisheit und Nachdruck regiert werden; möchte es in den Finanzen der am besten verwaltete, möchte es durch ein Heer, das nur nach Ehre und edlem Ruhm strebt, der am tapfersten vertheidigte Staat sein; o möchte es doch in höchster Blüte bis an das Ende der Zeit fortdauern!"

Friedenskirche in Potsdam.

An die Verbesserung der Rechtspflege, welche Friedrich II. bis zu seinem Hingange unausgesetzt betrieb, erinnert uns das Bild der Mühle von Sanssouci S. 248, der uns zeigt, wie der große König strenge Justiz auch gegen sich selbst beobachtete. Der Müller hatte das Mühlengrundstück, welches störend in die Anlagen von Sanssouci einschnitt, nicht veräußern wollen und entgegnete dem König, als dieser mit Enteignung drohte, es gäbe noch ein Kammergericht in Berlin, bei dem er sich Recht verschaffen würde, eine Anspielung, welche den Monarchen sofort bewog, von der Erwerbung Abstand zu nehmen.

Das Studium philosophischer und streng wissenschaftlicher Werke beschäftigte hierneben den Alten Fritz bis zu seinem letzten Augenblicke und verklärte den Abend seines Lebens. Mit Hinweis auf das Kenotaphium auf der Terrasse von Sanssouci, welches er sich, wie berichtet, zur Ruhestätte bestimmte, hatte er einst gesagt: „Quand je serai là, je serai sans souci!" (wenn ich dort sein werde, werde ich ohne Sorge sein!). Er konnte ohne Sorge sein: das Werk seines Geistes ist trotz der nachfolgenden Stürme nicht zu Grunde gegangen, vielmehr zum Besten des großen Vaterlandes, von welchem der Staat Friedrich's des Großen nur ein dienendes Glied war, weiter fortgeführt und zur Vollendung gebracht worden.

Die Friedenskirche (Friedrich Wilhelm's IV. Lebensende). — Sanssouci vereinigt den Ausdruck extremster politischer und religiöser Anschauungen innerhalb des preußischen Herrscherhauses in seinen Grenzen. Oben auf der von uns eben verlassenen Terrasse der Kultus der reinen Vernunft, der freigeistigen Periode des 18. Jahrhunderts, der Aufklärungszeit Rousseau's und Voltaire's; am Eingang des Gartens nach dem Brandenburger Thore zu die Denkmäler christlich romantischer Schwärmerei, des Cäsaropapismus, des orthodoxen Staatskirchenthums, hervorgegangen aus einem friedensbedürftigen, im besten Sinne frommen Gemüthe. Das Geläute der Frühglocke ladet uns zu einem Besuch der Friedenskirche, der edelsten kirchlichen Schöpfung Friedrich Wilhelm's IV., ein. Der Stil, eine frühromanische Basilika nach einem Vorbilde in Ravenna, ist, wie derjenige der meisten kirchlichen Bauwerke dieses Königs, zwar so ungeeignet wie möglich für unsere Gegend, und der fabrikschornsteinartige, isolirt stehende Glockenthurm nimmt sich wunderlich genug in der märkischen Soldatenstadt aus; aber für die Ausstattung im Innern und Aeußern des stillen, in der That den Namen Friedenskirche rechtfertigenden Gotteshauses, sowie für die gärtnerische Umgebung ist so viel Schönes geleistet, daß wir die architektonischen Grillen mit in den Kauf nehmen. Im Innern der dreischiffigen Hallenkirche befindet sich ein schönes Glasmosaik aus Murano bei Venedig, im Vorhof zwei Marmorgruppen, eine Pietas, Maria mit dem entseelten Erlöser, von Rietschel, gegenüber von Rauch's Moses in der Schlacht wider die Amalekiter, den Sieg mit erhobenen Armen, die von Aaron und Hur gestützt werden, erflehend. In der Mitte eine galvanoplastische Nachahmung des Thorwaldsen'schen auferstandenen Christus in der Erlöserkirche zu Kopenhagen. Die Kirche wurde 1850 von Persius nach den Plänen, jedenfalls unter Mitwirkung des Königs, vollendet. Vor dem Altar ruht Friedrich Wilhelm IV. nebst der Königin in einer Gruft; sein Herz ist bei den Eltern in dem Grabtempel zu Charlottenburg beigesetzt. Hier in Sanssouci und dem südwestlich an den Garten von Sanssouci sich anschließenden Charlottenhof, das Schinkel 1826 aus einem einfachen Landhaus in eine römische Villa umgeschaffen, verbrachte und beschloß der unglückliche König, den David Strauß in seinem 1847 zu Mannheim erschienenen, bekannten Buche den „Romantiker auf dem Throne der Cäsaren" genannt hat, seine letzte traurige Lebenszeit.

Der Neuenburger Putsch, durch welchen der betreffende, unter der Souveränität des preußischen Königs stehende Schweizer Kanton selbständig wurde — am 19. Juni 1857 entließ Friedrich Wilhelm die Neuenburger ihrer Unterthanenpflichten — war der letzte politische Akt desselben; die unglückliche Hand, welche er in den meisten Handlungen der hohen Politik hatte, verleugnete sich auch hier nicht. Am 8. Oktober desselben Jahres umnachtete ein Gehirnschlag den Geist des Vielgeprüften bei vorübergehend lichten Perioden. In einer solchen, am 23. Oktober, übertrug er die Staatsgeschäfte seinem Bruder, dem Prinzen von Preußen, seitdem Prinz-Regenten. Als aber keine Besserung eintrat, wurde dieses Mandat am 7. Oktober 1858 auf so lange, bis der König des Amtes wieder würde selbst warten können, verlängert.

Diese Wendung sollte nach des Höchsten Rathschluß nie wieder eintreten. Der sonst so beredte Mund, dessen rhetorische Leistungen zu dem Besten und Edelsten gehören, was jemals aus deutschem Fürstenmunde erklungen und die gedanklich wie sprachlich unter die Perlen deutscher Literatur gezählt werden, verstummte mehr und mehr. Am 12. Oktober verließ Friedrich Wilhelm auf Anrathen der Aerzte Berlin.

Das neue Orangeriehaus.

Der König stand, wie zum Segen die Hand ausstreckend, am Fenster des Salonwagens. Die versammelte Menge war zu Thränen gerührt; der gebrochene König empfand Alles, wie man ihm anmerkte, tief erschüttert; die Zunge vermochte aber seine Empfindungen nicht wiederzuspiegeln. In der gebirgigen Frische von Tegernsee, in der sonnigen Herbstluft Italiens, dessen Kunstschätze der feingebildete Monarch so oft bewundert, hoffte die Gemahlin, hoffte die Umgebung desselben auf Linderung. Vergeblich; um ihn von jeder äußerlichen Aufregung abzuschneiden, ward ein stiller Aufenthalt in Sanssouci gewählt. Es war wiederum ganz umsonst, das dämonische Zerstörungswerk an den edelsten Geistesfunktionen schritt unaufhaltsam weiter. In einem lichten Augenblick ließ er das seinen Zustand so treffend bezeichnende Wort fallen: „In mir ist Alles klar, wie sonst; aber von der Außenwelt trennt mich eine Mauer, die immer dichter wird." Seine Gemahlin Elisabeth, Tochter des Kurfürsten, späteren Königs Maximilian I. von Bayern (geb. am 13. November

1801, vermählt am 29. November 1823, gest. am 14. Dezember 1873) pflegte den Leidenden mit unermüdlicher, liebevoller Hingebung; rührend und ergreifend klingt es, wie er ihr, als sie ihn wiederholt gefragt, ob er sie denn nicht mehr kenne, nach langem Schweigen und ersichtlichem Ringen mit seiner Geistesumnachtung, endlich antwortete: „Meine theure, heißgeliebte Elisabeth!" Die Frist von drei Jahren, welche die Aerzte seiner Krankheit als Maximum vorausgesagt, überschritt der König nur um wenige Monate. Nachdem Friedrich Wilhelm seit dem 20. Dezember 1860 fast ohne Besinnung gelegen, entschlief er am 2. Januar 1861 kurz nach Mitternacht.

War das Sterbelager des kinderlosen Philosophen von Sanssouci einsam gewesen, so umstand dagegen die ganze königliche Verwandtschaft das Todtenbett des kinderlosen Romantikers von Sanssouci. König Wilhelm war tief erschüttert und fand für seinen Schmerz keine Worte. Die Königin, welche am Kopfende saß, erhob sich, wie Stillfried es schildert, mit unbeschreiblicher Würde und umarmte darauf den königlichen Schwager; sie begrüßte ihn als König von Preußen, als Nachfolger des theuren Gatten und wünschte ihm ein besseres Los bei dem hohen Berufe, der ihm geworden. Dann umarmte sie alle die weinenden Geschwister und Verwandten, ging zu den Dienern und reichte ihnen die Hand zum Kusse. Sie ließ die Kammerherren, Jäger und Lakaien, die den Verstorbenen gepflegt, herzutreten und dankte ihnen für ihre ausdauernde Anhänglichkeit und Hingebung. Am 7. Januar fand die feierliche Beisetzung der Leiche statt; das schwere Verhängniß, welches den unglücklichen Monarchen auf seinen Lebenswegen fast immer begleitet, verließ ihn selbst auf diesem letzten Gange nicht: während der Leichenparade herrschte eine so fürchterliche Kälte, daß nicht wenige der Theilnehmer Gliedmaßen erfroren und einzelne Personen sogar den Tod davontrugen.

Zur Verschönerung der Umgebungen Potsdams hat Friedrich Wilhelm IV. wesentlich beigetragen. Wir nennen vor Allem das neue Orangeriehaus auf der westlichen Fortsetzung desselben Lehmhügels, welcher Sanssouci trägt. Die Aussicht von den Thürmen des überaus weitläufigen Gebäudes ist noch umfänglicher als die vom letztgenannten Schlosse. Der Raffaelsaal im Mittelbau enthält Kopien der vorzüglichsten Meisterwerke von Raffael Santi. Vor dem Hause steht eine ganz treffliche Marmorstatue Friedrich Wilhelm's IV., während eine lange Reihe trefflicher Bildsäulen aus demselben Gestein die Front der Hallen schmückt, in denen die Zierbäume während der rauhen Jahreszeit aufbewahrt werden. Nördlich von der Stadt finden wir wiederum ein schloßartiges Gebäude, das Belvedere auf dem Pfingstberg, der höchsten Erhebung in der nächsten Umgebung Potsdams, von dem aus man die Städte Brandenburg, Nauen, Charlottenburg, Spandau und sogar Berlin erblickt.

Ein kurzer Spaziergang führt uns an die seeartige Erweiterung des blauen Habelstromes zwischen dem Neuen Garten, Glienicke und Sacrow. Hier winkt uns wiederum eine romanische Kirche mit hohem Campanile, die für Sacrow bestimmte Heilandskirche am Port, entgegen; in diesem stillen Port der Havel liegen oft zahlreiche Elbkähne vor Anker, um günstigen Wind abzuwarten, während Dampfer nach verschiedenen Richtungen die breite Flut kreuzen und die hohen Masten der englischen Segelfregatte hinüberwinken, die einst die Königin Victoria von England dem preußischen König verehrte. —

Mehr stromaufwärts am andern Ufer, auf steiler Höhe, liegt ein anderes Gotteshaus im Waldesgrün, die Kirche von Nikolsköe, in russischem Stil mit einem Thurm, der oben zwiebelartig ausgebaucht ist, gar stattlich geschmückt.

An Rußland und die traditionelle Freundschaft zwischen dem russischen und preußischen Herrscherhause gemahnen verschiedene Erinnerungen der Umgegend; so die russische Kirche S. Alexander Newsky auf einem südlichen Vorhügel des Pfingstberges und nicht weit davon die Russische Kolonie Alexandrowna.

Russische Kolonie Alexandrowna auf dem Pfingstberge bei Potsdam. Zeichnung von H. Lüders.

Der fremde Wanderer, der seine Wanderung vor das Jäger- oder Nauener Thor fortsetzt, gewahrt mit Verwunderung die in fremdartigem Stil aus Holz sauber und ansprechend gefertigten Häuser, welche freundlich über Blumen- und Obstgärten hinwegluegen. Die Geschicklichkeit des Russen, mit der Axt und Säge das Holz zu bearbeiten, die ein Jahrhunderte lang fortgesetztes Leben in waldreichen Gegenden von selbst erzeugt hat, legt hier ein glänzendes Zeugniß von der Eigenartigkeit des volksthümlichen moskowitischen Stils ab. Jetzt sind die ursprünglichen russischen Insassen längst ausgestorben — der Letzte war der alte ehrwürdige Bart-Russe Iwan, der seine Tage bei Nikolsköe beschloß. Die Fremdlinge waren vom Zar Nikolaus im Jahre 1826, also ein Jahr nach seinem Regierungsantritt, dem König Friedrich Wilhelm III. als ein Sängerchor zugeführt worden, das dem 1. Garderegiment zu Fuß beigegeben wurde und elf russische Blockhäuser als Wohnsitz angewiesen erhielt, um sich so heimatlich als möglich zu fühlen.

Berlin. 16

Die russische Sitte, das Haus nach dem Besitzer zu benamsen, ist hier beobachtet und der Name der ursprünglichen Eigenthümer noch jetzt an jedem Blockhaus wohl leserlich angebracht.

Der eben erwähnte Vater unsers Kaisers hat in seiner einfachen, anspruchslosen Weise ebenfalls nicht wenig zum Schmuck der Umgegend Potsdams beigetragen. Hervorgehoben von seinen Neuschöpfungen sei die herrliche, oberhalb Nikolsköe in der Havel belegene, von uralten Bäumen bestandene und beschattete Pfaueninsel, von jeher ein geheimnißvolles, sagenumwobenes Eiland, auf dem die altgermanische wie die spätere wendische Bevölkerung mancherlei Spuren hinterlassen hat. Bekannter wurde dieses einsame Stück Erde zuerst durch den berühmten Alchemisten Kunkel, dem der Große Kurfürst hier ein Laboratorium errichtete, dessen Spuren am Nordende der Insel, noch im Erdboden kenntlich, zum Ueberfluß durch einen Gedenkstein angedeutet sind. Vorher hatte der geschickte und erfahrene Techniker in Berlin auf dem Grundstück der Klosterstraße, welches jetzt die Parochialkirche einnimmt, gearbeitet. Kunkel kam trotz aller Versuche mit seiner Adeptenkunst nicht weit und hatte noch das Unglück, daß ihm, nachdem sein kurfürstlicher Beschützer verstorben war, zwei Etablissements, die Glashütte auf dem Hakendamme bei Potsdam und das Laboratorium auf der Pfaueninsel, abbrannten. Kurfürst Friedrich III. unterstützte Kunkel nicht nur nicht, sondern ließ ihm noch angeblicher Forderungen des Fiskus wegen den Prozeß machen. Das Ende vom Liede war, daß Kunkel mindestens die Summe von 24,000 Mark zurückzahlen sollte. Nachdem er sich noch einige Zeit mit allerhand neuen Projekten getragen, wurde er von König Karl XI. nach Schweden als Bergrath berufen, woselbst er, unter dem Namen Kunkel von Löwenstern in den Adelstand erhoben, 1702 verstarb. Kunkel, der, ähnlich dem Adepten Böttcher, ein ungewöhnlich befähigter und kenntnißreicher Mann war, erfand, wie jener statt Gold das Porzellan, statt des Steins der Weisen das kostbare Rubinglas, welches noch heute unter dem Namen Kunkelglas außerordentlich geschätzt ist. Gläser dieser Art befinden sich zu Berlin im Hohenzollern-, Kunstgewerbe- und Märkischen Museum; sie unterscheiden sich von den gewöhnlichen rothen Gläsern, welche nur farbig überfangen werden, dadurch, daß sie durch und durch eine tiefrothe Glasmasse darstellen, die sehr weich und, wie man sagt, von eingemischtem Gold sehr schwer ist. Die Nachahmung dieser Gläser soll bislang nicht wieder gelungen sein.

Auf diesem merkwürdigen Eilande schuf nun Friedrich Wilhelm III. in der Wildniß einen wohlgepflegten Park, der aber die malerischen Elemente des Waldes wohl konservirt hat. Ein schönes Palmenhaus, welches im Jahre 1880 ein Raub der Flammen ward, wurde hinzugefügt, um auch die tropische Flora zur Geltung zu bringen. Dem stilarmen, verwilderten Geschmack der Zeit entsprechend, die nichts Nationales zu schaffen vermochte, wurde außerdem hier ein königliches Landhaus in Form einer römischen Villa mit zwei runden, durch eine Brücke verbundenen Thürmen in schwächlicher, spielender Nachahmung erbaut und dazu Steine aus einem alten gräflich Schliessen'schen Hause zu Danzig verwendet. Eine Meierei, die, dem sentimentalen Zuge der Periode entsprechend, nicht fehlen durfte, erhielt einen angeblich gothischen Charakter. Daß sich hier früher eine stattliche Menagerie befand, welche den Grundstock des jetzigen Berliner Zoologischen Gartens bildet, haben wir früher erwähnt.

Ein stattlicher Stamm Pfauen, des Thieres, nach welchem die Insel heißt, ist auf derselben noch immer vertreten.

Je einfacher und stiller die Gegend, je mehr sagte sie dem harmlosen Friedrich Wilhelm und seiner Gemahlin zu. Das kronprinzliche Paar hatte die Sommermonate 1794 und 1795 auf dem Schlosse Oranienburg in dem 21 km nördlich Berlin belegenen Städtchen gleichen Namens zugebracht. Dies schien ihm noch zu geräuschvoll, und so kaufte denn bald darauf Friedrich Wilhelm II. seinem Sohne für 90,000 Mark das Landgut Paretz.

Schloß auf der Pfaueninsel bei Potsdam.

Dasselbe liegt zwar nur 14 km nordwestlich von Potsdam, ist aber noch jetzt von allem Verkehr wie abgeschnitten und nur schwierig zu erreichen; westlich davon in halbstündiger Entfernung der unbedeutende Flecken Ketzin, beide Orte am Havelflusse, der hier viele Windungen beschreibt und flache Wieseninseln bildet. „Bauen Sie mir ein einfach ländliches Haus, und denken Sie nur immer, daß Sie für einen armen Gutsherrn bauen!" hatte der Kronprinz zu dem Oberbaurath Gilly und zum Hofgärtner Garmatter geäußert: „Ueberfüllen Sie den Garten nicht mit neuen Anpflanzungen; er soll einfach und natürlich, dabei geschmackvoll sein!"

Dies simple Programm ist denn auch, wie eine Wanderung durch die verlassenen Räume des sogenannten Schlosses und Schloßgartens belehrt, buchstäblich, für unsern Geschmack zu buchstäblich ausgeführt worden. Allerdings wird das Befremdliche dieser Einrichtung durch den kalten, unsäglich nüchternen

Stil der Konventszeit mit seiner langweiligen vorgeblichen Klassizität erhöht. Am meisten heimeln uns noch die selten schönen Spitzpappeln vor dem Hause an; von dem Erdboden ab mit Zweigen bedeckt, lassen sie diesen im Allgemeinen mit Recht als unschön verschrieenen Baum höchst malerisch wirken.

Die Kronprinzessin nannte sich die gnädige Frau von Paretz, der Kronprinz noch bescheidener den Schulzen von Paretz. Noch jetzt rühmt die Dorfsegende die Leutseligkeit des hohen Paares, welches sich um alle Interessen der kleinen Gemeinde vertraulich kümmerte und namentlich beim Erntekranz sich beliebt machte. Da kam der Zug der Dörfler vom Amte nach dem Herrenhause unter Vortragung der mit bunten Bändern und großen Schleifen geschmückten Erntekrone. Die Großmagd hielt eine wohlgesetzte Ansprache, die „gnädige Frau" und der „Schulze" antworteten freundlich; dann ging der Tanz los und die zukünftige Landesmutter wirbelte den Kehraus unter den Bauerssöhnen munter mit, eine Harmlosigkeit ohne Gleichen in einer Zeit, wo die Throne wankten und die Guillotine nicht hinreichte, die Hekatombe fürstlicher und adeliger Köpfe abzuschlagen, die dem Moloch der Anarchie geopfert wurde; in einer Zeit ferner, wo man bereits die Schwerter schliff, die Kugeln goß, welche den Staat des vertrauensseligen, arglosen Einsiedlers von Paretz mit einem fürchterlichen Schlage zehn Jahre später zerschmettern sollten.

Die kronprinzliche Familie im Neuen Palais. Ein anderes anmuthiges und herziges Familienbild aus dem preußischen Herrscherhause entrollt sich uns in dem Neuen Palais am westlichen Ende des großen Gartens von Sanssouci. Dort residirt jetzt der Kronprinz des Deutschen Reiches und von Preußen, Friedrich Wilhelm, mit seiner erlauchten Gemahlin, der Prinzeß Victoria von Großbritannien und Irland, in Freud' und Leid treu verbunden. Aus dem stolzen Horst des königlichen Aars sind zwei Sprößlinge freilich bereits flügge geworden, zuerst die älteste Tochter, Prinzeß Charlotte, welche den Erbprinzen von Meiningen geheirathet und das früher der Fürstin von Liegnitz, Friedrich Wilhelm's III. zweiter Gattin, gehörig gewesene Palais unweit der Friedenskirche bezogen hat; dann der älteste Sohn Wilhelm (geb. am 27. Januar 1859 zu Berlin), der sich am 26. Februar 1881 mit Auguste Victoria (geb. am 22. Oktober 1859 auf Schloß Dolzig bei Sommerfeld) verheirathet hat.

Der Prinz hat mit seiner Gemahlin, der ältesten Tochter des am 14. Januar 1880 verstorbenen Herzogs Friedrich Christian August von Schleswig-Holstein-Sonderburg-Augustenburg und der Prinzeß Adelheid von Hohenlohe-Langenburg, als gewöhnlichen Aufenthalt das Stadtschloß in Potsdam, als Sommeraufenthalt das Marmorpalais zugewiesen erhalten. Von den übrigen Kindern ist Prinz Heinrich (geb. am 14. August 1862) durch den Dienst auf der Kriegsflotte meist von Hause abberufen, während die drei Prinzessinnen Victoria (geb. 1866), Sophie Dorothea (geb. 1870) und Margarethe (geb. 1872) sich noch unter dem Schutze der Eltern befinden.

Das Neue Palais ist baulich die ansehnlichste Schöpfung Friedrich's des Großen und kann sich äußerlich wie innerlich mit den schönsten Fürstenschlössern messen. Der König begann den Bau nach dem Siebenjährigen Kriege, wie um zu zeigen, daß ihn letzterer keineswegs verarmt habe, und er verwandte auf denselben trotz seiner Sparsamkeit mehrere Millionen Thaler.

Die äußeren Mauern sind im holländischen rothen Ziegelbau, die Ornamentwerke in Sandstein ausgeführt, die stattliche Kuppel ist mit Kupfer gedeckt. Das Innere ist unter Aufsicht des kronprinzlichen Paares, welches für stilgerechte Einrichtung das gründlichste, liebevollste Verständniß besitzt, im alten Geschmack wieder hergestellt und darin, außer dem prächtigen Muschelsaal im Erdgeschoß, der mit kostbaren Gesteinen und Seemuscheln verziert ist, das Rococotheater mit Raum für 600 Zuschauer höchst sehenswerth. Unter den 200 Gemächern des Schlosses ist eine lange Folge noch mit den alten Einrichtungsgegenständen der Zeit Friedrich's II. ausgestattet; sein Bibliotheks- und Arbeitszimmer liegt noch so da, wie es von ihm verlassen worden ist.

Das Neue Palais in Potsdam.

Das schon erwähnte Marmorpalais führt uns in die Regierung Friedrich Wilhelm's II. ein, welche, obwol nur kurz — von 1786 bis 1797 — leider für Preußen keine glückliche war. Nicht als ob der Neffe des Alten Fritz von schlechter Gemüthsart gewesen, im Gegentheil, Friedrich Wilhelm II., im Volksmunde wegen seiner Beleibtheit unter dem Namen „der dicke Wilhelm" bekannt, war von den besten Absichten für Land und Volk beseelt. Er war freundlich gegen Jedermann, leutselig namentlich gegen die unteren Stände, er zeigte Anhänglichkeit an seine Diener, Erkenntlichkeit für erwiesene Wohlthaten und eine fast unbegrenzte Gutmüthigkeit.

Allein die letztere, verbunden mit einer von seinem Vorgänger seltsam abweichenden Unselbständigkeit und Charakterschwäche, gaben ihn mehr und mehr in die Hände einer eigennützigen Camarilla, welche ihm zu schmeicheln und mit geschickter Berechnung seinen Leidenschaften und seiner Sinnlichkeit zu frönen, jeden bösen Schein aber durch äußerliche Geberde und sentimentale Frömmelei zu maskiren verstand. Während der Pietismus unter Wöllner blühte, gab sich der schlau umgarnte Monarch den Einflüssen seiner Geliebten hin. Unter diesen nahm die Tochter eines Kammerdieners, die schöne Rietz, nachmalige Gräfin Lichtenau, die einflußreichste Stellung ein. Zehn Jahre (1786—96) verwendete der prachtliebende König darauf, im Norden Potsdams vorlängs des „Heiligen Sees" einen herrlichen Park, der Neue Garten genannt, und hart am See selbst eine prächtige Residenz, das Marmorpalais, anzulegen.

Das Marmorpalais in Potsdam.

Vom Neuen Garten führt uns eine stattliche Brücke über die Havel nach Glienicke, wo, rechts von der den Glienicker Werder in der Richtung auf Wannsee zu durchschneidenden Kunststraße, Schloß und Garten des „Rothen Prinzen", des Feldmarschalls Friedrich Karl, links der herrliche Park und die Kunstschöpfungen seines Vaters, des Prinzen Karl von Preußen, Bruders unsers Kaisers, liegen.

Prinz Karl hat mit Meisterhand den unansehnlichen Kiefernbestand zu einem der schönsten Parke Deutschlands mit trefflichen Aussichten über die Umgegend umgeschaffen und die in demselben enthaltenen Gebäude mit altrömischen und mittelalterlich christlichen Kunstschätzen angefüllt, welche noch immer viel zu wenig besucht und gewürdigt werden.

Die Weber von Nowawes. — Die Kaiserburg Babelsberg.
Der echt landesväterlichen Gesinnung des brandenburgisch-preußischen Hauses entspricht es nicht blos, daß die Herrscher die Armen und Unterdrückten in die Staaten und den Unterthanenverband mit Freuden aufgenommen, sondern daß sie solche auch, zum beßern Frommen und Gedeihen, in der nächsten Nähe, gewissermaßen unter ihrem Auge, angesiedelt haben. Das gilt ebenfalls von der östlich, dicht bei Potsdam, belegenen Weberkolonie Nowawes, einer Ortschaft, die mit böhmischen, ihres lutherischen Glaubens halber vertriebenen Auswanderern besiedelt und mit besonderen Freiheiten begnadigt worden ist.

Schloß Babelsberg.

Dicht daneben, gegen Mitternacht, erheben sich die Hügel des Babelsberges, auf welchem die deutsche Kaiserburg gleichen Namens emporragt. Schloß Babelsberg, im nationalen Stile erbaut, ist das eigenste Werk unsers glorreichen Herrschers zu der Zeit, als er noch Prinz von Preußen war. Was Kunst und Ausdauer, geläuterter Geschmack und vaterländischer Sinn einem sandigen Heidehügel abzugewinnen vermocht haben, das liegt hier dem bewundernden Blick offen. Gastfrei sind die Pforten für Arm und Reich, Hoch und Niedrig geöffnet, und es zeugt von der Leutseligkeit, dem milden Sinne Wilhelm's I., daß er nicht selten, wenn er Besucher in der Nähe wußte, sein Zimmer, blos damit solches besichtigt werden konnte, verlassen hat. Nicht schwelgerische Pracht ist im Innern; die wenig geräumigen Hallen und Gemächer sind stilgerecht dekorirt und möblirt; Schlaf- und Arbeitszimmer des Herrschers von einer Einfachheit, wie sie sich reich gewordene Bürgersleute nur ausnahmsweise bewahren. Das scheinbar Unbedeutendste hat hier in dem Arbeitszimmer des Kaisers seine Geschichte; Geschenke, Zeichen der Verehrung von Nah und Fern, Bildnisse naher Verwandten und sonstiger dem Kaiser nahe stehender Persönlichkeiten, Arbeiten seiner edlen Mutter, seiner Gemahlin und seiner Kinder — — das Alles bildet im bunten Durcheinander neben den Gegenständen des täglichen Gebrauches den Inhalt des Gemachs. Und wenn der greise Herr an dem großen Arbeitstische sitzt und in sinnender Muße von der ernsten Arbeit aufblickt, so werden alle diese Gegenstände um ihn herum lebendig und mahnen ihn an heitere und trübe, an kleine und große Ereignisse seines vielbewegten Lebens. In dem daneben liegenden Schlafkabinet ist ebenfalls nicht viel von Schmuck die Rede — es ist schlicht und einfach, wie der Mann, der dort seine Ruhe hält von des Tages Lasten und Mühen. Um das einfache Feldbett hängen bunte Kattungardinen. Die militärische Strafheit und Pünktlichkeit, welche der Kaiser im öffentlichen Leben zeigt, trägt er auch in die Idylle von Babelsberg hinein. Die Hausordnung ist hier so streng geregelt wie auswärts, mag es sich um Privatvorkommnisse oder um Staatsgeschäfte handeln.

Weithin über Land und Wasser winkt der Schloßthurm von Babelsberg, frei und kühn, ein Symbol des Helden, der Deutschland zum Siege, unser Volk zur ersehnten Einheit führte.

Die Mühle in Sanssouci.

Ehemalige Landtags- und Reichstagspräsidenten:
M. v. Forckenbeck.   Rudolf v. Bennigsen.   Dr. Simson.

Im Deutschen Reichstage.

Wie Berlin Reichstagsstadt ward. — Das provisorische Reichstagsgebäude. — In den Foyers. — Die Zuhörertribünen. — Das Präsidium. — Parteien und Parteihäupter (Fraktionssitzungen). — Die Vertreter der Reichsregierung. — Der Fürst Bismarck als Reichskanzler und Berlin. — Schluß.

Wie Berlin Reichstagsstadt ward. Bezeichnend für die rapide Entwicklung der politischen Verhältnisse Preußens und Deutschlands und für die Ueberstürzung der Entwicklung Berlins, ist gewiß der Umstand, daß man keine Zeit bisher fand, für den Deutschen Reichstag ein eigenes Heim zu bauen. Unter einem solchen verstehen wir selbstredend ein vollkommen neu für denselben errichtetes eigenes Monumentalgebäude. Dem Norddeutschen Reichstag und dem Deutschen Zollparlament ist es ähnlich ergangen, ja, genau genommen, verhält es sich mit dem preußischen Abgeordnetenhause und dem preußischen Herrenhause nicht minder so. Auch sie sind in alten, für den veränderten Zweck einfach aus- und umgebauten Häusern untergebracht. Die Maurer wie die Baukünstler sind wegen ihrer Bedächtigkeit sprüchwörtlich — der große Ludwig Devrient wettete und gewann die Wette, daß er eher mit einer Flasche Champagner als ein Maurer mit einer Prise Schnupftabak fertig werden würde; im vorliegenden Falle trägt aber die Architektenwelt weniger die Schuld, als die schon Eingangs angedeutete, in wenigen Jahren vollzogene Erweiterung und beständige Veränderung der obersten politischen Gewalten Deutschlands.

Wer konnte im Frühjahr 1864, als Deutschland, nach langem Schlaf, zum ersten Male seine Glieder wieder reckte, ahnen, daß nach dem „siebentägigen Kriege" zwei Jahre später der alte deutsche Staatenbund zerbrechen, Oesterreich ausscheiden und ein Norddeutscher Bund sich bilden werde? Bedeutsame Worte waren es, die König Wilhelm bei der Eröffnung des konstituirenden Norddeutschen Reichstags am 24. Februar 1867 in dessen provisorischen Lokalitäten sprach: „Daß es Mir vergönnt ist, in Gemeinschaft mit einer Versammlung, wie sie seit Jahrhunderten keinen deutschen Fürsten umgeben hat, neuen großen Hoffnungen Ausdruck zu geben, dafür danke ich der göttlichen Vorsehung, die Deutschland dem von seinem Volke ersehnten Ziele auf Wegen zuführt, die wir nicht wählen oder voraussehen." Und am Schluß: „Nur von uns, von unserer Einigkeit, von unserer Vaterlandsliebe hängt es in diesem Augenblick ab, dem gesammten Deutschland die Bürgschaften einer Zukunft zu sichern, in der es frei von Gefahr, wieder in Zerrissenheit und Ohnmacht zu verfallen, nach eigener Selbstbestimmung seine verfassungsmäßige Wiederherstellung und seine Wohlfahrt zu pflegen und in dem Rathe der Völker seinen friedliebenden Beruf zu erfüllen vermag. — Möge durch unser gemeinsames Werk der Traum von Jahrhunderten, das Sehnen der jüngsten Geschlechter der Erfüllung entgegengeführt werden! — Im Namen der verbündeten Regierungen, im Namen Deutschlands fordere ich Sie vertrauensvoll auf: Helfen Sie uns die große nationale Arbeit rasch und sicher durchführen!" — Freilich mahnte auch Graf Bismarck als Präsident der Bundeskommissare am 4. März im Norddeutschen Reichstag, den vorgelegten Verfassungsentwurf schleunigst und ehe das am 4. August 1866 auf ein Jahr geschlossene vorläufige Bündniß zu Ende gehe, durchzuberathen — doch wer konnte ahnen, daß bereits vier Jahre später aus dem Schoße der Tagesgeschichte das neue Deutsche Reich geharnischt, wie Pallas Athene aus dem Haupte des Zeus, hervorspringen würde?

Aber die geschichtliche Vorsehung erfüllte sich, und es sollten gerade die erbittertsten Feinde Deutschlands das neue Deutsche Reich mitbegründen helfen.

Als Vorläufer einer allgemeinen deutschen Volksvertretung konnte das deutsche Zollparlament angesehen werden, welches die erste Brücke über die Grenze Norddeutschlands, den Mainstrom, schlug, und den ausgestreckten Händen der Brüder im deutschen Süden entgegen kam. Bedeutungsvoll war es, daß dies Zollparlament eigentlich nur eine Erweiterung des Norddeutschen Reichstags war; denn wenn auch die Zuständigkeit des Zollparlaments auf wirthschaftliche Fragen beschränkt war, so waren die norddeutschen Reichstagsabgeordneten doch zugleich die norddeutschen Zollparlamentsmitglieder, und die süddeutschen Mitglieder traten nur ergänzend hinzu, tagten auch in denselben Räumlichkeiten in Berlin.

Wir übergehen die dazwischenliegenden Vorfälle und finden in der nämlichen Halle die Vertretung Norddeutschlands am 19. Juli 1870 in höchster Erregung versammelt. Von außen tönt wie dumpfes Brausen die Stimme des Volkes herein, welches sich, da die überfüllten Galerien nicht entfernt den Andrang der vielen Tausende von Einlaß Begehrenden fassen, in dichten Haufen erwartungsvoll auf der Straße versammelt hat. Tiefe Stille tritt plötzlich ein, als Bismarck gegen halb drei Uhr Nachmittags sich zum Wort erhebt. Obwol mit markiger Stimme vorgetragen, merkt man der Botschaft schwerwiegende Bedeutung an der Erregtheit des Redners, der sich kurz faßt:

Am 19. Juli 1870 im Reichstage.

„Ich theile dem hohen Hause mit, daß der französische Geschäfts=
träger heute die Kriegserklärung Frankreichs überreicht hat." Das
ganze Haus erhebt sich hierauf mit Ruf: „Bravo! Hurrah! Es lebe der König!"
Die Zuhörer und die Volksmassen draußen stimmen begeistert in den Ruf ein.

Aus dem Adreßentwurf an König Wilhelm, den der erste Präsident
des Norddeutschen Reichstags Simson mit kräftiger Stimme verlas, er=
innern wir uns gern folgender Worte: „Wir vertrauen auf die Tapferkeit
und die Vaterlandsliebe unserer bewaffneten Brüder, auf den unerschütterlichen
Entschluß eines einigen Volkes, alle Güter dieser Erde daran zu setzen und nicht
zu dulden, daß der fremde Eroberer dem deutschen Manne den Nacken beugt.

Das provisorische Reichstagsgebäude. Zeichnung von G. Rehlender

Wir vertrauen der erfahrenen Führung des greisen Heldenkönigs, des deutschen
Feldherrn, dem die Vorsehung beschieden hat, den großen Kampf, den der
Jüngling vor mehr als einem halben Jahrhundert kämpfte, am Abend seines
Lebens zum entscheidenden Ende zu führen. Wir vertrauen auf Gott, dessen
Gericht den blutigen Frevel straft. Von den Ufern des Meeres bis zum Fuße
der Alpen hat sich das Volk auf den Ruf seiner einmüthig zusammenstehenden
Fürsten erhoben. Kein Opfer ist ihm zu schwer."

Die Ereignisse, welche sich in schwindelnder Eile Schlag auf Schlag voll=
zogen, haben jene muthigen Hoffnungen vollauf bestätigt. Im Herzen des
Feindes, eben in jenem Versailler Schloß, wo die französischen Gewaltherrscher
so oft ihre argen Ränke auf Spaltung der deutschen Fürsten und Völker, ihre

Pläne zu Raubzügen auf Kosten unseres ohnmächtigen Vaterlandes ersonnen und gesponnen, vollzog sich die Nemesis. Gerade hier wurde König Wilhelm zum Kaiser von Deutschland ausgerufen, hier im Herzen des Feindes das Bollwerk des neuen Deutschen Reiches begründet. Noch einmal öffnete das Gebäude des preußischen Abgeordnetenhauses am Dönhofsplatz, Leipziger Straße 75, den Vertretern Deutschlands gastlich seine Räume am 21. März 1871, nachdem zuvor Kaiser Wilhelm das Parlament im Weißen Saale des Schlosses begrüßt. Ruhig und gemäßigt, wie stets, war des greisen Herrschers Rede: „Der Geist" sagte er unter Anderm, „welcher in dem deutschen Volke lebt und seine Bildung und Gesittung durchdringt, nicht minder die Verfassung des Reiches und seine Heereseinrichtungen, bewahren Deutschland inmitten seiner Erfolge vor jeder Versuchung zum Mißbrauch seiner durch seine Einigung gewonnenen Kraft. Die Achtung, welche Deutschland für seine eigene Selbständigkeit in Anspruch nimmt, zollt es bereitwillig der Unabhängigkeit aller anderen Staaten und Völker, der schwachen wie der starken. Das neue Deutschland, wie es aus der Feuerprobe des gegenwärtigen Krieges hervorgegangen ist, wird ein zuverlässiger Bürge des europäischen Friedens sein, weil es stark und selbstbewußt genug ist, um sich die Ordnung seiner eigenen Angelegenheiten als sein ausschließliches, aber auch ausreichendes und zufriedenstellendes Erbtheil zu bewahren."

Das provisorische Reichstagsgebäude. Inzwischen ward mit einer für Architekten wirklich bewundernswerthen Schnelligkeit der Bau des provisorischen Reichstagsgebäudes gefördert. In nicht ganz fünf Monaten gelang es, ein achtbares Innere und Aeußere herzustellen, wobei freilich die Konstruktion der Saalwände und des Daches nur in Holz ausgeführt und dem Raumbedürfniß auch nicht genügt werden konnte. Es mußte daher bald das Vorderhaus umgebaut und durch Aufsetzung eines zweiten Stockes erweitert werden. Der erste Theil der Bauten wurde von den Baumeistern Gropius und Schmieden, der Umbau von W. Neumann unter Oberleitung von Hitzig hergestellt. Die Gesammtkosten betragen rund 1,400,000 Mark, wovon etwa 340,000 Mark auf den nachträglichen Umbau entfallen. Das Inventarium kostet 436,000 Mark. Benutzt ist zu dem Gebäude ein Theil der ehemaligen königlichen Porzellanmanufaktur, Leipziger Straße Nr. 4. Der Haupteingang für die Mitglieder führt auf einigen Stufen nach der Mitte des mit einer nach einem Modell von Siemering in Zink ausgeführten Gruppe geschmückten Gebäudes. Der Sitzungssaal, nach Emmerich 22 m breit, $28{,}25$ m lang und 13—15 m hoch, enthält 400 Sitze, für die Bundesrathsmitglieder sind auf dem Podium zu beiden Seiten der Tribünenanlage 44 Sitze angebracht.

Die Beleuchtung ist besonders interessant. Bei Abendsitzungen werden eiserne Wagen mit 660 Gasflammen, über denen neusilberne Reverberen angebracht sind, auf der Glasfläche des innern, schräg liegenden Oberlichtes entlang gerollt.

Trotz des provisorischen Charakters ist die Ausstattung äußerlich überall würdig, auch für die Bequemlichkeit der Mitglieder durch Foyers, Abtheilungssäle und Kommissionszimmer gesorgt. In den geräumigen Foyers sind, soweit nicht die Lebhaftigkeit der Debatte oder eine bevorstehende Abstimmung die Thätigkeit der gesammten Mitglieder erfordert, gewöhnlich einzelne in zwangloser Unterhaltung, zur Abwicklung von Konferenzen u. s. f. zu finden.

Eine Sitzung des Reichstages. Zeichnung von H. Lüders.

Auf den Zuhörertribünen sind, einschließlich der reservirten Stellen, 315 Plätze, eine Zahl, die für gewöhnlich genügt, dagegen ganz unzureichend sich erweist, sobald wichtige Gegenstände auf der Tagesordnung stehen oder ein Redekampf zwischen hervorragenden Mitgliedern unter einander oder mit den Vertretern der Reichsregierung gewärtigt wird. Das Präsidium mit seinem erhöhten Sitz an einer Längsseite des Saales bildet dort den Mittelpunkt, von welchem aus die verschiedenen Reihen der Sitzplätze strahlenförmig auslaufen. Das Präsidium besteht aus dem Präsidenten, dem ersten und dem zweiten Vizepräsidenten. Als erster Präsident des Deutschen Reichstags ward am 23. März 1871 Dr. Simson, der jetzige Präsident des Oberreichsgerichts in Leipzig, gewählt, der bereits dem Norddeutschen Reichstage, ja schon dem Deutschen Parlament in Frankfurt a. M. und im Unionsparlament zu Erfurt dem Abgeordnetenhause präsidirt und als Führer der Deputation fungirt hatte, welche 1849 dem König Friedrich Wilhelm IV. die deutsche Kaiserkrone vergeblich anbot. Als erster Vizepräsident wurde Fürst Hohenlohe, als zweiter der Obertribunalrath Weber aus Stuttgart, Präsident der zweiten württembergischen Kammer, gewählt. Die letztere Stellung erhielt im folgenden Jahre Rudolf von Bennigsen, Landesdirektor der Provinz Hannover.

1874 ging das Präsidium auf Dr. Max von Forckenbeck, damals Oberbürgermeister von Breslau, über; neben ihm von Stauffenberg und Professor Hänel als Vizepräsidenten. von Forckenbeck behauptete sich auch nach seiner Wahl zum Oberbürgermeister Berlins als Präsident, legte aber infolge der Debatten über die Kornzölle am 20. Mai 1879 sein Amt nieder, wonächst von Seidewitz als Präsident gewählt wurde. Diesem folgte 1880 der Oberpräsident a. D. Graf von Arnim-Boytzenburg (Vizepräsidenten: Reichsrath Freiherr von Franckenstein und Finanzprokurator Hofrath Ackermann), und als Arnim im Frühjahr 1881 das Präsidium plötzlich niederlegte, der Unterstaatssekretär im preußischen Kultusministerium von Goßler.

Parteien und Parteihäupter. Die Parteien im Deutschen Reichstag sind aus drei Elementen hervorgegangen: aus den in den verschiedenen deutschen Landesvertretungen bereits vorhandenen großen Parteien, als Konservativen, Klerikalen, Nationalliberalen, Fortschrittlern ɪc.; aus Elementen, die sich speziell an die neuen Reichsinstitutionen anlehnen, wie z. B. die deutsche Reichspartei; und aus alten und neuen Separatisten, z. B. Polen, Dänen, Welfen, Elsaß-Lothringern.

Da die Parteien, infolge der großen wirthschaftlichen Umwälzungen, welche sich im Innern vollziehen und die eigentliche Staatspolitik zur Zeit in den Hintergrund gedrängt haben, augenblicklich in einem Zustande der Zersetzung und Umbildung begriffen sind, beschränken wir uns hauptsächlich auf die Schilderung der Parteien und Parteihäupter bei der Eröffnung des ersten Deutschen Reichstages: die Nationalliberalen zählten 1871 um die Mitte des April 114, das Centrum 56, die Konservativen 48, die Fortschrittspartei 43, die deutsche Reichspartei (früher Freikonservative) 35, die liberale Reichspartei (von den Nationalliberalen wenig verschieden) 29, die Polen 13, die Sozialdemokraten 3, die Wilden (zu keiner Partei gehörig) 34 Köpfe. Erledigte Mandate waren damals 17. Macht 382 Stimmen. Die Nationalliberalen hatten als Parteihäupter von Bennigsen und Lasker,

Parteien und Parteihäupter.   255

die Konservativen von Blanckenburg, Oberpräsident a. D. von Kleist-
Retzow, Graf Rittberg und Geheimrath Wagener; die deutsche Reichspartei
Graf Bethusy-Huc; die liberale Reichspartei die bayerischen Abgeordneten Fürst
Hohenlohe und Völk, Freiherr von Roggenbach (Baden); die Preußen von
Bernuth, von Bonin, von Patow; die Fortschrittspartei Dr. med. Wilhelm
Löwe, Kreisrichter Schulze, von Hoverbeck, Franz Duncker. Zu den Wilden
gehörte unter Anderen der Göttinger Professor Ewald.

Parlamentarische Soirée beim Fürsten Bismarck.   Zeichnung von H. Lüders.

Eine wichtige Verschiebung der Parteiverhältnisse ist im Jahre 1880
durch die Lostrennung der Sezessionisten unter von Forckenbeck, denen später
auch Lasker beitrat, von den Nationalliberalen in der Richtung auf die Fortschrittspartei erfolgt. Unter den Führern der Sozialdemokraten erwähnen
wir Liebknecht, Schriftsteller in Leipzig, Hasenclever, Schriftsteller in
Berlin; Bebel, Drechslermeister in Leipzig, Hartmann, Schuhmacher in
Hamburg, Fritzsche, Redakteur in Leipzig. Unter den Klerikalen ist gegenwärtig unbestrittener Führer der frühere hannöverische Minister Windhorst,
daneben Dr. Majunke, Redakteur, Dr. Moufang, Domkapitular in Mainz,
die Gebrüder Dr. Reichensperger, Peter, Obertribunalsrath in Berlin, und
August, Appellationsgerichtsrath a. D. in Köln, endlich der Leutnant a. D. Freiherr von Schorlemer-Alst. Als Hauptführer der Fortschrittspartei erwähnen
wir den Geheimen Medizinalrath Prof. Dr. Virchow, den Regierungsassessor a. D.
Eugen Richter und den Prof. Dr. Hänel. Zu den Fraktionssitzungen

werden die Parteigenossen von ihren Vorsitzenden zusammenberufen und die Vorlagen der Regierung sowie Vorschläge zu eigenen Gesetzesvorlagen erörtert und die Parteiorganisation und Wahltaktik berathen.

Für die Vertreter der Reichsregierung (den Reichskanzler und die Reichsbehörden, als das Auswärtige Amt, das Reichsamt des Innern, die Admiralität, das Reichsjustizamt, das Reichsschatzamt, das Reichseisenbahnamt, das Reichspostamt und das Reichsamt für die Verwaltung der Reichseisenbahnen) sind besondere Sitze im Sessionssaal bestimmt.

Wenn wir am Ende unserer Darstellung der deutschen Kaiserstadt Berlin des deutschen Reichskanzlers, Fürst Bismarck's, noch einmal speziell gedenken, so geschieht es nicht blos, weil in einem parlomentarischen Bilde des Deutschen Reichstages unerläßlich zur Vollständigkeit auch die Person des höchsten Vertreters der Reichsregierung gehört, sondern, weil die aus seinem Munde gerade in dieser Repräsentation des gesammten deutschen Volks über die Kaiserstadt Berlin neuerlich gefallenen Aeußerungen nicht mit Stillschweigen übergangen werden können, vielmehr der Beleuchtung und Richtigstellung dringend bedürfen.

Fürst Bismarck benutzte im März 1881 während der Reichstagsverhandlungen die Gelegenheit, als er sich in der Veranlagung zur Miethssteuer überbürdet glaubte, in scharfen Ausdrücken die entschieden freisinnige Verwaltung Berlins anzugreifen. Hinsichtlich des ersten Punktes wurde der Reichskanzler alsbald aktenmäßig widerlegt, ja es wurde sogar amtlich festgestellt, daß er noch zu niedrig eingeschätzt worden sei. Was aber die Verwaltung Berlins anlangt, so glauben wir sattsam gezeigt zu haben, wie Großes die Kaiserstadt geleistet hat, gerade seitdem ihre Selbstverwaltung erweitert ist.

Der große Staatsmann, welcher die Geschicke Deutschlands lenkt, hat mit seiner Freimüthigkeit niemals verhehlt, daß ihm die großen Städte und ihr Liberalismus zuwider sind, und man kann das begreifen, wenn man erwägt, daß er vom erbeingesessenen Landadel abstammt. Die Geschichte lehrt, daß dieser stets konservativ, die Gesinnung der großen Metropolen aber bei allen Völkern und zu allen Zeiten liberal gewesen ist: dies liegt nun einmal in dem geistigen Treiben, in dem Aufeinanderplatzen der Geister, wie es das städtische Leben mit sich bringt.

Der unparteiisch prüfende Beobachter wird aber nicht verkennen, wie treu gerade Berlin zu seinen Landesherren gehalten, wie es bei den großen Bewegungen 1813, 1866 und 1870 an der Spitze stand und freudig Gut und Blut darbrachte. „Wo wir nicht mit rathen, da wir nicht mit thaten!" ist alter deutscher, ist altberlinischer Rechtsgrundsatz. Die Reichsregierung möge der Kaiserstadt vertrauen, sie wird das Vertrauen zu rechtfertigen wissen.

Und zum Schluß: Mag auch der Reichskanzler geäußert haben, er finde das jetzige Reichstagsgebäude ganz schön und wolle in Berlin kein neues Reichstagsgebäude, so hoffen wir dennoch, daß dies Wort eben nur in vorübergehendem Unmuth gefallen ist. Die Millionen für das neue Parlamentsgebäude liegen aus der französischen Kriegsentschädigung noch vollzählig da. Wir würden es als den schönsten Akt versöhnlicher Selbstüberwindung betrachten, wenn der Reichskanzler, den Wünschen der Reichsvertretung entsprechend, recht bald die Vorlage zum Bau des Reichstagsgebäudes einbringen möchte. Es würde dies die Krönung und der Schlußstein des Werks von 1871 sein und dem großen Staatsmanne die Herzen der Berliner wieder gewinnen.

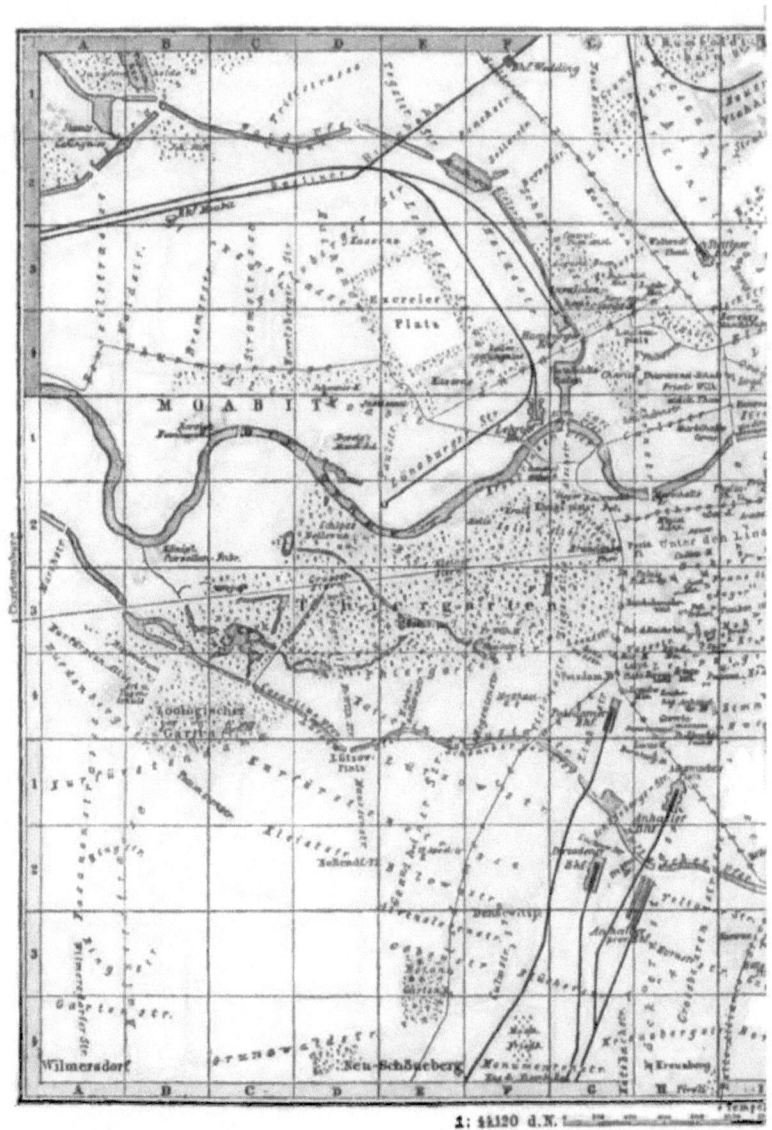

Plan von

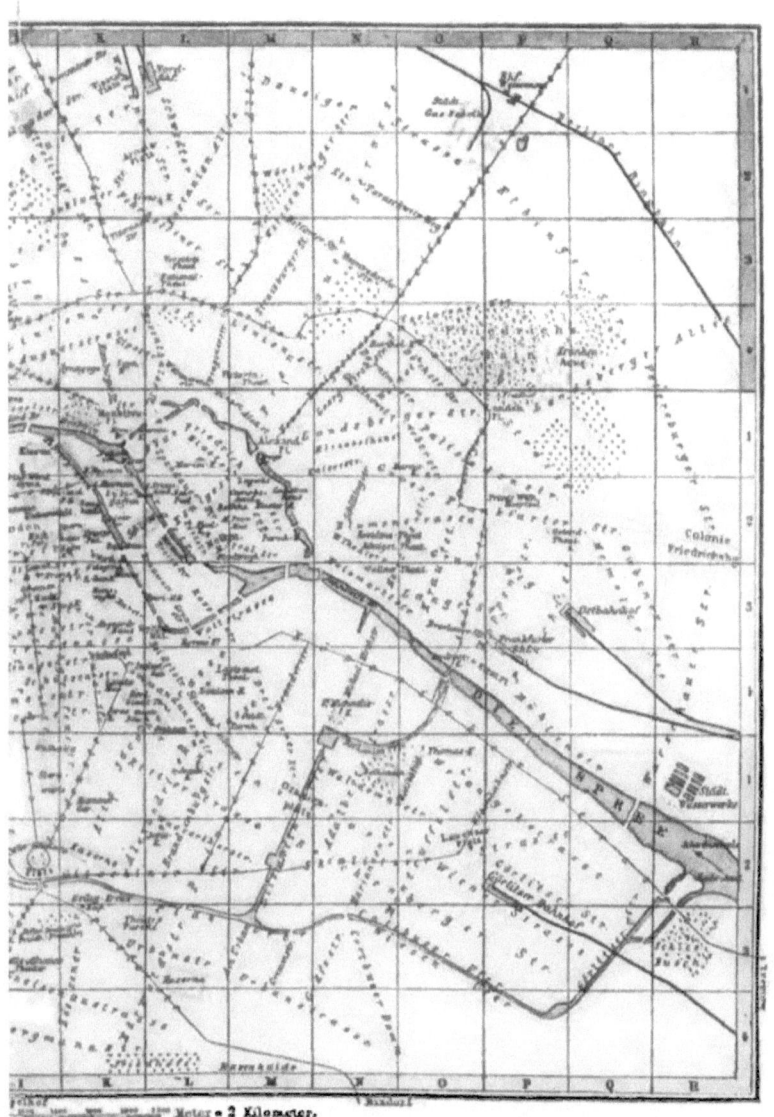

Berlin. Leipzig: Verlag von Otto Spamer.

www.ingramcontent.com/pod-product-compliance
Lightning Source LLC
Chambersburg PA
CBHW020113010526
44115CB00008B/808